Maleantes

Maleantes

Historias reales de estafadores, asesinos, rebeldes e impostores

Patrick Radden Keefe

Traducción de
Pablo Hermida Lazcano

R
RESERVOIR
BOOKS

Penguin
Random House
Grupo Editorial

Título original: *Rogues: True Stories of Grifters, Killers, Rebels and Crooks*

Primera edición: junio de 2023

© 2022, Patrick Radden Keefe
© 2023, Penguin Random House Grupo Editorial, S. A. U.
Travessera de Gràcia, 47-49. 08021 Barcelona
© 2023, Pablo Hermida Lazcano, por la traducción

Las crónicas que componen este libro se publicaron originalmente en
el *New Yorker* con algunas variantes

Printed in Spain – Impreso en España

ISBN: 978-84-18052-98-9
Depósito legal: B-7.849-2023

Compuesto en La Nueva Edimac, S. L.
Impreso en Romanyà Valls, S. A.
Capellades (Barcelona)

RK 5 2 9 8 9

A Justyna

ÍNDICE

PREFACIO

Uno de los momentos más extraños en mi carrera de periodista al servicio de una revista fue cuando recibí una llamada telefónica en mayo de 2014. Acababa de publicar «The Hunt for El Chapo» («A la caza del Chapo»), un artículo en el *New Yorker* sobre la carrera criminal y la captura definitiva del capo de la droga Joaquín Guzmán Loera, y recibí en la oficina un mensaje de voz de un abogado que decía representar a la familia Guzmán. Aquello resultaba, por decirlo suavemente, alarmante. Con los años, yo había desarrollado una especialidad en lo que los editores llaman el *writearound*: escribir artículos sobre personajes que se niegan a conceder una entrevista. Algunos periodistas odian los *writearounds*, pero yo siempre he disfrutado con el reto que plantean. Se requiere de mucha redacción creativa para retratar de manera vívida a alguien sin llegar a hablar jamás con él, pero a menudo esos artículos son más reveladores que los rígidos encuentros en los que acabas cuando el político o el director ejecutivo de turno aceptan que los entrevisten. Cuando escribí sobre el productor de telerrealidad Mark Burnett, él y yo no estábamos en contacto, pero sí sus dos exmujeres, y creo que al final aprendí más acerca de Burnett hablando con ellas de lo que habría aprendido tratando con él en persona.

En el caso del Chapo, cuando comencé mi artículo él estaba encerrado en una prisión mexicana y no concedía entrevistas, por lo que yo había dado por supuesto que no se sentaría conmigo a hablar. Tampoco albergaba la idea de que, cuando se publicase el artículo, él pudiera leerlo. A pesar de que dirigía un narcoconglomerado de miles de millones de dólares, se decía que era prácticamente analfabeto. Incluso si sabía leer, no se me antojaba un suscriptor del *New Yorker*. No obstante, cuando se publicó el artículo, contenía una serie de revelaciones de las que se hizo eco posteriormente la prensa mexicana. Así pues, debió de llegar de algún modo a su conocimiento.

Esperé algún tiempo para devolverle la llamada al abogado. Me figuraba que probablemente pondría objeciones a este o aquel aspecto del artículo (y me preocupaba que se tratase del pasaje en el que revelaba que el Chapo era un prodigioso consumidor de viagra). Hablé con una de mis fuentes, que hizo algunas indagaciones discretas y logró confirmar que aquel abogado trabajaba en efecto para la familia Guzmán. «Llámale sin más, estoy seguro de que no es nada importante». Acto seguido añadió: «Pero usa tu teléfono del trabajo y jamás, bajo ninguna circunstancia, les des tu dirección de casa».

Armándome de valor, telefoneé al abogado. Hablaba con acento extranjero, con un lenguaje formal y almidonado, y, cuando le dije con la mayor naturalidad posible que era Patrick Keefe, del *New Yorker*, me anunció con una seriedad casi teatral:

—Hemos leído su artículo.

—Oh —dije preparándome.

—Es —pausa dramática— muy *interesante*.

—¡Oh, gracias! —espeté. Lo había calificado de «interesante». Podía ser peor.

—El Señor*… —comenzó, antes de hacer una nueva pausa significativa— está preparado… —pasaban los segundos y me mantenía al teléfono mientras se me aceleraba el corazón— para escribir sus memorias.

---

* En español en el original.

Anticipándome a la llamada telefónica, había ensayado la conversación cual participante en un torneo de debate del instituto: si él dice esto, yo diré esto otro. Me había preparado para cualquier contingencia, para cualquier rumbo que pudiera tomar la discusión. Pero no para ese en concreto.

—Bueno —tartamudeé debatiéndome para hallar algo remotamente coherente que decir—. Me encantaría leer ese libro.

—Pero, señor —interrumpió el abogado—, ¿le gustaría escribirlo?

Confieso que, cuando me propusieron por primera vez la oportunidad de escribir anónimamente las memorias del Chapo, la consideré en serio por unos instantes. Durante sus años huido de la justicia, se había convertido en un personaje casi mítico y, como periodista, la idea de poder llegar a escuchar su historia en sus propias palabras se me antojaba verdaderamente seductora. Pero, antes de colgar el teléfono aquel día, ya había declinado la oferta. Guzmán era responsable, directa e indirectamente, de miles de asesinatos, quizá decenas de miles. No habría manera de escribir con rigor su historia sin explorar con mucho detalle ese lado de las cosas y la vida de sus numerosas víctimas. Pero parecía improbable que fuese esa la clase de libro que «el Señor» estuviera imaginando. Todo aquello recordaba un tanto al primer acto de un drama de suspense en el que el desventurado escritor al servicio de una revista, cegado por su deseo de una exclusiva, no sobrevive necesariamente al tercer acto.

—Incluso en las mejores circunstancias —le señalé al abogado tratando de proceder con el mayor tacto posible—, la relación entre el escritor anónimo y el personaje podría... *crisparse*.

El abogado fue muy cortés en todo momento. Tras otra breve llamada telefónica una semana después (en la que dijo «Mientras continúa considerando nuestra oferta...» y yo repuse «¡No, ya la he considerado, ya la he considerado!»), nunca volví a tener noticias suyas. Lo que había comenzado como una experiencia genuinamente aterradora acabó siendo una divertida anécdota para contar en las cenas. Pero el encuentro también parecía todo un ejemplo de lo que supone la aventura de escribir para las revistas: la misteriosa intimidad que un reportero puede sentir con un personaje a quien jamás ha conocido, la extrañeza de publicar una historia para que todo el mundo la lea y verla cobrar vida propia.

* * *

Estudiaba secundaria cuando me enamoré de las revistas. Estábamos a finales de los ochenta y las revistas –el objeto en sí, aquellos legajos de papeles grapados– eran omnipresentes y parecía que estarían ahí por siempre jamás. En la biblioteca de nuestro instituto había una «sala de publicaciones periódicas», en una de cuyas paredes lucían los últimos números de *Time, Rolling Stone, Spin, U.S. News & World Report*. Y, por supuesto, ejemplares del *New Yorker*.

Por aquel entonces nadie hablaba de «artículos de formato largo»; la expresión se introduciría más tarde con el fin de distinguir los reportajes extensos más típicos de las revistas de los artículos más concisos en la web. No obstante, ya en mis años de estudiante llegué a pensar que, al menos en lo que concernía a la no ficción, un artículo largo de revista podía ser el mejor de los formatos: lo bastante sustancial para sumergirte de lleno en él, pero lo bastante breve para leerlo de un tirón; esa clase de artículo poseía su propia estructura, finamente tallada. La narración hacía gala de una economía que, en contraste con los libros de no ficción que yo leía, se preocupaba por captar la atención del lector, mostrándose a la vez respetuosa con su tiempo.

Así pues, crecí leyendo el *New Yorker* y alimentando la secreta fantasía de que algún día yo mismo podría escribir para la revista. Durante mucho tiempo aquello fue una mera fantasía; tardé muchos años de comienzos fallidos y extraños rodeos (la facultad de derecho no es el camino que recomendaría a los aspirantes a periodistas) hasta conseguir que la revista publicase mi primer artículo por cuenta propia en 2006.

La paradoja de las revistas consiste en que son perecederas a la par que permanentes. Impresas en papel de escasa calidad, son eminentemente perecederas, como un vaso de papel, destinadas a ser desechadas. Sin embargo, al mismo tiempo, la gente se aferra a ellas. De niño, me encantaba llegar a la casa de algún amigo de la familia y descubrir una estantería de ejemplares de *National Geographic*, con todos esos impecables lomos amarillos resplandecientes alineados en fila.

Según el relato convencional, internet acabó con las revistas. Y en muchos sentidos así fue. No solo transformó drásticamente las condiciones económicas que habían propiciado el florecimiento de este tipo de publicaciones, sino también toda una cultura alrededor de la palabra impresa: cuando corrías a casa para coger el último número del buzón, o te pasabas una hora en un quiosco hojeando la oferta disponible, o cargabas con un número viejo, que se iba desgastando gradualmente en la mochila. En otro sentido, sin embargo, la web salvó el artículo de revista, rescatándolo de la papelera de reciclaje y confiriéndole una vida permanente. Un extenso reportaje de revista solía ser tan efímero como la flor del cerezo: hoy está aquí y la semana que viene ya ha desaparecido. Ahora está tan solo a un clic, para siempre.

Y esto no hace sino acentuar una paradoja más profunda. Si yo voy a consagrar buena parte de un año a investigar y escribir un artículo, y tú vas a dedicarle el tiempo que se precisa para leerlo, me gustaría intentar contarte la versión completa y definitiva del cuento. Quiero captar la realidad de una historia, en toda su gloria vívida y dinámica, e inmovilizarla, como hace el lepidopterólogo con la mariposa al exhibirla en una vitrina.

Pero huelga decir que la vida no se detiene cuando publicas. La historia continúa moviéndose, desarrollándose, batiendo sus alas. Tus personajes siguen actuando, con frecuencia de maneras desconcertantes. Al fin y a la postre, son personas reales. Vuelven a escaparse de la cárcel, como Chapo Guzmán. O ven convertirse una derrota legal en victoria, como Judy Clarke, la invicta abogada especialista en pena de muerte. O se suicidan de repente, como Anthony Bourdain.

Estas historias se escribieron a lo largo de doce años y reflejan algunas de mis constantes preocupaciones: la delincuencia y la corrupción, los secretos y las mentiras, la membrana permeable que separa los mundos lícitos e ilícitos, los lazos familiares, el poder de la negación. Nunca he tenido un tema estrella (un gran lujo si se escribe para una revista), y en cambio tiendo a seguir historias que me atraen por alguna razón, por la complejidad de los personajes o por la intriga de los acontecimientos. Pero ciertos asuntos son recurrentes, y estos artículos están conectados mediante otras pequeñas coincidencias. El Chapo acaba residiendo en la misma lúgubre prisión de máxima seguridad que Dzhokhar Tsarnaev, el cliente de Judy Clarke. Al traficante de armas conocido como el Príncipe de Marbella se le acusa erróneamente de participación en el atentado del vuelo 103 de Pan Am, un crimen al que Ken Dornstein, cuyo hermano mayor viajaba en el avión, dedica un cuarto de siglo a intentar resolver.

Contar una historia puede ser un proyecto maravillosamente absorbente, tan absorbente que, cuando me atrapa, a veces siento que podría ir felizmente a la deriva, siguiendo la investigación dondequiera que me arrastre. Pero siempre me recuerdo a mí mismo que he de regresar y contar la historia, y con suerte reflejar en la narración algo de lo que hizo que me resultase tan fascinante. Son estas unas historias disparatadas, pero todas ellas verdaderas y escrupulosamente contrastadas por mis brillantes colegas del *New Yorker*. Confío en que arrojen algo de luz sobre el crimen y el castigo, el carácter escurridizo de la ética situacional, las decisiones que tomamos al movernos por este mundo, y las historias que nos contamos a nosotros mismos y a los demás sobre dichas elecciones.

LAS BOTELLAS DE JEFFERSON

¿Cómo pudo un coleccionista encontrar tantos vinos selectos? (2007)

La botella de vino más cara jamás vendida en una subasta salió a puja en Christie's, en Londres, el 5 de diciembre de 1985. La botella estaba hecha de vidrio verde oscuro soplado a mano y la cerraba un lacre de cera negra y espesa con relieve. No tenía ninguna etiqueta, pero sí grabados en el vidrio con una fina caligrafía que reflejaban el año 1787, la palabra «Lafitte» y las letras «Th. J.».

La botella procedía de una colección de vino que, al parecer, había sido descubierta tras el muro de un sótano tapiado en un viejo edificio parisino. Los vinos llevaban los nombres de los mejores viñedos —junto con Lafitte (que hoy se escribe «Lafite») había botellas de Châteaux d'Yquem, Mouton y Margaux— y esas iniciales, «Th. J.». Según el catálogo, las evidencias sugerían que el vino había pertenecido a Thomas Jefferson y que la botella subastada podía «considerarse con razón una de las mayores rarezas del mundo». El nivel del vino era «excepcionalmente alto» para una botella con tanto tiempo —poco más de un centímetro por debajo del corcho— y el color, «extraordinariamente intenso para su edad». El valor del caldo se catalogaba como «incalculable».

Antes de subastar el vino, Michael Broadbent, el director del departamento de vinos de Christie's, consultó con los expertos en vidrio de la casa de subastas, quienes confirmaron que tanto la botella como el grabado eran de estilo dieciochesco francés. Jefferson había servido como representante diplomático de Estados Unidos en Francia entre 1785 y el estallido de la Revolución, y había cultivado una fascinación por el vino francés. A su regreso a Estados Unidos, continuó pidiendo grandes cantidades de vino de Burdeos para él mismo y para George Washington, y estipuló en una carta de 1790 que sus cargamentos respectivos debían marcarse con sus iniciales. Durante su primer mandato como presidente, Jefferson se gastó en vino siete mil quinientos dólares —aproximadamente ciento veinte mil dólares en moneda de hoy–, y suele considerársele el primer gran experto en vinos de Estados Unidos. También podría haber sido el primer gran plasta estadounidense de los vinos. «Hubo, como de costumbre, una disertación sobre vinos —anotó John Quincy Adams en su diario después de cenar con Jefferson en 1807–. No muy edificante»).

Además de estudiar el material histórico relevante, Broadbent había probado otras dos botellas de la colección. Algunas cosechas decimonónicas todavía tienen un sabor delicioso, siempre y cuando se hayan almacenado adecuadamente. Pero el vino del siglo XVIII es extremadamente raro, y no estaba claro si las botellas con las siglas «Th. J.» seguían en buen estado. Broadbent es un «maestro enólogo», una certificación profesional para escritores expertos en vino y sumilleres que implica una dilatada experiencia con el vino selecto y un juicio refinado. Declaró, acerca de un Yquem de 1784, también con las siglas «Th. J.», que era «perfecto en todos los sentidos: color, buqué y sabor».

A las dos y media de aquella tarde de diciembre, Broadbent abrió la puja en diez mil libras esterlinas. Menos de dos minutos después su martillo cerró la subasta. El postor ganador fue Christopher Forbes, el hijo de Malcolm Forbes y vicepresidente de la revista homónima. El precio final fue de 105.000 libras, unos 157.000 dólares. «Ha sido más divertido que cuando se subastaron los binoculares que Lincoln sostenía cuando le dispararon», declaró Forbes, a lo que añadió: «Y esos también los tenemos».

Tras la subasta, otros coleccionistas fueron en busca de las botellas de Jefferson. El editor de *Wine Spectator* compró una botella a través de Christie's. Un misterioso hombre de negocios de Oriente Medio compró otra. Y a finales de 1988 un magnate estadounidense llamado Bill Koch adquirió cuatro botellas. El hijo de Fred Koch, el fundador de Koch Industries, vivía en Dover, Massachusetts, y dirigía su propia compañía energética, sumamente rentable, la Oxbow Corporation. (Sus hermanos Charles y David llegarían a ser famosos por patrocinar a candidatos y causas políticas conservadoras). Bill Koch adquirió un Branne Mouton de 1787 a la Chicago Wine Company en noviembre de 1988. Al mes siguiente compró un Branne Mouton de 1784, un Lafitte de 1784 y un Lafitte de 1787 a Farr Vintners, una empresa británica. En total, Koch se gastó medio millón de dólares en las botellas. Las guardó en su espaciosa bodega climatizada y las estuvo sacando ocasionalmente a lo largo de los quince años siguientes para lucirlas ante sus amigos.

La colección de arte y antigüedades de Koch está valorada en varios cientos de millones de dólares, y en 2005 el Museo de Bellas Artes de Boston organizó una exposición de muchas de sus posesiones. El personal de Koch comenzó a rastrear la procedencia de las cuatro botellas de Jefferson y descubrió que, aparte de la autentificación de Broadbent de las botellas de Forbes, no había nada más en el expediente. Buscando la corroboración histórica, consultaron a la Fundación Thomas Jefferson, que se encuentra en la residencia Monticello, en Charlottesville, Virginia. Al cabo de varios días telefoneó la conservadora de Monticello, Susan Stein. «Creemos que esas botellas jamás pertenecieron a Thomas Jefferson», dijo.

* * *

Koch vive con su tercera esposa, Bridget Rooney, y seis hijos, de este y de los anteriores matrimonios, en una casa de 3.250 metros cuadrados de estilo anglocaribeño en Palm Beach. Cuando le visité allí hace no mucho tiempo, habían excavado el césped delantero para ampliar el sótano de la casa. Koch me explicó que necesitaba más espacio de almacenamiento. «Soy un coleccionista un poco compulsivo», dijo. Pasamos por delante del *Desnudo acostado*, de Modigliani, obra de 1917, y la *Cantante de cabaret*, de la etapa azul de Picasso, un Renoir, un Rodin y obras de Degas, Chagall, Cézanne, Monet, Miró, Dalí, Léger y Botero. Las cámaras de vigilancia, con sus esferas negras de vidrio, sobresalían del techo. «Mi padre era una especie de coleccionista —me explicó Koch—. Supongo que lo he heredado de él. Tenía una pequeña colección de arte impresionista. Coleccionaba escopetas. Luego coleccionó ranchos».

Nos sentamos en la «sala de los vaqueros» de Koch, rodeados por las pinturas de Charles Marion Russell, los bronces de hombres a caballo de Frederic Remington, sombreros de vaquero antiguos, cuchillos Bowie y docenas de armas expuestas en vitrinas: el arma de Jesse James, el arma del asesino de Jesse James, la pistola de Toro Sentado, el rifle del general Custer. A sus sesenta y siete años, Koch es alto y delgado, con el cabello blanco alborotado, gafas redondas y una risa aguda juvenil. En el Massachusetts Institute of Technology (MIT), donde se graduó y se doctoró en Ingeniería Química, contrajo hepatitis y desde entonces no toleraba el alcohol fuerte. Pero podía beber vino. En los restaurantes empezó a pedir los vinos más caros de la carta y, empleando ese método, descubrió algunos que le gustaban. Con el tiempo comenzó a comprar vino en las subastas: vinos de Burdeos *premier cru*, como Lafite y Latour, y los famosos caldos de Borgoña de Romanée-Conti.

«Cuando me volví loco fue cuando vendí mis acciones de Koch Industries», me contó Koch. Eso fue en 1983; al parecer ganó quinientos cincuenta millones de dólares en la venta. En ese momento decidió crear una colección de vinos de primer orden. Cuando le pregunté por qué, me miró como si no hubiera captado lo evidente. «Porque es el alcohol con mejor sabor del mundo —respondió—. Esa es la razón».

Puede que Koch sea tan compulsivo interponiendo demandas como lo es coleccionando. Libró una batalla legal de veinte años contra sus propios hermanos por el negocio familiar. (El asunto quedó resuelto en 2001). Demandó al estado de Massachusetts por una transacción de acciones indebidamente gravadas y consiguió una reducción de cuarenta y seis millones de dólares. Cuando una antigua novia a la que había instalado en un apartamento del hotel Four Seasons de Boston se negó a marcharse, Koch la llevó al tribunal de la vivienda y la desahució. Habla de «enviar una citación» a alguien como si estuviera lanzando una granada. Apenas se había oído hablar del fraude de los vinos selectos cuando Koch compró sus cuatro botellas de burdeos con las siglas «Th. J.», y la única garantía que exigió fue que procediese de la misma colección que Michael Broadbent había autentificado. Se enfureció al descubrir que Monticello creía que sus botellas eran falsas. «He comprado tanto arte, tantas armas, tantas otras cosas que si alguien intenta engañarme quiero que ese hijo de puta pague por ello —me dijo encendiéndose—. Además —añadió relajándose un poco y esbozando una sonrisa—, es una divertida historia de detectives».

* * *

El extraordinario aumento de los precios de los vinos raros, cuyo ejemplo más notorio es el de las botellas de Jefferson, ha conducido en los últimos años a un auge de falsificaciones en el comercio vinícola. En 2000 las autoridades italianas confiscaron veinte mil botellas de falso Sassicaia, un codiciado tinto toscano. Los falsificadores chinos habían comenzado a vender Lafite falso. Los conocidos como vinos trofeo —las mejores cosechas del siglo de viejo vino de Burdeos—, que resultaban difíciles de encontrar en las subastas en los años setenta y ochenta del pasado siglo, han resurgido en el mercado en grandes cantidades. Serena Sutcliffe, la directora del departamento de vinos internacionales de Sotheby's, bromea diciendo que en 1995, en el quincuagésimo aniversario de su cosecha, se consumió más Mouton de 1945 del que se había producido jamás. El problema es especialmente grave en Estados Unidos y en Asia, me contó Sutcliffe, donde los entusiastas adinerados crean nutridas colecciones a gran velocidad. «Puedes entrar en bodegas importantes y ver falsificaciones por valor de un millón de dólares entre género auténtico por valor de cinco o seis millones», me aseguró.

Habida cuenta de que gran parte de los negocios con vinos selectos se efectúan en intercambios extraoficiales en el «mercado gris», entre compradores y revendedores sin ninguna relación directa con la bodega, puede resultar difícil averiguar quién pone realmente en circulación una botella de vino en particular. Pero Koch envió emisarios a la Chicago Wine Company y a Farr Vintners y descubrió que las cuatro botellas provenían originalmente de la persona que había suministrado la que se subastó en Christie's, un extravagante coleccionista alemán de vino llamado Hardy Rodenstock. Rodenstock era un antiguo editor musical que había representado a artistas pop alemanes en los setenta. Tenía residencias en Múnich, Burdeos y Montecarlo, y se rumoreaba que pertenecía a la adinerada familia Rodenstock, que fabricaba gafas de alta gama. Contaba que había empezado siendo un profesor y daba a entender que había ganado una fortuna en la bolsa.

Rodenstock comenzó a interesarse en el vino y desarrolló una pasión por los caldos blancos dulces de Château d'Yquem. Le encantaban en especial los vinos anteriores a la epidemia de filoxera de finales del siglo xix, cuando una plaga de las vides diezmó los viñedos de Europa y obligó a los viticultores a replantar con variedades de Norteamérica resistentes a la enfermedad. «En los vinos de Yquem anteriores a la filoxera encontramos más sabores, más caramelo, más singularidad, más potencia, más clase», le explicó en cierta ocasión a un entrevistador. Se jactaba ante *Wine Spectator* de haber degustado más cosechas de Yquem de épocas pasadas que el propietario del *château*, y este le daba la razón.

A partir de 1980, Rodenstock comenzó a organizar anualmente espléndidas catas de vino de fin de semana a las que asistían críticos de vino, empresas y varios dignatarios y celebridades alemanes. Abría y ofrecía muchos de sus propios vinos viejos y raros, todos ellos servidos en copas «Rodenstock», de encargo y suministradas por su amigo el vidriero Georg Riedel. Impecablemente vestido, con elegantes gafas Rodenstock y camisas de cuello blanco almidonado, bromeaba con sus invitados, exclamando a propósito de una botella especialmente selecta: «*Ja, unglaublich!* ¡Cien puntos!». Era quisquilloso en lo tocante a la puntualidad –impedía la entrada a quienes llegaban tarde– y, cuando servía los vinos más viejos, prohibía escupir, lo que llevaba a algunos invitados, alarmados por el número de botellas que estaban degustando, a esconder escupideras en el regazo. «La historia no se escupe –les amonestaba Rodenstock–. Se bebe».

Rodenstock no ocultaba que había descubierto las botellas de Jefferson; por el contrario, la venta a Forbes a un precio nunca antes visto le había convertido en una celebridad en el mundo del vino. En la primavera de 1985, explicaría posteriormente, recibió una llamada telefónica acerca de un interesante descubrimiento en París, donde alguien se había topado con unas viejas y polvorientas botellas, cada una de las cuales llevaba grabadas las letras «Th. J.». Rodenstock rehusó revelar quién le había ofrecido las botellas, pero al parecer el vendedor no era consciente de la relevancia de las iniciales. «Fue como una lotería –así describió Rodenstock la experiencia–. Fue simplemente buena suerte». No dijo de cuántas botellas se trataba; según algunos eran «en torno a una docena»; según otros, nada menos que treinta. Tampoco desveló la dirección en París donde se habían descubierto. Las botellas de Jefferson fueron el primero de una serie de hallazgos asombrosos. Rodenstock se hizo célebre como un intrépido cazador de los vinos más raros. Un coleccionista que había sido amigo de Rodenstock en los ochenta y los noventa me contó que en 1989 había organizado una cata «horizontal» de botellas de vinos de 1929 de *châteaux* muy diferentes. La botella que había sido incapaz de encontrar era un Château Ausone de 1929. Varios días antes de la cata recibió una llamada telefónica de Rodenstock. «Estoy en Escocia –le anunció–. ¡He encontrado una botella de Ausone del 29!». Rodenstock viajó a Venezuela, donde, según los informes periodísticos, encontró un centenar de cajas de vinos de Burdeos; y en Rusia descubrió «el alijo perdido del zar», en alusión a un vino decimonónico. En 1998 celebró en el hotel Königshof de Múnich una cata «vertical» de ciento veinticinco cosechas diferentes de Yquem, incluidas dos botellas de la colección de Jefferson. «Asombrosamente, no sabían demasiado viejos ni oxidados –señalaba el corresponsal de *Wine Spectator*–. El de 1784 sabía como si fuera varias décadas más joven».

Algunos periodistas especialistas en vino evitaban esos eventos. El crítico Robert Parker acudió solamente a una cata; me confesó que la extravagancia de aquellos encuentros le repelía. Confesaba que la valoración de las selecciones tendría escasa utilidad para sus lectores porque difícilmente podrían encontrar, y mucho menos permitirse, vinos semejantes. Y la prohibición de escupir, combinada con la tendencia de Rodenstock a reservar lo más fascinante para el final de la degustación, podía perjudicar gravemente cualquier evaluación objetiva del vino. «Siempre parecía servir lo más selecto cuando uno ya estaba bien achispado –contaba Parker a propósito de un evento al que había acudido, una cata en Múnich en 1995–. Todos estaban como cubas».

Con todo, Parker quedó sorprendido por algunos de los vinos de Rodenstock. «¡Algo fuera de lo común! –escribió sobre una botella mágnum de gran formato de Pétrus de 1921 que había servido Rodenstock–. Aquel imponente vino, de sabor increíblemente concentrado, podía confundirse con el de 1950 o 1947». En su revista, el *Wine Advocate*, Parker calificaba la cata de tres días como «el evento enológico más importante de toda mi vida». «¡Aprendí rápidamente –escribió– que cuando Hardy Rodenstock se refería a un vino del 59 o del 47, necesitaba aclarar si estaba hablando del siglo XIX o del XX!».

Michael Broadbent asistía regularmente a los eventos de Rodenstock. En su libro *Vintage Wine: Fifty Years of Tasting Three Centuries of Wines*, Broadbent reconoce que fue gracias a la «inmensa generosidad» de Rodenstock que fue capaz de degustar muchos de los vinos de sus entradas más raras. Gran parte de su sección sobre los vinos del siglo XVIII consiste en notas de las catas de Rodenstock. Bill Koch jamás fue invitado a ninguna de aquellas degustaciones, pero había oído hablar de Rodenstock y ambos habían coincidido en cierta ocasión, en 2000, cuando Christie's organizó una cata de Latour en sus oficinas neoyorquinas. Según Koch, Rodenstock llegó tarde y el magnate le abordó. «Hola, soy Bill Koch –se presentó–.

He comprado algunos de sus vinos». Rodenstock le estrechó la mano. Parecía incómodo, pensó Koch.

«Así que usted es el famoso coleccionista», dijo Rodenstock antes de alejarse apresuradamente.

* * *

En las disputas legales, Koch había recurrido ocasionalmente a los servicios de un agente del FBI retirado llamado Jim Elroy. Durante su carrera policial, Elroy había trabajado en investigaciones sobre fraudes y, cuando surgieron preguntas acerca de las botellas de Jefferson, le dijo a Koch: «Si desea recuperar su dinero, yo lo conseguiré». Pero aquello no le bastaba a Koch. «Quiero encerrar al responsable —le dijo a Elroy—. Ensille». (El entusiasmo de Koch por la cultura de los vaqueros se le ha contagiado a Elroy. Este describe a su jefe como «el nuevo sheriff de la ciudad». El tono de llamada de su teléfono móvil es el tema silbado de *El bueno, el feo y el malo*).

Elroy es un sexagenario de rostro bronceado y curtido y sonrisa conspirativa. Le gustan las anécdotas y, cuando quedamos recientemente para almorzar, relató los detalles de su investigación como quien ya hubiera contado la historia con anterioridad, con una forma de relatar estudiada. «Los casos mejoran o empeoran —me dijo—. Este no dejaba de mejorar». Desde el principio, Koch estaba interesado en demandar a Rodenstock, explicó Elroy, pero también deseaba financiar privadamente la preparación de una causa penal que pudiera entregarse en última instancia a las autoridades federales. Elroy se sentía estimulado por las ambiciones de Koch. «Este caso tiene todas las características de una investigación del FBI —me aseguró—, solo que con las mejores personas del mundo disponibles al instante. Y sin nada de burocracia». Estimaba que desde 2005 Koch se había gastado más de un millón de dólares en el caso Rodenstock: el doble de lo que pagó por el vino.

Cuando Elroy y su equipo —un antiguo inspector de Scotland Yard en Inglaterra, un exagente del MI5 con destino en Alemania y varios enólogos de Europa y de Estados Unidos– iniciaron la investigación en 2005, se enteraron por el personal de Monticello de que las dudas relativas a la autenticidad de los vinos de Jefferson se remontaban a la subasta de la botella original. Broadbent había acudido a Monticello en el otoño de 1985 para preguntar por las referencias al vino en algunas de las cartas de Jefferson. Una investigadora llamada Cinder Goodwin, que había pasado quince años estudiando los numerosos papeles de Jefferson, respondió a Broadbent aquel noviembre expresando escepticismo. «De esa época se conservan el libro de contabilidad diaria, casi todas sus cartas, sus declaraciones bancarias y diversos formularios aduaneros franceses internos, y en todo ello no aparece mención alguna de las cosechas de 1787», escribió. Cuando un reportero del *New York Times* contactó con Goodwin antes de la subasta para preguntar por el asunto, ella comentó que, mientras que las iniciales de las botellas de Rodenstock eran «Th. J.», en su correspondencia Jefferson tendía a usar dos puntos: «Th: J.». Broadbent no mencionó esas dudas en el catálogo, y el artículo del *Times* no disuadió a los postores. (En un artículo publicado por entonces en el *New Yorker* le aseguró a un periodista que no había encontrado «ninguna prueba», pero sí abundantes evidencias circunstanciales –«un montón de ellas»–, de que Jefferson había sido el propietario de la botella).

Poco después de la subasta, Cinder Goodwin elaboró un informe de investigación sobre las botellas en el que concluyó que, si bien podían ser auténticamente del siglo XVIII, la conexión específica con Jefferson no quedaba corroborada por los registros históricos. Se esmeró en insistir en que no estaba cuestionando la buena fe de Rodenstock ni de Broadbent, pero se preguntaba: «¿No había acaso ningún Thomas, Theodore o Theophile, ni ningún Jackson, Jones o Julien que también tuviera predilección por el vino de Burdeos selecto y que hubiera residido en París?». Señalaba que los registros históricos documentan habitantes que responden a estas siglas en varias direcciones de París. Si Rodenstock revelara la dirección en la que había descubierto el vino, «podría establecerse una conexión apropiada».

Pronto empezó a llegar a Monticello un aluvión de cartas. Aunque él habla un inglés aceptable, las cartas estaban en alemán; las tradujo un guía turístico de Monticello. El 28 de diciembre de 1985, Rodenstock escribió, en referencia a Goodwin, que «uno debería guardarse cortésmente sus dudosos e infundados comentarios y no darse importancia delante de la prensa». Dan Jordan, el director ejecutivo de Monticello, respondió asegurando que Goodwin era una especialista en Jefferson de gran prestigio y que, a diferencia de Rodenstock o Christie's, no tenía ningún interés económico en la determinación de la autenticidad.

«¿Se puede estudiar a "Jefferson" en la universidad? —replicó Rodenstock—. Ella no sabe nada de vinos en relación con Jefferson, no sabe cómo son las botellas del periodo 1780-1800, desconoce su sabor». Broadbent también escribió cartas a Monticello para apoyar a Rodenstock en el asunto de las botellas. Un abismo filosófico infranqueable parecía separar a los historiadores de Virginia y a los expertos europeos. Broadbent, al igual que Rodenstock, expresaba su confianza en que la experiencia sensorial de consumir una botella de vino superaba las evidencias históricas. En junio de 1986 anotó que acababa de degustar una botella de Rodenstock: un Branne Mouton, con las siglas «Th. J.», de 1787. El vino era «extraordinariamente bueno —escribió Broadbent—. Si a alguien todavía le asaltaban dudas acerca de la autenticidad de ese vino viejo y extraordinario, estas quedaron completamente disipadas… Es cierto que no existen evidencias escritas de que esas botellas concretas hubieran pertenecido a Jefferson, pero ahora estoy firmemente convencido de que ese era en efecto el vino que Jefferson había encargado».

Los investigadores de Monticello no fueron los únicos en plantear dudas acerca del vino. Antes de que Christie's vendiera la botella en subasta a Forbes, Rodenstock había ofrecido una botella de Lafitte con las siglas «Th. J.» a un coleccionista alemán llamado Hans-Peter Frericks por unos 10.000 marcos alemanes. Después de que Forbes se gastara cuarenta veces esa suma, Frericks decidió subastar su propia botella y contactó con Broadbent. Pero Rodenstock intervino, diciendo que le había vendido la botella a Frericks a condición de que este no la revendiera. (Frericks niega que existiera semejante condición). Frericks recurrió a Sotheby's, pero, tras examinar las evidencias, la casa de subastas declinó alegando la incierta procedencia de la botella. Los esfuerzos de Rodenstock por detener la venta, junto con las dudas de Sotheby's acerca de la botella, hicieron sospechar a Frericks, y en 1991 este envió la botella a un laboratorio de Múnich para que se datase su contenido por radiocarbono.

Toda materia orgánica contiene el isótopo radiactivo carbono 14, que tiene una tasa de desintegración predecible; los científicos pueden analizar de este modo la cantidad del isótopo en una botella de vino con el fin de calcular aproximadamente su edad. El carbono 14 tiene una larga vida media, y la datación es relativamente imprecisa cuando se trata de evaluar objetos de solo unos siglos de antigüedad. No obstante, las pruebas nucleares realizadas en la atmósfera en los años cincuenta y sesenta del pasado siglo ofrecen una especie de punto de referencia, toda vez que los niveles de carbono 14 aumentaron bruscamente durante ese periodo. En este caso, las cantidades de carbono 14 y de otro isótopo, el tritio, eran mucho más elevadas de las que cabía esperar en un vino de doscientos años, y los científicos concluyeron que la botella contenía una mezcla de vinos, casi la mitad de los cuales databan de 1962 en adelante.

Frericks demandó a Rodenstock y en diciembre de 1992 un tribunal alemán falló a favor de aquel, sosteniendo que Rodenstock «adulteró el vino u ofreció a sabiendas vino adulterado». (Rodenstock apeló y demandó a Frericks por difamación. El asunto se resolvió finalmente fuera de los tribunales). Además del exagente del MI5, el infatigable Elroy empleó a dos investigadores privados en Alemania, que descubrieron que Hardy Rodenstock era un nombre ficticio. Los investigadores visitaron su ciudad natal, Marienwerder, en la actual Polonia. Informaron a Koch de que Rodenstock era en realidad Meinhard Goerke, el hijo de un funcionario del ferrocarril local. Entrevistaron a su madre y visitaron su escuela. Los investigadores contaron a Koch que Rodenstock había estudiado Ingeniería y había aceptado un empleo en la compañía nacional de ferrocarriles de Alemania Occidental; no encontraron ninguna evidencia que respaldara que había sido profesor. También entrevistaron a Tina York, una cantante alemana de pop con la que Rodenstock había tenido una relación sentimental en los setenta y los ochenta. York les contó que durante los diez años de relación con Rodenstock este le había ocultado que tenía dos hijos de un matrimonio anterior. «Siempre hablaba de dos sobrinos», les dijo.

Rodenstock había adoptado su nueva identidad en la época en la que conoció a York, decían los investigadores, y a ella le contó que pertenecía a la famosa familia Rodenstock. Fue mientras estaba con York cuando empezó a interesarse en el vino. Ella no compartía su devoción por esa afición. Recordaba que un día había dejado una fuente de ensalada de patata en la bodega climatizada para conservarla fría. «Rodenstock se puso como loco». Este era conocido por su fino olfato y su capacidad para identificar vinos en catas a ciegas. Elroy se preguntaba si quizá poseía las destrezas de un mezclador, el experto que los viñedos emplean para conseguir una mezcla precisa de uvas. No hay ninguna prueba científica que permita determinar de manera fidedigna las variedades de uva presentes en una botella de vino, y Elroy especulaba con que Rodenstock podría haber elaborado falsificaciones mezclando diversos vinos –e incluso con pequeñas cantidades de oporto, como ha llegado a saberse que hacen los falsificadores– con el fin de crear un cóctel que supiera como el original.

Siguiendo esas sospechas, el equipo de investigadores de Elroy preguntaron a varias personas a las que entrevistaron si tenían algún recuerdo de que Rodenstock dispusiera de un laboratorio donde pudiera preparar las mezclas. Entonces, en octubre de 2006, un alemán llamado Andreas Klein se dirigió al equipo de Koch y contó que Rodenstock había vivido varios años en un apartamento que pertenecía a su familia. Ambos habían discutido, cuando Klein le comunicó su deseo de construir un apartamento encima del que ocupaba Rodenstock, y habían terminado en los tribunales. En

2004, después de que Rodenstock abandonase el apartamento, Klein entró en el sótano de su antiguo inquilino y descubrió una colección de botellas vacías y una pila de etiquetas de vino aparentemente nuevas.

* * *

Existen dos tipos de falsificadores de vinos: los que no alteran el contenido de la botella y los que sí lo hacen. Dado que el precio de una gran cosecha de vino selecto con frecuencia es muy elevado, muchos falsificadores toman una botella de, pongamos por caso, un Pétrus de 1980 y simplemente intercambian la etiqueta por otra de 1982. (La cosecha de 1982 es especialmente codiciada y, por lo tanto, mucho más cara). Con un buen escáner y una impresora de color, las etiquetas son fáciles de replicar; un antiguo empleado de una casa de subastas con quien hablé lo llamaba «autoedición». El corcho de la botella está marcado con el año, pero a veces los falsificadores rascan el último dígito, asumiendo que el comprador no se percatará. Además, habida cuenta de que los corchos tienden a deteriorarse después de décadas en la botella, algunos viñedos ofrecen un servicio de reencorchado, por lo que una botella con un corcho más nuevo podría *a priori* no despertar sospechas. En cualquier caso, el corcho permanece generalmente oculto bajo la cápsula de sobretaponado hasta que el comprador abre la botella.

La mayor ventaja del falsificador estriba en que muchos compradores esperan años antes de abrir sus botellas, si es que llegan a abrirlas alguna vez. Bill Koch me confesó que posee vino que no tiene ninguna intención de beberse jamás. Colecciona botellas de ciertos viñedos casi como si se tratase de cromos de béisbol, aspirando a completar una colección. «Solo quiero ciento cincuenta años de Lafite en la pared», decía. Se lo pensaría dos veces antes de consumir las cosechas más difíciles de conseguir porque, si lo hiciera, su colección quedaría incompleta, pero también porque los vinos viejos más raros con frecuencia no proceden de las mejores cosechas, sino de las peores. Históricamente, cuando se producían buenas cosechas, los coleccionistas las conservaban en bodegas para ver cómo envejecían, me explicó Koch. Pero cuando los viñedos de renombre producían cosechas mediocres, estas se bebían al poco de embotellarse, con lo que la añada escaseaba. Cuando le pregunté por qué compraba vinos viejos que no tenía intención de beber jamás, Koch se encogió de hombros. «Tampoco voy a disparar nunca el rifle de Custer», me respondió.

La segunda gran ventaja para los falsificadores de vinos radica en que, cuando los coleccionistas abren las botellas fraudulentas, a menudo carecen de la experiencia y el sentido del gusto necesarios para saber que los han estafado. Para empezar, incluso los vinos viejos genuinos varían enormemente de una botella a otra. «Es un organismo vivo —me explicó Serena Sutcliffe, de Sotheby's—. Se mueve, cambia, evoluciona y, una vez que te haces con vinos de cuarenta, cincuenta o sesenta años, incluso si las botellas se almacenan una al lado de otra en condiciones similares, encontrarás grandes diferencias entre ellas». Los estudios sugieren que la experiencia de oler y catar el vino es extremadamente susceptible de sufrir interferencias de las partes cognitivas del cerebro. Varios años atrás, Frédéric Brochet, un estudiante de doctorado en enología en la Universidad de Burdeos, llevó a cabo una investigación en la que sirvió a cincuenta y siete participantes un vino de Burdeos tinto de gama media de una botella en la que se indicaba que se trataba de un modesto *vin de table*. Una semana después sirvió el mismo vino a los mismos sujetos, pero esta vez en una botella que indicaba que el vino era un *grand cru*. Mientras que los catadores encontraron el vino de la primera botella «simple», «desequilibrado» y «de escaso sabor», el vino de la segunda les pareció «complejo», «equilibrado» e «intenso». Brochet arguye que la «expectativa perceptiva» que crea la etiqueta domina con frecuencia la experiencia directa con el vino en cuestión, invalidando nuestra verdadera respuesta sensorial al contenido de la botella.

Así pues, existe un segundo tipo, más audaz, de falsificador, el que sustituye un vino por otro. A menudo trabaja con botellas auténticas que llevan etiquetas auténticas; para ello, se hace con botellas vacías en restaurantes o tiendas de antigüedades y las rellena con otro tipo —o tipos— de vino, y reemplaza el corcho y la cápsula asumiendo que el comprador, preocupado por su estatus, nunca advertirá la diferencia. Y en muchos casos esta suposición es correcta. Sutcliffe cree que la inmensa mayoría de los vinos falsos no levantan sospecha alguna. Rajat Parr, un destacado experto en vinos que supervisa restaurantes en Las Vegas, me contó que hace varios años unos clientes suyos pidieron una botella de Pétrus de 1982, que en los restaurantes puede llegar a costar 6.000 dólares. El grupo terminó la botella y pidió otra. Pero la segunda botella sabía notablemente diferente, por lo que la devolvieron. Los empleados se disculparon y les sirvieron una tercera botella, que los comensales consumieron con placer. Parr examinó detenidamente las tres botellas y acabó descubriendo el problema de la segunda: era la única auténtica.

Si las botellas con las siglas «Th. J.» eran falsificaciones, la pregunta que se hacía Jim Elroy era si las botellas auténticas del siglo XVIII de otra persona habían pasado por botellas de Thomas Jefferson o si el propio vino había sufrido alguna adulteración. El hecho de que Broadbent y otros expertos hubieran catado varias botellas con las siglas de Jefferson y las hubieran declarado auténticas parecía sugerir que el vino de las botellas también era auténtico. Jancis Robinson, otro maestro del vino y columnista experto en la materia del *Financial Times*, había asistido a la cata de Yquem de 1998 y el contenido de las dos botellas con las siglas «Th. J.» le había parecido «convincentemente viejo», algo mohoso en un principio, pero luego, cuando «comenzó a obrarse el milagro del gran vino viejo», ofreció todo su aroma: el vino de 1784 exhalaba una «fragancia femenina de rosas» y el de 1787, «aromas otoñales de azúcar quemado y sotobosque». Pero Brochet me contó que, en las degustaciones, los expertos son más susceptibles que los bebedores no versados en el tema a las interferencias de sus propias experiencias y presunciones. Y esos avales parecen ser cuestionados por la prueba científica encargada por Hans-Peter Frericks, que reveló que casi la mitad del vino de su Lafitte de 1787 databa de fechas posteriores a 1962.

Después del test de Frericks, Rodenstock había encargado su propia prueba, para otra botella de Lafitte de 1787, al doctor Georges Bonani, un científico de Zúrich. Bonani dató el vino con carbono 14 y determinó que la botella no contenía ningún vino de 1962 o posterior, hecho que contradecía el hallazgo específico del estudio de Frericks. Rodenstock calificaba con frecuencia los resultados de Bonani como «concluyentes». Pero parece difícil considerar verdaderamente concluyente cualquiera de esas pruebas. Para empezar, los diferentes test se realizaron en distintas botellas, y sería temerario extrapolar cualquier dato referente a la autenticidad de una botella a partir de los resultados de otra. Por otra parte, la datación por carbono 14 no permite determinar con fiabilidad la edad de los vinos embotellados durante los siglos XVIII y XIX, y en este sentido un examen del informe del laboratorio de Bonani revela que sus hallazgos reflejaban un considerable margen de error. Si bien el test podría haber descartado la presencia de vino de finales del siglo XX, no proporcionaba ninguna prueba definitiva de que el vino datase de 1787. «El test dice solamente que el vino es de algún momento comprendido entre 1673 y 1945», afirmó Bonani en un correo electrónico reciente.

Escéptico respecto a las pruebas de las dos partes interesadas en el caso, Elroy localizó a un físico francés llamado Philippe Hubert, quien había diseñado un método para determinar la edad de un vino sin abrir la botella. Hubert utiliza rayos gamma de baja frecuencia para detectar la presencia del isótopo radiactivo cesio 137. A diferencia del carbono 14, el cesio 137 no surge de forma natural; es un resultado directo de la lluvia radiactiva. Un vino embotellado antes de la llegada de las pruebas nucleares realizadas en la atmósfera no contiene cesio 137, por lo que el test no arroja ningún resultado para los vinos anteriores. Pero si un vino contiene cesio 137, la corta vida media del isótopo —treinta años— permite a Hubert efectuar una estimación más precisa de su edad. Elroy voló a Francia con las botellas de Jefferson embaladas en dos cajas resistentes a los impactos y a prueba de balas, que llevó como equipaje de mano. (Había conseguido un *carnet*, una suerte de pasaporte para objetos, con el fin de no tener que pagar aranceles al cruzar las fronteras con vino valorado en medio millón de dólares. Cuando la seguridad del aeropuerto escudriñó las botellas en Heathrow, donde hacía escala, Elroy declaró impasible: «No hay manera de conseguir una buena botella de vino en el avión»).

El laboratorio donde Hubert y Elroy analizaron el vino se halla bajo los Alpes, a algo más de mil quinientos metros de altitud, en la frontera francoitaliana. Las botellas se introdujeron en un detector protegido por veinticinco centímetros de plomo y se sometieron a una semana de pruebas. Elroy estaba convencido a esas alturas de que sus investigadores y él estaban cerca de desenmascarar a Rodenstock. «Con las evidencias que encuentro en Monticello, sumadas a lo que estoy viendo en Alemania, estoy seguro en un 99 por ciento de que este tipo es un fraude», recordaba. Cuando Hubert concluyó los test, sin embargo, no detectó nada de cesio 137 en las botellas. «No sé si es de 1783 o de 1943», informó Hubert a Elroy. Pero el vino era anterior a la era atómica.

«No se imagina lo decepcionante que fue aquello —me confesó Elroy—. Tengo las evidencias históricas, pero para presentar una acusación por la vía penal necesito algo más. Para que sea procesable, he de contar con alguna clase de prueba científica o similar». En el vuelo de vuelta a Estados Unidos, Elroy sacó una de las botellas y la sostuvo en las manos. «Me quedé mirando la cápsula y el propio vidrio —me dijo—. Deslicé la mano por el grabado. Pude sentirlo. Y entonces pensé: esta es la marca de una herramienta. Esto se ha hecho con una herramienta, seguro».

Al aterrizar, Elroy telefoneó al laboratorio del FBI en Quantico, Virginia. Los expertos de balística del laboratorio están especializados en el examen de marcas de herramientas, como cuando descubren la reveladora marca que deja el cañón de una pistola en una bala o la que hace un destornillador al abrir, haciendo palanca, una ventana. El laboratorio facilitó a Elroy los nombres de algunos especialistas recientemente jubilados. Visitó asimismo el Museo del Vidrio de Corning, al norte del estado de Nueva York, donde lo remitieron a un experto grabador llamado Max Erlacher, un artesano de origen austriaco que había hecho trabajos para varios presidentes estadounidenses. Al cabo de unas semanas, Elroy contrató a Erlacher y a un experto en herramientas del FBI retirado llamado Bill Albrecht para que examinasen las botellas de la hacienda de Bill Koch en Palm Beach. Elroy deseaba saber si el grabado en las botellas se había realizado con una rueda de cobre, la clase de herramienta empleada en el siglo XVIII para grabar vidrio. En los tiempos de Jefferson, la rueda de cobre, habitualmente operada mediante un pedal de pie, giraba sobre un eje fijo, y el grabador movía la botella en torno a ella. Erlacher y Albrecht inspeccionaron las botellas, examinando las crestas del grabado bajo una potente lupa. Las letras grabadas con una rueda de cobre tienden a variar en grosor, como los trazos de una pluma estilográfica. Sin embargo, las letras de las botellas eran extrañamente uniformes y tenían una inclinación que no era propia del grabado con rueda de cobre. Las iniciales no podían ser una obra del siglo XVIII, concluyó Erlacher. Antes bien, parecía que podían haberse hecho con un instrumento eléctrico, como un taladro de los que usan los dentistas o quienes hacen grabados en metal. Aquello suponía «un salto cualitativo», pensaba Elroy. Resultó que él mismo tenía una herramienta como aquella en su casa. «Cojo una botella de vino y uso el taladro en su superficie —recordaba—. Y en una hora soy capaz de grabar "Th. J."».

* * *

El 31 de agosto de 2006, Bill Koch presentó una demanda civil contra Hardy Rodenstock («también conocido como Meinhard Goerke») en el tribunal federal de Nueva York. Aunque eran la Chicago Wine Company y la Farr Vintners las compañías que habían vendido los vinos a Koch, la demanda alegaba que Rodenstock había orquestado un «plan aún en curso» para estafar a coleccionistas de vinos. «Rodenstock es encantador y cortés —rezaba la demanda—. Es también un estafador». Antes de interponer el pleito, los abogados de Koch estaban interesados en ver si Rodenstock reconocía algún tipo de conexión con las botellas de Jefferson de

Koch (habida cuenta de que este último no se las había comprado directamente a él) y si podía continuar efectivamente con el presunto fraude insistiendo en que estas eran auténticas. Con tal propósito, Koch envió por fax a Rodenstock una carta cordial en enero de 2006 diciéndole que estaba intentando autentificar sus vinos con las siglas de Jefferson, para lo que le pedía a Rodenstock que enviase una carta indicando que tenía «todas las razones para creer» que las botellas «habían pertenecido a Thomas Jefferson». Rodenstock respondió el 10 de enero diciendo que «las botellas de Jefferson son absolutamente auténticas y [...] proceden de una bodega tapiada de París». Señalaba que Christie's había dado fe de la autenticidad de las botellas y adjuntaba una copia del informe de Bonani. «Comprenderá usted sin duda que, por lo que a mí respecta, las discusiones sobre la autenticidad de las botellas de Jefferson [quedan] zanjadas por la presente», escribió.

En abril, Koch volvió a escribir a Rodenstock preguntándole si podían verse «para tomar una buena copa de vino, en el lugar que usted elija», con el fin de comentar algunas de sus preocupaciones relativas a las botellas. Rodenstock declinó. «Desde un punto de vista legal, la adquisición y la venta están prohibidas por una cuestión de prescripción», escribió. La persona que le había vendido las botellas en 1985 era un sexagenario por aquel entonces, prosiguió, y tal vez no siguiera con vida. Las preguntas relativas a la autenticidad de las botellas eran «agua para el molino de la prensa amarilla». Cuando se interpuso la demanda, Rodenstock solicitó que se desestimara. Los abogados de Koch volaron a Londres en octubre para entrevistar a Michael Broadbent, que por entonces tenía setenta y nueve años, pero todavía seguía activo en el circuito internacional de vinos. Broadbent dijo que había pedido a Rodenstock «una y otra vez» que revelase la dirección en la que se habían encontrado las botellas. Pero continuaba manteniendo que las botellas de Jefferson eran reales.

En cierto sentido, Broadbent tenía pocas opciones. Había basado centenares de notas de cata de sus libros y catálogos de subastas en los vinos que le había suministrado Hardy Rodenstock. La idea de que los expertos del siglo xx pudieran dar fe del sabor de un vino del siglo XVIII dependía de la integridad de Rodenstock, uno de los principales proveedores de esos vinos. Si se demostraba que este era un impostor, la credibilidad de Broadbent —que había certificado reiteradamente los hallazgos de Rodenstock— sufriría un golpe considerable. Cuando le preguntaron por qué no había investigado más sobre el Lafitte con las siglas «Th. J.» antes de la subasta, respondió: «Somos subastadores; somos como los periodistas apurados con los plazos de entrega. No disponía del tiempo necesario». Los abogados preguntaron si Christie's había preparado alguna prueba escrita en 1985 para respaldar las afirmaciones del departamento de vinos acerca de las botellas. Broadbent contestó que nunca se le ocurrió poner nada por escrito. «Con Christie's todo queda entre caballeros», dijo.

En el otoño de 2006, Richard Brierley, el jefe de ventas de vinos de Christie's en Estados Unidos, declaró al *Wall Street Journal* que, si bien él no había intervenido en la autentificación de las botellas con las siglas de Jefferson en 1985, «al volver la vista atrás, se podían haber hecho más preguntas». (Christie's sostiene que estas palabras de Brierley están fuera de contexto). Hugo Morley-Fletcher, que en 1985 era el director del departamento de cerámica de Christie's y uno de los expertos en vidrio a los que Broadbent había consultado respecto de la autenticidad de la botella de Forbes, me dijo: «Mi opinión en aquel momento, por mi experiencia, era que aquello era correcto [...]. El problema estriba en que nos dedicamos a una actividad que no es una ciencia exacta». Me explicó que había juzgado que la botella databa del siglo XVIII y que el grabado era de la misma época. Cuando le pregunté si existía alguna posibilidad de que se hubiera confundido con el grabado, me respondió: «Por supuesto». Y añadió: «Uno tiene que presentar un dictamen». Luego dijo: «Es posible que me engañasen».

Pese a mis numerosas tentativas, fui incapaz de contactar con Michael Broadbent, pero un portavoz de Christie's me comunicó que «la decisión del señor Broadbent de seguir adelante con la venta representaba su opinión ponderada a la luz de todos los hechos de que disponía en aquel momento; una decisión sobre la que no vamos a especular veintidós años más tarde». No obstante, la subasta de vinos selectos y raros de Christie's en Nueva York en diciembre de 2006 incluía todavía un Pétrus de 1934 que se acompañaba de una descripción, tomada del libro de Broadbent, de un Pétrus Imperial de 1934 que su autor había degustado años antes. «Ignoro dónde encuentra Hardy Rodenstock estos vinos –rezaba–. Sencillamente no existe ningún registro de producción, de existencias ni de ventas previo a 1945. Lo único que puedo afirmar es que aquel gran vino era delicioso». Koch desconocía si la botella había pertenecido a Rodenstock (Christie's me negó ese extremo). Pero estaba furioso porque, incluso ante las alegaciones en su demanda, la casa de subastas promocionaba el vino con las notas de Broadbent sobre las botellas de Rodenstock. Telefoneó a la casa de subastas para quejarse, pero Christie's siguió adelante con la subasta. El vino se ofreció a 2.200 dólares. Quedó sin vender.

Nadie sabe cuántas botellas de vino –auténtico o falso– ha vendido Hardy Rodenstock a lo largo de los años. Sus transacciones se hacían con frecuencia en efectivo. («Si pagas en metálico, no hay que declarar la venta a efectos fiscales –le dijo en cierta ocasión a un entrevistador–. A veces doscientos mil dólares al contado pueden ser preferibles a un cheque de un millón de dólares»). Para proteger tanto a sus proveedores como a sus compradores, no facilitaba información sobre ventas particulares. Jim Elroy cree que, a 10.000 dólares o más la botella, Rodenstock podría haber vendido diez botellas al mes y haber ganado más de un millón de dólares al año. Mientras Koch presentaba su demanda contra Rodenstock, un empresario de *software* de Massachusetts llamado Russell Frye interpuso una demanda contra la Wine Library, una distribuidora de Petaluma, California, alegando que esta le había vendido Lafite e Yquem del siglo XIX, junto con decenas de otros vinos viejos y raros, que eran falsificaciones. La querella de Frye señalaba que uno de los demandados en el caso «ha informado recientemente al demandante de que muchas de las botellas que el demandante alega que son falsas o cuestionables las obtuvo en última instancia de Hardy Rodenstock».

Koch posee unas cuarenta mil botellas de vino almacenadas en tres bodegas. En mayo visité una de ellas, un laberinto refrigerado de estantes de madera oscura bajo su casa de Osterville, en Cape Cod. Jim Elroy había buscado la ayuda de dos expertos, David Molyneux-Berry y Bill Edgerton, para recorrer la bodega e identificar botellas sospechosas. Molyneux-Berry había trabajado durante años en Sotheby's antes de llegar a ser consultor privado de vinos y fue él quien rechazó la botella de Lafitte con las siglas «Th. J.» de Hans-Peter Frericks. En la bodega de Frericks había identificado varias falsificaciones bastante evidentes. Según los registros detallados del coleccionista, todos esos caldos provenían de Hardy Rodenstock. Molyneux-Berry sospechaba asimismo de muchos descubrimientos pintorescos de Rodenstock. En calidad de representante de Sotheby's, Molyneux-Berry había hecho frecuentes viajes de trabajo a Rusia. «Fui a Kiev y vi bodegas allí —me contó—. Fui a Moldavia y visité bodegas allí también. Asistí a presentaciones al más alto nivel que cabe imaginar. Sin embargo, Rodenstock va a Rusia y encuentra los vinos del zar en otros lugares. Y todos, *premier cru* de Burdeos… Y botellas mágnum. A montones».

De una muestra de tres mil botellas de cosechas anteriores a 1961 de marcas falsificadas con frecuencia, Molyneux-Berry y Edgerton identificaron en torno a ciento treinta sospechosas u obviamente falsas en la colección de Koch. «Aprendes a reconocer las botellas —me explicó Molyneux-Berry—. Las falsificaciones evidentes llaman poderosamente la atención». Pegaron una etiqueta blanca en cada botella sospechosa. Al día siguiente, un fotógrafo tomó imágenes de alta resolución que, de ser necesario, podrían presentarse ante un tribunal. En algunos casos, tanto la botella como la etiqueta y la cápsula parecían auténticas, pero la rareza misma del vino era motivo de sospecha. Koch posee dos botellas mágnum de Lafleur de 1947, por ejemplo. «El del 47 es el gran Lafleur», me aclaró Molyneux-Berry. Pero, prosiguió, había oído que en 1947 el viñero embotelló solamente cinco botellas mágnum. «¿Cuál es la probabilidad de que tenga dos de las cinco?», se preguntaba. Edgerton mantiene una base de datos en línea que refleja el seguimiento que hace de las ventas y los precios. Desde 1998 se han vendido en subastas diecinueve botellas mágnum de Lafleur de 1947.

Serena Sutcliffe, de Sotheby's, me contó que la mayoría de los coleccionistas adinerados optan por no saber nada de las falsificaciones o, si están al tanto de ellas, prefieren no hacerlas públicas. Me dijo que en varias ocasiones ha inspeccionado una bodega que un coleccionista estaba interesado en subastar y la ha rechazado total o parcialmente debido al predominio de las falsificaciones, para enterarse más tarde de que el coleccionista acababa vendiendo el vino falso a través de alguna de las casas de la competencia. Los coleccionistas «no quieren asumir la responsabilidad», me dijo.

«El caso va mucho más allá» de Rodenstock, me explicó Koch. «Cuando termine de examinar todo el vino de mi colección, voy a ir a por todas las personas que me lo vendieron —me anunció—. Los minoristas saben lo que están haciendo. Son cómplices». Una de las botellas problemáticas de Koch es un Pétrus de 1921 en formato mágnum que compró por 33.000 dólares en una subasta organizada por la empresa de vinos neoyorquina Zachys en 2005. Koch cree que el vino procedía de Rodenstock; menciona la botella en su demanda. (Zachys aduce que no existe ninguna evidencia que indique si el vino provenía o no originalmente de Rodenstock). Era otro Pétrus de 1921, también mágnum, botella a la que Robert Parker había concedido cien puntos y había declarado «algo fuera de lo común» en el evento organizado por Rodenstock en Múnich en 1995. La primavera pasada, Jim Elroy llevó el mágnum de Koch a Burdeos para su inspección en la bodega. El personal de Pétrus concluyó finalmente que el corcho no tenía la longitud adecuada y que el tapón y la etiqueta habían sido envejecidos artificialmente. La bodega confirmó que albergaban dudas respecto de la autenticidad de la botella. Y el maestro bodeguero, en su entrevista con Elroy, dijo que jamás había oído hablar de un Pétrus de 1921 en formato mágnum ni creía que se hubiera embotellado ninguna en el viñedo.

Esto suscitó un interrogante interesante. Si la casa Pétrus no hizo botellas mágnum en 1921, ¿qué estuvo bebiendo Parker en el evento de Rodenstock? La nariz de Parker está asegurada en un millón de dólares; parece casi inconcebible que Rodenstock hubiera invitado a su mesa a semejante hombre para servirle una falsificación. Elroy ve en ello una prueba más de la culpabilidad de Rodenstock y mantiene que no es inusual que un falsificador asuma esta clase de riesgos. «Yo sé mucho sobre estafadores —dijo—. Meto a muchos de ellos en la cárcel. Piensan: "Soy muy listo. Soy más listo que nadie en el mundo". Así es como se siente Rodenstock». Si el Pétrus de 1921 de cien puntos de Parker fuese en efecto una falsificación, ese orgullo desmedido podría no estar fuera de lugar. ¿Podía Rodenstock haber llegado a ser tan competente que sus falsificaciones supiesen tan bien como el vino auténtico, o incluso mejor que este? Cuando le pregunté a Parker por la botella, él se apresuró a decir que hasta los mejores críticos de vino son falibles. No obstante, reiteró que la botella era espectacular. «Si se trataba de una falsificación, él debía de ser un mezclador experto —dijo Parker—. Era un vino maravilloso».

* * *

En el verano de 2007, Hardy Rodenstock despidió a los abogados de Manhattan que había contratado para impugnar la demanda de Koch. En una carta al juez de instrucción objetó que el tribunal no tenía jurisdicción sobre él en cuanto ciudadano alemán; que Koch no le había comprado directamente a él las botellas, sino a terceros, y que el caso debía estar prescrito jurídicamente. Puede que Koch tuviese por «afición pasarse años emprendiendo acciones contra la gente», sugería, pero él no deseaba participar en «tan estúpidos pasatiempos». Tras exponer sus objeciones, anunciaba: «Me desentiendo de este asunto».

Rodenstock no aceptó ser entrevistado para este reportaje, pero en una serie de faxes, la mayoría de ellos en alemán, mantenía su inocencia y se oponía ferozmente al retrato que Bill Koch hacía de él, así como denunciaba «las invenciones y los embustes» de este. Reconocía que su nombre legal es Meinhard Goerke, pero insistía en que muchas personas cambian de nombre, señalando a título de ejemplo al presentador de la CNN Larry King (cuyo verdadero nombre era Lawrence Harvey Zeiger). Rodenstock negaba haberle dicho a Tina York que fuese miembro de la familia Rodenstock y mantenía que había sido en efecto profesor; al respecto escribía: «¡Ese es un hecho! ¡Verificable!». Ponía en entredicho que hubiera encontrado cien cajas de burdeos en Venezuela: «¡¿¡¿¡¿Eso serían mil doscientas botellas?!?!?!». En cuanto a las alegaciones de Andreas Klein relativas al hallazgo de botellas vacías y etiquetas en su sótano, Rodenstock afirmó que no era infrecuente que los entendidos en vinos guardaran las botellas vacías después de una cata de vinos. «Cojo las etiquetas de las botellas viejas para hacerlas enmarcar —explicaba—. ¡Quedan muy bonitas!». Negaba haber suministrado botellas a la Wine Library, o el mágnum de Pétrus mencionado por Koch en la demanda, e insistía en su inocencia: «¡¡¡Mis botellas de Pétrus de 1921 eran todas auténticas!!!». Citaba la reseña de cien puntos de Parker y preguntaba: «¿Existe alguna prueba mejor de que el vino era genuino, cuando expertos de renombre mundial lo calificaron de soberbio y le otorgaron la puntuación más alta posible?».

Rodenstock se mostraba particularmente ofendido por la versión que dio Bill Koch acerca del encuentro de ambos en 2000, durante la cata de Latour de Christie's. «¡Yo no llegué tarde! —insistió—. Ni parecía incómodo ni me alejé corriendo de él. Mi expresión facial reflejaba, estoy seguro, la agradable expectación que sentía por la maravillosa degustación de Latour. ¡¡¡Estaba de un humor excelente!!!». Rodenstock recordaba que Koch había dicho que poseía unas botellas de Jefferson, ante lo que el alemán le había respondido: «Es usted afortunado, pero no las ha conseguido a través de mí».

En lo que atañe a la autenticidad de las botellas con las siglas «Th. J.», Rodenstock ofrece una serie de alegatos a veces contradictorios. «Si Christie's hubiera albergado la más mínima duda acerca de la autenticidad, no habría aceptado la botella de Lafitte de 1787 —escribió—. ¡Por consiguiente, mi conducta es irreprochable!». Sugería que el análisis de Koch de las iniciales no lo habían efectuado científicos, sino «grabadores aficionados» que eran amigos de Koch a los que pagaba por sus conclusiones. Pero en la carta que envió al tribunal contemplaba la posibilidad de que las iniciales fueran más recientes, planteando la hipótesis de que quienquiera que le hubiera vendido originalmente los vinos «habría hecho grabar de nuevo, sobre los viejos grabados, algunas botellas [...] porque los originales ya no se leerían claramente». Rodenstock sugería asimismo que podría haber sido el propio Koch –o uno de sus empleados– quien hubiera hecho volver a grabar las botellas: «¡¡¡Son muchas las cosas que pueden haber ocurrido con las botellas en veinte años!!!». (Cuando Hans-Peter Frericks le demandó por su botella de Jefferson, Rodenstock hizo un alegato similar, sugiriendo que Frericks había manipulado su propia botella con el fin de incriminarle).

El 14 de agosto, el juez auxiliar –el que supervisa las cuestiones procesales previas al juicio– recomendó que el tribunal dictase un fallo por incomparecencia contra Rodenstock en virtud de su negativa a personarse. El juez de instrucción ha de decidir ahora si acepta las diversas defensas procesales de Rodenstock. Pero incluso si le entregan una sentencia por incomparecencia, Rodenstock insiste en que los tribunales alemanes no la ejecutarán. Mientras tanto, Jim Elroy ha entregado los hallazgos de su investigación a las autoridades, se ha convocado un gran jurado para escuchar los testimonios y el FBI ha comenzado a expedir citaciones a coleccionistas de vinos, vendedores y casas de subastas. «Esto va a tener un efecto saludable en toda la industria –me aseguró Koch–. Y si el juez desestima la demanda por algún motivo técnico, puedo presentar otras cinco».

* * *

Al fondo de su bodega de Palm Beach, pasadas las hileras de botellas de incalculable valor y detrás de una elegante verja labrada de hierro fundido, hay un armario en el que Koch guarda sus botellas más viejas, muchas de las cuales cree ahora que son falsas. Cogí una botella del Lafitte de 1787 con las iniciales «Th. J.». Estaba fría y resultaba sorprendentemente pesada en mis manos, y deslicé los dedos sobre las letras. ¿Podría una pasión compartida por los vinos viejos más raros haber cegado a todo el mundo (coleccionistas, críticos, subastadores) ante la mera inverosimilitud de aquellas iniciales? Jefferson había pedido en la carta de 1790 que se marcaran su vino y el de Washington, pero seguramente se refería a las cajas y no a cada una de las botellas.

Koch descorchó una botella de Montrachet de 1989, subimos las escaleras y nos instalamos en unas confortables sillas de cuero en la sala de los vaqueros. El vino era fresco y mineral; para mi indocto paladar, sabía delicioso. Mientras discutíamos el caso, advertí que Koch no parecía ofendido en absoluto. Se ha entregado a su batalla contra Rodenstock y el vino falsificado con el mismo entusiasmo desmedido que había dedicado inicialmente a coleccionar vino. «Solía alardear de que tenía los vinos de Thomas Jefferson —comentó—. Ahora he de alardear de que tengo los vinos falsificados de Thomas Jefferson».

Fuera, el sol estaba empezando a ponerse, y el chef de Koch le informó de que la cena consistiría en cangrejo de caparazón blando y venado. Koch hojeó el libro de la bodega, una enorme carpeta que contenía un listado de sus vinos. Arriba, uno de los niños estaba botando un balón de baloncesto. Entró Bridget Rooney con la hija de un año de la pareja, Kaitlin, en brazos. «Estamos hablando de vino falsificado —dijo Koch—. ¿Te apuntas?». Rooney se sentó a su lado. Llevaba un collar de perlas y no parecía advertir que Kaitlin las estaba mordisqueando. Cogió la copa de Koch y bebió un sorbo. «Mmm —murmuró—. Este no es falso».

Hardy Rodenstock murió en 2018, cuando contaba setenta y seis años, después de una enfermedad. Bill Koch llevó su cruzada contra el fraude de los vinos selectos aún más allá, apuntando a otros estafadores e interponiendo nuevas demandas. Sigue adelante con su investigación, muy felizmente hasta la fecha.

FAMILIA DE CRIMINALES

Cómo a un famoso gánster holandés lo acabó delatando su propia hermana (2018)

Astrid Holleeder tiene unos ojos llamativos de color azul turquesa, pero eso es todo cuanto puedo revelar sobre su aspecto porque está escondida; un exilio en su propia ciudad, Ámsterdam. Durante los dos últimos años ha vivido en una serie de casas seguras amuebladas. Prefiere edificios con aparcamiento subterráneo para así minimizar exponerse durante el breve recorrido hasta su coche blindado. Compró el vehículo usado por quince mil dólares. También tiene dos chalecos antibalas. Piensa mucho en cómo podrían asesinarla, imaginándose escenarios fatales. Cada vez que se detiene en un semáforo en rojo y para a su lado un vehículo desconocido, se agarra al volante mientras el corazón se le acelera. Entonces el semáforo se pone en verde, coge aire y reanuda la marcha.

Ámsterdam, una ciudad de menos de un millón de habitantes, es un lugar difícil para desaparecer, especialmente si has crecido en ella. Por fortuna, Holleeder (cuyo nombre suena como «Hol-lei-der»), protegía su privacidad incluso antes de que su vida llegase a estar amenazada, y en internet no puede encontrarse ninguna fotografía suya de adulta. En la actualidad visita muy puntualmente a un pequeño círculo de amigos, pero por lo demás permanece casi todo el tiempo en casa. Cuando se mueve por Ámsterdam lo hace en secreto y a veces disfrazada: posee una colección de narices y dentaduras falsas. Holleeder suele vestirse de negro, pero, si sospecha que la están siguiendo, puede esconderse en un baño y salir con una peluca y un vestido rojo. Ocasionalmente se ha hecho pasar por un hombre. Semejante subterfugio no es lo mejor para llevar una vida social normal. Ciertamente le supone un riesgo reunirse con alguien a quien no conozca de antemano. Holleeder es una mujer llena de energía, que extrae de la gente de la que se rodea, pero se ha acorazado. Recientemente me contó que a sus cincuenta y dos años sigue soltera y añadió: «Las relaciones están sobrevaloradas».

La amenaza a la vida de Holleeder tiene que ver con una decisión que tomó en 2013. Entonces se convirtió en la principal testigo en un juicio contra la mafia. Aceptó testificar contra el criminal más notorio de los Países Bajos, un hombre conocido como *De Neus*, «la Nariz», en referencia a su rasgo facial más prominente. Aquella fue una decisión arriesgada. «Todos los que se han puesto en su contra han acabado muertos», señaló. La Nariz está encerrado en la única prisión de máxima seguridad de los Países Bajos. En 2016 supuestamente pidió a los líderes de las bandas de la prisión que reclutasen miembros en el exterior para ejecutar a Holleeder junto con otros dos testigos en el caso contra él. El plan se torció cuando uno de los presos lo confesó a los funcionarios. Pero la amenaza persiste. «Por supuesto que lo haría —me aseguró Holleeder—. Me mataría». Si habla con tanta convicción de lo que podría hacer la Nariz es, en parte, porque ella era su asesora jurídica: hasta que Holleeder pasó a la clandestinidad, era una abogada de éxito especializada en defensa criminal. Y, además, es su hermana pequeña.

El nombre de la Nariz es Willem «Wim» Holleeder. Lo juzgan por cinco cargos de asesinato, dos de tentativa de asesinato y por «participación en organización criminal». El proceso se celebra en una sala de audiencias segura, en la periferia industrial de Ámsterdam, conocida como el Búnker. Cuando Astrid testifica, se sienta en una parte de la sala detrás de una pantalla opaca, lo cual garantiza que ninguno de los presentes pueda verle el rostro y asegura asimismo que ella no pueda ver a Wim, quien podría tratar de amedrentarla durante su testimonio con una mirada amenazante o un gesto que solo ella pudiera interpretar. Como un fiscal explicó recientemente ante el tribunal, Wim «puede ser extremadamente intimidatorio». El «megajuicio», como lo llama la prensa holandesa, se ha convertido en tal espectáculo que la gente hace cola a menudo desde el amanecer con la esperanza de asegurarse un asiento en la pequeña tribuna del público. Parte del atractivo es la propia Astrid. En 2016 publicó unas memorias, *Judas*, sobre lo que había supuesto para ella crecer con Wim y sobre su decisión de traicionarle. Se vendieron medio millón de ejemplares del libro en un país de diecisiete millones de habitantes. Aunque Astrid es hoy una autora famosa, no ha conocido a casi ninguno de sus lectores. Sería inimaginable organizar una firma de ejemplares en una librería. El título del libro refleja su profunda ambivalencia acerca de su decisión de acusar a su hermano de asesinato. Pero el dramón de esa decisión es lo que convirtió el libro en un éxito y lo que atrae a tantos curiosos al Búnker: el enfrentamiento de los Holleeder es un episodio de rivalidad entre hermanos en forma de duelo judicial.

«Esta es la máxima traición posible», declaró Astrid ante el tribunal en marzo. Entre sollozos, explicó que, pese a los numerosos crímenes de Wim, ella todavía le quiere. Era «una terrible locura» testificar contra él, admitía. «Pero, si tienes un perro precioso que muerde a los niños, tienes que elegir a los niños y sacrificar al perro».

* * *

Wim es el mayor de cuatro hermanos y Astrid es la menor. Sonja y Gerard son los medianos. Se criaron en Jordaan, un pintoresco barrio de casas estrechas y canales en el centro de Ámsterdam. Hoy en día Jordaan está repleto de modernos cafés y lujosas boutiques, pero en los años sesenta del pasado siglo era un barrio de clase trabajadora. El padre de Astrid, que también se llamaba Willem, trabajaba en la cercana fábrica de cerveza Heineken. Veneraba a Alfred «Freddy» Heineken, el potentado que dirigía la compañía. Las botellas verdes de la marca representaban supuestamente el 40 por ciento de la cerveza importada que se consumía en Estados Unidos, y Freddy Heineken era uno de los hombres más ricos de los Países Bajos. Cuando Astrid era pequeña, los niños hacían los deberes con bolígrafos en los que figuraba el logo de Heineken y bebían leche en vasos también con el logo de Heineken. La casa estaba «empapada en Heineken», recordaba Astrid. Lo mismo le ocurría a su padre, que era alcohólico. También era un sádico y un tirano que menospreciaba y maltrataba a la madre de Astrid, Stien, y a sus hijos.

Cuando Astrid reflexiona sobre las limitaciones que sufre en su existencia actual, a veces recuerda su infancia. «Estoy acostumbrada a estar en la cárcel, porque mi casa era una prisión», me confesó. Wim era un adolescente alto y apuesto, de brazos musculosos y nariz gala. Al igual que su padre, era temperamental y ambos chocaban con frecuencia; Wim empezó a salir por la noche y a volver muy tarde a casa. A veces despertaba a Astrid a su regreso y le susurraba: «Assie, ¿estás dormida? ¿Ya se ha acostado papá? ¿Ha vuelto a ponerse como un energúmeno?». Astrid le respondía también en susurros: «Se puso a gritar porque se hacía tarde. Pero mamá retrasó el reloj para que no te pillase». Stien me contó que su hijo había sido un niño adorable «hasta los doce o los trece años» y añadió: «Yo no sabía que se juntaba con malas compañías», y que «Todos eran unos delincuentes en el barrio».

Los Países Bajos tienen oficialmente uno de los índices de delincuencia más reducidos del mundo. En los últimos años se han cerrado un par de docenas de cárceles holandesas porque no hay suficientes presidiarios para llenarlas. La tolerancia hacia el cannabis y la prostitución, combinada con los bajos niveles de pobreza y el robusto sistema de prestaciones sociales, ha llevado a que al país se lo identifique como una especie de utopía progresista y pacífica. Sin embargo, un reciente informe confidencial de la policía holandesa, que se filtró a la prensa, sugería que las cifras oficiales no reflejan la tasa real de delincuencia en el país. La policía estimaba que millones de robos menores y otras infracciones no se denuncian cada año porque las víctimas llegan a la conclusión de que la criminalidad es un mal inevitable o de que es improbable que las autoridades detengan a los culpables. Se comete asimismo una cantidad considerable de delitos graves. Según un informe de Europol, nada menos que la mitad de la cocaína que entra en Europa pasa por el puerto de Róterdam. Cuando desapareció un cargamento gigantesco hace unos años, estalló una guerra de bandas; más de una docena de personas fueron asesinadas y los sicarios convirtieron las calles de Ámsterdam en verdaderos campos de batalla.

Las primeras incursiones de Wim Holleeder en el hampa fueron modestas: actuaba como matón para los propietarios que pretendían desalojar a los okupas y se involucraba en acciones fraudulentas. A sus veintipocos años ya perpetraba robos a mano armada. Había comenzado a exhibir algunos de los indeseables rasgos de su padre, lo que incluía amenazas a sus hermanas. Según Astrid, solía decirles: «Yo soy el jefe».

«Es un narcisista como su padre», me dijo Stien. Acudía ocasionalmente a casa a visitar a sus hermanas y a su madre, y a menudo le acompañaba su amigo de la infancia Cornelius van Hout, que se hacía llamar Cor. A Astrid le gustaba. «Rezumaba alegría de vivir», me confesó, y no se tomaba demasiado en serio al tempestuoso Wim. A Sonja Cor también le parecía encantador y, para deleite de Astrid, comenzó a salir con él. Sonja era hermosa, rubia, vestía muy bien y era servil con los hombres. «Sonja era como una muñeca —me contó su madre—. Astrid era como un tanque». Astrid era tan sumamente independiente que sus hermanos bromeaban diciendo que parecía que se había criado en un orfanato. Ella se tomaba aquella idea medio en serio, preguntándose a veces cuándo se presentaría su auténtica familia a llevársela.

Astrid destacaba en el colegio y, sintiéndose limitada por la jerga con la que había crecido en su barrio, se propuso dominar el neerlandés «correcto». Wim se burlaba de ella por darse aires. También aprendió inglés; le daba seguridad tener acceso a un idioma que su padre maltratador era incapaz de comprender. Todavía hoy hablar en inglés le brinda un refugio emocional. Al llegar a la edad adulta, Astrid tendía a pensar en términos claramente marcados por el género: las mujeres eran víctimas y los hombres, perpetradores. «Yo era como un hombre —me aseguró—. No quería ser una víctima. Jamás llevaba vestidos». Jugaba al baloncesto y llegó a alcanzar un nivel semiprofesional. A los diecisiete años se marchó de casa y dio la espalda a su padre para siempre. Su plan consistía en huir de los Países Bajos consiguiendo una beca universitaria en el extranjero. «Estaba dispuesta a marcharme a Estados Unidos –recordaba–. Pero volví a quedar atrapada a raíz del secuestro de Heineken».

* * *

El 9 de noviembre de 1983, Freddy Heineken salía de su oficina de Ámsterdam cuando una pequeña furgoneta naranja se detuvo a su lado. Varios hombres enmascarados los metieron a él y a su chófer en el vehículo a punta de pistola. La furgoneta condujo a toda velocidad por una vía ciclista y se dirigió hasta un almacén en las afueras de la ciudad. A Heineken y al chófer los encerraron en un par de celdas insonorizadas. Aquella noche, la policía holandesa recibió una nota que exigía un rescate colosal: el equivalente a más de treinta millones de dólares actuales. «Los secuestros eran esa clase de cosas que sucedían en otros lugares, como Estados Unidos», me explicó Peter R. de Vries, un periodista holandés especializado en delitos que había escrito un libro sobre el secuestro. Freddy Heineken era un icono nacional y el público holandés estaba fascinado con la historia. Por aquel entonces, Sonja vivía con Cor van Hout, con quien había tenido recientemente una hija, Frances. Una noche, Astrid y Wim fueron a cenar con ellos y vieron juntos las noticias. «Es extremadamente estúpido –recuerda haber comentado Astrid–. ¿A quién se le ocurriría secuestrar a Heineken? Los perseguirán el resto de su vida».

–¿Tú crees? –preguntó Wim.

–Estoy completamente segura –respondió ella.

Al cabo de tres semanas, las autoridades no habían hecho ningún progreso en la resolución del crimen. La familia Heineken entregó a un conductor cinco sacos que contenían el dinero del rescate en cuatro divisas, tal como habían especificado los secuestradores. El conductor fue a Utrecht, depositó los sacos en una alcantarilla y se marchó. No liberaron a los rehenes cuando se entregó el dinero, pero al poco la policía recibió un aviso anónimo que la condujo hasta el almacén de Ámsterdam. En su interior encontraron a Freddy Heineken y al chófer. «Estaba encadenado por la mano izquierda, por lo que mi libertad de movimiento era casi inexistente», contó Heineken en una declaración, en la que añadió que se peinaba con los dientes de un tenedor de plástico. «El intento de establecer una rutina te mantiene ocupado», decía. Habían rescatado a los cautivos, pero los culpables se habían esfumado, aparentemente saliéndose con la suya, sin que los detuvieran y con el dinero del rescate. Una mañana, sin embargo, mientras Astrid estaba en casa de Sonja y Cor se encontraba fuera, irrumpieron por la puerta unos policías fuertemente armados. Un informante anónimo había revelado a las autoridades holandesas la identidad de los secuestradores. Los presuntos cabecillas eran Wim Holleeder y Cor van Hout. La policía puso bajo arresto a las hermanas. Astrid tenía diecisiete años.

A comienzos de esta primavera contacté con el editor de Astrid, Oscar van Gelderen. Un tipo desenfadado con una sonrisa pícara y experiencia como representante de autores estrella amenazados de muerte: fue el primer editor extranjero que tradujo a Roberto Saviano, el periodista italiano que escribió el libro de 2006 *Gomorra*, sobre la mafia napolitana, y que vive desde entonces en la clandestinidad. Van Gelderen me puso en contacto con Astrid, quien accedió a verme, pero con condiciones. Yo no podía saber de antemano en qué lugar de Ámsterdam nos reuniríamos: si los socios de Wim se enterasen de que me iba a ver con Astrid, podrían seguirme. Antes de encontrarme con ella, Van Gelderen me instó a mostrarme sensible ante Astrid, que sufría una carga emocional considerable dada su precaria situación. «Es toda una intelectual —me comentó—. Pero tiene los nervios a flor de piel».

Una tarde, cuando empezaba a caer la noche sobre Ámsterdam, me recogió un conductor que me llevó a un hotel elegante donde descendimos hasta el aparcamiento subterráneo. Cogí un ascensor hasta un restaurante japonés en el que me escoltaron hasta una mesa baja, en una sala privada cerrada con pantallas de estilo *shoji*. Entonces una de ellas se abrió deslizándose y entró Astrid. Para haberse convertido en una ermitaña, estaba impresionantemente en forma. Vestida de negro, me saludó con efusividad y acto seguido comenzamos a hacer un minucioso examen del menú. «No salgo mucho a comer, solo cuando es en una sala privada», me indicó con una euforia no disimulada antes de seleccionar la opción más extravagante, un menú degustación de doce platos, y recomendarme que hiciera lo mismo. A continuación empezó a hablar de su hermano —deprisa y con confianza, en un perfecto inglés— con una urgencia apremiante, la propia de una confinada ávida de conversación. Sin lugar a dudas, observó, había un impulso parricida detrás de la decisión de Wim de secuestrar a Freddy Heineken, el hombre a quien su padre veneraba, pero que también «suministraba la cerveza que bebía todo el día». Con todo, decía, «Wim jamás habría decidido conscientemente secuestrar a Freddy Heineken por ese motivo; no es lo bastante consciente de sí mismo para ello».

Cuando la policía arrestó a las hermanas Holleeder, Wim y Cor huyeron a Francia. Astrid y Sonja declararon a los investigadores que ellas no estaban al tanto de la trama; Wim no habría confiado el plan a sus hermanas y Sonja sabía que no debía preguntar a Cor por su trabajo. Pusieron a las mujeres en libertad sin cargos. Seis semanas después, Wim y Cor fueron capturados en París, en un apartamento cercano a los Campos Elíseos; Cor había estado haciendo llamadas a Sonja, que las autoridades habían rastreado. El Gobierno holandés inició la extradición de Wim y Cor, pero el proceso quedó enredado en complicaciones jurídicas, y los hombres permanecieron bajo custodia francesa durante casi tres años. A lo largo de ese periodo concedieron entrevistas ocasionales a la prensa holandesa, dando una imagen de antihéroes valientes e insolentes: matones de clase trabajadora que habían osado secuestrar a un plutócrata. Aunque Astrid se sentía horrorizada en privado por la actitud de ambos, sus sentimientos hacia ellos eran complejos: Wim era su hermano y Cor, su cuñado. Sonja nunca vaciló en apoyar a Cor, y Stien viajaba a Francia todas las semanas para visitar a Wim en la cárcel.

El deseo de Astrid de distanciarse de su familia se vio frustrado, porque ahora tenía un sentimiento de lealtad hacia ellos que ponía en cuestión y porque su apellido se había hecho tristemente célebre. Mientras Wim y Cor estaban en Francia, Astrid se enamoró de un artista, llamado Jaap Witzenhausen, que le sacaba veinte años. No se parecía nada a los hombres de su familia; tenía un temperamento afable y se subordinaba de buen grado a Astrid. «Él era mi ama de casa —recordaba con cariño—. Se ocupaba de las tareas domésticas. Cocinaba muy bien. Era todo un partido». Cuando la familia de Astrid los visitaba y veía a Witzenhausen pasando la aspiradora, le parecía divertidísimo. A los diecinueve años Astrid dio a luz a una niña, Miljuschka. Durante varios meses, me confesó, trató de proteger al bebé de sus familiares, incluida Stien, porque tenía miedo de que Miljuschka se infectase de «la dinámica de mi familia». Comenzó a acudir a un psicoterapeuta. La gente de su barrio no hacía esas cosas («Eso quería decir que estabas loca»), pero ella estaba resuelta a no someter a su hija a las patologías que habían pervertido su propia infancia. Su primera pregunta al terapeuta fue «¿Qué es lo normal? ¿Cómo se comportan las personas normales?».

Wim y Cor fueron extraditados finalmente a los Países Bajos en 1986 y condenados a once años de cárcel. Bajo el permisivo régimen penitenciario del país, quedaron en libertad a los cinco años. Los holandeses se escandalizaron cuando los secuestradores lo celebraron organizando una decadente fiesta en la que una banda interpretó una canción publicitaria de Heineken. Los hombres tenían sobrados motivos de celebración, como me explicó Astrid: «Las autoridades no recuperaron el dinero». Tras la liberación de Heineken y su chófer, la policía holandesa declaró haber encontrado la mayor parte del rescate enterrado en una zona boscosa próxima a la localidad de Zeist, a cincuenta y cinco kilómetros al sudeste de Ámsterdam. Pero aproximadamente una cuarta parte de él —el equivalente a ocho millones de dólares actuales— jamás se recuperó. Según Astrid, tanto Wim como Cor confiaron algunos de esos fondos a sus socios criminales con instrucciones de invertir en el narcotráfico. «Por consiguiente, mientras ellos estaban en la cárcel, los ocho millones estaban trabajando para ellos», dijo. Entraron en prisión como hombres ricos y salieron más ricos aún.

* * *

Cuando Cor fue puesto en libertad, Sonja y él pasaron a vivir una vida de esplendor, propia de gánsteres, con coches ostentosos y vacaciones en el Mediterráneo. Tuvieron otro hijo, un niño, y Cor le llamó Richie por sus ambiciosas connotaciones. Cor y Wim seguían siendo socios y, mediante la relación de Cor con Sonja, los Holleeder se habían convertido efectivamente en una familia de criminales. El padre de Astrid había muerto mientras Wim estaba en prisión, y Wim regresó a casa como el paterfamilias. (El otro hermano de Astrid, Gerard, se distanció de la familia). Peter de Vries, el reportero especializado en asuntos criminales, había llegado a conocer a Cor y a Wim mientras estos estaban detenidos en Francia y en 1987 publicó *Kidnapping Mr. Heineken*, que se convirtió en un superventas. En el libro, Cor dice que no se arrepiente demasiado de sus actos y celebra su vínculo con Wim y los otros secuestradores como una «camaradería eterna, integral, indestructible y excepcional». La familia Heineken nunca intentó recuperar el resto del rescate emprendiendo acciones legales contra Cor y Wim. De Vries me explicó que Freddy Heineken había quedado traumatizado por el secuestro y temía que esos empresarios criminales pudieran atacar de nuevo. Se dice en ocasiones que la cultura holandesa de permisividad no procede meramente de un espíritu liberal de tolerancia, sino también de un pragmatismo obvio: ¿qué sentido tiene prohibir la prostitución si al hacerlo no se va a acabar con ella? Heineken era un hombre rico que deseaba vivir en paz. A comienzos de los noventa, De Vries negoció y logró una reunión en la que Wim y Cor se sentaron con el responsable de seguridad de Heineken. «Le dijeron: "Freddy no debe tener miedo"», recordaba De Vries. Pero esa promesa iba acompañada de una expectativa implícita: que Heineken, en un espíritu de reciprocidad, no intentara recuperar su dinero. En palabras de De Vries: «Se mantendrían mutuamente alejados». Tras el secuestro, Heineken se convirtió en una especie de recluso. Murió en 2002. (La familia Heineken no respondió a una petición para comentar este asunto).

Los Holleeder sospechaban que las autoridades empezarían a vigilarlos, por lo que no hablaban de nada sensible en sus casas ni en sus coches. «Para proteger el dinero, teníamos que guardar silencio», recordaba Astrid. Me contó que se comunicaban en clave −«Te he traído piña deshidratada» significaba «Ven porque tenemos un problema»− y con silenciosos gestos improvisados. Cuando Wim quería hablar con franqueza con Astrid o Sonja, les ordenaba acompañarle a dar un paseo. («Soy un amante del aire libre», bromearía más tarde ante el tribunal). Incluso entonces Astrid se tapaba la boca al tratar asuntos delicados con el fin de obstaculizar la labor de cualquier lector de labios de la policía que pudiera estar observándolos con prismáticos. Si Wim necesitaba decir algo potencialmente comprometedor, se lo susurraba al oído. «Fuimos ganando destrezas, compartiendo el secreto, dejándolos vivir del dinero de Heineken», me confesó Astrid. Hoy reconoce que el instinto de lealtad que sentía hacia su familia equivalía a una suerte de compromiso moral. «Fue entonces cuando todos nos convertimos en cómplices», afirmó.

Un sector en el que Wim y Cor invirtieron el dinero del rescate fue el del tráfico sexual. Adquirieron intereses en varios establecimientos prominentes del Barrio Rojo de Ámsterdam. Sus nombres no figuraban en los papeles porque las inversiones se realizaban a través de apoderados. «En términos jurídicos no *existía* ningún dinero de Heineken», explicó Astrid. Cuando alguien preguntaba a Wim qué había sido de los millones que faltaban, él contaba una historia imprecisa según la cual el dinero se había quemado en una playa. «Está lo que todo el mundo sabe y luego está lo que se puede demostrar», comentó Astrid.

La implicación de Wim y Cor en los negocios del Barrio Rojo llegó a ser un secreto a voces en Ámsterdam. Después de invertir en la Casa Rosso, un lugar afamado por su «teatro erótico», la compañía Heineken comunicó supuestamente a la dirección del establecimiento que su cerveza no podía seguir vendiéndose allí. Astrid creía que Wim acosaba y ridiculizaba a las mujeres y que se estaba volviendo tan agresivo como lo había sido su padre. No obstante, los hermanos mantenían una profunda conexión después de haber sobrevivido a una infancia espeluznante. «Nuestro vínculo está basado en el sufrimiento y en los secretos —me explicó—. Las relaciones más íntimas son aquellas que se basan en el miedo, las amenazas y la violencia. Si compartes con alguien una situación semejante, forjas un vínculo de por vida». En su familia existía «codependencia», prosiguió. «Aprendí a amar a personas que no me gustan».

Trabajó durante algún tiempo detrás de la barra de uno de los clubes de su hermano. «Quizá quería pertenecer a mi familia —sugirió—. No tenía ningún problema con la prostitución porque la vivía muy de cerca. Era la única manera de llegar a ser independiente de un hombre si no tenías cerebro ni capacidad para aprender. Podría haber sido una opción para mí». Pero, en lugar de continuar allí, a los veintitrés años Astrid fue a la universidad a estudiar Derecho atraída por el rigor y claridad de la carrera. Era la única madre joven entre sus compañeros, pero su marido se adaptó a sus ambiciones y le ayudó a cuidar de su hija Miljuschka. Astrid planeaba especializarse en derecho de sociedades, pero una vez que se graduó, descubrió que sus empleadores potenciales se sentían amedrentados por su apellido. Una vez más no había logrado librarse del legado de los Holleeder. Resultó que Wim conocía a algunos de los mejores abogados de defensa criminal de Ámsterdam y organizó las presentaciones. Astrid descubrió que, en esos círculos, su nombre era una *ventaja*. «Yo les parecía fantástica por ser la hermana de Wim Holleeder», dijo. Incluso en el hampa el nepotismo tiene sus ventajas.

Astrid desarrolló una verdadera inclinación por el trabajo de defensa. Habiendo aprendido a cambiar de código entre el rancio neerlandés de la sala de audiencias y el argot tan marcado de su juventud, le resultaba fácil conectar con los miserables parientes de su clientela criminal. «Sabía cómo hablar con las familias —me comentó—. Sabía lo importante que es la esperanza. Es como lo que me ocurre con mi familia: no los conozco como criminales; los conozco como personas». Mientras recordaba el trabajo que hacía con sus clientes, noté un temblor en su voz y le pregunté si echaba de menos el empleo. Tras una pausa, contestó que sí: «Conoces a personas en las profundidades de su miseria y se aferran a ti». Una vez convertida en testigo contra Wim, el trabajo jurídico empezó a resultar demasiado arriesgado tanto para ella como para sus clientes. Sacudió la cabeza y dijo: «La verdad es que estoy entre cuatro paredes, exactamente igual que mi hermano».

Astrid habla de Wim como si este fuese un agujero negro que aspira y corrompe todo cuanto queda atrapado en su órbita. Ni siquiera fue inmune su marido, el artista progresista y amable. Cuando Miljuschka era muy pequeña, Witzenhausen aceptó un empleo como gerente de uno de los burdeles de Wim y Cor. «A Jaap le gusta rescatar mujeres —comentó Astrid—. Todas las mujeres de un prostíbulo necesitan ser salvadas». En cierto momento Astrid descubrió que su esposo estaba robando dinero del establecimiento, una apuesta potencialmente suicida porque, si Wim se enteraba, podría matarle. «Jaap pasó poco a poco de intelectual a ladrón», recordaba Astrid. En 2005 unos detectives interrogaron a Witzenhausen y les contó que Wim había abusado físicamente de Astrid y Sonja y que existía una «enorme intimidación» en la familia. Astrid fastidiaba a Wim, declaró Witzenhausen a la policía, porque le desafiaba. «Por eso recibe una paliza a cada ocasión», aseguró.

Cuando se lo mencioné a Astrid, ella replicó que no tenía ningún recuerdo de que Wim la maltratase de adulta. No obstante, no cuestionaba que aquello ocurriera y añadía: «Siempre y cuando no fuese en la cara, yo no lo veía como una paliza». Wim le escupía, la empujaba y había intentado derribar la puerta de su despacho. «Pero aquello me parecía normal», aseguró. Astrid reconoce hoy la contradicción: «Tenía dos vidas. Tenía mi propia vida, con mis amigos y mi trabajo, y tenía otra con mi familia, en la que representaba un papel determinado». En el ámbito profesional se había convertido en una abogada resuelta y bien relacionada. Sin embargo, como la hermana pequeña de Wim Holleeder, estaba atrapada en el papel de la víctima. Acabó descubriendo que Witzenhausen la engañaba con mujeres del burdel. Se separaron y empezó a criar ella sola a Miljuschka. Fue una ruptura tan radical que ni la madre ni la hija saben dónde está Witzenhausen en la actualidad. (Yo intenté localizarle sin éxito).

Pero Astrid era incapaz de demostrar la misma fortaleza deshaciéndose de su familia. «Debería haberme marchado –reconoció–. Me habría sido más fácil. Pero no puedo dejarlos». Lleva casi treinta años con el mismo psicoterapeuta y en nuestras conversaciones me impresionó la absoluta franqueza con la que cuestiona sus propias decisiones. En un momento dado, dijo a propósito de su incapacidad de liberarse: «¿Es acaso una búsqueda de emociones? ¿Es tal vez empatía? Creo que quizá se trate de ambas cosas a la vez. Estoy acostumbrada a llevar una vida peligrosa».

* * *

Un día de primavera de 1996, Cor y Sonja recogieron a Richie de la guardería. Antes de entrar en casa, permanecieron en el coche: sonaba en la radio una canción de Andrea Bocelli y Richie quería cantarla. Mientras lo hacía, Sonja vio acercarse a un hombre. Sacó una pistola y comenzó a disparar. Sonja salió frenéticamente a rastras del coche, abrió la puerta trasera y tomó a Richie del asiento. El tirador salió corriendo. A Cor le había alcanzado en el brazo y en el hombro, y una bala le destrozó la mandíbula, pero sobrevivió. Astrid se reunió con ellos en el hospital y advirtió un rastro de plumas diminutas que caían de un agujero en el abrigo de Sonja. Metió el dedo y sacó una bala. Se había alojado en el tejido y de algún modo no la había alcanzado.

Tan pronto como Cor recibió el alta del hospital, Wim ayudó a trasladarle a él, a Sonja y a los niños a Francia, donde pasaron a vivir en clandestinidad. Tras algunas investigaciones, Wim informó de que dos gánsteres de Ámsterdam, Sam Klepper y John Mieremet, habían autorizado aparentemente el ataque. Al parecer, Cor y Wim habían adquirido una prominencia en el hampa holandesa excesiva.

Según Wim, los gánsteres habían prometido dejar de perseguir a Cor si este les pagaba un millón de florines holandeses. Wim instó a Cor a ser pragmático: pagar el dinero y zanjar el asunto. Cor se negó con indignación. Mientras se recuperaba con su familia en una casa de labranza escondida en un bosque, Wim regresó a Ámsterdam para ocuparse de Klepper y Mieremet.

Cor siempre había sido la personalidad dominante en la pareja de criminales; cuando eran jóvenes, Wim le llevaba el desayuno cada mañana. Pero en la época del atentado contra la vida de Cor, su relación se había vuelto tensa. Peter de Vries, que vio a ambos hombres durante aquel periodo, me contó: «Discutían mucho. Willem ya no quería seguir representando su papel». Mientras que Cor se estaba involucrando más en el narcotráfico y en otras actividades delictivas, Wim mantenía que quería hacer las cosas dentro de la legalidad. «Mi objetivo era blanquear todo el dinero que tenía y luego salir del hampa —testificaría más tarde, añadiendo—: Soy un pensador a largo plazo».

Otra fuente de tensión era la afición de Cor a la bebida. Tenía una imagen de tipo locuaz, de alma de la fiesta, pero Wim, que quizá tenía presentes las patologías de su padre, rara vez probaba el alcohol. Cor reconocía tener un problema al respecto. A veces alzaba una cerveza, dibujaba una sonrisa sardónica y exclamaba: «Heineken me ha atrapado». Él también era agresivo y pegaba a Sonja. Sin embargo, a ella jamás se le ocurrió dejarle. «Sonja tenía un padre alcohólico y buscó un hombre alcohólico», sentenció Astrid. En su mundo, era así como los hombres trataban a las mujeres.

Temeroso de que sus enemigos acabasen encontrándole, Cor comenzó a almacenar armas. Le dijo a Sonja que, en caso de que le mataran, quería un funeral con una carroza fúnebre tirada por caballos. Mientras tanto, Wim continuaba presionando a Cor para que pagase lo que, a modo de extorsión, le exigían los gánsteres, hasta tal punto que Cor empezó a cuestionar la lealtad de su amigo. Wim insistía en que solo tenía en mente los intereses de Cor. Pero este, indignado, acusó a Wim de Judas, de traidor. En el invierno de 2000, unos días antes de Navidad, Cor escapó por los pelos de un segundo atentado contra su vida. Un francotirador intentó abatirle a tiros cuando estaba a punto de entrar en su casa, pero no lo alcanzó. La familia entró en pánico. Astrid vincula esa época con algunos de sus obsesivos instintos de supervivencia. «Siempre estábamos esperando que matasen a alguien», recordaba.

Un día de enero de 2003, Cor estaba charlando con un socio a la puerta de un restaurante chino cuando se acercaron dos hombres en una moto roja y abrieron fuego. En esa ocasión consiguieron matarle. De acuerdo con su petición, el cuerpo de Cor llegó a la tumba en una carroza fúnebre blanca tirada por caballos frisones. Los asistentes acudieron en limusinas blancas. Algunos amsterdameses se sorprendieron del exceso de la puesta en escena del funeral. «Sacudió a toda la ciudad —recordaba Astrid, que añadió—: Solamente intentábamos cumplir su voluntad». Quedó destrozada por el asesinato. Cor no era precisamente un compañero ni un padre ideal, pero Sonja y los niños le querían, y hacía mucho tiempo que Astrid le consideraba otro hermano. La muerte prematura de Cor permitió a las Holleeder ponerse sentimentales con él como no pueden hacerlo con Wim; en cualquier caso, Astrid y Sonja hablan de Cor con gran ternura y afecto.

Después del asesinato, Wim pareció consolidar su autoridad en el hampa. Uno a uno, sus socios criminales fueron asesinados. Nunca se le relacionó directamente con ninguna de las muertes, pero venían a ser como el dinero de Heineken: nadie era capaz de demostrar nada, pero todos suponían que él estaba detrás de los crímenes. Wim empezó a pasar más tiempo con Sonja y su familia. Pero no fingía en absoluto llorar por la muerte de Cor; de hecho, le denigraba abiertamente. Cuando Richie se convirtió en un adolescente desgarbado, se parecía cada vez más a su difunto padre, y Wim se metía con el muchacho diciéndole que Cor había sido «un don nadie». Mientras tanto, le sugería a Sonja que todos los activos vinculados al secuestro de Heineken debían pertenecerle a él. A diferencia de Sonja, él había corrido el riesgo de orquestar la operación.

En 2007, Wim fue condenado por chantajear a varios hombres de negocios de Ámsterdam y entró en prisión de nuevo. Tras su puesta en libertad cinco años más tarde, llegó a ser más famoso que nunca en los Países Bajos. Se dedicó a recorrer en una Vespa los distritos de moda de Ámsterdam y grabó un sencillo de hip hop, «Willem is terug» o «Willem ha vuelto», con el rapero holandés Lange Frans. («Me encarcelaron como a un animal y me liberaron como a un hombre»). Comenzó a escribir una jactanciosa columna en la revista *Nieuwe Revu* en la que mencionaba a conocidos famosos y sugería que, habiéndose convertido en un escritor, ahora lo aceptarían los periodistas que «siempre habían escrito porquerías sobre mí». Contrató un *paparazzi* personal para que recopilase imágenes suyas fraternizando con celebridades. Los libros sobre sus hazañas criminales, con títulos como *Holleeder: Los primeros años*, se convirtieron en un pequeño negocio. Se hizo una película basada en el libro de De Vries sobre el secuestro de Heineken en la que Anthony Hopkins interpretaba el papel de Freddy. Wim apareció incluso en *College Tour*, un popular programa de la televisión holandesa que incluía entrevistas con figuras tan notables como Bill Gates y el arzobispo Desmond Tutu. La prensa empezó a describir a Wim como un *knuffelcrimineel* o «criminal adorable». Cuando los jóvenes de Ámsterdam le veían por la ciudad, le pedían un selfi. Un capo de la mafia local, un serbio llamado Sreten Jocić, bromeaba diciendo que Willem Holleeder era el producto más conocido de los Países Bajos después del queso.

A Astrid, la acogida de su hermano por parte del público se le antojaba desconcertante. Había quien lo explicaba aludiendo a la nostalgia por lo local. Se decía que los inmigrantes de Marruecos y las Antillas neerlandesas se habían hecho con el control del hampa de Ámsterdam, y Wim era retratado con frecuencia como un miembro de una especie en extinción: el delincuente autóctono. Con su marcado acento y su piel blanca, Wim era un anacronismo que agradaba al público, que lo admiraba en Ámsterdam de la misma forma que John Gotti fuera celebrado antaño en Nueva York. No obstante, parecía un tanto extraño proclamar a alguien el último de los dinosaurios cuando existía una clara posibilidad de que todos los demás dinosaurios hubiesen muerto porque precisamente él los había matado. Las personas que se codeaban con Wim Holleeder tenían una tasa de mortalidad alarmante. Cuando pedí a De Vries que nombrara a amigos de Wim que le conociesen bien, pensó por un momento y luego dijo: «La mayoría de ellos están muertos». El caso de 2007 contra Wim se basó en gran medida en una serie de entrevistas clandestinas que Willem Endstra, uno de sus antiguos socios, concedió a los investigadores neerlandeses. Endstra calculaba que Wim era responsable de dos docenas de asesinatos. Wim se jactaba desde hacía tiempo de mantener informantes a sueldo en el departamento de policía; si aquello era cierto, suponía un riesgo para cualquiera que se volviese contra él. No mucho después de que Endstra se convirtiera en testigo, fue asesinado a tiros. A Wim lo han acusado de ordenar matarlo.

Astrid sabía que su hermano era un asesino. Él recurría a ella con frecuencia en busca de asesoramiento legal, y para cada asesinato en Ámsterdam en el que Wim pudiera estar potencialmente implicado ella creaba un dosier detallado en el que consideraba los posibles testigos y los medios para desacreditarlos. El número del *knuffelcrimineel* era, a su juicio, una elaborada distracción. «Estaba blanqueando su pasado», me aseguró. Aquello la asqueaba. Wim solía presentarse en su casa por la mañana temprano e insistía en que salieran a dar un paseo. Ella misma empezó a despertarse muy temprano para estar vestida cuando él apareciese. A veces, cuando él necesitaba «dinero limpio» para cubrir sus gastos, Astrid se lo proporcionaba. En más de una ocasión ella había engañado a los investigadores con el fin de proteger a su hermano. Cuando la interrogaron posteriormente en los tribunales acerca de tales transgresiones, replicó: «Si tienes que escoger entre que se te eche encima la justicia o que se te eche encima Wim, escoges la justicia».

Conforme aparecía muerto un cómplice de Wim tras otro, Astrid alimentaba una oscura sospecha. Aunque su hermano había acusado de los primeros intentos de matar a Cor van Hout a los gánsteres Sam Klepper y John Mieremet, había acabado asociándose con el propio Mieremet. Cuando mataron a Cor en 2003, a Klepper lo habían abatido a tiros en Ámsterdam. Mieremet fue asesinado en Pattaya, Tailandia, en 2005. Cuanto más reflexionaba Astrid sobre la secuencia de los acontecimientos conducentes a la muerte de Cor, más evidente se tornaba que Klepper y Mieremet no habían ordenado el asesinato de Cor. Lo había hecho Wim.

* * *

Una mañana de domingo me recogió un conductor junto a un canal del centro de Ámsterdam y me llevó hasta el edificio de apartamentos donde vive Sonja. Astrid nos recibió en la puerta. Había organizado un almuerzo con su familia y me había invitado a acompañarla. La anfitriona se encontraba en la cocina. Tiene el cabello rubio miel, la piel muy bronceada, una sonrisa reservada y, al igual que Astrid, tendencia a vestir de negro. El apartamento estaba inmaculado y amueblado en blanco; la luz del sol se filtraba a través de las persianas cerradas. Astrid comentó con una franqueza sorprendente que Sonja continuaba viviendo de los ingresos del secuestro. «El Estado no se lo confiscó y Heineken no inició ningún procedimiento para recuperarlo, de modo que el dinero era suyo», me explicó. En las paredes colgaban fotografías enmarcadas de Cor junto con otras de Sonja posando con las estrellas de la película *El caso Heineken*. Sus hijos, Frances y Richie, estaban sentados en la mesa del comedor; Stien, ella sola en un sofá, comiendo cuidadosamente de un cuenco de sopa. Circulaban pasteles y taquitos de queso.

«Estábamos en plena discusión antes de que usted llegase», anunció Astrid. Me explicó que Richie puede testificar en el juicio contra su tío, aun cuando Sonja piensa que no debería hacerlo.

Richie dijo: «Los medios de comunicación hacen que parezca que lo hemos pasado de maravilla siendo una familia de criminales, pero él ha sido un hombre terrible para mí y para mi hermana». Tiene un parecido asombroso a su padre: las mismas largas extremidades, pelo rubio cortado al rape y cara redonda y pequeña. Me recordó que tenía tres años y estaba en el coche la primera vez que unos hombres intentaron matar a su padre, y nueve años cuando Cor fue asesinado. «Ahora tengo veinticinco», dijo.

El propio Richie podría haber acabado en la delincuencia. Como el sobrino de Wim Holleeder y el hijo de Cor van Hout, pertenecía a la realeza del hampa. En lugar de ello, hizo lo que Astrid había esperado hacer antes del secuestro de Heineken: se marchó a Estados Unidos con una beca deportiva para jugar al tenis en la Universidad de San Francisco. Después de la universidad, regresó a Ámsterdam y montó un negocio como entrenador personal. Pero albergaba un profundo resentimiento hacia su tío, me confesó. «Pensé en matarle —dijo—. Me arrebató a alguien a quien quería y sigo queriendo».

Varios meses después de la tentativa de asesinato de 1996, Cor regresó de su escondite en Francia y se compró una villa en los Países Bajos. Wim presionó a Astrid y a Sonja para que le diesen detalles sobre su localización, pero ellas se resistieron, pues le habían prometido a Cor mantener en secreto su paradero. En cierta ocasión, Wim blandió un arma y apuntó a Richie, siseando: «¡Decidme dónde está!» (Wim ha calificado esta historia de «mentira nauseabunda»). Astrid me contó que su hermano responde a la lógica de la tragedia griega: siempre se sentía incómodo con los hijos de sus víctimas porque estos podían crecer y buscar venganza. Frances, que contaba treinta y cinco años y tenía un rostro afable y unos ojos verdes, me contó que Wim solía escupir cuando le gritaba, pero ella no podía limpiarse por miedo a ofenderle. «Costaba fingir y poner buena cara», decía. Recordaba que el féretro de su padre se había abierto en el funeral y que Wim había dado instrucciones al director de la funeraria para que aplicasen una buena dosis de maquillaje al rostro de Cor. «Parecía un payaso», dijo Frances con un amargo sollozo.

Astrid se mostraba feliz de estar rodeada por su familia, e imperaba un sentimiento de alivio colectivo por ser capaces de hablar abiertamente de los abusos de Wim tras años de temeroso silencio. Al mismo tiempo resultaba angustioso revivir algunos de aquellos recuerdos. Sonja no decía gran cosa, pero rondaba cerca de la mesa, sirviéndome café y asegurándose de que todos tuvieran suficiente comida. Durante años, me dijo, a Wim le preocupaba que alguien pudiera esconder un artefacto explosivo en su coche. Por ello, cada vez que quería conducir a algún sitio, daba instrucciones a Sonja para que saliese y arrancase el motor. (Wim lo niega). «Ahora pienso: "¿Cómo podía yo hacer eso?" –dijo–. Pero lo hacía».

Tanto Astrid como Sonja sospechaban desde hacía mucho tiempo que Wim había orquestado el asesinato de Cor, pero jamás hablaban de ello; trataban el asunto como otro secreto de familia. Finalmente, en 2012, comentaron el tema e idearon un plan. Preguntaron a Peter de Vries, que se había convertido en un amigo de confianza, si debían acudir a las autoridades como testigos potenciales. Él instó a la cautela. Wim mataba a quienes le contrariaban y, si ellas se volvían contra él y llegaba a enterarse –como probablemente sucedería, habida cuenta de sus supuestos contactos policiales–, haría que las matasen.

Pero Astrid no abandonaría la idea. «Wim era sospechoso de asesinatos, pero nunca tuvieron pruebas para llevarle ante los tribunales», me dijo. Ella estaba en una posición casi única para aportar esas pruebas y, como abogada, estaba íntimamente familiarizada con las reglas de las pruebas en el derecho penal holandés. Le preocupaba que, si Sonja y ella corrían el riesgo de convertirse en testigos, acabaría siendo su palabra contra la de Wim. Pero ¿y si lo grababan subrepticiamente hablándoles de su manera habitual, brutal y sin filtros?

Astrid comenzó a investigar sobre micrófonos ocultos. Había una tienda en Ámsterdam especializada en artilugios de espionaje, pero no se atrevía a acudir en persona, me confesó, porque Wim iba allí a veces («Podría verme», alegó). En lugar de ello, envió a un amigo. Empezó a esconderse en el sujetador un pequeño micrófono inalámbrico que se activaba por voz. Wim era tan desconfiado que era capaz de registrar a sus hermanas: ella le había visto hurgando en sus cajones y revisando su correspondencia. Pero se figuraba que no le registraría el escote.

En enero de 2013 empezó a llevar el micro en los paseos que daban juntos. Las primeras veces el aparato no captó los susurros de Wim, por lo que Astrid retiró la envoltura del dispositivo a fin de que ocupara lo mínimo posible y luego se cosió el micrófono al cuello de la chaqueta. Aquello funcionó, así que proporcionó a Sonja un equipamiento similar y le enseñó a utilizarlo. Las hermanas estaban convencidas de que, si Wim descubría la traición, montaría en cólera y mataría a golpes a una de ellas o a ambas. Pero, cuando le pregunté a Sonja si estaba aterrorizada, me contestó que no. Astrid rio entre dientes. «Yo parezco la bruja, pero soy la blandengue de las dos —aseguró—. Si quieres atracar un banco, ella es la persona indicada». Sonja se limitó a sonreír.

Para cuando las hermanas comenzaron a grabar a Wim, a este le quedaban pocos confidentes. En la prensa sensacionalista continuaba representando el papel de chico malo y disoluto. Sin embargo, en las conversaciones privadas con Astrid y Sonja revelaba que estaba consumido por la paranoia y la hostilidad. Estaba obsesionado con el dinero y, en particular, con lo que quedaba del rescate de Heineken. En enero de 2013 la prensa informó de que Sonja había llegado a un acuerdo de un millón de euros con el Estado holandés respecto de las acusaciones de blanqueo de dinero y fraude fiscal en relación con el patrimonio de Cor. Para Wim, el acuerdo sugería que Sonja estaba ocultando una suma mucho mayor. En las conversaciones que ella grabó, él la reñía llamándola, entre otros epítetos, *kankerhoer* o «puta cancerosa». Cualquier atisbo de desafío real, o si así lo percibía, por parte de sus hermanas provocaba un torrente de injurias. «Te voy a romper a patadas la cabeza de enferma que tienes —le decía a Sonja en una grabación—. Soy una celebridad holandesa. Nadie se atreve a meterse conmigo». Se mostraba lleno de ira ante Astrid a propósito de Sonja, diciéndole que, si llegara a delatarle ante las autoridades, «le daría una buena paliza» o incluso le pegaría un tiro. Wim le advirtió asimismo: «Si entro en chirona un solo día, sus hijos irán primero».

No llevábamos mucho tiempo a la mesa en casa de Sonja cuando llamaron a la puerta. Era Miljuschka, la hija de Astrid, una hermosa mujer de treinta y tres años con una melena de pelo castaño y los ojos azules de su madre. Está divorciada y tiene dos hijos pequeños. Ella y su madre se abrazaron. Con solo diecinueve años de diferencia, están muy unidas, pero Miljuschka me dijo que resultaba reconfortante ver a Astrid en persona porque esos días hablaban básicamente por FaceTime. Miljuschka es una exmodelo que actualmente presenta un popular programa de cocina holandés. Su fama añade una capa de complejidad a la ya engorrosa situación de Astrid: dado que la gente reconoce a Miljuschka por la calle, Astrid no puede pasar tiempo en público con su hija. Cuando Astrid decidió volverse en contra de su hermano, discutió las posibles consecuencias con Miljuschka. «Le dije que podían matarme, y podían matarla a ella», dijo Astrid. Pero Miljuschka respaldó la idea. «Es una cuestión de honor —me explicó—. Y también, ya sabe, de hacer lo correcto. Al decidir testificar, estamos dispuestas a morir. Yo soy una persona pública. Él puede encontrarme si así lo desea». Si me asesinaran, dijo, «sería duro para mis hijos, pero se las arreglarían». El hecho de que la familia puede enfrentarse por fin a Wim parece una «revolución», prosiguió Miljuschka. Cuando estaba creciendo, me contó, «veía a mi madre trabajar como una burra. Veía cómo esa mujer tan fuerte sufría el maltrato de su hermano. Cuando me contó lo que estaba haciendo, que le estaba grabando... Yo llevaba toda mi vida esperando ese momento».

Mientras hablábamos, me distrajo un desconocido que había aparecido de repente en la puerta: un hombre calvo, vestido de negro, con un rostro flácido. Me puse medio de pie, con el corazón acelerado. Entonces todos estallaron en carcajadas y me sonrojé avergonzado mientras Astrid, atravesando la sala, se arrancaba una máscara de látex muy conseguida. Me dio una palmadita juguetona en el hombro y dijo: «Ya le conté que tengo disfraces».

* * *

Un día de verano de 1995, una profesora de filosofía del norte del estado de Nueva York, Linda Patrik, se sentó para mantener una difícil conversación con su marido, un trabajador social llamado David Kaczynski. Le preguntó, con delicadeza, si se le había ocurrido alguna vez que su hermano Ted pudiera ser el terrorista conocido como el «Unabomber». Había estado leyendo acerca de un manifiesto firmado por Unabomber, una extensa diatriba sobre los peligros de la tecnología, y pensaba que recordaba mucho a su desazonado cuñado. En un principio David se mostró dubitativo. Creía que Ted era un enfermo mental, pero, que él supiera, nunca había sido violento. No obstante, David comenzó a investigar y llegó a sospechar que su mujer estaba en lo cierto. Acudió a las autoridades y, en abril de 1996, Ted fue arrestado. David asistió a las subsiguientes audiencias judiciales, en las que Ted se declaró culpable de numerosos asesinatos y fue condenado a una cuádruple cadena perpetua. A lo largo de todo el proceso, Ted rehusó mirarle.

David había estado angustiado por su decisión. «Tenía la sensación de estar atrapado —diría posteriormente—. Atrapado en esa relación fraternal». Si no hacía nada, podía morir más gente. Si contactaba con las autoridades, probablemente condenaría a su propio hermano a terminar sus días en prisión. Enfrentadas a una prueba semejante, muchas personas se pondrían del lado de la familia. Antígona, en la tragedia de Sófocles, sostiene que la lealtad a su hermano prevalece sobre las leyes de Tebas. Durante los años en los que el matón de Boston James «Whitey» Bulger fue responsable de al menos once asesinatos, su hermano Billy sirvió como presidente del Senado del estado de Massachusetts, pero nunca entregó a Whitey. Son raros los casos en los que un testigo denuncia voluntariamente a un hermano. «Espero que Ted me perdone algún día», dijo David Kaczynski tras la condena de su hermano. Pero Ted jamás le ha perdonado.

En diciembre de 2014, Wim fue arrestado y acusado del asesinato de varios socios del mundo del hampa. Cuatro meses más tarde, el periódico holandés *NRC Handelsblad* reveló que Astrid y Sonja habían estado cooperando con las autoridades y reuniendo pruebas contra él. El titular rezaba «Mi hermano Willem Holleeder es un psicópata». Astrid concedió una entrevista al periódico en la que definía a su hermano como un «asesino en serie».

Wim estaba anonadado por la traición. Más tarde, en los tribunales, la compararía con «un trueno en el cielo despejado». La policía había facilitado a Astrid y a Sonja botones de emergencia que podían pulsar si necesitaban ayuda. Las hermanas habían guiado a Wim para que hiciese una serie de confesiones que tendrían consecuencias legales y que quedaron grabadas. Al proporcionar a la prensa algunas de las grabaciones de sus conversaciones con él, transformaron asimismo radicalmente la imagen pública de la Nariz. No había nada adorable en el matón que gritaba a sus familiares y amenazaba con asesinarlos. Las revelaciones exaltaron los ánimos de la prensa holandesa, y un amigo escritor de Astrid le sugirió a esta que escribiera un libro. «Ya está medio hecho», le comunicó ella.

Astrid había comenzado a escribir, no tanto para publicar nada como para crear un registro honesto de su historia para Miljuschka en caso de que le sucediera algo. En sus esfuerzos para proteger a Miljuschka del legado familiar de disfunción y violencia, me contó, «nunca le hablaba de mi educación ni de mi padre». Su amigo escritor le presentó a su editor, Oscar van Gelderen, quien estaba interesado en el proyecto de Astrid. «No se trataba de los crímenes —me explicó Van Gelderen—. Se trataba de la familia». Astrid dijo que el acto de escribir se le antojaba catártico, pero poco natural: «Normalmente yo no escribía nada ¡porque cualquier cosa que se escribe puede ser descubierta!». Finalmente entregó a Van Gelderen un pendrive que contenía trescientas mil palabras. Era tan solo una cascada de fragmentos vívidos; Van Gelderen tendría que convertirlos en un libro. «Como decimos en neerlandés, yo tenía que "hacer chocolate"», me dijo.

Astrid escogió el título de *Judas* porque captaba tanto la traición de su hermano a Cor como su propia traición a su hermano. «Él odia el hecho de que le retratase como la persona que no desea ver —me explicó—. Yo soy su espejo». Van Gelderen editó el libro en secreto e hizo que se imprimiera fuera de los Países Bajos para evitar que se filtrase el manuscrito. Y, aun cuando Astrid se estaba preparando para testificar en el megajuicio contra Wim, optó por no informar a sus responsables gubernamentales, y mucho menos a la fiscalía, de que estaba a punto de publicar unas memorias. Poco antes de la publicación, Van Gelderen le dijo a Astrid:

–Normalmente damos una fiesta. ¿Quieres que la organicemos?

–¿Por esto? –preguntó–. Esto no es una fiesta. Le estoy haciendo esto a otro ser humano. No se trata de ninguna broma.

Van Gelderen organizó una fiesta de todos modos. Sabía reconocer una mercancía codiciada en cuanto la veía. Me mencionó que había sido uno de los primeros coleccionistas del artista callejero Banksy, cuya identidad es un secreto celosamente guardado. Van Gelderen comprende el negocio de lo que genera espectáculo y ha capitalizado astutamente la intriga que rodea a su autora. En la Feria del Libro de Frankfurt del año anterior ofreció una cena solo para invitados a los compradores de derechos de publicaciones extranjeras. Cuando todos estaban sentados, entró Astrid. «Fue una auténtica conmoción», me aseguró Von Gelderen con una sonrisa. *Judas* se publicó en los Países Bajos el 5 de noviembre de 2016, y la primera edición (ochenta mil ejemplares) se agotó ese mismo día. De manera similar a la serie televisiva *Los Soprano*, el libro presentaba una espeluznante historia criminal en la forma de un drama familiar intimista. Astrid relata vívidamente el sadismo de su padre, quien, entre otras crueldades, exigía que sus hijos acabaran hasta el último resto de comida del plato. Una noche, obligó a Astrid a comer tanto que vomitó. Entonces él le ordenó que se tragara su propio vómito, bramando: «¡Cómetelo, puta desagradecida!». Astrid se desmayó. Al recobrar la conciencia, escribe, «vi a mi padre golpeando a mi madre. Ella me había retirado el plato de delante y estaba recibiendo una paliza por ello».

En otro fragmento del libro, Astrid describe que salió a dar una vuelta en coche con Wim, cuando ella mencionó el tema del asesinato de uno de los socios de su hermano. «Para en el arcén», le indicó Wim. Detuvieron el coche y caminaron hasta una distancia segura, lejos de los posibles micrófonos ocultos. «Se planta delante de mí lanzándome una mirada salvaje. "Los hemos matado a todos, a todos ellos"». (Wim niega haber dicho tal cosa).

Una obra teatral y una adaptación de *Judas* para la televisión holandesa están en curso, al igual que una serie estadounidense que producirá Amblin Entertainment, compañía que pertenece a Steven

Spielberg. Cuando Wim se quejó recientemente en los tribunales de que pronto habría «una serie de televisión en América», uno de los jueces señaló: «No cabría todo en un solo episodio».

Van Gelderen habla con frecuencia de la vida de Astrid a la manera del material promocional de los libros. «Ella tomó una decisión: si él es el mejor criminal, yo seré la mejor testigo —me dijo un vez–. Él no tenía rival y ahora se ha encontrado con uno», sentenció en otra ocasión. Astrid posee un talento similar. No hace mucho tiempo declaró a un periódico holandés: «Wim no descansará hasta que yo esté muerta. Y yo no descansaré hasta que él haya desaparecido. Quizá la mejor solución sea un duelo: los dos juntos en una habitación y, acto seguido, se llevan nuestros cadáveres». De vez en cuando me preguntaba si los elaborados protocolos de seguridad de Astrid no poseían ellos mismos un elemento teatral. ¿Cuánto peligro corría en realidad? A lo largo de varios meses, pasé unas veinte horas hablando con ella, y su historia fue experimentando una leve evolución. En nuestro primer encuentro me informó de que no tenía un coche blindado, sino cinco, y disertó con gracia y de manera absolutamente convincente sobre los problemas de comprarse un automóvil a prueba de balas: «Si necesitas uno, te sale muy caro; además, si quieres deshacerte de uno, no hay nadie dispuesto a comprarlo». Luego comentó que en internet pueden conseguirse vehículos blindados de segunda mano medio regalados. Pero, cuando me interesé por los detalles —¿por qué cinco? ¿Dónde los guarda?–, se mostró evasiva.

En nuestro encuentro inicial, me contó que dividía su tiempo entre dos casas seguras (ambas íntegramente blindadas), y en los tribunales ofreció un relato sombrío de su vida en la clandestinidad, anunciando: «Mi hija no sabe dónde vivo». No obstante, tras visitar la casa de Sonja, tuve otro encuentro con las hermanas, y Astrid admitió de pasada que «en ese momento» estaba viviendo con Sonja, en el mismo apartamento en el que habíamos almorzado. (Posteriormente se ha mudado a otra casa segura). En los tribunales, Wim Holleeder ha insistido en que Astrid no corre peligro. «No he aterrorizado a mi familia», declaró ante los jueces. No obstante, las negaciones de Wim son imposibles de encajar con las numerosas amenazas que Astrid y Sonja le grabaron.

Jan Meeus, el periodista holandés que dio la noticia de que Astrid estaba cooperando con las autoridades, me explicó que, incluso sin una orden explícita de la Nariz, un gánster en ciernes podría intentar dar caza a Astrid para impresionarlo. «Algunos podrían pensar que eso quedaría bien en su currículum», comentó Meeus.

Recientemente hablé con el abogado de Wim, Sander Janssen, quien me dijo: «Es posible que ella crea realmente que está en peligro. Por mi parte, es imposible asegurar que no lo esté. Tendría que ser como un dios para poseer esa clase de certeza». Y prosiguió: «Willem dice que no corre peligro, que él no va a hacerle daño». Sin embargo, admitía Janssen, Wim está «muy enfadado con Astrid».

En abril de 2016, Wim volvió a ser arrestado, en su celda de la cárcel, por haber solicitado presuntamente a dos miembros de una banda conocida como los Curaçao No Limit Soldiers que matasen a Astrid, Sonja y Peter de Vries, quien también es testigo en el megajuicio. Wim rechazó la acusación calificándola de «absurda» e insistiendo en que no le «convendría» matar a sus hermanas. El integrante de la banda que informó a las autoridades acerca de la trama se retractó posteriormente de su confesión, aunque Astrid cree que lo hizo tan solo porque él también tenía miedo de Wim. Un representante de la fiscalía me aseguró que su posición sigue siendo que Wim ordenó el asesinato de Astrid. Acabé llegando a la conclusión de que Astrid era sincera en su temor de que Wim la quiere muerta. Si en ocasiones se mostraba inconsistente cuando le preguntaba por su día a día, probablemente se debiese más a una cautelosa renuencia a dar demasiada información que a un deseo de acentuar el drama. Al hablar con un periodista sobre los coches blindados, Astrid estaba enviándole a Wim un mensaje: había hallado la manera de mantenerse a salvo y él no debía molestarse siquiera en intentar atraparla. Estaba aterrada por la noticia referente a los Curaçao No Limit Soldiers, me confesó. La idea de que Wim reclutara una pandilla callejera, en lugar de asesinos a sueldo, se le antojó un signo de desesperación, una indicación de que haría lo que fuera para matarla. No confía en que las autoridades holandesas, a las que tilda de «aficionados», puedan protegerla. No mucho después de que a Sonja y a ella les hicieran entrega de sus botones de alarma, las hermanas descubrieron que no funcionaban. Pero, a pesar de su temor por el hecho de estar en el punto de mira, no le disgustó del todo ser informada de que Wim había hecho planes para asesinarla. Algunos la habían tachado de histérica. Quizá ahora la creyesen.

* * *

Un día de marzo cogí un taxi hasta las afueras de Ámsterdam, en la parte occidental de la ciudad, y atravesé una línea de curiosos y un cordón de seguridad para llegar a la tribuna de prensa del Búnker. El proceso del megajuicio llevaba muchos meses y lo presidían tres jueces. Cuando comenzó la vista, uno de ellos bromeó: «La sala de audiencias no es un teatro, aunque a veces lo parezca».

Wim Holleeder se sentó en una mesa larga frente a los jueces. Vestía de manera informal, con un jersey oscuro, se agitaba nerviosamente y susurraba con sus abogados. Entonces, desde detrás de una pantalla, la voz imponente de Astrid inundó la sala. Como había ejercido el derecho durante tantos años, se manejaba con confianza con los abogados y los jueces, y hablaba en un neerlandés enérgico y vehemente, deslizándose ocasionalmente hacia la lengua vernácula jordaanesa cuando la dominaban sus emociones. En un momento dado, Sander Janssen, el abogado de Wim, la interrumpió y ella espetó:

—No me está dejando hablar.

—Pero es que no se calla —protestó Janssen—. ¡No deja de hablar!

Al principio, la acusación había anunciado: «El hombre que está siendo juzgado no es un maestro del crimen ni un criminal adorable, sino un secuestrador común y frío». Cada vez que Astrid testificaba, Wim interpretaba una sinfonía de gestos pasivo-agresivos: se movía en su silla, sacudía la cabeza, se quitaba las gafas y les daba vueltas como si fueran una hélice. Sus abogados han aseverado que es solo una figura menor en la periferia del hampa de Ámsterdam que, por pura coincidencia, había conocido a una multitud de personas que resultaron haber tenido finales trágicos. Janssen me dijo: «La teoría de la acusación es "el despiadado criminal mata a todo el mundo", pero, por supuesto, la cosa no es tan simple. En realidad no existen muchas pruebas que le conecten con esos asesinatos».

Una estrategia fundamental de la defensa consistía en leer las transcripciones de las conversaciones cordiales entre Wim y sus hermanos que captaron las escuchas telefónicas policiales. Cuando en el juicio se instó a Sonja a que explicara el tono afectuoso que usaba con su hermano, replicó: «Mató a Cor. ¿Qué cree, que voy a llevarle la contraria?». En cuanto a las muchas grabaciones en las que Wim se mostraba amenazador o agresivo, la defensa sostenía que simplemente había estado intentando «asustar» o «persuadir» a sus hermanas. Podría haber proferido esas amenazas, pero eran vacías, pues jamás tuvo intención de maltratar ni matar a nadie. Epítetos como «puta cancerosa» podían ser poco elegantes, pero formaban parte de su forma de hablar. «Cada pájaro canta según lo han criado —declaró Wim en el juicio—. Soy Willem, un chico de la calle».

Wim ha alegado que en realidad él es la única víctima de esta saga familiar, un hermano inconsciente y devoto, engañado por sus confabuladoras hermanas para cometer excesos verbales. Advirtió a los jueces de que no se dejasen camelar por «los juegos de Astrid» y describió todo el proceso —incluidos los centenares de horas de conversaciones grabadas en secreto— como un espectáculo que ella misma había diseñado. Como afirmó, su testimonio era un *show*: «El cabaret de Jordaan».

Astrid me dijo: «Si este caso lo decidiera un jurado, probablemente lo ganaría él porque es muy carismático». Wim es un personaje campechano en los tribunales, que bromea con los jueces, se ríe de las declaraciones de los demás litigantes y murmura comentarios fuera de lugar. «El dinero no me importa en absoluto», dijo en cierta ocasión. «Esa es toda una declaración viniendo de alguien que ha secuestrado a personas para ganar millones», repuso uno de los jueces. Sin el más mínimo titubeo, Wim replicó: «Tenía que partir de algo».

Pero, cuando el asunto derivó hacia Cor, Wim no interpretó ninguno de sus numeritos de buen chico; parecía incapaz incluso de fingir compasión. «Ese hombre era realmente imposible –dijo–. Si no te peleabas con él, tenías algún problema». En un momento dado, la defensa reprodujo una grabación en la que Wim informaba a Sonja de que no tenía ninguna intención de matar a sus hijos.

«Para él, eso es empatía –me comentó Astrid más tarde con estupor–. Él quería verdaderamente que su abogado pusiese esa cinta. ¡Ningún abogado en su sano juicio reproduciría esa cinta! ¿Estás hablando de *no* matar a los hijos de tu hermana? ¿Entonces la otra opción es... matarlos? ¿Es eso normal? Si yo me hubiera ocupado de este caso, lo habría llevado de una manera totalmente diferente –observó sacudiendo la cabeza–. Normalmente era yo quien lo asesoraba».

Astrid conoce a los abogados de Wim y cree que son buenos, lo cual la induce a sospechar que él está ignorando sus consejos. Cuando le transmití esta opinión a Jenssen, él la calificó de «insulto disfrazado». Pero concedía que Wim tiene un «carácter muy fuerte» y «sabe lo que quiere». Antes de cada comparecencia, Astrid diseña una estrategia para su testimonio y luego piensa cómo podría reaccionar Wim a cada una de sus jugadas. Pero sabe que probablemente él esté sentado en su celda, jugando a un juego similar de ajedrez conjetural, tratando de anticipar cómo reaccionará ella a las estratagemas de él. «No puedo ver a mi hermano en la sala del tribunal, pero puedo escucharle –me explicó–. Está quizá a dos o tres metros de mí. Puedo oír su risa. Puedo predecir todo lo que va a hacer».

Astrid lleva más de tres años sin hablar con Wim fuera de la sala de un tribunal. Le pregunté si tenía la impresión de estar comunicándose todavía con él.

«En efecto», asintió.

* * *

Después de que Salman Rushdie publicase *Los versos satánicos* en 1988, el ayatolá Jomeini declaró el libro blasfemo y promulgó una fetua en la que instaba a los musulmanes a matarle. Rushdie se pasó los diez años siguientes en la clandestinidad, bajo protección policial las veinticuatro horas del día, una vida que más tarde describiría como «una existencia agazapada e inquieta». En 1998, el Gobierno iraní anunció que dejaba de estar en vigor la fetua, y menguó el peligro al que se exponía Rushdie. La amenaza para Astrid Holleeder es mucho más limitada —únicamente una persona la quiere muerta—, y yo me preguntaba en qué circunstancias podría salir un día de la clandestinidad. Si el juicio de Wim acaba en una condena, es probable que termine entre rejas para el resto de su vida. Pero, cuando le pregunté si estaría segura en ese momento, me contestó: «No. No hay ningún final feliz. Le conozco muy bien. Mientras él tenga la más mínima esperanza de libertad, nosotros tenemos una posibilidad de vivir. Pero tan pronto como dictaminen la cadena perpetua, solo quedará la venganza». En su celda no habrá nada en lo que concentrarse salvo la represalia. «Pagaré por lo que he hecho —concluyó—. Incluso si mata a mi hija o mata a Sonja porque no pueda encontrarme a mí». Sonja está de acuerdo: «Aunque sea condenado, no nos dejará en paz».

Astrid habla de esta alarmante perspectiva con su acostumbrada franqueza, sin rastro alguno de indignación. «Si yo estuviera en su lugar, siendo traicionada de esta forma, haría lo mismo —me aseguró—. Le mataría». Mientras el megajuicio se desarrolla con lentitud, Astrid promueve su faceta pública. En octubre de 2017 publicó un segundo libro, *Diario de una testigo*, una crónica de sus tiempos en la clandestinidad, y está trabajando en un tercer libro, cuyo tema no revelará. En el juicio, Wim ha sugerido que Astrid siempre ha estado obsesionada con el dinero y la fama, y que está explotando con descaro la historia de su familia. «Ahora tiene un montón de dinero —dijo—. Descubrirá que este no da la felicidad». Astrid ha respondido airadamente que se ganaba muy bien la vida como abogada. No obstante, reconoce de forma abierta que espera vender todos los libros posibles, porque los beneficios podrían proporcionarle una vía de escape. Me mencionó en varias ocasiones que le gustaría llevarse a su familia extensa fuera de los Países Bajos, quizá a Estados Unidos.

Otra posible sentencia, que las hermanas Holleeder procuran no pensar siquiera, es una absolución. Hasta ahora, el megajuicio se ha desarrollado en gran medida en los términos de Wim. Se han dedicado semanas de testimonios al análisis de las conversaciones grabadas y a estudiar de cerca a sus hermanas, desde las finanzas de Sonja hasta la vida sexual de Astrid. Cuando Janssen alegó que Astrid había estado sentimentalmente ligada a un prominente narcotraficante, ella lo negó con una agria réplica: «¿Acaso me ha visto usted follando con él?». Janssen admitió con pudor no haberla visto. Más tarde, Astrid me dijo: «Esos abogados quieren discutir conmigo, pero no son de la calle, así que les estoy jodiendo. Puedo decir obscenidades todo el tiempo. Los jueces están confundidos porque solo me conocían como abogada».

Puede que Astrid aprecie la claridad y el orden del derecho, pero el juicio parece un circo. Astrid y Sonja están bajo juramento porque son testigos, pero Wim, como acusado, no lo está y hace declaraciones engañosas con toda libertad y deja caer pistas falsas. Incluso con tres jueces, el tribunal parece incapaz de controlar tanto alboroto. «¡Eres una fabuladora, una mentirosa y una parásita! —espetó Wim a Astrid unas semanas atrás— ¡Me has destrozado la vida!». Astrid replicó gritando: «¡Debería haberte pegado un tiro en la cabeza!». La tensión familiar se exhibía con profusión en el juicio, pero me sorprendía escuchar relativamente pocos detalles sobre los asesinatos de los que se acusaba a Wim. Cuando le pregunté a Astrid acerca de ese desequilibrio, ella me explicó que, en una causa penal neerlandesa, las garantías procesales han de llevarse al extremo: «No quieren que un tribunal europeo la revoque y diga que no dieron al acusado todas las oportunidades de defenderse. Por eso le dan mucha cancha».

Es improbable que se dicte un veredicto antes del próximo año y Astrid me comentó que un proceso penal holandés suele durar una década. Al menos por el momento, el megajuicio de Wim tiene bastantes visos de psicodrama. Cuando le pregunté a Astrid por su arrebato, en el que aludía a pegarle un tiro a Wim en la cabeza, me respondió que él la había estado provocando con el tono de voz, de una manera que el resto de la sala no podía reconocer. (Uno de los jueces amonestó posteriormente a ambos hermanos por la escena). Durante la comida en casa de Sonja, la sobrina de Astrid, Frances, había apuntado: «Habría estado bien procesarle en Estados Unidos». «Habría estado bien procesarle en Irán», repuso Astrid.

A veces, Astrid parecía estar manipulando el proceso con un aplomo equiparable al de su hermano. Me aclaró —y le dejó claro a Wim en el juicio— que no ha entregado a la fiscalía todas sus grabaciones. Se había acostumbrado a grabar no solo a Wim, sino a todo aquel que pudiera sentirse inclinado más adelante a mentir acerca de ella. «El problema de los criminales es que cambian sus versiones —me comentó—. Son como las putas. Se abren de piernas ante cualquiera que pague». En su testimonio ha sugerido que, si otros testigos mienten, ella puede desvelar nuevas grabaciones con el fin de impugnar su testimonio. «Wim sabe que yo estoy al tanto de otros asesinatos —me explicó—. Ese es mi seguro. Si les sucede algo a mis hijos o a mis nietos, las cintas saldrán a la luz». En cierta ocasión, durante el juicio, cuando sintió que los jueces no le estaban concediendo tiempo suficiente para hablar, los amenazó: «Si no me dejan terminar, subiré a YouTube todo lo que no pueda contarles aquí, y entonces tendremos un recurso público del que todo el mundo podrá tomar nota».

Sander Janssen sugería que parte de la razón por la que el juicio se está eternizando es la debilidad de los argumentos de la acusación. «Si tienes un arma homicida con el ADN de alguien, no necesitas todos estos testimonios», observó. Astrid y Sonja, prosiguió, estaban diciendo básicamente: «Nosotras sabemos que hizo esto porque hemos vivido con él toda su vida». Pero, decía Janssen, no estaba claro por qué alguien debía confiar en ellas: «Willem dice que no deberíamos verlas como unas ciudadanas normales, sino como compañeras criminales, que es lo que han sido desde el primer día». Le pregunté qué motivo podrían tener las hermanas para incriminar por asesinato a su hermano con un coste personal tan elevado. «Esa será una de las preguntas más importantes que el tribunal habrá de responder –repuso Janssen, añadiendo con vaguedad–: Continuamos investigando todavía».

Astrid confía en su valiosa colección de pruebas. Tiene grabaciones en las que Wim reconoce indirectamente su papel en el asesinato de Cor y en otras muertes, y nombra a uno de los individuos que estuvo directamente implicado en el crimen contra Cor. Pero en muchos de sus intercambios no llegó a hacer una confesión explícita. Yo me preguntaba qué sucedería si, por una remota posibilidad, el testimonio y las grabaciones de Astrid no fuesen suficientes. ¿Y si los riesgos que Sonja y ella han corrido no se traducen en una condena y Wim es absuelto? «Entonces tendré que matarle –dijo–. Tendría que haberlo hecho hace años».

La madre de Astrid, Stien, tiene ochenta y dos años. Dos años atrás escribió una carta a un funcionario de la prisión en la que estaba encerrado Wim diciéndole que, si sucumbía a la enfermedad, «bajo ninguna circunstancia quiero que Willem Holleeder sea capaz de visitarme en el hospital ni venga a despedirse a mi funeral». La carta proseguía: «La razón es que sé que mis otros hijos, nietos y bisnietos estarían en peligro si le permitieran salir de la cárcel». No obstante, Astrid me dijo que su madre no se ha desentendido hasta tal extremo de Wim. Solía guardarle algo de dinero de bolsillo para que pudiera pagar las facturas y todavía le guarda en un cajón mil quinientos euros en un sobre. Astrid me lo contó con lágrimas en los ojos. «Sonja dice "Tíralo" y mi madre replica "No, porque tal vez lo necesite", y yo intervengo: "No lo va a necesitar"». Y continuó diciendo: «No albergo ningún sentimiento de venganza. Ni siquiera siento odio. Odiaba a mi padre. Jamás volví a tener contacto con él. Pero con Wim es diferente, porque él forma parte de mi vida».

En una de nuestras últimas conversaciones le pregunté a Astrid qué le diría a Wim si pudieran hablar fuera del tenso escenario de la sala de tribunal. «Que le sigo queriendo a pesar de todo –me contestó–. Que ojalá pudiera ser un hermano para mí. Y, sí, que podría llevarle a casa».

En julio de 2019, Wim Holleeder fue declarado culpable de cinco asesinatos, incluida la muerte de Cor van Hout. Astrid ha continuado escribiendo. Todavía vive escondida.

EL VENGADOR

¿Ha acabado resolviendo el caso el hermano de una víctima del atentado de Lockerbie? (2015)

Cuando Ken Dornstein se enteró de que el vuelo 103 de Pan Am había sufrido una explosión en pleno trayecto, no sabía que su hermano mayor, David, iba en el avión. Era el 22 de diciembre de 1988 y Ken, un estudiante de segundo año en la Universidad de Brown, había ido a pasar las vacaciones de invierno en su casa de Filadelfia. Durante el desayuno leyó acerca del desastre en el *Inquirer*: murieron los doscientos cincuenta y nueve pasajeros y la tripulación, además de once vecinos de Lockerbie, Escocia, donde cayeron del cielo los restos envueltos en llamas. David, que tenía veinticinco años, vivía en Israel y no tenía previsto volar hasta más tarde esa semana, por lo que Ken leyó los detalles del accidente con la distante compasión que uno siente ante la tragedia de un desconocido. Aquella tarde recibieron una llamada de la aerolínea. David había cambiado sus planes para volver pronto a casa y sorprender a su familia.

El padre de Ken, Perry, cogió el teléfono. Un médico de éxito, Perry era un padre severo y reservado; por su parte, David había sido infinitamente más expresivo y se pasaba el tiempo escribiendo en una libreta o en un diario. La relación entre ambos había sido tensa con frecuencia y las tensiones entre ellos ya no tenían solución. Ken sentía que para su padre la pérdida era «indescriptible», de modo que no hablaban de ella. La hermana de Ken, Susan, me contó que, después del funeral, Perry rara vez volvió a mencionar el nombre de David. Ciento ochenta y nueve de las víctimas eran estadounidenses y, a medida que las agencias de noticias de todo el país informaban de cómo se estaba honrando a los difuntos, Ken sentía que él y sus hermanos «no ocupaban una posición destacada» entre los familiares supervivientes. Pero él adoraba a David. Sus padres se habían divorciado cuando Ken era muy pequeño, y su madre, Judy, había luchado contra la enfermedad mental y la adicción. David se había convertido en el protector de Ken y había sido su mentor cuando este había manifestado interés por la escritura. Tras el accidente, Ken encontró, entre las posesiones de David, una caja etiquetada como «Los archivos de Dave»; estaba abarrotada de diarios, historias, poemas y obras teatrales. David siempre se había visto a sí mismo emprendiendo una célebre carrera literaria. No mucho después de su muerte, un periódico local publicó un obituario que sugería que había escrito una novela en Israel. Para sorpresa de Ken, su padre aparecía citado: «Estaba a punto de entregar la primera parte para su publicación». Aquello no era cierto, y Ken se sentía consternado por el hecho de que su padre hubiera exagerado los logros literarios de David. (Perry Dornstein murió en 2010, Judy en 2013). Ken organizó cronológicamente los diarios y clasificó los manuscritos en carpetas codificadas por colores. El proceso resultó sobrecogedor: David había sugerido a veces, pícaramente, que estaba destinado a morir joven, y en los márgenes de sus cuadernos Ken descubrió acotaciones con guiños «para los biógrafos».

Hoy en día, cuando los terroristas atacan, se atribuyen con frecuencia la autoría en las redes sociales. Pero las de Lockerbie, me dijo Dornstein recientemente, eran unas «muertes misteriosas». El vuelo 103 había salido de Londres con destino a Nueva York el 21 de diciembre y David tenía asignada la fila 40 de la clase turista. Cuando el avión había ascendido a más de nueve mil metros, un temporizador electrónico activó un artefacto explosivo oculto en una radio Toshiba en la bodega de equipaje, y un trozo de Semtex detonó y rompió el fuselaje. El avión se partió en pleno vuelo, a nueve kilómetros y medio de altitud. Muchas de las víctimas permanecieron con vida hasta el momento de impactar en el suelo. Pero ¿quién fabricó la bomba? ¿Quién la instaló en la radio? ¿Quién la colocó en el avión?

Durante años, Dornstein habló poco con sus amigos o sus familiares acerca del accidente de Lockerbie o de su hermano. Pero comenzó a afrontar el enigma por resolver que suponía el atentado con la misma diligencia y reserva que había mostrado ante los archivos de Dave. Recortaba artículos, escudriñaba imágenes de archivo y buscaba a personas que hubieran conocido a David. Un día, en la Penn Station de Manhattan, encontró a Kathryn Geismar, que había salido con David durante dos años. Tomaron el mismo tren, se mantuvieron en contacto y acabaron enamorándose. Inicialmente Ken ocultó la relación a su familia por temor a que pudieran considerarla una «forma inadecuada de guardar duelo». Pero la relación no giraba en torno a David; parte de lo que confortaba a Ken del hecho de estar con Geismar era que no necesitaba hablar con ella sobre la pérdida del hermano. Ella ya lo sabía.

Al acabar la universidad, Dornstein se mudó a Los Ángeles y consiguió un empleo en una agencia de detectives. Sus colegas no sabían nada de su hermano, pero él hallaba consuelo en privado desarrollando destrezas investigadoras. «Yo estaba interesado en el oficio de encontrar personas», recordaba. Se preguntaba por los misteriosos responsables del atentado de Lockerbie. «Yo no era una persona con mucho mundo, no había viajado —me dijo—. Pero no dejaba de pensar que esos tipos andaban por ahí».

* * *

El FBI envió agentes a Escocia en la que fue la mayor investigación por terrorismo en la historia de Estados Unidos. Los restos del avión se habían dispersado tanto que la escena del crimen abarcaba en torno a dos mil trescientos kilómetros cuadrados. En un principio, la sospecha recayó sobre un grupo terrorista palestino que operaba desde Siria y estaba respaldado por Irán. Pero cuando la fiscalía del Departamento de Justicia anunció los resultados de la investigación estadounidense en noviembre de 1991, acusó a dos agentes de inteligencia de Libia. Los fiscales decían que los libios habían instalado la bomba en una maleta Samsonite y la habían enviado, como equipaje no acompañado, en un avión que cubría un trayecto entre Malta y Frankfurt. Después voló a Londres, donde fue transferida al vuelo 103 de Pan Am.

Durante los años ochenta del siglo pasado, Libia fue un importante estado patrocinador del terrorismo. El presidente Ronald Reagan describió al dirigente libio, Muamar el Gadafi, como «el perro rabioso de Oriente Medio». En 1986, después de que unos terroristas libios detonasen una bomba en una discoteca de Berlín que era popular entre los soldados estadounidenses, Reagan autorizó ataques aéreos sobre Trípoli y Bengasi. Gadafi sobrevivió por poco a los bombardeos, que mataron a decenas de personas, y algunos observadores especularon posteriormente que lo sucedido en Lockerbie era la mortífera respuesta del líder libio a aquella tentativa de asesinato. Pero cuando se formularon los cargos, Gadafi negó cualquier implicación de su país. Rehusó entregar a los dos acusados libios hasta 1998, cuando permitió que los juzgaran en un tribunal especial en los Países Bajos. Más de doscientas personas desfilaron por la tribuna, pero el testimonio de uno de los testigos principales de la acusación demostró ser poco fiable, y el caso de la fiscalía contra los agentes resultó ser poco sólido. Uno de los sospechosos, Lamin Fhimah, fue absuelto. El otro, un hombre con gafas llamado Abdelbaset al-Megrahi, fue condenado a cadena perpetua. Fue el único sospechoso condenado por el atentado.

Dornstein creía que Al-Megrahi era culpable, pero que no había actuado en solitario. En 2003, Gadafi publicó una declaración cuidadosamente redactada en la que reconocía que Libia podía haber sido responsable de la explosión y estableció un fondo de dos mil setecientos millones de dólares para indemnizar a las víctimas. Pero jamás admitió haberla autorizado. Brian Murtagh, el fiscal principal estadounidense en el caso, me reconoció que los conspiradores del ataque se le habían escapado. «Nuestro propósito consistía en intentar procesar a cuantos pudiéramos, no a todos aquellos de quienes sospechásemos», puntualizó. Dornstein recuerda que se preguntaba: «¿Cómo podía semejante acto de asesinato tan mortífero no tener ningún autor?».

Dornstein se casó en 1997 con Geismar, que era psicóloga, y ambos se establecieron en Somerville, Massachusetts. Ken empezó a trabajar para el programa de PBS *Frontline* produciendo documentales sobre Afganistán e Irán. Se granjeó una reputación de investigador pertinaz y analítico. Mientras tanto, seguía pensando en el vuelo 103 de Pan Am. Viajó a Escocia y pasó varias semanas en Lockerbie entrevistando a investigadores y caminando por los campos en los que había caído el avión. Leyó la transcripción de la investigación que hizo Escocia sobre las causas del accidente, que superaba las quince mil páginas, y localizó el lugar donde se había estrellado el cuerpo de David. En 2006 publicó un libro, *The Boy Who Fell Out of the Sky*. Era un tributo a David basado en sus diarios y otros escritos. «David dejó atrás muchas cosas, algunas de las cuales acababa de empezar —me contó Richard Suckle, un viejo amigo de la familia—. Al escribir el libro, era como si Kenny hubiera encontrado una forma en la que ambos pudiesen colaborar». Su autor reconoce asimismo, de manera alentadora, su motivación para investigar: «Había descubierto una manera menos dolorosa de echar de menos a mi hermano, no extrañándole en absoluto, sino intentando documentar lo que le ocurrió a su cuerpo».

En 2009, Abdelbaset al-Megrahi salió en libertad de una prisión escocesa tras cumplir una condena de solo ocho años. Sufría un cáncer de próstata y, pese a las enérgicas objeciones de la administración Obama, el Gobierno escocés le había concedido la libertad por razones humanitarias. Regresó a Libia, donde fue recibido como un héroe. Dornstein no podía reprimir el sentimiento de que Al-Megrahi estaba saliendo impune del asesinato. Sospechaba que otros perpetradores seguían en libertad en Libia. El investigador principal del caso, el escocés Stuart Henderson, le entregó una lista de ocho «conspiradores más no acusados» que jamás habían sido capturados. Le dijo a Dornstein que, si lograba llegar a Libia, podría localizarse a los responsables. Pero Gadafi continuaba al frente de un Estado policial, y era demasiado arriesgado para Dornstein ir allí y hacer preguntas sobre lo sucedido en Lockerbie. Entonces, en 2011 estalló la revolución.

Aquel verano, mientras los rebeldes ganaban territorio, Dornstein le contó a Geismar que quería hacer un documental sobre su viaje a Libia, donde se enfrentaría a los culpables que siguieran con vida. Dornstein no solía asumir riesgos: aunque había trabajado con muchos reporteros de guerra, él mismo no frecuentaba zonas en conflicto. Tenía con Geismar dos hijos, y él respetaba el derecho de ella a objetar. Pero en su matrimonio, me contó, existió algo llamado «la dispensa de Lockerbie».

«Como esposa, no quería que fuera —me confesó Geismar—. Pero, como amiga, sabía que él necesitaba ir».

* * *

Un día del pasado noviembre, me reuní con Dornstein en su casa, en una arbolada calle de Somerville. A sus cuarenta y seis años, de complexión delgada y un rubor juvenil en las mejillas, se parece increíblemente al hermano mayor cuya imagen quedó atrapada en el tiempo a los veinticinco años. Dornstein me acompañó hasta la tercera planta, donde tenía dos pequeños cuartos dedicados al incidente de Lockerbie. En una habitación había estanterías llenas de libros de espionaje, aviación, terrorismo y Oriente Medio. Unos archivadores gigantescos contenían décadas de investigación. En el otro cuarto, Dornstein había empapelado las paredes con fotos policiales de sospechosos libios. Entre las dos habitaciones había un gran mapa de Lockerbie con centenares de chinchetas de colores que indicaban dónde habían caído los cuerpos. Me mostró unas cuantas, allí donde habían aterrizado los pasajeros de primera clase, y otras, donde se encontró a la mayoría de los pasajeros de clase turista. Al igual que el médico forense de una novela policiaca, Dornstein obtiene tal satisfacción de su trabajo que es capaz de narrar los hallazgos más espeluznantes con un jovial desapego. Señalando unas cuantas chinchetas dispersas a cierta distancia del resto, dijo: «Estos eran los niños más pequeños. Siguiendo las leyes de la física, el viento los había llevado hasta allí».

Antes de partir hacia Libia, Dornstein sentó a sus hijos una noche, antes de la cena. Estos siempre habían sabido que su tío había fallecido, pero ignoraban las circunstancias precisas de su muerte. En ese momento Dornstein les contó la historia y les explicó que, aunque Libia era un país convulso, quería hacer un documental allí. Filmó la conversación. «¿Vosotros lo haríais, incluso si eso implicase dejar a vuestros hijos a los que tanto queréis y a vuestra mujer y vuestra vida juntos?», preguntó. Su hijo Sam, que a la sazón tenía once años, dijo: «¿Para encontrar al culpable? Eso significaría mucho para mí».

Cuando vi la escena más tarde, parecía preparada. Pero Dornstein me insistió en que no lo estaba. «Es el productor que hay en mí —aseguró—. Quería grabar sus reacciones naturales».

Dornstein reclutó a Tim Grucza, un cámara australiano con experiencia en zonas de conflicto. Para entonces Dornstein había dejado su trabajo en *Frontline* y se estaba financiando él mismo el documental. Eso planteaba un reto: necesitaba pagarlo todo en efectivo porque Libia carecía de bancos operativos, y las tarifas en tiempos de guerra en el hotel Radisson de Trípoli eran exorbitantes. Pero Dornstein tenía fondos a su disposición; podía contar con el dinero que su familia había recibido del fondo que había creado Gadafi por el accidente de Lockerbie. «Algunas personas en Libia intentarían zanjar la discusión sobre Lockerbie diciendo básicamente "Hemos pagado el dinero; el expediente se ha cerrado», decía Dornstein. Algunos familiares de las víctimas de Lockerbie califican el pago como dinero manchado de sangre. «Supuestamente el dinero es el final para ellos. Pero para mí era el principio, porque me permitía tratar de conseguir lo que realmente quería: la historia sobre lo que había sucedido». Cuando pregunté a Grucza sobre lo convencido que estaba Dornstein acerca de poder localizar a los terroristas en Libia, me respondió con una risa sofocada: «Me imaginé que estaba completamente loco o que estaba muy seguro de lo que hacía».

En septiembre de 2011, Dornstein voló a Túnez y pagó a un hombre para que condujera durante la noche y cruzara con él la frontera libia. Para su desconcierto, el conductor sacaba una cerveza tras otras de una nevera que guardaba detrás del asiento delantero. Pero por la mañana habían llegado sanos y salvos a Trípoli. Dornstein y Grucza necesitaban un asistente local y dieron con Suliman Ali Zway, un joven de Bengasi que había trabajado como corresponsal para el *New York Times* y otras publicaciones. Las condiciones en Libia eran inestables —los aviones de combate habían estado bombardeando los bastiones del régimen, y Gadafi se encontraba prófugo— y habían hablado de posponer el viaje. Pero, según la experiencia de Grucza, ese era el momento de ponerse manos a la obra. «Entras aprovechando el caos», me explicó.

Ali Zway guio a Dornstein y a Grucza hasta residencias bombardeadas y búnkeres de la inteligencia abandonados, donde buscaron pistas sobre el accidente aéreo. «Al principio yo pensaba que era simplemente otro equipo de televisión que venía a hacer un reportaje en poco tiempo —me confesó Ali Zway—. No comprendí su obsesión hasta más adelante». En el transcurso de tres viajes a Libia, Dornstein buscó a los ocho hombres de su lista. Los fue tachando uno tras otro. Abdullah Senussi, el jefe de la inteligencia de Gadafi y uno de los probables artífices del atentado, se había esfumado de Trípoli; Dornstein visitó su residencia y allí, en el centro de la finca, encontró un cráter, donde había impactado un misil. Said Rashid —un primo de Al-Megrahi, el terrorista convicto— había seguido siendo una figura central del régimen, pero, cuando estalló la revolución, fue fusilado en una ejecución que muchos sospechan que Gadafi había ordenado.

En octubre de 2011, el propio Gadafi fue descubierto por los rebeldes, que lo asesinaron. Por entonces estaba escondido con Ezzadin Hinshiri, que también figuraba en la lista de Dornstein. Los rebeldes fusilaron asimismo a Hinshiri.

En cierta ocasión, Dornstein visitó la televisión estatal libia y encontró a un pequeño equipo que seguía trabajando allí. En los archivos descubrió las secuencias que se habían grabado cuando

Al-Megrahi regresó a Libia desde Escocia: se ve como este desciende lentamente las escaleras del avión y saluda con la mano a la muchedumbre que había acudido a recibirle. Cuando subió al avión en Escocia, caminaba encorvado, con el rostro envuelto en un pañuelo blanco, con aspecto de enfermo. Pero, cuando desembarcó, vestía un traje cruzado con una corbata rosa y un pañuelo en el bolsillo. Muchos pensaban que Al-Megrahi moriría poco después de su liberación, pero todavía seguía vivo en 2011, cómodamente instalado con su familia en una espaciosa residencia en Trípoli. Dornstein solicitó varias veces reunirse con Al-Megrahi, pero fue rechazado. En una ocasión, Grucza y él condujeron hasta la residencia, pero no les permitieron atravesar la puerta de entrada. Cuando Dornstein volvió a subir a su furgoneta, golpeó con el puño el asiento delantero. «Nunca había visto a Ken tan enojado; aparentaba estar furioso de veras», comentó Grucza. Después, aquel diciembre, un inglés llamado Jim Swire llegó a Trípoli.

Swire es quizá el miembro más famoso de los familiares de las víctimas de Lockerbie. Su hija Flora murió en el accidente, y él quedó tan devastado que abandonó su consultorio médico y se consagró a tratar de comprender cómo se había producido el atentado. Swire ayudó a persuadir a Gadafi para que permitiese que a Al-Megrahi y a Fhimah se los juzgara en los Países Bajos y acudió al juicio prácticamente a diario. Pero, conforme asistía a la presentación de las pruebas, llegó a creer que Libia no había sido realmente responsable del atentado y que los dos acusados eran inocentes.

Después de que Al-Megrahi fuese encarcelado en Escocia, él y Swire desarrollaron una insólita amistad. Al igual que la mayoría de los funcionarios estadounidenses que investigaron el caso, Ken Dornstein creía en la culpabilidad de Al-Megrahi. No obstante, reconocía una cierta afinidad en el profundo compromiso de Swire con los entresijos de la tragedia. Se enteró de que este había acudido a Libia para hacer una última visita a Al-Megrahi, cuya enfermedad se estaba agravando. Swire, un hombre delgado y casi octogenario, de trato afable y empático, le permitió acompañarle en su visita. Adoptando el papel de investigador abierto a tomar en cuenta cualquier hipótesis, Dornstein hacía preguntas a Swire y se mostraba vago en cuanto a sus propias conclusiones. «Él estaba acostumbrado a que se registrasen sus palabras –dijo Dornstein–. Y, por naturaleza, a mí me gusta mantenerme al margen».

Sabía que las cámaras no serían bienvenidas en la residencia de Al-Megrahi; un reportero de la CNN había trepado recientemente por el muro principal. Pero Dornstein sabía que cualquier confrontación con Al-Megrahi sería un momento de calado en su documental. Estaba obsesionado con un detalle de *Manhunt*, un libro de Peter Bergen sobre la persecución de Osama bin Laden. Un periodista paquistaní, Hamid Mir, había conseguido una entrevista con Bin Laden tras el 11-S. Después de pedirle a Mir que apagase la grabadora que llevaba, Bin Laden reconoció haber ordenado el atentado. Pero, cuando Mir volvió a encender la grabadora, Bin Laden dijo: «Yo no soy el responsable». ¿Qué ocurriría si Al-Megrahi susurrara una confesión en su lecho de muerte y Dornstein no tuviera ningún registro de ella? Antes de dirigirse a la residencia, ocultó el objetivo de una pequeña cámara en uno de los botones de la camisa negra hecha a medida que llevaba. La cámara la tenía fijada al pecho con esparadrapo y estaba conectada mediante un fino cable a un receptor escondido en su bota.

Un joven de ojos oscuros recibió a Dornstein y a Swire en la entrada principal. Era el hijo de Al-Megrahi, Khaled. Los acompañó a un extenso recinto con una piscina. Pero, cuando llegaron a la casa principal, Khaled dijo a Dornstein «Solo uno» y le hizo esperar en el porche mientras Swire entraba a ver a Al-Megrahi. Confuso, Dornstein pidió usar el baño. Entró y se contempló en el espejo. Al-Megrahi estaba en la sala contigua. Dornstein podría haber entrado sin permiso, pero no lo hizo. Cuando pregunté a Geismar por qué pensaba que su marido no había forzado una confrontación con Al-Megrahi, ella respondió: «Ken respeta demasiado a Swire para hacer eso». Y prosiguió: «Puede que no comparta la convicción de Swire de que Al-Megrahi es inocente, pero respeta el proceso que tuvo que seguir Swire para llegar a esa conclusión, y no iba a irrumpir en ese momento». Dornstein estaba convencido de que Jim Swire había dedicado su vida a un esfuerzo equivocado para exonerar al hombre que había matado a su hija. Aquello encerraba una tragedia, pero para Swire también había un significado y un sustento similar al que Dornstein había logrado con sus propias investigaciones. Más tarde, cuando Dornstein le preguntó por el encuentro, Swire le contó que Al-Megrahi, como una última voluntad, había pedido a Swire que continuara luchando para limpiar su nombre. «Hubo lágrimas por ambas partes», dijo Swire.

Badri Hassan, un amigo íntimo de Al-Megrahi, también estaba en la lista de Dornstein. También él murió, de un ataque al corazón, antes de que Dornstein pudiera enfrentarse a él. Pero sí pudo localizar a su viuda, Suad, una mujer de mediana edad de ojos nerviosos y largo cabello negro. Durante varios encuentros en su casa familiar, ella le contó que abrigaba desde hacía mucho tiempo una sospecha de que su marido había estado implicado en la tragedia de Lockerbie. Le había preguntado reiteradamente al respecto, pero él jamás había confesado. «Pero estoy absolutamente segura de ello», le dijo.

Cuando Dornstein reveló que su hermano iba en aquel avión, Suad se sintió visiblemente conmovida. «Badri dejó atrás ese sufrimiento», murmuró. A diferencia de los demás integrantes de la lista de Dornstein, que eran espías o funcionarios gubernamentales, Hassan había sido un civil que trabajaba para las aerolíneas libias. El hermano de Suad, Yaseen el-Kanuni, contó a Dornstein que, durante más de un año antes del atentado, Hassan y Al-Megrahi habían alquilado juntos un despacho en Suiza. «Conseguiría usted mucha información de cierta persona suiza —dijo—. El señor Bollier. Vive en Zúrich».

* * *

Tras el accidente del vuelo 103, centenares de agentes de policía escoceses rastrearon el campo, centímetro a centímetro, recopilando pruebas. A kilómetros de distancia de Lockerbie se descubrió un fragmento de la tarjeta del circuito del temporizador de la bomba.

Ese fragmento de plástico, que era más pequeño que una uña, estaba incrustado en el cuello de una camisa, y los investigadores dedujeron que la prenda envolvía la radio que contenía el dispositivo. La etiqueta de la camisa los llevó a una tienda de Malta, y esa pista les hizo sospechar de Al-Megrahi, que había estado allí el día anterior a la explosión. El propietario de la tienda recordaría posteriormente que Al-Megrahi había comprado la camisa.

El FBI envió fotografías del fragmento de la tarjeta del circuito a la CIA, que examina con frecuencia los componentes de los artefactos explosivos vinculados a grupos radicales. Un analista técnico de la agencia pensó que aquel temporizador le resultaba familiar. En Togo, en 1986, tras un intento de golpe de Estado en el que Libia parecía estar implicada, las autoridades descubrieron un alijo de armas que incluía dos dispositivos temporizadores fabricados a medida. En un incidente independiente a principios de 1988, se detuvo a dos agentes libios en un aeropuerto de Senegal con una bomba de relojería. Todos estos temporizadores parecían haber sido fabricados por la misma mano. En la tarjeta del circuito de uno de los temporizadores, los investigadores de la CIA descubrieron un diminuto nombre que se correspondía con una marca; lucía parcialmente tachado: MEBO.

MEBO es una compañía con sede en Zúrich especializada en artículos electrónicos y operada por un hombre llamado Edwin Bollier. Cuando los agentes del FBI se entrevistaron con Bollier, le encontraron sumamente colaborador. Voló a Quantico, Virginia, en febrero de 1991 y fue interrogado por funcionarios estadounidenses durante cinco días. Estos le mostraron el fragmento hallado en Lockerbie y él lo identificó como parte de un conjunto de temporizadores que había vendido a Libia varios años atrás. Cuando visité a Dornstein en Somerville, me mostró una copia desclasificada del informe original del FBI; este revelaba, según decía, que Bollier «había ido incluso a Libia» para ayudar al régimen a desarrollar temporizadores de bombas. En Libia, Bollier conoció a un coronel que le instruyó sobre las clases de temporizadores que el régimen requería y le explicó que estos artefactos estaban pensados para uso en bombas. El coronel, contó Bollier a los investigadores, era «de piel muy oscura». Bollier informó asimismo a los agentes de que dos noches antes del accidente de Lockerbie visitó la oficina de Al-Megrahi —el terrorista convicto— en Trípoli y vio a varios «matones» libios discutiendo apiñados. Según el informe del FBI, Bollier creía que aquella reunión «podía haber formado parte de los preparativos para el atentado del vuelo 103 de Pan Am».

Bollier dejó claro entonces que estaría encantado de participar como testigo en el juicio y añadió que confiaba en que Estados Unidos pudiera recompensarle por sus esfuerzos. También se preguntaba si sus conocimientos técnicos podrían resultar de alguna utilidad para las agencias de inteligencia estadounidenses. «Bollier tenía toda esa idea de que iba a ser como Q, el personaje de James Bond, pero para la CIA», dijo Dornstein. Sin embargo, en el momento del proceso en los Países Bajos, una década después, Bollier se había percatado de que el Gobierno estadounidense no tenía ninguna intención de asociarse con él, y entonces cambió su historia. En el estrado, se retractó de sus declaraciones originales al FBI, insistiendo en que habían manipulado el fragmento hallado en las afueras de Lockerbie para incriminarle.

«El problema era haber tratado a Bollier como un testigo —dijo Dornstein—. Deberían haberlo tratado como un sospechoso».

En el otoño de 2012, Dornstein voló a Zúrich. Bollier sigue trabajando en el mismo edificio en el que fabricó el temporizador que se utilizó en el vuelo. Dornstein, confiando en su encanto, le persuadió para que hablara ante la cámara. Pero los encuentros durante varios días con Bollier, un septuagenario de ojos pequeños y brillantes, no resultaron fáciles. Recibía cualquier sugerencia de disparidad entre su historia y los hechos aceptados con una críptica sonrisa mientras decía «Es curioso». Bollier reconocía haber vendido temporizadores y otros equipos electrónicos al régimen de Gadafi y le aseguró a Dornstein que sus tratos con los libios le hicieron «muy muy rico». Pero negaba saber que los temporizadores se utilizaron en atentados terroristas. No era ningún crimen tratar con Libia, insistía: «Suiza es neutral y yo soy neutral en este asunto».

Bollier admitió que conocía a Al-Megrahi y Badri Hassan, y señaló una oficina al fondo del pasillo que estos habían alquilado antes del atentado de Lockerbie. Pero, cuando Dornstein le preguntó si creía que Al-Megrahi había estado implicado en el atentado, Bollier sacudió la cabeza desdeñosamente. Al-Megrahi era un hombre «de primera», dijo. Bollier reconoció que en cierta ocasión en Libia lo habían llevado al desierto, donde los militares de Gadafi estaban probando bombas y temporizadores. «¿Ve usted por qué resulta sospechoso? —dijo Dornstein—. Parece haber estado ayudando a los libios a fabricar la bomba que hizo explotar el vuelo 103». Bollier sonrió. «No tengo nada que ver con lo de Pan Am», dijo.

Dornstein presionó entonces a Bollier a propósito de su declaración al FBI, en la que afirmaba haber conocido a un coronel en Libia que tenía la «piel muy oscura». La descripción hacía pensar en un hombre que había sido un personaje recurrente, aunque misterioso, en la investigación de Dornstein. Este había descubierto un cable desclasificado de la CIA que aludía a un experto técnico libio llamado Abu Agila Mas'ud, que había viajado con Al-Megrahi a Malta en diciembre de 1988. Según el cable, que estaba basado en una entrevista con un informante, Mas'ud era «un varón libio negro y alto, de cuarenta a cuarenta y cinco años aproximadamente». ¿Se trataba del mismo hombre con quien Bollier se había reunido?

Consultando las pruebas del proceso de Lockerbie, Dornstein encontró unos registros del servicio maltés de inmigración que incluían el pasaporte libio de Mas'ud (número 835004). Si aquel era el experto técnico, quizá fuese la persona que había fabricado la bomba del vuelo. «Recuerdo que había un coronel negro —le dijo Bollier a Dornstein—. De piel oscura, sí». Sin embargo, él lo recordaba como un hombre bajo. «¿Se acuerda de su nombre?», preguntó Dornstein. Bollier respondió que no. «¿Se llamaba el hombre de piel oscura Abu Agila Mas'ud?».

«No», contestó Bollier. (En un correo electrónico, Bollier me dijo que cualquier sugerencia de una posible vinculación suya con la destrucción del vuelo 103 de Pan Am es una «acusación despreciable» y una «idea ficticia». Su dirección de email, que descubrí en su sitio web, es Mr.Lockerbie@gmail.com).

Dondequiera que Dornstein fuese en Libia, le preguntaba a todo el mundo si conocía a Mas'ud. Nadie respondía que sí. «No dejábamos de toparnos con muros –recordaba Ali Zway–. Ni siquiera estábamos seguros de que aquel hombre existiera». Mas'ud sonaba a nombre de guerra o a alias, decía Tim Grucza, quien comentó que «parecía que estuvieran buscando a un fantasma». Dio la casualidad de que los investigadores escoceses también se habían topado con el nombre. Pero en 1999, cuando a algunos de ellos se les permitió entrar en Libia e interrogar a ministros del Gobierno, los funcionarios rehusaron confirmar o negar la existencia de Mas'ud.

* * *

Cuando una bomba arrasó la discoteca La Belle de Berlín el 5 de abril de 1986, las paredes se derrumbaron y la pista de baile se hundió en el sótano. Hubo tres muertos y 229 heridos; murieron dos soldados estadounidenses y más de cincuenta resultaron afectados. Posteriormente, la Agencia Nacional de Seguridad interceptó comunicaciones que indicaban que el ataque lo habían perpetrado espías que operaban desde la embajada libia en Berlín Oriental. Unos pocos años después, tras la reunificación de Alemania, un fiscal de Berlín llamado Detlev Mehlis accedió a archivos que revelaban que la Stasi había estado rastreando a los terroristas de La Belle antes y después de los ataques. Mehlis identificó a uno de los autores principales: Musbah Eter, un agente libio de cara aniñada que había estado destinado en Berlín Oriental. Pero Eter había huido del país. Entonces, un día de 1996, entró en la embajada alemana en Malta y se entregó. Antes de dejar Berlín se había enamorado de una alemana y había tenido una hija, y ahora estaba buscando una forma de regresar a Alemania, incluso si ello implicaba cumplir una condena en prisión. Mehlis voló a Malta para interrogar a Eter. Quedaron para tomar unas cervezas en un Holiday Inn, y Eter hizo una confesión completa. En 2001 fue condenado por el atentado de La Belle junto con tres colaboradores.

Después de su infructuosa búsqueda en Libia, Dornstein amplió su radio de acción investigando a todos los terroristas libios que habían estado operando durante los años ochenta. Decidió consultar los archivos de la Stasi sobre el atentado de La Belle. En el antiguo cuartel general de la agencia de espionaje, en un imponente edificio de Berlín Este, descubrió que los informes de inteligencia estaban archivados en centenares de miles de tarjetitas. Examinando los archivos de vigilancia de los terroristas de la discoteca La Belle, Dornstein descubrió, junto con los nombres de Eter y sus cómplices, varias referencias a Abu Agila Mas'ud, el técnico en explosivos. Aparentemente había llegado a Berlín antes del atentado y después de la explosión se había alojado en la habitación 526 del hotel Metropol de Berlín. En los archivos constaba que Mas'ud empleaba nombres en clave y apodos. Pero la Stasi conocía el número de su pasaporte libio: 835004. Coincidía exactamente con el número que Dornstein había encontrado en los registros malteses de inmigración.

«Cuando los americanos investigaron lo sucedido en Lockerbie, tenían sospechosos, pero no sabían qué papel desempeñaba cada uno de ellos —dijo Dornstein—. La Stasi sabía quién era quién. Sabían que Mas'ud había aparecido en Berlín justo antes de La Belle». Dornstein localizó a Mehlis, el fiscal alemán, que le contó que Musbah Eter, el terrorista de La Belle, había hablado de Mas'ud durante su confesión en el Holiday Inn de Malta. Según Eter, Mas'ud había llevado la bomba de La Belle a la embajada libia en Berlín Oriental y le había enseñado a armarla. Mehlis mostró a Dornstein un pedazo de papel del Holiday Inn en el que Eter había escrito «AbuGela» junto con la palabra alemana «Neger» (negro).

Dornstein se enteró de que Eter había sido liberado de una cárcel alemana y había permanecido en Berlín, donde regentaba un restaurante. Eter es un cincuentón diminuto, luce un mechón blanco en su pelo negro y tiene una afición por los pañuelos en el cuello. Cuando Dornstein le conoció a finales de 2012, estaba trabajando con el nuevo Gobierno rebelde de Libia para encontrar asistencia en Alemania para los veteranos de la revolución. Dornstein no le dijo inicialmente a Eter que era el hermano de una víctima de Lockerbie ni que estaba haciendo un documental sobre el atentado. En lugar de ello, hizo preguntas cordiales sobre el trabajo que Eter estaba realizando en favor de los veteranos de guerra libios. Eter presentó a Dornstein a su hija, ahora veinteañera, que no parecía estar al tanto del pasado de su padre.

Pero Eter hizo pocos esfuerzos por no irse de la lengua con Dornstein. En cierta ocasión llevó al equipo de filmación a visitar a pie el barrio de Berlín Este donde solía vivir y señaló la vieja embajada libia. Actualmente alberga oficinas y una tienda de bicicletas. Eter se puso a hablar con un alemán que trabajaba en el edificio y le contó que él, en su tiempo, había sido empleado de en su tiempo en la antigua embajada. El hombre comentó alegremente: «Oí el rumor de que el atentado de la discoteca La Belle se planificó aquí».

«¡No es ningún rumor! –replicó Eter, más alegremente aún–. ¡Se organizó en efecto en este edificio!».

Con la ayuda del hombre accedió al complejo y subió a la segunda planta. Entonces murmuró algo en árabe, que Dornstein tradujo más tarde: «Lo que hicimos estuvo mal y lo reconozco. Si pudiera retroceder en el tiempo, no lo habría hecho».

Para Dornstein, conocer a Eter fue revelador. «Yo había estado intentando reconstruir el mundo de la inteligencia libia en los años ochenta con retales, y ahora de repente estaba ahí aquel tipo, alguien que lo había vivido realmente –dijo–. Era como si hubieras leído todos los libros de Harry Potter y luego llegaras a sentarte con un tipo que hubiese ido realmente a Hogwarts». Dornstein sabía que debía tener cuidado. Su investigación sugería que Eter podía haber trabajado como asesino durante sus primeros años en Berlín. El régimen de Gadafi envió a muchos jóvenes funcionarios a Europa con instrucciones de ejecutar a disidentes libios en el exilio. (Gadafi se refería a esos disidentes como «perros callejeros»). Cuanto más preguntaba Dornstein a Eter por su pasado, más llegaba este último a sospechar que el documental podría no centrarse en sus esfuerzos filantrópicos.

Una noche de diciembre, Eter invitó a cenar a Dornstein sin el equipo de filmación. Confiaba en que Eter pudiese revelar algo importante, por lo que decidió llevar la cámara oculta. Esperaba que se encontrasen en un restaurante del centro de Berlín y se sorprendió cuando Eter le dio la dirección de un pequeño apartamento en las afueras de la ciudad. Dornstein estaba nervioso, pero se relajó un poco cuando llegó y descubrió que su anfitrión había dispuesto una generosa selección de platos de Oriente Medio acompañados de pan de pita recién hecho espolvoreado con harina. Se unió a ellos un traductor de alemán y, mientras Dornstein se lanzaba a hacer preguntas sobre la vida y la situación jurídica de Eter, este comía en silencio, bebiendo vino tinto y observando a Dornstein con cautela. Finalmente le explicó su malestar: había comenzado a dudar de que Dornstein fuese solo un cineasta. «¿Es usted del FBI? —le preguntó—. ¿De la CIA?».

Aquella no era la primera vez que a Dornstein lo acusaban de ser un espía —era algo habitual en sus visitas a Trípoli—, pero le entró un sudor frío. Sintió que el esparadrapo que llevaba en el pecho bajo la camisa empezaba a resbalársele. A cada rato, el objetivo de la cámara oculta se iba inclinando hacia el techo, arruinando la grabación. Dornstein había adoptado el hábito de alisarse la parte delantera de la camisa con las palmas de las manos para así colocar la cámara en su lugar. Eso hizo mientras le explicaba a su anfitrión que no era un espía. Eter pareció tranquilizarse, y Dornstein se sirvió un trozo de pan de pita y volvió a alisarse la camisa. Al cabo de un rato, bajó la vista y descubrió con espanto que cada vez que se alisaba la camisa negra dejaba una marca, de la harina del pan de pita, que formaba un anillo alrededor de la cámara oculta. Parecía un gran objetivo blanco.

—¿Puedo usar el baño? —dijo Dornstein.

—¿Está usted grabando esto? —preguntó Eter.

—No —dijo Dornstein, cada vez más turbado—. ¿Puedo usar el baño?

Eter indicó una puerta en la misma sala donde estaban comiendo. Dornstein quería deshacerse de la cámara, pero desconectarse el cable y sacarse el receptor de la bota requería cierto esfuerzo, y la puerta del baño estaba hecha de vidrio esmerilado. Además, ¿dónde podía deshacerse de la cámara? El baño no tenía ninguna ventana por la que tirarla. Se serenó, se limpió la camisa y regresó con Eter y el traductor. «Todavía siento náuseas al hablar de ello», me confesó.

Eter no volvió a desafiarle aquella noche. Pero Dornstein se siente culpable por haber hecho la grabación clandestina. «Él había sido honesto en sus tratos conmigo», dijo. No ha vuelto a usar la cámara oculta desde entonces.

Aquello sobre lo que Dornstein estaba más resuelto a discutir con Eter era respecto a Abu Agila Mas'ud. En una de sus discusiones, Eter admitió haber conocido al experto en bombas. «¿Sigue vivo?», preguntó Dornstein. Eter contestó que sí.

* * *

Cuando Dornstein estuvo organizando los archivos de Dave, hizo un descubrimiento terrible. Después de tomar notas sobre los diarios, buscó a amigos que David había mencionado para preguntarles por su hermano. En una de aquellas conversaciones, un amigo comentó, como si Ken siempre lo hubiera sabido, que David había sufrido abusos sexuales en su infancia. «David me lo contaba todo —me aseguró Ken—. Pero no me dijo nada sobre eso». El abusador era el hermano mayor de uno de los amigos de infancia de David y, al ahondar en ese episodio oculto, Ken se enteró de que años después David se había enfrentado a aquel hombre. David no le golpeó ni llamó a la policía. Pero deseaba enfrentarse al agresor, que por entonces estaba casado y tenía hijos. «Quería que aquel tipo se sintiera incómodo delante de su familia —me dijo Ken—. Transmitió el mensaje, el mensaje de venganza: "Yo sé lo que hiciste"».

En la Universidad de Brown, Ken se había graduado en Filosofía y había leído a Robert Nozick en relación con la diferencia entre retribución y venganza. Me explicó que le atraía especialmente «la idea de que existe un extraño vínculo entre la víctima y el perpetrador. Ambos están encerrados en una relación, y el papel del vengador es transmitir un mensaje. "Sé quién eres. Sé lo que hiciste"». Mientras trataba de afrontar el sentimiento de frustración respecto de la muerte de su hermano, le venían a menudo a la mente las palabras de Nozick. Cuando hablamos en su estudio de Somerville, Dornstein citó a Elie Wiesel: «A veces sucede que viajamos durante mucho tiempo sin saber que hemos hecho el largo viaje únicamente para pronunciar cierta palabra, cierta frase, en cierto lugar. El encuentro del lugar y la palabra es un logro excepcional». Podría parecer abstracto y filosófico, decía Dornstein, pero era así como había llegado a entender su papel como vengador. Consultaba libros sobre judíos que rastreaban a los nazis e israelíes a la caza de los terroristas que atentaron en los Juegos Olímpicos de Múnich de 1972. Su ajuste de cuentas, me explicó, no consistiría en un acto de retribución, sino en el envío de un mensaje: «Hace veinticinco años, en un día de tu elección, pusiste una bomba en un avión y el curso de mi vida cambió. Ahora, en un día de mi elección, me presentaré en tu casa, llamaré a la puerta y diré: "Yo estaba al otro lado de aquella acción"».

Cuando Dornstein y yo empezamos a mantener conversaciones acerca de su documental en el otoño de 2014, sus obsesiones habían convergido en torno a Abu Agila Mas'ud. Si Eter estaba en lo cierto al afirmar que Mas'ud seguía con vida, Dornstein quería localizarle. Otros podrían discrepar de sus conclusiones: Swire, por ejemplo, todavía cree que Al-Megrahi, que murió en 2012, era inocente y piensa que la bomba no se fabricó en Malta, sino en Londres. («Celebro los tremendos esfuerzos de Ken por llegar a la verdad», me confesó Swire, y añadió que jamás ha descartado la posibilidad de que Gadafi y su régimen estuvieran involucrados). La acusación dio varios pasos en falso durante el proceso de Al-Megrahi, como hacer subir al estrado a testigos poco fiables, a algunos de los cuales el Gobierno estadounidense pagó. Pero Dornstein me admitió: «Eso no convierte a Al-Megrahi en inocente».

Cada vez que se produce un atentado terrorista calamitoso, cobran forma teorías alternativas en las lagunas de las evidencias disponibles. Durante la década de 1980, el mundo del terrorismo de

Oriente Medio estaba plagado de conspiraciones, por lo que existen escenarios plausibles en los que los palestinos, los sirios o los iraníes estarían involucrados con los libios en la planificación de Lockerbie. A veces colaboraban grupos radicales comerciando con armamento y con pericia técnica. «Un sinfín de nombres y de intrigas —me aseguró Dornstein—. No caben en cabeza humana».

Alguien podría sentirse tentado de tachar a Dornstein de chiflado. Llegar a tener una conexión personal con una tragedia requiere aptitudes especiales –y cierta autoridad–, pero la implicación emocional también puede resultar cegadora. Cuando alguien dedica veinticinco años a investigar un incidente, su objetividad puede ponerse en peligro. La hermana de Ken, Susan, me dijo que ella jamás ha sentido ningún deseo de conocer los detalles del atentado de Lockerbie ni las identidades de los hombres que lo perpetraron. «Me trae sin cuidado si encuentran al tipo que lo hizo –me aseguró–. Los propios asesinos no significan absolutamente nada para mí. Aquello no iba dirigido contra David. Fue un ataque aleatorio de violencia. No iban específicamente a por él». Recalcó que siempre había apoyado las investigaciones de Ken, pero añadió: «No sé si sigue siendo algo saludable. Sería triste que Ken diera por perdido a David, pero ¿quién más le mantiene con vida? Si cierras el libro, la historia desaparece. Pero después de veinticinco años tenemos familias. Tenemos personas que dependen de nosotros. Hemos de seguir adelante».

Dornstein me contó que en cierta ocasión le había preguntado a Swire si podía imaginar un futuro en el que la búsqueda de la verdad hubiese quedado atrás. David llevaba muerto más tiempo del que había estado vivo, y Dornstein se preguntaba si podría continuar buscando respuestas cuando tuviese la edad de Swire. Una parte de él quería que Swire le disuadiera de un futuro semejante. Swire reconoció que su campaña había sido siempre «una manera de lidiar con la pérdida de una hija muy querida». Pero decía que no tenía planeado parar. «Supongo que tienes que analizar el daño que os está causando tanto a ti como a aquellos que te quieren y compararlo con el bien que podría generar al final si logras resolver el caso», dijo.

Un día de esta primavera, Dornstein me envió por correo electrónico un vídeo. Se trataba de las imágenes de la televisión estatal libia del regreso a casa triunfante de Al-Megrahi en 2009. Reproduje el vídeo y él lo fue comentando por teléfono. Mientras los asistentes luchaban por tocar a Al-Megrahi, la primera persona que subió a saludarle fue Said Rashid, uno de los presuntos conspiradores del accidente de Lockerbie. Después de desembarcar, Al-Megrahi montó en el todoterreno que le esperaba, donde el hombre que iba al volante lo abrazó: Abdullah Senussi, el jefe de inteligencia de Gadafi y uno de los supuestos cerebros de la trama. Al-Megrahi siempre había mantenido que no tenía ninguna implicación en el atentado del vuelo 103, pero ahí estaba, abrazando a algunos de los otros principales sospechosos. «Es como un reencuentro —exclamó Dornstein—. Una tardía fiesta de la victoria en honor a los conspiradores del atentado». Me hizo reproducir las imágenes una segunda vez y, tras el abrazo de Al-Megrahi y Senussi, Dornstein dijo: «Vale, ahora ponlo en pausa». Inmediatamente me percaté de algo. Transcurre menos de un segundo entre el abrazo con Senussi y el momento en que el coche se aleja, pero en ese instante un tercer hombre, que había permanecido oculto en las sombras del asiento trasero, se inclina hacia delante, le agarra la mano a Al-Megrahi y le besa en la mejilla. El vídeo le capta solamente un instante. Lleva un traje blanco, es prácticamente calvo y tiene la piel muy oscura.

* * *

Dornstein decidió enviar el vídeo al abogado de Eter con la esperanza de que su cliente lo viera. En Berlín, Dornstein había sido testigo del afecto que sentía Eter por su hija occidentalizada y se preguntaba si podría estar preocupado por su legado e intentaría expiar el mal que había causado. Eter tenía asimismo una motivación más egoísta: estaba tratando de garantizar su estatus migratorio en Alemania y hacerlo permanente. Si pudiera suministrar información valiosa, eso podría contribuir a su causa. El abogado accedió a mostrarle el vídeo a Eter y a preguntarle si el hombre del asiento trasero del todoterreno era Abu Agila Mas'ud. Varios días después llegó la respuesta: era difícil saberlo. La luz no era muy buena. Pero Eter estaba seguro al 80 por ciento de que era él. A esas alturas Dornstein conocía el nombre de Mas'ud, su número de pasaporte y su aspecto. Con una imagen de vídeo de su rostro, podría existir una posibilidad real de encontrarle. ¿Pero luego qué? Libia estaba sumida en una guerra civil y era un país mucho más peligroso de lo que había sido en los primeros viajes de Dornstein. Los rebeldes habían capturado a los partidarios del régimen de Gadafi y estaban celebrando farsas de juicios en Misrata y en Trípoli. Se habían tomado imágenes de antiguos oficiales de alto rango en la cárcel, con uniformes azules y aire sombrío. Abdullah Senussi, el antiguo jefe de la inteligencia, había huido a Mauritania, pero Libia consiguió que volviera. Tras el asesinato del embajador de Estados Unidos Christopher Stevens en Bengasi en septiembre de 2012, Libia se consideró un lugar extremadamente peligroso para los estadounidenses. Resultaba muy difícil organizar un encuentro privado con Mas'ud. Pero Dornstein había advertido que al menos en dos ocasiones recientes Estados Unidos había enviado a Libia equipos militares de asalto encubiertos para capturar a sospechosos y sacarlos del país. En 2014, el *Washington Post* publicó un vídeo de una redada de madrugada en la que fuerzas de operaciones especiales estadounidenses aparecían súbitamente en las calles de Trípoli, rodeaban el coche de Nazih Abdul-Hamed al-Ruqai —al que se buscaba en relación con los atentados de 1998 contra las embajadas estadounidenses en Kenia y Tanzania— y se lo llevaban en una furgoneta blanca. El secuestro duró menos de sesenta segundos, y varias semanas más tarde Al-Ruqai fue procesado en un tribunal federal de Manhattan. (Murió, al parecer de cáncer de hígado, antes de que pudiera comparecer en el juicio). «Tal vez podrían hacer una de esas redadas y atrapar a Mas'ud», me sugirió Dornstein.

Técnicamente el caso nunca se había cerrado en Estados Unidos, pero no estaba claro que alguien lo estuviera siguiendo de manera activa. Dornstein presentó sus hallazgos a Richard Marquise, un agente del FBI retirado que había sido uno de los investigadores principales en el caso de Lockerbie. Marquise estaba impresionado. «Me enseñó un montón de materiales que yo no había visto jamás —me contó–. ¡Documentos desclasificados de la CIA! Yo conocía la información que contenían, pero nunca había visto esos documentos». Marquise me dijo que los investigadores habían escuchado historias sobre Mas'ud. «Siempre hemos sospechado que fue el tipo que armó la bomba —dijo–. Pero nunca pudimos obtener ninguna otra información sobre él». La policía escocesa no pudo conseguir que los libios admitiesen su mera existencia, y no estábamos seguros del nombre. Pensábamos que quizá se tratase de un seudónimo».

Después de que Dornstein presentara sus pruebas, Marquise llamó al FBI. «Tengo cierta información que deberían conocer —dijo–. Tal vez consigamos nuevas acusaciones». Poco después de que Marquise transmitiera sus hallazgos al FBI, Musbah Eter fue convocado a una reunión en la embajada de Estados Unidos en Berlín. Cuando hablé con Dornstein en junio de 2015, parecía cautelosamente optimista y me explicó que el Departamento de Justicia había entrevistado a Eter en Alemania y parecía estar siguiendo esa nueva pista en el caso. «Creo que Estados Unidos está presionando», dijo Dornstein. Eter había dicho a los oficiales estadounidenses que tanto Mas'ud como Al-Megrahi estaban implicados en lo sucedido en Lockerbie y que había oído a Mas'ud hablar de viajar a Malta para preparar el atentado. Incluso si la administración Obama no quería enviar un equipo de operaciones especiales a Libia para capturar a Mas'ud, Eter había planteado la posibilidad de intentar disuadirlo para que saliera del país.

Esta es una estrategia frecuente en la aplicación del derecho internacional: cuando un sospechoso se esconde en una nación en la que goza de protección, un diestro ardid puede engañarle para que viaje a un país donde pueda ser arrestado. Podría ser arriesgado para Eter, pero este parecía dispuesto a contemplar cualquier plan que contribuyera a garantizar su estatus migratorio. También estaría ayudando a los alemanes: a Mas'ud se lo buscaba tanto en su conexión con el atentado en la discoteca La Belle como por lo ocurrido en Lockerbie.

Mientras el Gobierno estadounidense trataba con Eter, Dornstein estaba convirtiendo las secuencias que había grabado en un documental. Tenía un título, «El terrorista de mi hermano», pero lo que no tenía era un final. *Frontline* quería emitir el documental en tres partes, en el otoño, y ese plazo puso de manifiesto la tensión entre los papeles de Dornstein como hermano afligido y en su condición de director de documentales. Siempre había sido un narrador: de adolescente, antes de la muerte de David, había querido ser un escritor de comedias y nunca había dejado de lado sus dotes teatrales. En *The Boy Who Fell Out of the Sky*, no revela hasta la página setenta y tres el hecho de que la mujer con la que acabó casándose había salido primero con su hermano. («Una confesión: estoy dejando fuera partes importantes de esta historia», escribe). Su amigo Richard Suckle, que en la actualidad es productor en Hollywood, me aseguró que, aunque el impulso para el documental de Dornstein pudiera haber sido terapéutico, en cierto momento sus instintos narrativos tomarían el control. «Creo que va más allá de la catarsis emocional —comentó Suckle—. Nadie llegó jamás al fondo del asunto, con los millares de personas que trabajaron en la investigación. Trata de ser el tipo que llegó a la línea de meta cuando nadie más lo logró».

Dornstein sabía que, si revelaba su descubrimiento acerca de Mas'ud en el documental, probablemente este pasaría a la clandestinidad, malogrando cualquier esfuerzo gubernamental para capturarle. En julio, Dornstein me dijo: «En lo que atañe a los plazos, la cuestión es en qué momento quiero terminar el documental y conseguir lo que vine a buscar. Tengo que preguntarme a mí mismo: "Dime de nuevo por qué estás en esto". ¿Hasta qué punto me importa atraparle realmente, o estaría satisfecho con algo menos que eso? Porque, cuando lo publique, se habrá acabado. Estoy en una posición extraña, porque yo inicié lo que ahora ha llegado a ser un proceso oficial, y también podría ser la persona que lo sabotee».

Cuando le pregunté a Dornstein si para él era importante que Mas'ud se enfrentase a la justicia, me contestó que esa no era su preocupación primordial. Me recordó el concepto de venganza de

Nozick. «¿Piensa que tendría algo interesante que contarme? –me preguntó Dornstein–. Ni siquiera creo que hubiera tenido razones interesantes para hacer lo que hizo». Lo crucial era enviar un mensaje. «Llevo tanto tiempo pensando en esa persona –dijo–. Y durante todo ese tiempo parecía como si pudiese no existir. Me bastaría con pronunciar su nombre y verlo girar la cabeza. Demostrar que existe sería el jaque mate».

Dornstein tenía solamente la palabra de Eter de que Mas'ud seguía vivo y quería lo que los negociadores en los secuestros con rehenes llaman una «prueba de vida». Entonces, un día del pasado verano, el abogado de Eter envió a Dornstein una fotografía digital algo borrosa de varios hombres, uno de los cuales, en segundo plano, tenía la piel muy oscura. Todos los hombres, observó Dornstein, vestían uniformes azules. En su ordenador, Dornstein comenzó a buscar fotografías de las recientes farsas judiciales que estaban teniendo lugar en Libia. Abriendo una serie de instantáneas de Getty Images, encontró una versión en alta resolución de la escena de la fotografía borrosa. En primer plano aparecía la cara arrugada y con el ceño fruncido de Abdullah Senussi, el antiguo jefe de la inteligencia. Detrás de él, contra la pared, había un hombre calvo de piel muy oscura. Para Dornstein, se parecía mucho al hombre que había saludado a Al-Megrahi en el todoterreno.

A raíz de aquel descubrimiento, Dornstein me llamó muy entusiasmado. Conforme progresaba su investigación, había empezado a utilizar un programa de encriptación de teléfonos móviles e insistió en que cambiáramos a una línea segura antes de transmitir la noticia. «Me parecía increíble –dijo–. Eter decía que está confirmado que el tipo está vivo, pero jamás se pensó que estuviera nada menos que en la cárcel».

Dornstein envió una de las imágenes de alta resolución a Berlín. No mucho después, el abogado transmitió la respuesta de Eter: «Cien por cien. Es él».

Aquello supuso un enorme impulso en la búsqueda de Dornstein, pero le preocupaba que la identificación no fuese todavía irrefutable. Sabía que Eter, dado su estatus migratorio, no era un testigo totalmente desinteresado. (Cuando contacté con él en Berlín, declinó responder preguntas para este artículo). Tras un estudio más detallado, Dornstein encontró a una investigadora de Human Rights Watch, Hanan Salah, que estaba afincada en Nairobi y había estado siguiendo muy de cerca los juicios en Libia. Contactó con ella por Skype, y hablaron durante una hora de la situación política en Libia y el cariz general de los procesos. Entonces Dornstein le contó que estaba tratando de confirmar la identidad de un acusado al que había visto en una fotografía. «¿Quiere decirme el nombre?», preguntó ella. «Sí», contestó Dornstein, y tecleó el nombre Abu Agila Mas'ud.

Por un momento, Salah guardó silencio mientras consultaba el pliego de cargos. Luego dijo:

—No hay nadie con ese nombre.

—¿Cree usted que tiene la lista completa? —tartamudeó Dornstein.

—Sí —dijo Salah, expresando con su voz que sabía que esa no era la respuesta que él deseaba oír.

—De acuerdo, bueno, eso es de gran ayuda —señaló Dornstein—. Porque puede que esa persona que me está diciendo esto… no esté en lo cierto. Por cualquier motivo…

—Oh, espere —interrumpió—. Espere, espere, espere. Tengo un nombre. Solo que está escrito de forma ligeramente diferente… Abuajila Mas'ud.

Dornstein estaba eufórico. Una mujer sin conexión alguna con la historia del atentado de Lockerbie había identificado al hombre de piel oscura procesado en Libia como la misma persona que aparecía en los archivos de la CIA, los archivos de la Stasi y los registros malteses de inmigración. Durante años, Mas'ud había sido un fantasma, un número de pasaporte. Ahora había un pliego de cargos y una fotografía de alta resolución. «Es el acusado n.º 28», dijo Salah.

—¿Sabe usted de qué se le acusa? —preguntó Dornstein.

Salah consultó sus notas del juicio.

—Parece ser… fabricación de bombas —contestó.

* * *

A Mas'ud lo habían acusado de utilizar artefactos explosivos por control remoto en los coches de los miembros de la oposición libia en 2011, tras el estallido de la revolución. Según el pliego de cargos, que Dornstein había mandado traducir del árabe, Mas'ud no era libio de nacimiento: había nacido en Túnez en 1951. «Eso cambia las cosas para mí —me explicó Dornstein—. Ese tipo está en la cárcel. Siempre había logrado pasar desapercibido, y ahora está en un juicio espectáculo». Y añadió: «No podría haber habido una confirmación mejor de que era él que el contenido de esos cargos». Lo que más le sorprendía a Dornstein era el hecho de que el fabricante de bombas no hubiera abandonado su carrera: décadas después de lo sucedido en La Belle y Lockerbie, Mas'ud había continuado desempeñando un papel mortífero al servicio de Gadafi. Presumiblemente había otras víctimas más recientes de sus atentados, otros familiares, como Dornstein, que se sentirían agraviados. «Todo esto llega hasta el turbulento presente», observó.

Cuando pregunté a Brian Murtagh, el antiguo fiscal jefe de Estados Unidos, acerca de los hallazgos de Dornstein, se puso ligeramente a la defensiva. Hacía años que los investigadores sabían acerca de Mas'ud, me dijo Murtagh, pero al ser un personaje tan oscuro, siguió siendo un sospechoso: «¿Pensábamos: "Caramba, si es el experto técnico, tal vez fue quien montó la bomba"? Por supuesto. Pero no teníamos ninguna imagen de ese individuo». Murtagh arguyó que Dornstein, como periodista, tenía ciertas ventajas sobre los investigadores gubernamentales. «Para ir a los lugares a los que Ken había ido, un agente del FBI habría necesitado el permiso del Gobierno libio y la autorización del Departamento de Estado. Los periodistas no tienen que seguir las mismas reglas —comentó—. Tenemos jurisdicción para procesar a diestra y siniestra, pero si no eres capaz de encontrar realmente a la persona que buscas, la jurisdicción no te sirve para gran cosa».

Había un punto desalentador en los juicios libios: Mas'ud podía haber evadido la justicia por armar la bomba que hizo estallar el vuelo 103 de Pan Am, pero, cuando finalmente lo sometieron a juicio en Libia, fue por fabricación de bombas. Al mismo tiempo, el resultado era frustrante, toda vez que los juicios, que se celebraban en Trípoli, permitían pocas garantías procesales. Dornstein siempre había estado más comprometido con la verdad que con la justicia, y parecía improbable que de aquel proceso fuese a aflorar alguna verdad acerca del papel de Mas'ud en el atentado de Lockerbie.

Entretanto, Dornstein se apresuraba a terminar su documental. «No dejaban de preguntarle "¿Ya tienes el final?"», decía Tim Grucza. La investigación de Dornstein sugería que Mas'ud probablemente se encontrase encarcelado en Misrata. Tanto sus necesidades como cineasta como su deseo de catarsis emocional parecían apuntar en la misma dirección. Grucza, que había cubierto muchas guerras, estaba dispuesto a ir a Misrata. Pero Dornstein vacilaba. «La situación actual es completamente anárquica», decía respecto de Libia. Tras hacer algunas investigaciones sobre el terreno, Suliman Ali Zway, su asistente local, aconsejaba no llevar a cabo la expedición, explicando que sería distinto correr el riesgo si Mas'ud estuviese viviendo en una casa particular. Pero estaba en la cárcel. «Jamás conseguiremos acceso», dijo Ali Zway. Finalmente, Dornstein concluyó que era «un riesgo excesivo para una recompensa demasiado pequeña».

El 28 de julio de 2015, Mas'ud fue condenado a diez años. A principios de septiembre, Dornstein me llamó y me dijo: «Ha surgido una oportunidad». Había logrado contactar con un intermediario en Malta que decía ser representante de las milicias Amanecer Libio, la coalición rebelde que había administrado los juicios. El intermediario había hecho una propuesta: «Básicamente, tengo lo que parece ser una invitación de muy alto nivel para ir a Malta, luego volar en un avión fletado a Trípoli, entrevistar a Mas'ud y salir de nuevo». Era una oferta seductora, pero había motivos para desconfiar. ¿Por qué Amanecer Libio habría de facilitar semejante encuentro? Se trata de un grupo islamista, pero en la actualidad está luchando contra el ISIS, y Dornstein especulaba con la idea de que Amanecer Libio viese la invitación como una forma de buscar el favor de Estados Unidos. «Están tratando de demostrar que son un caballo por el que es razonable apostar», observó. La situación de la seguridad en Libia continuaba siendo precaria. Incluso si Amanecer Libio garantizase un salvoconducto, existían múltiples formas de acabar teniendo serios apuros. En Trípoli y en Misrata, solo el tráfico suponía un peligro: «Imagina que estás sentado y al lado aparece un camión de plataforma con un montón de tipos armados. Podrían secuestrarte sin escapatoria posible».

Finalmente, Dornstein decidió que Libia no era un país seguro. Sería injusto que su mujer y sus hijos corrieran un riesgo semejante en nombre de su difunto hermano. En nuestras conversaciones, Dornstein hizo referencia en más de una ocasión a Tántalo, que, en la mitología griega, intenta coger un fruto que escapa siempre de su alcance. Se había gastado más de 350.000 dólares en hacer el documental, lo que había agotado sus tarjetas de crédito, y había tenido que conseguir un préstamo con garantía hipotecaria. Incluso después de que pareciera haber decidido no ir a Libia, volvió a examinar el asunto conmigo: «Supongamos que consiguiera entrar en la cárcel y sentarme enfrente de ese tipo. No puedo imaginarme que en un primer encuentro fuese a decir "Estoy tan impresionado con su trabajo detectivesco que voy a contárselo todo". Eso es lo que sucede en la versión hollywoodiense, pero no en esta versión. Esto no es *Fitzcarraldo*. Yo no soy Werner Herzog en la jungla –y prosiguió–: Existe una tensión legítima en todo el documental entre la mirada al pasado y la mirada al futuro. Se trata de una historia que termina con mi regreso a mi familia tras dejar atrás todo esto». El documental se emitiría en tres entregas en *Frontline* en septiembre y octubre de 2015.

Cuando le pregunté a Ali Zway si creía que algún ajuste final de cuentas pudiera ser suficiente para Dornstein, me respondió: «¿Para Ken? Nada es suficiente». Mas'ud es uno de los hombres de la lista de Dornstein, señaló. «Estoy seguro de que Ken tiene muchos más nombres. Y ahora que ha encontrado a uno de ellos, querrá encontrar más. No creo que llegue a pasar página jamás. Siempre hay algo pendiente».

En cierta ocasión, cuando Dornstein estaba en la universidad, quiso visitar el Parque Nacional de Yellowstone. No tenía dinero para ir, y su padre era reacio a financiar el viaje. Pero David le extendió un cheque de trescientos dólares. Ken sabía que David tampoco tenía mucho dinero precisamente, por lo que nunca cobró el cheque. No obstante, lo guardó durante años.

En 2006, tras la publicación de su libro, Ken declaró que había terminado con el atentado de Lockerbie. Pero no era cierto. Cuando empezó a salir con Geismar, solía hablarle de la necesidad de «continuar» con Dave. ¿Puede alguna vez acabar un proyecto semejante? En términos cinematográficos, la decisión de Dornstein de regresar con su familia en lugar de arriesgarse a que le matasen en Libia es un buen final. Pero ¿será tan sencillo en la vida? Durante los diez años siguientes, Mas'ud ocuparía una celda de la cárcel en Libia y yo me preguntaba si Dornstein sería capaz de mantener alejado ese pensamiento, incluso después de terminar un libro y un documental. Cuando me reuní con Geismar, le pregunté si su marido podría deshacerse en algún momento de sus archivos sobre Lockerbie. «Esa es una buena pregunta —dijo—. Durante todo este tiempo ha tenido un pie en el pasado y el otro en el presente. Ha sido a la vez el prisionero y el carcelero. Yo estoy a favor de cerrar heridas, pero creo que toda esta labor que él ha llevado a cabo tiene más que ver con el proceso que con el resultado». Sonrió, con el rostro lleno de tristeza y compasión. «Tal vez esta sea una puerta que nunca llegue a cerrarse».

En diciembre de 2020, treinta y dos años después del atentado de Lockerbie, el Departamento de Justicia de Estados Unidos acusó a Abu Agila Mas'ud de fabricar la bomba. El Gobierno estadounidense solicitó su extradición desde Libia para que pudiese ser juzgado en Estados Unidos. Ken Dornstein ha seguido haciendo documentales extraordinarios sobre una serie de temas que no tienen nada que ver con Lockerbie.

EL IMPERIO DE LAS VENTAJAS

Cómo un médico, un operador de bolsa y el multimillonario Steven A. Cohen se vieron involucrados en un enorme escándalo financiero (2014)

Mientras el doctor Sid Gilman se acercaba al escenario, en el salón de baile del hotel se fue haciendo un silencio expectante. Era el 29 de julio de 2008 y un millar de personas se habían congregado en Chicago con motivo de la Conferencia Internacional sobre la Enfermedad de Alzheimer. Durante décadas, los científicos habían intentado en vano hallar una cura para el alzhéimer. Pero en los últimos años dos compañías farmacéuticas, Elan y Wyeth, habían trabajado juntas en un medicamento experimental llamado bapineuzumab, que se había mostrado prometedor en la lucha contra el deterioro cognitivo causado por la enfermedad. Las pruebas con ratones se habían revelado exitosas, y en un ensayo clínico inicial un pequeño número de pacientes humanos parecían mejorar. Una segunda fase de ensayos, en la que participaban doscientos cuarenta pacientes, estaba a punto de concluirse. Gilman había presidido el comité de seguimiento de la seguridad de los ensayos. Ahora se disponía a anunciar los resultados de la segunda fase.

El alzhéimer afecta aproximadamente a cinco millones de estadounidenses, y se prevé que, a medida que envejezca la población, el número de casos aumentará drásticamente. Esta acechante epidemia apremia a la comunidad científica para que halle una cura.

También ha llamado la atención de los inversores, porque habría una demanda enorme de un medicamento que disminuyese los efectos de la patología. Mientras Elan y Wyeth gastaban cientos de millones de dólares creando y probando el bapineuzumab, y haciendo insinuaciones sobre el posible éxito de un descubrimiento médico, los inversores se preguntaban si el «bapi», como llegó a conocerse, podría ser «el próximo Lipitor».Varios meses antes de la conferencia de Chicago, *Barron's* publicó un artículo de portada especulando que el bapi podía convertirse en «el medicamento más importante de todos los tiempos».

Se supo que un prominente inversor había hecho una apuesta muy fuerte por el nuevo fármaco. En los dos años anteriores a la conferencia, el gestor de fondos de cobertura y multimillonario Steven A. Cohen había acumulado cientos de millones de dólares en acciones de Elan y Wyeth. Cohen había creado en 1992 su propio fondo de cobertura, SAC Capital Advisors, con veinticinco millones de dólares y lo había convertido en un imperio de catorce mil millones de dólares que empleaba a un millar de personas. El fondo cobraba a clientes adinerados comisiones y tasas manifiestamente elevadas por gestionar su dinero, pero, incluso después del exorbitante recargo, los inversores veían rendimientos anuales medios de más del 30 por ciento. SAC hacía inversiones en varios miles de acciones, pero en el verano de 2008 la posición más alta de la compañía era Wyeth, mientras que Elan ocupaba el quinto lugar. En total, Cohen había invertido en torno a setecientos cincuenta millones de dólares en el bapi. Era famoso por hacer operaciones basadas en «catalizadores»: eventos que pueden beneficiar o perjudicar el valor de unas acciones determinadas. La presentación de los datos clínicos de Sid Gilman en Chicago suponía un clásico catalizador: si los resultados eran prometedores, las acciones se dispararían y Cohen ganaría una fortuna.

Gilman no había querido hacer la presentación. A sus setenta y cinco años y enfermo de linfoma, había recibido recientemente quimioterapia, que le había dejado completamente calvo; como el «científico malvado de una película de Indiana Jones», bromeaba.

Pero los ejecutivos de Elan le convencieron. Era una figura venerada en los círculos médicos que desde hacía muchos años ocupaba la Cátedra de Neurología de la facultad de Medicina de la Universidad de Michigan. En Ann Arbor, un ciclo de conferencias y un ala del hospital universitario llevaban su nombre. Su currículum llenaba cuarenta y tres páginas. Como administrador del medicamento en ciernes, transmitía una reconfortante autoridad.

Pero, poco después de que Gilman comenzara su presentación de trece minutos, acompañada por una presentación en Power-Point, quedó patente que los ensayos del bapi no habían supuesto un éxito rotundo. El medicamento parecía reducir los síntomas en algunos pacientes, pero no en otros. Gilman era optimista con respecto a los resultados; los datos «parecían muy prometedores», le dijo a un colega. Pero la comunidad de inversores era menos optimista acerca de las perspectivas comerciales del fármaco. Un analista de mercado, resumiendo el sentir general, declaró que los resultados eran «un desastre».

La conferencia de Chicago fue en efecto un catalizador, pero no en el sentido esperado por los inversores. Cohen parecía haber cometido un épico error de juicio. Cuando cerró el mercado el día siguiente, las acciones de Elan se habían desplomado un 40 por ciento. Las de Wyeth había caído casi un 12 por ciento. No obstante, para cuando Gilman hizo su presentación, SAC Capital ya no poseía ninguna acción en Elan ni en Wyeth. En los ocho días previos a la conferencia, Cohen había liquidado su posición de setecientos millones de dólares en ambas compañías y había procedido a continuación a «vender en corto» las acciones (apostar en contra de ellas), operación por la que obtuvo doscientos setenta y cinco millones de dólares de beneficios. En una semana Cohen había invertido su posición respecto del bapi en casi mil millones de dólares.

Gilman y Cohen nunca se habían visto las caras. Los detalles de los ensayos clínicos habían sido un secreto celosamente guardado, y sin embargo SAC los había anticipado con brillantez. Cohen ha sugerido que sus decisiones relativas a las acciones responden en buena medida al «instinto». Se dice que tiene una habilidad extraordinaria para intuir hacia dónde van las cotizaciones. Según el criterio de Chandler Bocklage, uno de sus adjuntos veteranos, Cohen es «el mayor operador de bolsa de todos los tiempos».

Pero las autoridades federales tenían una explicación diferente para la jugada maestra de SAC. Más de cuatro años después de la conferencia de Chicago, en diciembre de 2012, la fiscalía de Nueva York imputó a un joven, llamado Mathew Martoma, que había trabajado como gestor de carteras para Cohen. Fue acusado de utilizar datos confidenciales sobre el fármaco para urdir el plan de empleo de información privilegiada más lucrativo de la historia. Según la acusación, Martoma había estado recibiendo información secreta sobre el progreso de los ensayos clínicos durante casi dos años y, finalmente, había recibido una advertencia acerca de los decepcionantes resultados de la segunda fase. La fuente que le facilitó esta información era Sid Gilman.

* * *

En 1977, tras completar sus estudios en la facultad de Medicina de la UCLA y dar clase en Harvard y en Columbia, a Gilman le ofrecieron dirigir el Departamento de Neurología de la Universidad de Michigan. Se trasladó a Ann Arbor con su primera mujer, Linda, y sus dos hijos. El matrimonio de Gilman se deshizo a principios de los ochenta, y el hijo mayor, Jeff, empezó a tener problemas mentales. Jeff se suicidó en 1983 tomando una sobredosis de pastillas en una habitación de hotel cerca del campus. Gilman ya había experimentado la tragedia con anterioridad: su padre había abandonado a la familia cuando él era un niño, y más tarde su madre se quitó la vida. Tras la muerte de Jeff, Gilman parecía haber lidiado con la desesperación que padecía refugiándose en su trabajo. «El hombre trabajaba como un loco», me aseguró uno de sus muchos discípulos, Anne Young, que llegó a ser la jefa de neurología del Hospital General de Massachusetts.

En 1984, Gilman se casó con una psicoanalista llamada Carol Barbour, pero nunca tuvieron hijos y, aunque Todd, su hijo superviviente, estudiaba en la Universidad de Michigan, acabaron distanciándose, lo cual le dejó sin vínculos con su primera familia. Sin embargo, con el transcurso de los años, Gilman se convirtió en una figura paterna para decenas de médicos residentes y colegas de menor edad. «Su ayuda a los más jóvenes era una constante», me comentó Kurt Fischbeck, un antiguo compañero de Gilman que actualmente trabaja en la agencia pública estadounidense de investigación biomédica (NIH, por sus siglas en inglés). Gilman «brindaba un apoyo increíble» a los profesores más jóvenes, dijo Young. «Nos ayudaba con las solicitudes de becas, dedicando verdaderos esfuerzos a esa tarea, cosa que raramente hacen los catedráticos».

Un día de 2002 contactó con Gilman un médico llamado Edward Shin, que trabajaba para una nueva compañía, Gerson Lehrman Group. Conocida por sus siglas, GLG, servía como intermediadora entre inversores y expertos en industrias especializadas que pudieran responder a sus preguntas. «Era bastante sorprendente que el negocio de los fondos de cobertura consiguiera tanta información pidiendo favores… cuando sin duda podía pagar por ella», declaró al *New York Times* Mark Gerson, director ejecutivo de la compañía. Shin propuso a Gilman unirse a la red de expertos de GLG y convertirse así en un asesor que podría ganar hasta mil dólares la hora. Gilman no fue el único en aceptar una propuesta semejante. Un estudio publicado en el *Journal of the American Medical Association* reveló que en 2005 casi el 10 por ciento de los médicos de Estados Unidos mantenía algún tipo de contacto con la industria de inversiones, lo que suponía un aumento de setenta y cinco veces desde 1996. El artículo señalaba que la velocidad y el alcance de ese fenómeno «probablemente no tuvieran precedentes en la historia de las relaciones entre profesionales y trabajadores de la industria». Gilman leyó el artículo, pero discrepaba de que los acuerdos de esa índole fuesen censurables. En un correo electrónico a Shin explicaba que los inversores le ofrecían con frecuencia una nueva perspectiva sobre sus propias investigaciones: «Aunque la remuneración brinde un incentivo, la característica más atractiva de esta relación (al menos para mí) es el intercambio de puntos de vista».

El salario de Gilman en la universidad rondaba los 320.000 dólares anuales, una suma nada desdeñable en Ann Arbor. A medida que asumía más consultas remuneradas, comenzó a complementar sus ingresos con centenares de miles de dólares al año. Sus conocidos no notaron ningún cambio abrupto en su estilo de vida: Gilman vestía ropa elegante, pero por lo demás su esposa y él parecían vivir con relativa modestia. «No era un tipo ostentoso que se deleitase con juguetes caros», me comentó Tim Greenamyre, un antiguo estudiante que en la actualidad dirige el Instituto de Enfermedades Neurodegenerativas de Pittsburgh. Gilman aconsejaba a Greenamyre y a otros colegas que evitasen dar muestra alguna de estar ante un conflicto de intereses en sus relaciones profesionales y ponía empeño en contarle a la gente que él jamás invertía en acciones farmacéuticas. La consultoría, mantendría más tarde, era simplemente «una distracción».

En el verano de 2006, Gilman recibió una llamada de Mathew Martoma, quien le explicó que se había incorporado recientemente a SAC y se estaba centrando en las acciones en el campo de la medicina. Hablaron de los remedios para el alzhéimer, y concretamente del bapineuzumab. Aunque Martoma no tenía formación médica, estaba familiarizado con los entresijos científicos que entraban en juego. Tanto su madre como su mujer, Rosemary, eran médicas, y él tenía un interés desde hacía mucho en el alzhéimer, desde su infancia en Florida, cuando trabajó como voluntario en un hospital local. Gilman y él hablaron durante más de dos horas. Posteriormente, Martoma pidió a GLG que programase otro encuentro.

En SAC el entorno laboral era bastante estricto. Su sede central, ubicada en una lengua de tierra en Stamford, Connecticut, tenía vistas al estrecho de Long Island y estaba decorada con arte de la colección personal de Cohen, incluido *Self*, un cubo de vidrio refrigerado, obra de Marc Quinn, que contenía una cabeza esculpida con la sangre congelada del artista. El frío era glacial en el parqué de más de mil ochocientos metros cuadrados; Cohen mantenía el lugar tremendamente climatizado, por lo que distribuía a los empleados forros polares, con las iniciales SAC, para mantenerlos abrigados. El ambiente era silencioso. Los teléfonos se habían programado para parpadear en lugar de sonar, pero por todo el edificio podía escucharse una curiosa banda sonora. Mientras Cohen estaba sentado en su inmenso escritorio, ante un buen número de monitores de pantalla plana, y ladraba órdenes para sus operaciones personales, una cámara —la «cámara de Steve»— le apuntaba, a través de la cual transmitía sus directrices, en tono apremiante, a sus subordinados. Cohen no es un hombre físicamente imponente: es pálido y tiene aspecto de gnomo y una sonrisa torcida y desdentada. Pero en la imagen, Steve parecía el Mago de Oz.

Cuando SAC le ofreció por primera vez un empleo a Martoma, este reaccionó con ambivalencia. Estaba viviendo en Boston, donde trabajaba felizmente en un pequeño fondo de cobertura llamado Sirios Capital Management. Sabía que trabajar en SAC le supondría un éxito o un fracaso rotundo. A los gestores de carteras se les entregaba un montón de dinero. Si sus inversiones eran sistemáticamente rentables, se enriquecían con mucha rapidez. Si sus inversiones perdían dinero, perdían el trabajo. Los contratos en SAC incluían una cláusula que hacían del empleo una forma rápida de prosperar o morir. Cohen comparaba a sus *traders* con deportistas de élite; durante muchos años estuvo pagando a un psiquiatra que había trabajado con competidores olímpicos para que pasara varios días por semana en SAC asesorando a los empleados sobre la manera de dominar sus miedos. Contrataba a grandes triunfadores que estaban acostumbrados a niveles de presión extenuantes. Martoma había estudiado Bioética en Duke y se había graduado con honores. Tras un año de trabajo en los NIH, donde fue coautor del artículo «Alzheimer Testing at Silver Years», publicado en el *Cambridge Quarterly of Healthcare Ethics*, fue admitido en la facultad de Derecho de Harvard. Se marchó al cabo de un año, durante la burbuja de las puntocoms, y creó una empresa emergente. A continuación obtuvo un MBA en Stanford. SAC era otra institución de marca, un poderoso atractivo para alguien como Martoma. Después de visitar la oficina de Stamford y pasar un día siguiendo de cerca a Cohen, aceptó el empleo.

Se esperaba que en SAC los gestores de cuentas propusieran ideas innovadoras de inversión. En un mercado atestado de fondos de cobertura, se había hecho «difícil encontrar ideas que no se hubieran considerado», se lamentaba Cohen en el *Wall Street Journal* en 2006. En el negocio, una ventaja informativa sutil pero crucial se designa con el término inglés *edge*. Richard Holwell, un antiguo juez federal de Nueva York que había presidido casos de fraude bursátil de alto nivel, me contó que, con el fin de evaluar unos valores tecnológicos, los fondos de cobertura enviaban «gente a China para sentarse delante de una fábrica y ver si se trabajaba en un turno o en dos». Y añadió: «Una ventaja (*edge*) es el objetivo de todo gestor de carteras». Cuando preguntaron a Cohen por estos *edges* durante una declaración en 2011, él respondió: «Odio esa palabra». Pero los materiales promocionales de SAC alardeaban de las «ventajas» (*edges*) de la compañía, y Cohen proporcionaba a sus empleados todas las herramientas de investigación que pudieran ofrecer un incentivo sobre la competencia.

La estructura de incentivos de SAC, basada en el «recoges lo que siembras», ponía freno al compañerismo. Los empleados con ventaja no tenían ninguna motivación para compartir ningún tipo de información con los demás. Pero todas las buenas ideas se compartían con Cohen. Cada domingo, los gestores de carteras enviaban un memorando a una dirección de correo electrónico conocida como «ideas de Steve», en el que explicaban sus iniciativas más prometedoras, clasificadas por su nivel de convicción. Martoma siempre había sido un apasionado de la investigación y estaba impresionado por los recursos de SAC. Tenía a su disposición una empresa llena de exagentes de la CIA que podían supervisar las declaraciones públicas de los ejecutivos de corporaciones y evaluar si estaban ocultando algo; SAC tenía asimismo «barra libre» con Gerson Lehrman Group, que daba a Martoma acceso ilimitado a miles de expertos. Desde sus primeros días en Stamford, estaba interesado en el potencial inversor del bapi. Contactó con GLG con una lista de veintidós médicos a quienes esperaba consultar, todos los cuales estaban participando en los ensayos clínicos del fármaco. La mayoría rechazaron la propuesta alegando un conflicto de intereses; los investigadores clínicos tenían que firmar acuerdos de confidencialidad que les limitaban poder hablar del progreso de los ensayos. Pero Sid Gilman aceptó advirtiendo en su respuesta a GLC que «compartiría exclusivamente información de libre acceso». El domingo siguiente a la conversación inicial con Gilman, Martoma envió un correo electrónico a Steve Cohen sugiriendo que SAC comprase cuatro millones y medio de participaciones de Elan y señalando que su nivel de convicción era «alto».

* * *

Martoma nació en 1974, con el nombre de Ajai Mathew Thomas, y creció en Merritt Island, Florida. Sus padres habían emigrado de Kerala, en el sur de la India, durante los años sesenta. Eran cristianos; el apellido Martoma, que la familia adoptó en torno al cambio de milenio, es un tributo a la Iglesia Siria Mar Thoma, una rama ortodoxa con sede en Kerala. El padre de Mathew, Bobby, era un hombre estricto de nariz afilada y bigote recortado. Poseía un negocio de limpieza en seco y ejercía una enorme presión sobre su hijo para que triunfase. Mathew le complacía: destacaba en la escuela y puso en marcha una actividad de corte de césped en la que externalizaba la siega en otros muchachos. Es el mayor de tres hermanos y parece haber adoptado con naturalidad el papel de abanderado de la familia. En las fotografías de su niñez aparece sonriente, cuidadosamente peinado con raya al medio, y vestido con un diminuto traje de tres piezas.

A su llegada a Estados Unidos, el padre de Martoma fue admitido en el MIT, pero no podía permitirse estudiar allí. No obstante, siguió sintiendo fascinación por Cambridge y rezaba a diario para que su primogénito fuese a Harvard. Martoma se graduó en el instituto con una de las calificaciones más altas, pero terminó yendo a estudiar a la Universidad de Duke. Poco después de que Mathew cumpliera dieciocho años, Bobby le regaló una placa con la inscripción «Para el hijo que destrozó el sueño de su padre».

Durante la universidad, Martoma hizo voluntariado en el ala dedicada al alzhéimer del Centro Médico Duke y cultivó interés por la ética médica. Bruce Payne, que fue profesor de Martoma en un curso de ética y diseño de políticas, le recuerda como «con aspecto circunspecto y siempre bajo presión, muy preprofesional». Payne le escribió a Martoma una carta de recomendación para la escuela de negocios de Stanford, en la que elogiaba que hubiera leído el libro de Sissela Bok *Lying* y *La peste*, de Albert Camus. Martoma era un experto consumado en acaparar mentores. «Era ambicioso; quería conseguir algo en la vida», me dijo Ronald Green, que había sido el supervisor de Martoma durante su año en los NIH y en la actualidad es profesor en Dartmouth. «En cierta medida, Mathew me parecía un hijo adoptivo».

En Stanford le presentaron a Martoma a una joven pediatra neozelandesa llamada Rosemary Kurian. De extraordinaria belleza, estaba estudiando para obtener la licencia médica que le permitiese ejercer en Estados Unidos. Se había criado en una familia muy protectora y nunca había salido con nadie. Pero sintió un vínculo inmediato con Mathew: sus padres también eran de Kerala, y ella se sentía india y occidental como él. «Me enamoré de sus encantos —me confesó recientemente—. Y se mostraba muy respetuoso con mis padres». Su madre y su padre aprobaban la relación, y en 2003 Mathew y Rosemary se casaron en una catedral ortodoxa oriental en Coral Gables, Florida. Cuando se trasladaron a Connecticut, tenían un hijo y Rosemary estaba embarazada del segundo. Ella dejó de trabajar, pero estaba muy implicada en la carrera de Mathew. «Mathew no hacía todo el trabajo por sí solo», me dijo con una sonrisa. Él trabajaba permanentemente. «Veinticuatro horas al día, siete días por semana, siempre concentrado y con confianza».

Martoma se levantaba a las cuatro de la madrugada para seguir los mercados europeos del ámbito sanitario y luego trabajaba hasta el cierre del mercado neoyorquino. Después de pasar unas horas con sus hijos, hacía otro turno sentado en la cama con su ordenador portátil mientras Rosemary se quedaba dormida a su lado. Tenía numerosas perspectivas de inversión, pero la del bapi era la más prometedora y se convirtió en una obsesión. «Como gestor de carteras, vives sujeto a las fluctuaciones —me explicó Rosemary—. Esas acciones son tus bebés y tú tienes que ocuparte de ellas y alimentarlas». La obsesión llegó a ser una broma recurrente, y en sus conversaciones no paraban de decir la expresión «¡bapsolutamente!».

Rosemary nunca conoció a Sid Gilman, pero a lo largo del otoño de 2006 Martoma quedó a menudo con él para consultarle acerca del fármaco. Mucho más tarde, ante el tribunal, Gilman describiría esa fase de su relación como una suerte de seducción intelectual. Hablaban durante horas de los ensayos de varios medicamentos para el alzhéimer. «Cada vez que yo le mencionaba un ensayo clínico, él parecía saber un montón de cosas al respecto —testificó Gilman—. Cuanto más le contaba sobre cada uno de los ensayos, más quería saber». Gilman llegó a desear que sus estudiantes de Ann Arbor fueran tan brillantes y curiosos como Martoma. Aquel octubre, Gilman tenía planeado visitar Nueva York por otros asuntos, y Martoma organizó una cita con él en las oficinas de SAC en Manhattan. En un correo electrónico a GLG, Martoma especificaba su deseo de que en la reunión «estemos el doctor Gilman y yo a solas». Habían quedado a la hora del almuerzo y, cuando Gilman fue conducido a la sala, se sintió complacido por un pequeño gesto de cortesía: un surtido de sándwiches. Martoma hizo su aparición: ancho de espaldas y afable, llevaba el pelo negro cortado al rape y tenía unas largas pestañas que le conferían un aspecto felino. Era «extremadamente amable», recordaba Gilman. Martoma le halagó por «nuestras consultas anteriores».

Según los registros de GLG, Gilman y Martoma se vieron en cuarenta y dos consultas formales a lo largo de dos años. Gilman asesoró a otros muchos inversores durante aquel tiempo, y Martoma habló con muchos otros médicos, pero ninguno de los dos hablaba con nadie con tanta frecuencia. A Gilman le parecía que Martoma compartía su pasión por las investigaciones sobre el alzhéimer y que consideraba los esfuerzos para crear un medicamento eficaz mucho más que un asunto de interés financiero. En los correos electrónicos, Martoma solía emplear el «nosotros» al comentar cómo los profesionales médicos trataban a las personas que padecían la enfermedad. Gilman tenía asimismo la impresión de que Martoma quería que fuesen amigos. Martoma propuso que tomaran café después de las reuniones de la Academia Estadounidense de Neurología. Hablaba con Gilman de la emigración de su familia desde la India y de cómo Rosemary y él habían tenido dos hijos en poco tiempo. En los correos electrónicos enviaba sus mejores deseos a «la media naranja» de Gilman. Este llamaba a Martoma «Mat», pero, incluso cuando hablaban prácticamente a diario, Martoma se dirigía a él en todo momento como «doctor Gilman». En cierta ocasión, estando Gilman de viaje en Estambul, olvidó una reunión que habían programado previamente. Incapaz de localizarle, Martoma tuvo a su ayudante haciendo múltiples llamadas para intentar dar con el médico. Finalmente, un empleado del hotel lo encontró solo, leyendo, y le puso sobre aviso de las llamadas. «Yo estaba en el extranjero y él no era capaz de encontrarme –testificó Gilman–. Aquello fue conmovedor».

Posteriormente, a Gilman le costaba precisar en qué momento su relación con Martoma había cruzado la línea de la ilegalidad. No obstante, recordaba una vez en que Martoma le preguntó reiteradamente acerca de los efectos secundarios que cabría esperar del bapi. «No acerté a reconocer del todo lo que creo que era: un intento de obtener información confidencial», dijo Gilman. Inicialmente le ofreció respuestas teóricas, pero Martoma «persistía en su deseo de saber qué ocurría en realidad», y finalmente las respuestas «se [me] escapaban». Gilman le contó cuántos pacientes y cuántos casos de placebo habían experimentado cada efecto adverso. Mientras hablaba, Martoma le pedía de vez en cuando que fuese más despacio con el fin de poder transcribir los números.

* * *

En 1942, los abogados de la oficina de Boston de la Comisión de Bolsa y Valores (SEC, por sus siglas en inglés) se enteraron de que el presidente de una compañía local estaba emitiendo un pronóstico pesimista a los accionistas y acto seguido les ofrecía comprar sus acciones. Lo que el presidente sabía, y los accionistas no, era que las ganancias se cuadruplicarían al año siguiente. Jugaba con ventaja, lo cual le permitía engañar a sus propios accionistas para que le vendiesen las acciones muy por debajo de su valor real. Más tarde ese mismo año, la SEC estableció la Regla 10b-5 de la Ley de Intercambio de Valores, que tipificaba como delito federal el uso de información privilegiada. Por aquel entonces, uno de los miembros de la comisión comentó: «Bueno, estamos en contra del fraude, ¿no?».

En las décadas siguientes, sin embargo, la aplicación de esta prohibición ha sido inconsistente. Algunos expertos han sugerido que el uso de información privilegiada es efectivamente un delito sin víctimas y no debería ser perseguido. Al menos en privado, en la industria financiera son muchos los que comparten esta interpretación. Pero, en 2009, cuando Preet Bharara asumió el cargo de fiscal de Estados Unidos para el Distrito Sur de Nueva York, con jurisdicción sobre Wall Street, se fijó como prioridad reducir este tipo de fraude bursátil. El problema se había descontrolado por completo en el negocio de los fondos de cobertura, me explicó Bharara, en parte debido al sentimiento imperante de que las recompensas por usar información privilegiada eran potencialmente astronómicas, y el castigo si te pillaban, relativamente leve. «Se trata de personas que se dedican al negocio de la evaluación del riesgo, porque en eso consiste la negociación bursátil, y pensaban: "Las peores consecuencias a las que me enfrentaré serán pagar algunas multas"», decía Bharara. Su estrategia para cambiar el comportamiento de estos individuos consistió en introducir una nueva variable en la ecuación costes-beneficios: la cárcel. Los agentes del FBI y de la SEC comenzaron a pedir a profesionales de la inversión que identificasen a los principales malhechores. Peter Grupe, que supervisaba las investigaciones en el FBI, me contó que todos los informantes «señalaban en la misma dirección: Stamford, Connecticut».

Desde sus primeros años en el negocio, habían circulado en torno a Steve Cohen rumores acerca del uso de información privilegiada. Siendo un joven operador de bolsa en un pequeño banco de inversiones llamado Gruntal & Company, lo llamaron a declarar ante la SEC en 1986 acerca de transacciones sospechosas en torno a la adquisición de RCA por General Electric. Cohen se acogió a la Quinta Enmienda y nunca fue procesado, pero durante los años noventa, cuando su fondo llegó a ser extraordinariamente rentable, observadores y colegas de profesión especulaban que debía de estar haciendo algo inapropiado. Al igual que la empresa de inversiones de Bernard Madoff, SAC gozaba de un nivel de éxito que podía resultar sospechoso a primera vista. «Muchos asumieron durante años que SAC estaba haciendo trampa porque generaba rendimientos que no parecían verosímiles si estabas jugando con las mismas reglas que todos los demás», me explicó el gestor de otro fondo de cobertura.

Cuando Cohen era niño, uno de los ocho hijos de una familia de clase media en Great Neck, Nueva York, su padre, que era propietario de una fábrica de ropa en el Bronx, llevaba a casa el *New York Post* todas las mañanas. Cohen leía las páginas de deportes, pero reparaba también en «esas otras páginas llenas de números». En una entrevista para el libro de Jack Schwager *Stock Market Wizards*, recordaba: «Me sentí fascinado cuando descubrí que aquellos números eran precios que cambiaban a diario. Empecé a frecuentar la oficina local en la que podía consultar las cotizaciones bursátiles. Cuando estaba en el instituto, conseguí un empleo de verano en una tienda de ropa ubicada en la misma manzana que una oficina de aquellas, de modo que podía entrar a ver la cinta con los teletipos durante mi hora del almuerzo. En aquellos tiempos, la cinta era tan lenta que podías seguirla. Se podía ver la entrada de volumen en una acción y tener la sensación de que estaba subiendo. Hoy en día no puedes hacer eso; la cinta es mucho más rápida. Pero todo lo que hago en la actualidad tiene sus raíces en aquellas primeras experiencias leyendo las cintas».

Cohen nunca fue un «inversor en valor», alguien que adquiere compromisos a largo plazo con compañías en las que cree. Entraba y salía de las acciones con rapidez, haciendo grandes apuestas por las fluctuaciones en el precio a corto plazo. «Steve no siente ninguna especial atracción por este terreno –dijo uno de sus gestores de carteras en una declaración el año pasado–. Las acciones no significan nada para él. Son simplemente ideas y ni siquiera son *sus* ideas... Es un operador de bolsa, no un analista. Y no cesa de hacer transacciones. Eso es lo que le encanta hacer». No obstante, el modelo de negocio de SAC no se basaba en el instinto, sino en la acumulación agresiva de información y análisis. De hecho, mientras los agentes federales llevaban a cabo múltiples investigaciones paralelamente sobre el uso de información privilegiada en los fondos de cobertura, empezaba a parecer que la filosofía de trabajo en SAC no solo toleraba, sino que alentaba, el empleo de información privilegiada. En el reciente proceso de Michael Steinberg, uno de los gestores de carteras veteranos de Cohen, un testigo llamado Jon Horvath, que había trabajado como analista de investigaciones en SAC, recordaba que Steinberg le había dicho: «Yo puedo hacer *trading* intradiario con estas acciones y ganar dinero por mí mismo. Para eso no necesito su ayuda. Lo que necesito es que usted salga a conseguirme información confidencial, patentada». Horvath interpretó que se refería a información que no se había hecho pública, ilegal, y pensaba que sería despedido si no la conseguía.

Cuando Cohen entrevistaba a los candidatos, gustaba de decir: «Cuénteme alguna de las cosas más arriesgadas que ha hecho en su vida». En 2009, un gestor de carteras llamado Richard Lee solicitó un empleo. Cohen recibió una advertencia de otro fondo de cobertura que indicaba que Lee había formado parte de un «grupo que utilizaba información privilegiada». El departamento jurídico de SAC advirtió que sería un error contratarlo, pero Cohen hizo caso omiso. (Posteriormente Lee se declararía culpable del uso de información privilegiada).

Los delincuentes de cuello blanco tienden a ser objetivos fáciles para las fuerzas del orden. «Conseguir que los individuos cooperaran era extraordinariamente sencillo», me dijo Peter Grupe. La mayoría de los sospechosos en las investigaciones por el uso de información privilegiada nunca han sido arrestados ni tampoco han contemplado la perspectiva de una seria condena. Cuando Michael Steinberg estaba esperando a que el jurado de su juicio pronunciara un veredicto, se desmayó en audiencia pública. Entonces las autoridades se dirigieron a los empleados de los fondos de cobertura, confrontándolos con las evidencias de sus delitos y preguntándoles qué más sabían. Dado que los sospechosos no esperaban que los estuvieran vigilando, el FBI pudo seguirlos durante semanas. Entonces, un día, cuando un sospechoso se dirigía a un Starbucks y se disponía a hacer su pedido habitual, un agente se acercó furtivamente e hizo el pedido por él.

La táctica recordaba la estrategia que el FBI había empleado para desmantelar la mafia de Nueva York. El plan consistía en arrestar a miembros de bajo rango, amenazarlos con largas penas de prisión y luego hacerles cantar con el objetivo de recopilar información que pudiera conducir a detenciones más arriba en la jerarquía criminal. Con el tiempo, los agentes diseñaron un organigrama con nombres y caras, al igual que habían hecho con la Cosa Nostra. Y en la cúspide de la pirámide estaba Steve Cohen.

En 2010, los agentes del FBI contactaron con un joven llamado Noah Freeman, que había sido despedido de SAC y estaba dando clases en un colegio femenino en Boston. Freeman se convirtió en un testigo clave. Cuando le preguntaron en el juicio con cuánta frecuencia había intentado obtener ventajas por medios ilegales, respondió: «Varias veces al día». Según un memorando del FBI, «Freeman y otros empleados de S. A. C. Capital entendían que proporcionar a Cohen las mejores ideas para la negociación bursátil implicaba proporcionarle información privilegiada». Cuando Martoma llegó a SAC, el informe de su perfil advertía de sus «contactos en la industria» y su «red [personal] de médicos en el sector». A lo largo del otoño de 2007 fue adquiriendo cada vez más acciones de Elan y Wyeth, y Cohen siguió su ejemplo, complementando el dinero que Martoma estaba invirtiendo de su propia cartera con fondos de la cuenta personal de Cohen. Aquel octubre, Martoma informó por correo electrónico a Cohen de que el bapi estaba en vías de comenzar pronto los ensayos de fase III, y que estos constituirían «el PROGRAMA DE ALZHÉIMER MÁS COMPLETO llevado a cabo hasta la fecha».

SAC tenía un sistema informático propio, conocido como Panorama, que permitía a los empleados supervisar en tiempo real las participaciones de la compañía. Los empleados consultaban incesantemente Panorama, y muchos observaban lo que estaba haciendo Martoma, un gestor de carteras relativamente joven, y el hecho de que Cohen le estuviese respaldando. En un espacio diáfano como el de la oficina de Stamford y gracias al sistema de transmisión simultánea desde el escritorio de Cohen, los trabajadores podían ver cómo Martoma se acercaba al jefe y le murmuraba recomendaciones. Un gestor de carteras llamado David Munno, que tenía un doctorado en neurociencia, era escéptico respecto de las perspectivas del bapi. No le gustaba Martoma y no entendía de dónde procedía su convicción. En cierta ocasión le escribió a Cohen preguntándole si Martoma sabía realmente algo acerca del ensayo con el bapi o simplemente tenía «un presentimiento muy fuerte».

«Es difícil de saber —respondió Cohen—. Tan solo creo que Mat es quien más acierta».

Resulta imposible saber con exactitud cómo cimentó Martoma la confianza de Cohen en el bapi. Los gestores de carteras de SAC escribían con frecuencia explicaciones detalladas para respaldar sus recomendaciones acerca de las negociaciones bursátiles, pero en lo concerniente al bapi, Cohen y Martoma preferían hablar. Los correos electrónicos de Martoma a su jefe constaban a menudo de una sola línea: «¿Tiene un segundo para charlar?», «¿Tendrá un momento para hablar cuando llegue?». Cada vez que Munno presionaba a Cohen para averiguar cómo sabía tanto Martoma acerca del bapi, Cohen respondía crípticamente. «Mat cree que será un medicamento milagroso», le escribió a Munno una vez. En otra ocasión se limitó a explicarle que «Mat tiene muchos buenos contactos en este campo».

Un segundo gestor de carteras, Benjamin Slate, compartía las preocupaciones de Munno. Sugirió en un email que era «totalmente inaceptable apostar quinientos millones de dólares por el fármaco del alzhéimer sin un auténtico debate». En un mensaje a Slate un mes antes de la conferencia de Chicago, Munno se quejaba de que Martoma anduviera contando que tenía «ventaja negra». En documentos legales posteriores, SAC ha declarado que Munno y Slate acuñaron la expresión «ventaja negra» como un «comentario jocoso». Pero, según los documentos del Departamento de Justicia, «ventaja negra» es «una expresión que significa información privilegiada».

Inicialmente, puede que Gilman se hubiera «ido de la lengua» cuando reveló detalles secretos a Martoma, pero conforme avanzaba su amistad la conducta indebida se fue volviendo más sistemática. Cada vez que Gilman tenía noticia de una reunión del comité de seguimiento de la seguridad, Martoma programaba una consulta inmediatamente después con el fin de que aquel pudiera compartir cualquier nueva información que hubiera obtenido. Aparte de los honorarios de la consulta, Gilman no recibía ninguna remuneración adicional de Martoma, pero esto no evita que estuviera incurriendo en una falta de ética con asombrosa facilidad. En cierta ocasión, Gilman sugirió que lo que hacían era un completo engaño y le propuso a Martoma que ofrecieran a Gerson Lehrman Group pretextos para sus reuniones con el fin de desviar las sospechas.

El 25 de junio de 2008, Gilman envió un correo electrónico a Martoma con el asunto «Algunas noticias». Elan y Wyeth le habían elegido para presentar los resultados de los ensayos clínicos de fase II en la Conferencia Internacional sobre la Enfermedad de Alzheimer en el mes de julio. Martoma programó una nueva reunión de consulta, pero informaron a GLG, falsamente, de que Gilman y él comentarían unas terapias para tratar la esclerosis múltiple. Hasta ese momento, Gilman había tenido acceso a los resultados de los ensayos en materia de seguridad, pero no a los importantísimos resultados de eficacia. Ahora, para presentar los hallazgos, Gilman accedería a todos los datos. Dos semanas después, Elan le organizó un vuelo privado de Detroit a San Francisco, donde la compañía tenía oficinas. Pasó dos días con ejecutivos de la empresa preparando su presentación para la conferencia. Cuando regresó a Michigan, un ejecutivo de Elan envió a Gilman un correo electrónico titulado «Confidencial, no distribuir». Contenía una versión actualizada de la presentación en PowerPoint de veinticuatro diapositivas que acompañaría sus comentarios. Tras descargar la presentación, Gilman recibió una llamada de Martoma. Mantuvieron una conversación de una hora y cuarenta y cinco minutos, durante la cual, como admitiría posteriormente, Gilman transmitió los contenidos de la presentación.

Sin embargo, se trataba de un material complicado, tal vez demasiado para transmitirlo por teléfono. Martoma anunció que casualmente tenía que volar a Michigan ese fin de semana; había fallecido un familiar, pero había estado demasiado ocupado para asistir al funeral, así que iba a presentar sus respetos con retraso. ¿Podía dejarse caer por allí?

«Claro, puede pasarse por aquí», respondió Gilman.

Dos días después, Martoma voló del aeropuerto JFK a Detroit, cogió un taxi a Ann Arbor y se reunió con Gilman durante una hora en su despacho del campus. Voló de regreso a Nueva York esa misma tarde, sin haber visitado a su familia. Rosemary le recogió en el aeropuerto. A la mañana siguiente, un domingo, Martoma envió un email a Cohen preguntándole «¿A qué hora le vendría bien que hablásemos esta mañana? Es importante». Cohen le envió un número de teléfono por correo electrónico y, a las 9.45, Martoma le llamó a casa. Según los registros de llamadas presentados en el juicio, hablaron durante veinte minutos. Cuando abrió el mercado el lunes, Cohen y Martoma dieron instrucciones a Phil Villhauer, el operador principal de bolsa de Cohen en SAC, para que empezase a vender discretamente acciones de Elan y Wyeth. Villhauer se deshizo de ellas empleando *dark pools* o «grupos oscuros» (un mercado bursátil electrónico anónimo) y otras técnicas que implican transacciones difíciles de detectar. Durante los días siguientes, SAC vendió su posición entera en Elan y Wyeth tan discretamente que solo unas pocas personas de la empresa sabían lo que estaba sucediendo. El 21 de julio, Villhauer escribió a Martoma: «Nadie lo sabe excepto Steve, tú y yo».

Martoma no dijo nada a Gilman sobre la liquidación y al cabo de una semana voló a Chicago para la conferencia, acompañado de Rosemary y sus hijos, como hacía a menudo cuando viajaba. Gilman tampoco sabía que Martoma había obtenido una segunda fuente que lo conectaba con los ensayos clínicos: Joel Ross, un médico de Nueva Jersey que había participado en las pruebas de eficacia. Ross tenía planeado asistir a una cena la noche anterior a la presentación de Gilman, en la que tanto a él como a otros investigadores principales les presentarían los datos completos de los ensayos. Martoma se reunió con Ross en el vestíbulo del hotel inmediatamente después de la cena. Pero Ross quedó desconcertado por la conversación. Él seguía siendo bastante optimista respecto del bapi, pues había visto mejoras reales en los pacientes que estaba supervisando, pero Martoma se mostraba más escéptico. «Él siempre estaba muy interesado en los detalles», comentaría más tarde Ross. Pero ahora Martoma parecía conocer todos los detalles de los resultados de los que el propio Ross acababa de tener noticia en la cena, momentos antes. Ross se sentía confuso: era como si Martoma hubiera estado «en aquella sala».

Cuando Gilman hizo su presentación la tarde siguiente, las agencias de noticias se hicieron eco de los ambiguos resultados. Tim Jandovitz, un joven operador de bolsa que trabajaba para Martoma, vio con consternación como la noticia aparecía en la terminal Bloomberg de su despacho en Stamford. Consultó Panorama, que mostraba que SAC mantenía todavía posiciones muy relevantes en Elan y Wyeth. Jandovitz creía que tanto Martoma como él acababan de perder más de cien millones de dólares del dinero de Steve Cohen y, junto con ello, sus empleos. A la mañana siguiente se preparó y fue a la oficina. Pero, cuando consultó Panorama, vio que las acciones de Elan y Wyeth se habían esfumado. Poco después, Martoma informó a Jandovitz que SAC ya no poseía las acciones. Los dos hombres habían trabajado en estrecho contacto, y Jandovitz se sintió dolido por haber sido excluido de la operación. Martoma le explicó que la decisión de vender se había mantenido en secreto por «instrucciones de Steve Cohen».

Las personas ajenas a la compañía recibieron con el mismo estupor la noticia de que SAC había convertido un desastre potencial en un beneficio inesperado. «DIME QUE MARTOMA SALIÓ DE ELAN», escribió en un mensaje instantáneo un amigo de Jandovitz que trabajaba en J. P. Morgan. Jandovitz respondió: «Sin entrar en detalles, el miércoles y esta semana han sido GENIALES para nosotros».

«ME ENCANTA», escribió su amigo.

Jandovitz convino: «Así se forjan las leyendas».

Ese año, Martoma recibió un bonus de 9,3 millones de dólares. La última vez que vio a Gilman –antes de que ambos volvieran a encontrarse en los tribunales– fue el día después de la presentación, cuando Martoma invitó al doctor a comer en un hotel de Chicago. «¿Se ha enterado de lo que ha ocurrido con las acciones de Elan?», dijo Martoma, añadiendo a continuación que se habían desplomado. Al mercado no le gusta un medicamento que ayuda solamente a la mitad de las personas que lo reciben, le explicó.

Varios meses después, a finales de septiembre de 2008, Gilman envió a Martoma un correo electrónico con el asunto «¿Qué tal estás?»:

> Hola, Mat:
>
> Hace mucho que no sé nada de ti y espero que tanto a ti como a tu familia os vayan bien las cosas. Confío en que no te haya afectado demasiado la gran turbulencia en los mercados, sumada a la decepcionante caída de las acciones de Elan… No hace falta que me llames; solo quería saber cómo te va.

Martoma nunca respondió.

* * *

Los reguladores de la Bolsa de Nueva York supervisan millones de transacciones. Seis semanas después de la conferencia sobre el alzhéimer, los investigadores detectaron el colosal cambio de rumbo de

SAC antes de la presentación de Gilman y alertaron a la Comisión de Bolsa y Valores. En el verano de 2009, Charles Riely, un fiscal de la SEC, y Neil Hendelman, un investigador de la policía, comenzaron a examinar centenares de registros de llamadas telefónicas tratando de identificar algún vínculo entre alguien que pudiera tener información privilegiada en una de las compañías farmacéuticas y SAC. La tarea requirió más de un año de investigaciones, pero un día Riely y Hendelman estaban revisando los registros telefónicos de Gilman y se toparon con el número del móvil de Mathew Martoma. Sanjay Wadhwa, que supervisaba la investigación de la SEC, me contó: «Fue entonces cuando dijimos: "Probablemente sea este el tipo"».

Por aquel entonces las autoridades federales llevaban años investigando a Steve Cohen. Pero Cohen era un objetivo más escurridizo de lo que quizá hubieran imaginado. Describía su compañía como una estructura «radial», con él en el centro recogiendo información, mientras sus gestores de carteras especializados dirigían sus cuentas con un cierto grado de autonomía. Esto significaba que las autoridades podían arrestar y obtener información de sospechosos de bajo nivel que podrían confirmar las prácticas fraudulentas del lugar, pero esos empleados no estarían necesariamente en posición de testificar que Cohen operase a sabiendas con información privilegiada. En el verano de 2009 el FBI consiguió autorización para pinchar el teléfono de la casa de Cohen, una mansión de tres mil doscientos metros cuadrados en Greenwich, pero las escuchas no aportaron ninguna prueba incriminatoria. Según una persona implicada en la investigación, Cohen pasó la mayor parte del mes en el que el teléfono estuvo pinchado en una casa que tenía en los Hamptons. Durante algún tiempo, el FBI quiso introducir a un infiltrado en la compañía de Cohen, y preparó a un operador de bolsa que había trabajado en SAC en el pasado para que buscase empleo allí de nuevo. Pero Cohen rechazó la contratación explicando, en una declaración de 2011, que se decía, según «los rumores de la gente de la calle», que el operador llevaba un micrófono.

En la mayoría de los casos de delitos de cuello blanco, las autoridades reclaman como pruebas montones de comunicaciones internas, pero esta estrategia tenía una utilidad limitada en el caso de SAC, cuyo departamento jurídico aconsejaba a los empleados no «escribir ni enviar ninguna comunicación electrónica, ni dejar ningún mensaje de voz, si uno no deseaba que [...] lo leyeran las autoridades». En una ocasión en julio de 2009, un nuevo gestor de carteras envió a Cohen un mensaje instantáneo diciendo que iba a vender en corto las acciones de Nokia sobre la base de «recientes investigaciones». Se disculpaba por esa débil justificación, pero explicaba que acababa de recibir la formación específica de SAC, «de modo que no daré muchos detalles». Cada vez que un intercambio por escrito se aproximaba peligrosamente a un posible territorio incriminatorio, Cohen insistía en pasar a hablar del asunto. «Tomo café los martes por la tarde con quien dirige el negocio de los genéricos norteamericanos», le informó en cierta ocasión un colega. La respuesta de Cohen fue: «Luego hablamos».

Incluso cuando parecían existir pruebas incontrovertibles de que Cohen había recibido información privilegiada, y que había actuado en función de esta, sus abogados hacían unos impresionantes esfuerzos retóricos para cuestionarlas. Un día de 2008, Jon Horvath, el analista, envió un correo electrónico a dos colegas acerca de un inminente informe de beneficios de Dell. Su fuente, escribía, provenía de «una persona que había contactado con alguien de la compañía». Uno de los colegas reenvió el email al operador de bolsa personal de Cohen, quien se lo reenvió a Cohen y luego le telefoneó. Dos minutos después de la llamada, Cohen comenzó a liquidar su posición en Dell, una operación por valor de diez millones de dólares. Sin embargo, cuando la transacción acaparó la atención en el proceso de Steinberg, los abogados de Cohen alegaron que la decisión de vender sus acciones en Dell era independiente: aunque recibió el correo referente a la valiosa información en su bandeja de entrada, Cohen «probablemente nunca lo leyó». Recibía mil correos electrónicos cada día, explicaron los abogados; se sentaba en su escritorio con siete monitores, y la bandeja de entrada de Outlook aparecía en el monitor situado en el extremo izquierdo. Además, la ventana de Outlook estaba detrás de otros dos programas, minimizada, lo cual solo le permitía ver cinco emails a la vez: «Cohen habría tenido que girarse hacia el monitor ubicado en el extremo izquierdo, minimizar un par de programas, desplazarse hacia abajo por sus correos, clicar dos veces en el email para abrirlo, leer tres cadenas de reenvíos y digerir la información». (Steinberg fue acusado finalmente de uso de información privilegiada en el caso Dell y declarado culpable; lo condenaron a tres años y medio de cárcel, pero apeló; en 2015, después de que una decisión judicial estrechase la definición de empleo de información privilegiada, el Gobierno retiró todos los cargos contra él). En teoría, Steinberg podría haber testificado contra su jefe con el fin de evitar la posibilidad de acabar en prisión, pero podría no haber sido capaz de aportar ninguna prueba adicional de que Cohen hubiera negociado deliberadamente con información privilegiada. Además, Steinberg era un viejo amigo de Cohen que llevaba más de una década trabajando con él y, por consiguiente, era improbable que le traicionase.

Martoma no profesaba esa lealtad hacia Cohen. Tras recibir su enorme bonus en 2008, perdió dinero en 2009. En 2010 –sin tener donde caerse muerto– fue despedido. En un correo electrónico, un antiguo colega le menospreciaba describiéndolo como «alguien que tan solo había tenido suerte con Elan». Martoma y su familia se mudaron a Boca Ratón, donde Rosemary y él compraron una casa enorme en un complejo costero por 1,9 millones de dólares. Ninguno de los dos tenía trabajo, por lo que se centraron en sus hijos (habían tenido un tercer hijo en 2009) y en las obras benéficas; crearon la Fundación Mathew y Rosemary Martoma y la dotaron con una donación de un millón de dólares. El mejor amigo de Martoma de Duke, Tariq Haddad, actualmente cardiólogo en Virginia, me contó que Mathew siempre había sido un apasionado de la filantropía. «Ha regalado el diez por ciento de los ahorros de toda su vida –me aseguró–. Ha donado más de un millón de dólares».

La tarde del 8 de noviembre de 2011, los Martoma regresaron a casa tras hacer unos recados y se encontraron a dos agentes del FBI en el jardín delantero. Uno de ellos, B. J. Kang, había sido una figura clave en la investigación de Steven Cohen. Kang lleva la cabeza rapada y es de bruscos ademanes, y es conocido por llevar su arma reglamentaria (y varios cargadores de munición extra) con una disposición que puede resultar excesiva para un agente dedicado a investigar los fondos de cobertura.

—Entre en la casa —le dijo a Rosemary—. Esto no tiene nada que ver con usted.

—Me quedo aquí —replicó ella—. Lo que quieran decirle a Mathew, pueden decírmelo a mí.

Kang se volvió hacia Martoma.

—¿Quiere contárselo usted o prefiere que lo haga yo?

Martoma pareció vacilar y luego dijo:

—Adelante, puede contárselo usted si quiere.

Rosemary se sintió confusa y aterrorizada. No tenía ni la menor idea de qué era todo aquello. Según Rosemary, Kang dijo entonces:

—Sabemos lo que hizo usted en Harvard.

Martoma se desmayó.

* * *

Cuando Martoma fue admitido en la facultad de Derecho de Harvard, su padre estaba tan contento que insistió en llevar a su hijo en un camión de mudanzas desde Florida hasta Massachusetts. Martoma, que por aquel entonces utilizaba todavía su verdadero nombre, tuvo éxito en su primer año. Fue editor del *Harvard Journal of Law & Technology* y cofundador de la Sociedad de Derecho y Ética. En el otoño de su segundo semestre envió solicitudes de pasantías judiciales a veintitrés jueces. Pero, cuando un ayudante de uno de los jueces examinó minuciosamente el expediente académico de Martoma, le pareció que había algo raro, de modo que contactó con el secretario de admisiones de Harvard. El 2 de febrero de 1999, el secretario se enfrentó a Martoma. Aparentemente alguien había manipulado su expediente académico: dos notables y un notable alto habían pasado a ser sobresalientes. (Otro notable alto había pasado a ser un sobresaliente, y un sobresaliente bajo no se había modificado). En un principio Martoma insistió en que «se trataba de una broma». Pero la facultad remitió el asunto al Consejo de Administración de Harvard, que recomendó la expulsión. Él lucho enérgicamente contra la decisión, contratando a un abogado, y se sometió a dos pruebas de polígrafo. Había habido un malentendido, explicó Martoma: no había alterado su expediente para las prácticas, sino para sus padres. Llevó a casa el certificado falsificado unas vacaciones de invierno; sus padres estaban eufóricos. (El comité que evaluó su caso observó que Martoma se hallaba «sometido a una extrema presión parental para destacar»). Pero, tras mostrar el expediente a sus padres, continuó Martoma, tuvo que marcharse precipitadamente de la ciudad, por lo que le pidió a uno de sus hermanos menores que buscase las solicitudes de pasantías que se había dejado en su habitación. Sin darse cuenta, su hermano cogió una copia del certificado falsificado y la incluyó en los envíos a los jueces. Martoma había descubierto el error antes de enfrentarse al secretario de la universidad, insistía, y había enviado correos electrónicos a las secretarias de dos profesores a los que había pedido recomendaciones, indicándoles que no enviaran las cartas, «pues ya no estoy buscando una pasantía».

El Consejo de Administración seguía albergando dudas porque las secretarias no recibieron los emails hasta la noche del 2 de febrero, horas después de que a Martoma lo interrogara el secretario de la facultad. En los emails constaba como fecha el 1 de febrero, y Martoma mantenía que se había producido algún tipo de retraso en el servidor, porque no dudaba de que los había enviado el día anterior. Su madre, su padre y su hermano testificaron ante el consejo y respaldaron su versión. Martoma entregó incluso su ordenador portátil a una empresa llamada Computer Data Forensics, que emitió un informe técnico para el Consejo de Administración analizando los metadatos de los correos electrónicos en los que pedía que se retirasen las recomendaciones. La empresa reveló que los correos se habían enviado en efecto el 1 de febrero.

No obstante, Harvard llevó a cabo la expulsión. Mientras impugnaba la decisión, Martoma, que se había mudado a un complejo de apartamentos en Framingham, Massachusetts, entabló allí amistad con un joven graduado del MIT llamado Stephen Chan. Ambos empezaron a cenar juntos y a entrenar artes marciales en un gimnasio local. Finalmente pusieron en marcha un negocio. Los padres de Martoma se rehipotecaron para ayudar a la empresa, y Martoma y Chan contrataron a varios empleados. Martoma les contó a estos que era un abogado que había estudiado en Harvard. El nombre de la compañía era Computer Data Forensics. Martoma había presentado a la universidad un informe forense emitido por su propia empresa. La colaboración entre Martoma y Chan terminó amargamente no mucho después, cuando Martoma solicitó una orden de alejamiento contra Chan y los padres de Martoma se vieron obligados a mediar con los contrariados empleados (que no habían cobrado). Bobby Martoma, indignado con su hijo, le calificaba de «una absoluta carga». Más tarde, ese mismo año, Martoma solicitó entrar en la Escuela de Negocios de Stanford. Poco después de que lo admitieran, dejó de llamarse Ajai Mathew Thomas y adoptó legamente su nombre actual. Sin duda Stanford no le habría admitido de haber estado al tanto de su expulsión de Harvard, pero como Stanford ha declinado hacer ningún comentario sobre el caso, es imposible saber si Martoma tergiversó lo ocurrido durante el año que pasó en Cambridge o lo eliminó sin más de su historial académico. A Ronald Green, su antiguo supervisor en los NIH, le explicó que se había marchado de Harvard señalando las oportunidades empresariales disponibles en esa época. «Tal como yo lo entendí, había dejado los estudios para poner en marcha un negocio, que iba viento en popa», me comentó Green.

Cuando le pregunté a Rosemary Martoma cuándo se había enterado de la expulsión, me dijo que Mathew se lo había confesado al principio de su relación. «Soy partidaria de la más absoluta franqueza», me explicó. Pero aquel incidente era una fuente de humillación para Martoma y para su familia, de modo que se convirtió en un secreto celosamente guardado. Incluso su mejor amigo, Tariq Haddad, creyó siempre que Martoma había dejado los estudios de Derecho; no descubrió la verdad hasta fechas recientes, a raíz de la acusación contra Martoma. Él siempre temió que saliera a la luz el incidente de Harvard, me dijo Rosemary: «Era como una daga que pendía sobre su cabeza». (SAC verificaba los antecedentes de sus potenciales empleados, pero no se sabe si la empresa detectó esa mancha en el historial de Martoma. Por supuesto, SAC podría haber estado al tanto de ello y haberle contratado de todos modos; falsificar un expediente académico y enviarlo por correo a veintitrés jueces federales demuestra una impresionante capacidad de asumir riesgos).

Cuando Martoma recobró la conciencia, el agente Kang le informó de que el FBI estaba al corriente del «negocio de 2008». Tanto Rosemary como Mathew comprendieron de inmediato a qué se refería. El otro agente, Matt Calahan, vacilaba, pero Kang se mostraba agresivo. «Su vida entera se va a poner patas arriba –dijo–. Va a perder a todos sus amigos, y sus hijos van a crecer odiándole porque va a pasar lo que le queda de vida en una celda». Según Rosemary, Kang dijo que el Gobierno «aplastaría» a Martoma a menos que este cooperase. «Queremos a Steve Cohen», anunció Kang.

Martoma no era el mejor testigo: si los abogados de Cohen fueron capaces de encontrar una coartada en una ventana minimizada de Outlook, cabe imaginar lo que podrían hacer con la credibilidad de Martoma en el estrado sacando a relucir su paso por Harvard. Por otro lado, a los delincuentes se les condena con frecuencia gracias al testimonio de subordinados moralmente dudosos. El testigo clave que metió entre rejas a John Gotti fue Sammy «el Toro» Gravano, que había confesado diecinueve asesinatos. Contar con un historial delictivo era un requisito fundamental para testificar contra Whitey Bulger. Y Martoma poseía claramente un tenaz instinto de supervivencia. Sus padres seguían llamándole por su nombre de nacimiento, Ajai, que en hindi significa «invencible».

Pero entonces sucedió algo sorprendente. Martoma se negó a cooperar.

* * *

El agente Kang ya había hecho una visita a Sid Gilman. En una reunión inicial en la universidad, y en varias conversaciones subsiguientes, los investigadores preguntaron a Gilman si había proporcionado a Martoma información confidencial sobre el bapineuzumab. Gilman les mintió reiteradamente. «Me sentía profundamente avergonzado —explicaría más tarde—. Había traicionado a mis colegas, a mí mismo, a mi universidad». Kang le dijo a Gilman que él no era más que un actor secundario en toda la historia, un «grano de arena», y que la persona a la que perseguían las autoridades en realidad era Steve Cohen. Finalmente Gilman accedió a contarlo todo al Gobierno, a cambio de la promesa de que no le procesarían. ¿Cantaría después Martoma? En las causas penales en las que existe la posibilidad de cooperar, el abogado de un acusado va a la fiscalía con una «oferta» y explica lo que su cliente podría ofrecer a cambio de un trato indulgente. Pero, pese a las advertencias del agente Kang de que si Martoma era procesado el FBI «le arruinaría la vida», los abogados de Martoma jamás mencionaron la idea de hacer un trato con la fiscalía. Ahí estaba un gestor de fondos de cobertura que podía entregar finalmente a Steve Cohen y que, debido a los enormes beneficios obtenidos por el negocio del bapi, se podía enfrentar a una larga condena de cárcel si no lo hacía. Sin embargo, Martoma se mostraba intransigente. Finalmente, un equipo de agentes del FBI regresó a Boca Ratón y, delante de los niños, se lo llevó de su casa esposado.

En los círculos financieros y policiales, muchos se preguntaban por qué Martoma había aceptado el papel de cabeza de turco. Una explicación que me sugirieron muchas personas era que a los Martoma les habían abierto una cuenta en algún paraíso bancario tropical. Pero ese escenario se me antojaba inverosímil. Supongamos que Cohen hubiese intentado en efecto sobornar al testigo de esa forma. Incluso si lo hubiera hecho a la manera de los multimillonarios —a través de un sistema que le permitiría, llegado el caso, negarlo todo—, ¿no estaría entregándole a Martoma munición para un chantaje de por vida? Si alguien prometiera a Martoma diez millones de dólares por no testificar en un caso de fraude bursátil, ¿qué le impediría renegociar de nuevo, exigiendo veinte millones para no testificar sobre un caso de obstrucción a la justicia amén del fraude bursátil? Aun así, el dinero de Cohen era un factor ineludible en el caso. Tras haberlo defendido brevemente Charles Stillman, un abogado de defensa criminal, Martoma optó por contratar los servicios de Goodwin Procter, un importante bufete de abogados con unos honorarios elevadísimos. Pero Martoma no pagaba a sus abogados, sino que lo hacía SAC. Por lo tanto, los abogados que asesoraban a Martoma sobre si debía arriesgarse a una sentencia de cárcel o testificar contra Cohen estaban enviando sus facturas a la compañía de Cohen.

Cuando la fiscalía estadounidense anunció el procesamiento de Martoma, Cohen convocó una reunión de toda la empresa en la sede de SAC y dijo que estaba furioso por el comportamiento de «un puñado de empleados». Martoma era la octava persona, de entre las que habían trabajado para Cohen, a quien habían acusado de utilizar información privilegiada: se trataba del mayor número de individuos de una institución financiera estadounidense acusados penalmente en los últimos años. Incluso si Martoma no se volvía en contra de Cohen, la compañía estaba claramente en peligro. En marzo de 2013, los abogados de SAC acordaron pagar 616 millones de dólares a la SEC con el fin de resolver las acusaciones civiles por el uso de información privilegiada. Varios meses después, la SEC presentó una denuncia aparte contra Cohen en persona, acusándole de «falta se supervisión» hacia sus subordinados y alegando que había recibido «información altamente sospechosa que debería haber llevado a cualquier gestor de fondos de cobertura razonable […] a adoptar medidas urgentes». En el verano de 2014, el Departamento de Justicia anunció un procesamiento penal contra SAC —aunque no directamente contra Cohen— alegando que la compañía se había convertido en un «imán para los tramposos del mercado» y que Cohen había hecho uso de información privilegiada «a una escala sin precedentes conocidos en el sector de los fondos de cobertura». No mucho después, la empresa se declaró culpable de los cargos penales y accedió a pagar una multa histórica de mil ochocientos millones de dólares.

Cohen siempre había recibido con desdén las acusaciones de irregularidades en su empresa. Cuando un abogado le preguntó en una declaración en 2011 acerca de la Regla 10b-5 (la regulación federal contra el uso de información privilegiada), dijo desconocer lo que esta dictaminaba. El abogado señaló que el manual de cumplimiento de SAC, del propio Cohen, explicaba la regla. Cohen respondió que también ignoraba lo que decía el manual. El abogado no daba crédito: «¿Usted no sabe, sentado hoy aquí como el jefe de la empresa, lo que dice su manual de cumplimiento?».

«Correcto –dijo–. Lo he leído. Pero, si hoy me pregunta usted lo que dice, no lo recuerdo».

No mucho después de que SAC anunciara su acuerdo con la SEC, saltó la noticia de que Cohen había comprado *Le rêve*, de Picasso, por ciento cincuenta y cinco millones de dólares, el segundo precio más alto de la historia pagado por un cuadro. Y, entretanto, compró una casa nueva en East Hampton, una propiedad frente al mar valorada en sesenta millones de dólares.

* * *

El juicio contra Mathew Martoma comenzó en enero de 2014 y duró un mes. Las ventiscas habían depositado enormes acumulaciones de nieve alrededor de la corte federal en el bajo Manhattan, y cada mañana Mathew y Rosemary Martoma llegaban en un coche con chófer y pasaban, con sus abogados, sobre restos de nieve sucia. Sus hijos los habían acompañado a Nueva York y estaban alojados en un hotel del centro. La madre y el padre de Mathew habían acudido desde Florida para el juicio y se sentaban en la primera fila, con aspecto solemne, embutidos en abrigos de invierno y bufandas. Los padres de Rosemary se sentaban junto a ellos. «Señoras y señores, este caso no tiene que ver con ensayos científicos ni con negociaciones bursátiles –dijo al jurado el abogado principal del Gobierno, Arlo Devlin-Brown–. El caso tiene que ver con engaños».

Martoma, que vestía un traje oscuro, observaba impasible mientras testificaba un nutrido grupo de antiguos colegas de SAC; Rosemary sonreía cuando estaba de acuerdo con un testigo y ponía mala cara cuando discrepaba. Lucía ropa llamativa, lo que la convertía en una atracción para los fotógrafos de los tabloides que se apiñaban al pie de las escaleras del juzgado. Un artículo de *Bloomberg Businessweek* aludía a su porte en la sala y la sonrisa desafiante que mantenía cuando Mathew y ella entraban y salían del juzgado, cogidos de la mano, «como si [ella] caminara sobre una alfombra roja».

El Gobierno presentó decenas de correos electrónicos que Martoma había enviado a Cohen y a otros colegas e hizo comparecer como testigo a Joel Ross, el médico de Nueva Jersey, para que contase cómo compartía información privilegiada con Martoma. Pero el punto fuerte del caso fue el testimonio de Sid Gilman, que en la segunda semana subió al estrado, lo que, llegado el momento, hizo lentamente. Gilman había dimitido de la Universidad de Michigan, y los administradores habían borrado de la institución todo rastro de él: del ala del hospital, del ciclo de conferencias, del sitio web de la universidad. Dejó de recibir las subvenciones federales, sus antiguos colegas no querían tener nada que ver con él y fue expulsado del campus. Últimamente había estado tratando a pacientes en una clínica gratuita. «Me había entregado a esa universidad y de repente estoy terminando mi carrera en la deshonra», decía. Gilman seguía vistiendo con elegancia, con su camisa y su corbata muy ceñida al cuello, que acentuaba su cabeza grande y redonda. Pero tenía ochenta y un años y parecía frágil. Durante cinco días de testimonio, daba la impresión de haber sido abandonado en el estrado, como un náufrago.

Varios letrados me sugirieron que los abogados de Martoma nunca debieron haber permitido que el caso llegase a juicio, porque las pruebas en su contra eran tan concluyentes que no tenía ninguna posibilidad. Pero sus defensores, un par de litigantes esbeltos y vehementes, Richard Strassberg y Roberto Braceras, atacaban despiadadamente la credibilidad de Gilman como testigo. Al parecer, Gilman había contado a la fiscalía que había enviado a Martoma por correo electrónico una copia de la presentación en PowerPoint.

Pero, señaló el equipo de defensa, los fiscales no habían encontrado rastro alguno de ese email. A veces, Gilman parecía confundido. Cuando le preguntaron por la población de Ann Arbor, contestó que alcanzaba los mil quinientos habitantes. (La población supera los cien mil). Algunos de los colegas de Gilman especulaban que, tras décadas dedicadas al estudio de las enfermedades neurodegenerativas, él mismo estaba sucumbiendo ahora al deterioro cognitivo. Por supuesto, esta podía ser una interpretación benevolente de lo ocurrido que a muchos de quienes le conocían se les antojaba inexplicable. «Nadie podía creerlo —me confesó Anne Young—. Poner en peligro su carrera por cien mil dólares resulta descabellado».

Martoma, dijo Strassberg al jurado, encarnaba «la historia del éxito americano por antonomasia», mientras que Gilman era un viejo confundido al que el Gobierno había asesorado. Cuando se dirigía a Gilman, Strassberg lo hacía en voz muy alta —que cabría emplear para dirigirse a alguien duro de oído—, lo que combinaba con un tono condescendiente, el mismo que podría usarse con un niño de diez años. Si se trataba de una estrategia, resultó contraproducente. Cada vez que Strassberg le preguntaba a Gilman si no había oído o entendido algo que le había dicho, este se enfurecía. «Está usted arrastrando las palabras», le espetó el viejo médico en una ocasión.

Los abogados de Martoma sugerían que la información que Gilman compartía con este era de acceso público. «No hay nada perverso ni indebido en intentar conseguir cierta ventaja —adujo Braceras—. En eso consistía el trabajo». Los abogados cuestionaban el relato del Gobierno acerca de una relación especial entre Gilman y Martoma, observando que el primero mantenía reuniones de consultas con montones de otros inversores. Pero los antiguos colegas de Gilman me dijeron que la historia del Gobierno resultaba plausible. «Sid era un mentor para mucha gente y disfrutaba con ese papel, y se le daba muy bien —me comentó Tim Greenamyre—. Yo entendía desde luego que cualquier persona astuta y perspicaz que se percatara podía sacarle partido».

Mientras Gilman respondía las preguntas en el estrado, un día tras otro, ante todo parecía solo. Su hijo Todd vivía cerca, en New Haven, pero ambos apenas se hablaban desde hacía años. En su último día de testimonio, le preguntaron a Gilman en qué se diferenciaba Martoma de los demás inversores con los que había tratado. «Era afable –respondió Gilman. Tras una pausa, añadió–: Y, por desgracia, me recordaba a mi primer hijo. En lo curioso que era. En su inteligencia. Mi primer hijo también era muy inteligente y, tristemente, se suicidó».

* * *

Un asunto que no se esclareció en el juicio fue el contenido de la conversación telefónica de veinte minutos que Martoma mantuvo con Cohen el domingo por la mañana, después de su viaje a Michigan. Si Martoma prestaba declaración, la fiscalía atacaría su credibilidad aportando pruebas de su expulsión de la facultad de Derecho de Harvard, así que optó por no testificar en su propia defensa. Steve Cohen tampoco fue llamado a testificar. En 2012 le habían preguntado por la conversación telefónica durante su declaración ante la SEC. Contó únicamente que Martoma «se sentía incómodo con la posición en Elan». Cuando le preguntaron si había indagado el motivo de la incomodidad de Martoma, Cohen respondió que recordaba haberlo hecho, pero que no se acordaba de la respuesta de Martoma.

Una segunda teoría sobre por qué Martoma no delataba a Cohen era que cualquier conversación que ambos hubieran mantenido aquel día habría sido deliberadamente muy difícil de descifrar. Cohen jamás habría sido tan estúpido como para sentarse a escuchar mientras un subordinado explica la procedencia de un soplo ilegal. En algunas empresas, me explicó el juez Holwell, existe una política no escrita en virtud de la cual el hecho de que una información procediera de una fuente privilegiada no se expresaría con palabras, sino con una expresión facial, un tono de voz o un lenguaje codificado (por ejemplo, «nivel nueve de convicción»). El sociólogo Diego Gambetta, en su libro *Codes of the Underworld*, explica que los individuos involucrados en conductas delictivas desarrollan con frecuencia una elaborada semiótica con el fin de comunicarse unos con otros, puesto que no pueden hablar abiertamente de sus planes. Un agente federal que ha investigado a SAC me explicó: «En la mafia, a veces se trata tan solo de un gesto. Un gesto significa "Mátale". Otro significa "No le mates". ¿Cómo presentas eso ante un jurado?».

Después de deliberar durante tres días, el jurado declaró a Martoma culpable de dos cargos de fraude bursátil y un cargo de conspiración. Rosemary lloraba mientras se leía el veredicto. La condena se justificaba no solo por el bonus de 8,3 millones de dólares que había recibido de SAC en 2008, sino también por los doscientos setenta y cinco millones de dólares de beneficios que había obtenido SAC con las transacciones del bapi. No obstante, Cohen no fue acusado por esas operaciones, ni siquiera lo nombraron en calidad de cómplice no acusado. El juez, Paul Gardephe, llegó al extremo de pedir a los abogados que evitasen aludir a Cohen, ya que este no había sido acusado de ningún delito. «Las preguntas generales acerca de cómo dirigía Steve Cohen sus negociaciones bursátiles son, a mi parecer, sumamente peligrosas —les indicó—. Representan un riesgo de abrir la puerta a un examen más amplio de cómo hacía negocios Steve Cohen [...]. Y creo que todos coincidimos en que no es ese el camino que queremos seguir». (En una resolución posterior, Gardephe dejó pocas dudas sobre sus propias opiniones al respecto, concluyendo que las transacciones de Cohen en julio de 2008 «se basaron en información privilegiada que había suministrado Martoma»). Durante el proceso, Cohen fue fotografiado en un partido de los Knicks, sentado a pie de cancha con el marchante de arte Larry Gagosian. Según un reciente artículo publicado en el *New York*, Cohen les contó a sus hijos que se sentía traicionado por sus subordinados. «En la compañía algunos han hecho cosas que están mal, y van a pagar por ellas —decía—. Yo no he hecho nada incorrecto».

Antes de que el juez Gardephe dictara su sentencia, la familia de Martoma le envió ciento cuarenta y tres cartas de amigos y partidarios que imploraban clemencia. «Nosotros le presionamos para que destacara, hasta que llegó al límite —escribió Bobby Martoma—. Como padre, me pregunto [...] si me equivoqué al soñar de esa manera». El 8 de septiembre de 2014, Gardephe condenó a Martoma a nueve años en la prisión federal. Al dictar sentencia, aludió al engaño en Harvard y sugirió que existía un «denominador común» entre aquella transgresión y este caso: una «renuencia a aceptar cualquier cosa que no fuese la calificación más alta, la mejor facultad, el bonus más elevado, así como su disposición a hacer cualquier cosa para conseguirlo».

* * *

Unos pocos días después de la sentencia, cogí un ascensor hasta la planta veintiséis de un rascacielos de la calle 42 para reunirme con Rosemary y Mathew Martoma. Entré a una sala de conferencias con paredes de cristal que parecía cernirse sobre el centro de la ciudad. Allí estaba Martoma, vestido con un pulcro jersey con cuello de pico. Me estrechó la mano, sonrió afectuosamente y agradeció que hubiera acudido. Pero no quería hablar. Rosemary explicó que ella hablaría en su nombre. Ella llevaba una blusa de color crema, pantalones marrones y un colgante con un diminuto crucifijo de oro y, después de que Mathew saliese de la sala, estuvimos hablando durante casi cuatro horas.

La situación parecía desastrosa para los Martoma. Probablemente el Gobierno incautaría su casa en Boca Ratón. Por su parte, el juez Gardephe había ordenado que entregasen los millones de dólares que tenían repartidos en varias cuentas bancarias, lo cual los dejaría sin ahorros, si bien estos no alcanzaban los nueve millones de dólares que se les había ordenado pagar al Gobierno estadounidense. Cuando consulté las declaraciones de ingresos de la Fundación Mathew y Rosemary Martoma, descubrí que en realidad la pareja no había donado un millón de dólares para caridad. En lugar de ello, después de reservar esa suma ingresándola en su organización sin ánimo de lucro —exenta de impuestos—, habían donado cantidades más pequeñas a diversas instituciones benéficas. En 2011 donaron solamente tres mil dólares; esta cantidad incluía un cheque a la sección de Florida de la Asociación contra el Alzhéimer por un importe de doscientos diez dólares. Todo el dinero restante en la fundación acabaría ahora en manos del Gobierno.

Cuando le pregunté a Rosemary por qué Mathew no había delatado a Cohen, su respuesta no encajaba con ninguna de las teorías imperantes. «Él es inocente», me dijo. Martoma no podía declararse culpable de un delito que no había cometido. Fuera del juzgado, después de la sentencia, Bobby Martoma me había dicho más o menos lo mismo, invocando los diez mandamientos y bramando: «¡No dirás falso testimonio!». El Gobierno había montado toda una historia con el caso, me aseguró Rosemary. «En SAC se espera que utilices los recursos para formular una hipótesis, y eso es lo que él hizo», dijo. Pero Gilman había admitido haber violado su propio acuerdo de confidencialidad, señalé. Podría haber sufrido «microinfartos cerebrales en los que se le escapasen cosas que no debería haber dicho», dijo Rosemary. Pero eso era «irrelevante para las negociaciones bursátiles de Mathew». Gilman lo había perdido todo. ¿Por qué habría de mentir en el estrado reconociendo haber cometido esos delitos? Porque, explicó Rosemary, cuando en un primer momento los agentes del FBI lo entrevistaron, les mintió, y desde ese momento podían acusarle de obstrucción a la justicia. Por tanto, la fiscalía podía hacerle decir lo que quisiera. «Su historia fue producto de la coacción», dijo.

Rosemary me habló de su abuelo, un abogado de la India que había trabajado junto a Mahatma Gandhi en la lucha por la independencia. Las autoridades británicas encerraron a su abuelo en la cárcel, donde contrajo cólera y otras enfermedades de las que nunca se recuperó por completo. Señaló los «paralelismos» entre el martirio de su abuelo y el de su marido. La madre de Rosemary, en una carta al juez Gardephe, desarrolló esa idea: «Mathew ha infundido coraje a Rosemary recordándole el sufrimiento de su abuelo por un noble principio y que él también está defendiendo un noble principio, que se está aferrando a la verdad».

Mientras Rosemary y yo hablábamos, Mathew se encontraba aparte, en una sala del despacho de abogados donde nos habíamos reunido. Periódicamente, Rosemary me dejaba solo en la sala de conferencias e iba a consultar con él. La entrevista era un tanto desconcertante, con Martoma acechando entre bastidores, como Polonio en *Hamlet*. Las personas que mantienen su inocencia después de una condena a menudo están desesperadas por dar a conocer sus historias y, cada vez que Rosemary desaparecía para informar a Mathew de nuestra conversación, yo esperaba verlo entrar con ella para contarme que había sido condenado injustamente por los federales. Pero no lo hizo. Habían pedido un único sándwich de ensalada de pollo, que estaba en un aparador envuelto en plástico. Finalmente, solo, en la sala de conferencias, me lo comí.

Cuando Rosemary volvió, me habló largo y tendido de la hipocresía de Sid Gilman. «Es un hombre extraño y comprometió sus valores para salvarse», dijo. La idea de que Gilman y Martoma tuvieran una relación especial resultaba «inverosímil», una invención de la fiscalía que Gilman había repetido como un loro. «No existe ningún vínculo al margen de una cordial relación profesional de consultoría», me aseguró, burlándose de la idea de que Gilman se sintiera verdaderamente conmovido por el hecho de que Martoma hubiera organizado un almuerzo en su primera reunión en Nueva York. Me lanzó una mirada llena de intención y me preguntó: «¿Se ha emocionado usted acaso por traerle un sándwich?».

En el transcurso de nuestras conversaciones, Rosemary se mostró ágil, animada y reveló ser inteligente. Pero su versión no concordaba con lo que yo había presenciado durante el mes del juicio y con lo que había descubierto en mis informes. Hizo hincapié en que cuando Mathew visitó Michigan aquel fin de semana de verano, antes de la conferencia sobre el alzhéimer de 2008, había sido en efecto porque había fallecido un pariente suyo. «¿Vio a Gilman mientras estuvo allí?», le pregunté. «Creo que no lo recuerda con exactitud», me respondió. Al principio de nuestra conversación, yo le había preguntado si Martoma se sentía resarcido por que lo hubieran aceptado en la facultad de Derecho de Harvard, tras habérsele negado la admisión en el Harvard College. Después de una de sus visitas a su marido, Rosemary regresó a la sala y me dijo que necesitaba corregir una cuestión:

–En realidad, Mathew había sido admitido en la Universidad de Harvard.

–¿Como estudiante no graduado?

–Sí –contestó–. Lo admitieron, pero decidió ir a Duke.

Me costaba creerlo. Pregunté por qué Martoma, exactamente lo contrario de un chico rebelde, podría desafiar el deseo más profundo de su padre. Me respondió, vagamente, que Duke «estaba en el sur» y «le resultaba un poco más cómodo». Me preguntaba si, tanto en ese como en otros asuntos, Rosemary simplemente me estaba mintiendo. No obstante, a medida que avanzaba nuestra conversación, se iba poniendo de manifiesto que creía ardientemente en su marido. Rememoró sus tiempos de médica residente en Boston, cuando hacía las guardias de noche y Mathew dormía en el hospital con ella para que no estuviera sola. Señaló las numerosas cartas que le había enviado a Gardephe como prueba de hasta qué punto Mathew seguía siendo un amigo querido y un modelo para su familia extensa. «Todos los padres indios que he conocido cargan con el peso de sus hijos sobre los hombros –dijo–. Cuando uno mira a los ojos de los padres que quedan atrás, siente que se le rompe el corazón». La madre de Mathew le había dicho recientemente que ojalá pudiera cumplir por él su pena de cárcel, me contó Rosemary. Y añadió: «Lo mismo le he dicho yo».

En el seno de esa familia tan unida, parecía crucial mantener que Martoma iba a ir a la cárcel por un delito que no había cometido, y se me ocurrió que podía existir una explicación final para su renuencia a culpar a Cohen. Para implicarlo en una conspiración, Martoma habría tenido que declararse culpable y admitir que él mismo formaba parte de ella. ¿Podía ser que Martoma estuviese dispuesto a dejar a su mujer y a su familia y pasar cerca de una década en prisión con el fin de preservar su ilusión de que era un hombre honrado? Pensé en Gilman en el estrado, abandonado por sus amigos y colegas, mientras los primeros bancos de la sala del tribunal estaban ocupados por toda la familia de Martoma: por personas que creían en él.

Martoma debía comenzar su condena, en una prisión federal de Miami, en un mes. Cuando pregunté a Rosemary cómo se las arreglarían ella y sus hijos, me contestó: «No sé muy bien». Los chicos tienen nueve, siete y cinco años. «Entienden que su padre va a ir a la cárcel —me dijo—. A mí, que soy adulta, me cuesta mucho comprenderlo». Ninguna de las dos partes de la familia tiene ahorros, dijo, y añadió: «Ni se plantea, ni nunca se ha planteado, ni jamás se planteará la idea de que Steve Cohen se ocupe de nosotros».

En abril, SAC había dejado de existir, y la compañía de Cohen fue rebautizada como Point72 Asset Management. Bajo un acuerdo con el Gobierno, se limitaría a invertir la fortuna personal de Cohen, que rondaba los nueve mil millones de dólares. Cohen anunció que instauraría medidas de cumplimiento más estrictas con el fin de evitar el uso de información privilegiada y que había contratado a la empresa de seguridad de Silicon Valley Palantir Technologies para supervisar a sus operadores de bolsa. Supuestamente había prohibido asimismo utilizar ciertas clases de mensajería instantánea en la compañía. Cuando pregunté a Preet Bharara acerca del fracaso final de sus muchos años de esfuerzos para atrapar a Cohen, me respondió, a través de un portavoz, que su oficina presenta cargos contra «aquellos sobre quienes existen pruebas suficientes».

Tras la condena de Martoma, la Escuela de Negocios de Stanford rescindió su oferta original de admisión, despojándole así de su grado. «¿Cómo interpretar su temprano interés en la ética? —se preguntaba Bruce Payne, su profesor de Duke—. ¿Un tipo extraordinariamente ambicioso que deseaba conocer los límites exactos de las fronteras que no debía franquear? ¿O acaso se trataba de una medida preventiva para protegerse, planteada por alguien dispuesto a infringir las reglas en provecho propio? En este último caso, me engañó, y lo hizo con bastante eficacia».

Cuando le pregunté a Rosemary por el futuro, rompió a llorar. «No tengo las respuestas, pero usted sabe que mi objetivo es encontrarlas —dijo—. Y rezo para que Estados Unidos nos dé una oportunidad de sobrevivir. Y de prosperar».

Mientras Mathew Martoma cumplía su condena, Rosemary creó una organización sin ánimo de lucro llamada KidsMates para apoyar a los niños que se enfrentan a adversidades, especialmente a los que tienen un progenitor encarcelado. Steve Cohen resolvió el caso civil de la SEC contra él en 2016; se le prohibió invertir capital externo, pero solo hasta 2018. Sigue siendo una de las personas más adineradas de Wall Street. En 2020 compró una participación mayoritaria en los Mets de Nueva York.

UNA ESCOPETA CARGADA

El trágico pasado de la artífice de un tiroteo masivo (2013)

Amy Bishop, una neurobióloga de la Universidad de Alabama, en Huntsville, se sentó en la mesa tan solo unos momentos antes de que comenzara la reunión del profesorado. Eran las tres de la tarde del 12 de febrero de 2010, y trece profesores y otros miembros del personal del Departamento de Biología se habían apiñado en una sala de conferencias sin ventanas en la tercera planta del Centro Shelby para la Ciencia y la Tecnología. El jefe de departamento, un biólogo especializado en botánica llamado Gopi Podila, distribuyó un papel con el orden del día. Bishop estaba sentada a su lado, junto a la puerta. En su bolso llevaba una pistola.

Bishop tenía cuarenta y cuatro años y una cara pálida y alargada, y llevaba el cabello negro peinado a lo paje, con el flequillo cortado justo por encima de sus pequeños ojos azules. Normalmente intervenía mucho en las reuniones de departamento, pero en esta ocasión guardó silencio mientras parecía estar rumiando algo. Había una explicación evidente: un año antes, el departamento había rechazado su candidatura a profesora titular, y sus prolongados y cada vez más desesperados esfuerzos por recurrir la decisión habían resultado infructuosos. Sabía que, cuando terminara el semestre, acabaría también su empleo. Buena parte del orden del día se refería a los planes para el semestre siguiente, por lo que otra razón plausible explicaba la actitud retraída de Bishop: en realidad no necesitaba estar allí.

Una bioquímica llamada Debra Moriarity observaba a Bishop desde el otro lado de la mesa. Moriarity estaba al tanto de todas las tribulaciones de Bishop con respecto a su titularidad; ambas habían cultivado una amistad desde la llegada de Bishop al campus como profesora ayudante en 2003. Hablaban con frecuencia de sus familias: Bishop tenía cuatro hijos (la mayor, Lily, estudiaba en Hunstville); su colega se había convertido recientemente en abuela. Moriarity había votado en contra de que Bishop consiguiera la titularidad —Bishop lo sabía—, pero habían mantenido una relación cordial, y Bishop le había confesado su desesperación en lo profesional. «Mi vida se ha acabado», le había dicho en una ocasión. Moriarity le aseguró que encontraría otro puesto. «Solo es cuestión de que encaje con tu perfil», decía Moriarity. Durante la reunión, se dijo a sí misma que le preguntaría a Bishop sobre cómo iba su búsqueda de un nuevo empleo.

Durante cincuenta minutos, Bishop no dijo nada. Luego, cuando la reunión estaba concluyendo, se puso en pie, sacó la pistola, una Ruger de 9 milímetros semiautomática, y disparó a Podila en la cabeza. El estallido fue ensordecedor. Disparó de nuevo y le dio a una asistente del departamento, Stephanie Monticciolo. A continuación, Bishop se giró y disparó a Adriel Johnson, un biólogo celular. Los presentes gritaban y se agachaban buscando protección, pero Bishop bloqueaba la única puerta. Moriarity no cobró plena conciencia de lo que estaba ocurriendo hasta que vio a Bishop —con la mandíbula apretada y el ceño fruncido— apuntar con el arma a una cuarta colega, Maria Ragland Davis, y dispararle.

Moriarity se metió debajo de la mesa. Con los disparos sonando tan cerca de ella, se agarró a las piernas de Bishop, levantó la vista y gritó: «¡Amy, no lo hagas! ¡Piensa en mi hija! ¡Piensa en mi nieto!». Bishop miró hacia abajo y apuntó con el arma a Moriarity.

Clic. Moriarity, aterrorizada, miraba fijamente la pistola. Clic. El arma se había encasquillado. Moriarity gateó hasta el pasillo sorteando a Bishop; esta la siguió, apretando repetidamente el gatillo. Mientras Bishop intentaba desencasquillar la pistola, Moriarity se escabulló de nuevo hasta la sala de conferencias y otro colega bloqueó la entrada. La sala, contaría más tarde un fiscal, parecía «como si hubiera explotado una bomba. Como una zona de guerra». Seis personas habían recibido disparos y tres de ellas murieron. El episodio había durado menos de un minuto en total.

Bishop bajó a los servicios para mujeres, donde enjuagó la pistola y la tiró, junto con su chaqueta a cuadros manchada de sangre, a un cubo de la basura. Luego entró a un laboratorio y preguntó a un estudiante si podía usar su teléfono móvil. Llamó a su marido, Jim, que a menudo la recogía después de clase, y le dijo: «Ya he acabado». Cuando salió del Centro Shelby, por una zona de carga y descarga, la detuvo un ayudante del sheriff.

Empezaron a llegar camiones de cadenas de noticias por satélite para informar sobre la tragedia. En 2010, los tiroteos con múltiples muertes habían perdido casi su capacidad de conmocionar. Aunque solo era febrero, en lo que iba de año ya había habido otros quince tiroteos con tres o más víctimas. Pero el caso de Amy Bishop era notable, ya que no encajaba con el perfil del artífice típico de un tiroteo como aquel: las mujeres muy rara vez cometen semejantes matanzas. Bishop había sido una gran triunfadora desde su infancia. Una violinista consumada en su juventud, se había doctorado en Harvard y había completado un trabajo posdoctoral en la Escuela de Salud Pública de Harvard. Su matrimonio parecía estable. No tenía antecedentes penales ni de abuso de sustancias.

Después de las masacres que implican violencia con armas, desde la del instituto Columbine en 1999 hasta la de la escuela de primaria Sandy Hook en 2012, uno de los rituales nacionales en Estados Unidos consiste en buscar algún indicio que se haya pasado por alto y que explique cómo son capaces de tamaña brutalidad estos artífices. «No se trata aquí de quién lo ha hecho», observó tras el ataque de Huntsville el abogado de oficio de Amy Bishop, Roy Miller: Bishop dejó con vida a nueve testigos de su crimen. La pregunta es por qué. Después del tiroteo, la prensa se centró inicialmente en el descontento profesional de Bishop. (Un titular del

Chronicle of Higher Education se preguntaba: «¿Es el puesto de titular una cuestión de vida o muerte?»). Miller sugería que el problema era más complicado. «Entre nosotros hay personas que son bombas de relojería andantes», dijo. Y añadió: «Pero son sumamente difíciles de identificar».

La mañana después de que Bishop fuese puesta bajo custodia policial, el departamento del sheriff de Huntsville recibió una llamada telefónica de Paul Frazier, que decía ser el jefe de policía de Braintree, Massachusetts, la ciudad de la periferia de Boston donde se había criado Bishop. Frazier dijo: «He pensado que les gustaría saber que la mujer que tienen bajo custodia mató de un disparo a su hermano en 1986».

* * *

La casa de la familia Bishop en Braintree, en el número 46 de la avenida Hollis, es de estilo victoriano, con tejado a dos aguas y un elegante porche cubierto. Fue construida en el siglo XIX por un dentista que tenía su clínica en una casita de campo en la propiedad. El jardín delantero está dominado por una gigantesca haya roja cuyas ramas nudosas son lo suficientemente robustas para soportar a los niños que trepan por ellas. Cuando el hermano pequeño de Amy, Seth, era un muchacho, solía escalar el árbol y luego, presa del pánico, era incapaz de bajar. Su madre, Judy, le iba dando instrucciones rama a rama hasta que llegaba al suelo.

Judy, cuyo apellido de soltera era Sanborn, provenía de una vieja familia de Exeter, un pueblo del estado de New Hampshire, en Nueva Inglaterra, donde su abuelo había sido propietario de una fábrica de calzado. Conoció a su marido, Sam, en la Escuela de Arte de Nueva Inglaterra, en Boston. Él era en muchos sentidos su opuesto: nacido como Sotir Papazoglos, se crio en una comunidad de inmigrantes griegos de Somerville. Ingresó en la Fuerza Aérea estadounidense en 1954 y posteriormente se cambió el nombre por el de Sam Bishop. Judy era una mujer sociable de melena rubia y rizada, y con un mordaz sentido del humor; Sam era taciturno y fornido, parco en palabras, como la gente de antaño. «Yo le perseguí hasta que él me atrapó», le gustaba decir a Judy.

En 1964 se trasladaron a Iowa City, donde Sam cursaba estudios de posgrado en bellas artes en la Universidad de Iowa, pintaba durante el día y trabajaba como conserje por las noches. Al año siguiente, Judy dio a luz a Amy. Era una niña enérgica e inteligente, que disponía sus juguetes en elaboradas formaciones, como si estuvieran siempre en un desfile. La familia acabó regresando a Massachusetts, donde Sam consiguió un puesto de profesor en el Departamento de Arte de la Universidad del Nordeste. Se establecieron en Braintree en 1968 y Seth nació más tarde ese mismo año.

Braintree es una ciudad residencial de clase media al sur de Boston, justo al lado de la reserva de Blue Hills. Durante los años de posguerra, allí se empezaron a asentar las familias irlandesas e italianas que huían del crudo extrarradio de la ciudad. (Durante mi infancia en Dorchester, a pocos kilómetros de allí, los habitantes de Braintree y las localidades cercanas solían bromear diciendo que eran «ODD» (originalmente de Dorchester, con una nostalgia muy propia de Boston: orgullosos de ser de allí, pero también de haberse marchado).

Braintree podía parecer exclusivista, pero con su afabilidad Judy se ganó a la gente. Se involucraba en la vida ciudadana participando en la asamblea municipal, el órgano de gobierno local, y dibujando viñetas editoriales para el periódico de Baintree. Deb Kosarick, una enfermera que alquiló la casa de campo de los Bishop y mantenía un trato cercano con la familia, me dijo: «Ella era como la portavoz de la ciudad. Si tenías una consulta, la llamabas a ella».

Amy era asmática y su infancia estuvo marcada por las visitas a urgencias. Su temprana atracción por la ciencia era una consecuencia de su aflicción: decidió hallar una cura. Empezó a tocar el violín en tercer curso, y Seth les preguntó a sus padres si también podía tocar. Se ha sugerido que existía una rivalidad entre los hermanos. No cabe duda de que Amy poseía un espíritu competitivo, pero quienes los conocían por aquel entonces insisten en que se llevaban bien. «Ella adoraba a su hermano pequeño —me aseguró Kathleen

Oldham, íntima amiga de Amy en Braintree—. Ambos amaban la música y amaban la ciencia. Ella parecía disfrutar teniendo a alguien más joven con quien colaborar».

Amy me telefoneó recientemente desde la prisión de Alabama donde está encarcelada. Mantenía que su hermano y ella siempre tuvieron «una buena relación»: recordaba sus excursiones de pequeña a la playa con él y el tiempo que pasaban juntos en la casa de verano de su abuela en el lago Winnipesaukee, en New Hampshire. «Seth y yo nos queríamos mucho», me dijo.

Los hermanos pueden ser aliados tanto como rivales, especialmente cuando sienten que no encajan en su ambiente. «Braintree es una ciudad de deportistas», me explicó una de las amigas de Judy, y en ese contexto los Bishop, con su aire desgarbado e intelectual, podían parecer exóticos. Cuando tocaban el violín en las tardes veraniegas, sus agudos arpegios suscitaban entre los vecinos una mezcla de curiosidad y envidia. «Amy era una chica solitaria —recordaba la amiga de Judy—. Pero, en una ciudad como Braintree, una chica brillante suele serlo».

Seth también era tímido, pero menos distante. «Seth se sentaba a hablar contigo —recuerda Deb Kosarick—. Acercaba una silla. Amy era más bien de esas personas que pasan como una exhalación». Él se sumergía con entusiasmo en nuevas aficiones. «A Seth le gustaba averiguar cómo funcionaban las cosas», me dijo su mejor amigo, Paul Agnew. Su amistad surgió a partir de una fascinación que ambos compartían: los trenes. Trasteaban con una maqueta de trenes que Seth había construido en su desván y se colaban a través de las señales de «Prohibido el paso» del depósito de trenes local de Conrail, donde podían examinar de cerca las gigantescas locomotoras. En su bicicleta, Seth se aventuraba más allá de Braintree; con un bolígrafo y un mapa, trazaba ambiciosas expediciones por los pueblos cercanos. A veces Judy pasaba conduciendo a kilómetros de casa y veía a un ciclista solitario, para descubrir que era su hijo.

Hablé con algunos de los amigos de Seth, actualmente cuarentones, y más de uno empezó a llorar al mencionar su nombre. Daban fe de la traviesa vitalidad y el aplomo de su amigo. En cierta ocasión en la escuela secundaria, le rodearon en la cafetería sus compañeros de clase, que se burlaban de él por llevar un violín, y le sugirieron con sorna que tocara. Seth sacó el instrumento del estuche, levantó el arco y empezó a tocar, maravillosamente, hasta que los acosadores guardaron silencio acobardados. «Había aceptado el órdago», recordaba Agnew, que había presenciado el episodio.

Durante su último año de instituto, Seth comenzó a salir con una chica más joven, escandalosa y diminuta, llamada Melissa Tatreau. Amy, que se había mudado a Boston para estudiar en la Universidad del Nordeste, no parecía aprobar la relación. «Yo tenía la impresión de que no era lo bastante buena para ella», me comentó Melissa, que estaba descubriendo que la familia de Seth era «como un solo ente inviolable».

Una noche de 1985, los Bishop regresaron a casa del velatorio del padre de Sam y encontraron una ventana del primer piso abierta con las cortinas al viento. Los ladrones habían saqueado la casa, habían robado el anillo de boda de Judy, un par de copas de plata que conmemoraban los nacimientos de Seth y Amy, así como otros objetos de valor, y los habían metido en fundas de almohadas de las camas de los chicos. La familia estaba consternada. Judy escribió una carta al periódico local, suplicando que les devolvieran sus recuerdos. Sam condujo hasta la cercana Canton, donde visitó una tienda de artículos deportivos y compró una escopeta de calibre 12. Judy y Amy se oponían a tener el arma en casa, pero Sam guardó la escopeta, descargada, en el armario del dormitorio del matrimonio con una caja de cartuchos en un tocador próximo.

Más de un año después, el 6 de diciembre de 1986, la policía de Braintree recibió una llamada de Judy Bishop al 911. Su hija había disparado a su hijo, decía frenética. Poco después declaró a la policía que ella lo había presenciado todo. Había sido un accidente.

* * *

El jefe del Departamento de Policía de Braintree, John Vincent Polio, era un conocido de Judy Bishop. Había ingresado en el cuerpo en 1950 y había ascendido hasta el puesto más alto en 1962, adquiriendo una reputación de astuto, controlador y excéntrico. Polio tenía una calva reluciente, solía entrecerrar los ojos con una expresión escéptica, y vestía trajes a rayas y corbatas coloridas. Se había hecho un nombre como reformador y moralista, cerrando cines de películas de adultos y salones de juego sin licencia. Había empezado a cambiar de manera drástica las comodidades propias de la vida en las ciudades pequeñas, prohibiendo prácticas como el «amaño de multas», en el que los peces gordos del lugar que eran detenidos por exceso de velocidad podían pedir un favor al departamento y lograr que les quitasen la sanción. «Entre políticos y agentes de la policía llega a establecerse una relación simbiótica —observó en cierta ocasión—. Como las rémoras que se alimentan de los tiburones».

Polio estaba especialmente empeñado en poner freno a la corrupción policial. Una vez, en 1974, recibió un chivatazo según el cual dos de sus propios oficiales estaban planeando robar en un restaurante local, el Mai Tai, y él mismo arrestó a aquellos hombres. Era duro con sus subordinados, incluso con los honestos, y un habitante de la zona que conocía a Polio me dijo: «Su propio equipo no le quería demasiado».

Uno de los oficiales jóvenes del departamento era Paul Frazier, que llegaría a ser jefe y más tarde informaría a las autoridades de Alabama de la muerte de Seth Bishop. «Polio no confiaba en nadie», me contó Frazier cuando le conocí. No obstante, decía que, por más asediado que Polio se sintiera, «apostaría a que era la persona más poderosa de esta ciudad».

Estábamos sentados en el despacho de Frazier, en una esquina de la parte de atrás de la comisaría. Estaba a punto de jubilarse, pero había accedido a hablar del caso Bishop. «Este era el despacho de Polio», me dijo Frazier con una sonrisa. Y añadió: «Pero no tenía este aspecto». Polio era una especie de autodidacta y había ayudado a diseñar la comisaría, un edificio de escasa altura construido en piedra veteada de color marrón. Con las cortinas de su despacho cerradas, solía sentarse bajo la luz ámbar de una única bombilla sobre su escritorio y mirar con el ceño fruncido a los visitantes, recordaba Frazier, «como si fuera J. Edgar Hoover».

La mañana del 6 de diciembre de 1986, Judy Bishop se levantó cuando todavía estaba oscuro. Con el resto de la familia durmiendo en el piso de arriba, salió de la casa y condujo, como hacía la mayor parte de los días, hasta la cercana Quincy, donde guardaba en una cuadra un caballo castrado. Solía pasar unas horas ejercitando al animal y limpiando el establo. Tiempo después llegaría a ser relevante establecer cuándo regresó exactamente a la casa; de lo que no cabía duda era de que ya estaba allí justo después de las dos de la tarde, cuando llamó a la policía.

La comisaría está a poco más de tres kilómetros de la casa de los Bishop, por lo que los agentes llegaron con rapidez al lugar. Judy los recibió en la puerta principal con la ropa salpicada de sangre. Los condujo hasta la cocina. Seth yacía en el suelo, en medio de una mancha carmesí, desangrándose por una herida en el pecho que resultaría mortal. Amy, que por entonces tenía veintiún años, no estaba allí.

Mientras los paramédicos intentaban reanimar a su hijo, Judy habló con la policía. Seth acababa de volver a casa del supermercado, dijo, y ella estaba en la cocina con él cuando Amy bajó; llevaba la escopeta de Sam.

Judy les contó a los oficiales: «Amy me dijo: "Tengo un cartucho en el arma y no sé descargarla". Le indiqué a Amy que no apuntara a nadie con el arma». Pero, cuando Amy giró la escopeta para mostrársela a su hermano, dijo Judy, «el arma se disparó». La cocina era pequeña, y Amy estaba cerca de su hermano, por lo que le disparó a quemarropa. Cuando él se desplomó, contó Judy a la policía, Amy huyó.

Los oficiales redactaron un informe y no mucho después Amy fue detenida a las puertas de un taller de coches de la ciudad. La condujeron a la comisaría, donde la interrogó un teniente llamado James Sullivan. Aquella mañana Amy había estado sola en casa; después de que su madre se hubiera marchado al establo, su padre y su hermano también habían salido. «Declaró que había cargado la escopeta porque estaba preocupada por si entraban ladrones en la casa», escribió Sullivan más tarde. Seth le había enseñado una vez a cargar el arma, dijo, pero no a descargarla. Así pues, cargó varios cartuchos, pero, cuando estaba tratando de averiguar cómo sacarlos, disparó un tiro accidentalmente, que hizo añicos un espejo de tocador y un agujero en la pared de su dormitorio. Cuando oyó a Seth llegar a casa, bajó y le pidió que la ayudara a descargarlo y, en ese momento, escribió Sullivan, «se giró y la escopeta se disparó». Añadió: «Le pregunté si había disparado a su hermano a propósito y contestó que no».

Amy contó a la policía que su padre había salido de casa esa mañana después de una «riña» familiar. Más tarde, en el interrogatorio del propio Sam con la policía, este lo describió como «un desacuerdo con Amy» a propósito de «un comentario que ella había hecho». Se marchó en torno a las once y media de la mañana y fue en busca de regalos navideños al South Shore Plaza, un centro comercial cercano. Cuando regresó a casa, la avenida Hollis estaba iluminada por las luces de emergencia.

Sam acudió raudo al hospital y ya estaba allí a las 15.08 horas, cuando Seth fue declarado muerto. Tenía dieciocho años. Cuando la camilla con el cuerpo delgado de Seth pasó junto a Sam, a este le dio la impresión de que su hijo giraba la cabeza y lo miraba. «Insisten en decir que estaba muerto, pero a mí no me pareció que lo estuviera —recordaría más tarde Sam—. Me miró».

Aquella tarde, Amy salió de comisaría, y Judy y Sam la llevaron a casa. «Debido al delicado estado emocional de Amy Bishop, había resultado imposible interrogarla mientras estaba en el Departamento de Policía de Braintree», indicaba un informe posterior. Por consiguiente, Amy había sido «confiada a la custodia de sus padres a la espera de nuevas investigaciones». Mientras la familia estaba fuera, unos vecinos habían limpiado la sangre de Seth del suelo de la cocina para así ahorrarles la tarea.

Deb Kosarick, la enfermera que había alquilado la casa de campo, llegó hacia la hora de cenar y se reunió con Judy en la cocina. Amy había subido al piso de arriba y se había echado en la cama de sus padres. Sam se había retirado a su estudio. El abuelo de Kosarick había sido oficial de policía en una pequeña localidad de Massachusetts, y Kosarick, algo familiarizada con la aplicación de la ley, estaba sorprendida de que Amy hubiese quedado en libertad con tanta rapidez. Mientras Judy le transmitía el horror de lo que había pasado, Kosarick advirtió manchas de sangre y tejido visibles aún en los electrodomésticos. «No puedes estar aquí», le dijo a Judy, acompañándola con delicadeza afuera de la cocina.

«Cuando le sobreviene la muerte a una persona joven […] la comunidad en su conjunto se detiene por un segundo, tratando de recobrar el aliento», escribió en el periódico local Vincent Martino, un amigo de Judy. En los días posteriores a la muerte de Seth, la gente pasaba por casa de los Bishop para llevar comida china o para expresar sus condolencias. Montones de personas asistieron al velatorio de Seth, en la iglesia de Todas las Almas. Su cuerpo estaba en un ataúd abierto, y Sam y Judy se aferraban a su hija. «Amy parecía una zombi —recuerda su amiga Kathleen Oldham—. Parecía catatónica».

Un médico forense dictaminó que la muerte de Seth había sido un accidente, a la espera de la investigación policial. Dos días después de lo ocurrido, el jefe Polio declaró al *Boston Globe*: «Hasta el momento todos los indicios nos llevan a creer que se trató de un disparo accidental». Pero la responsabilidad última de la investigación recaía en el fiscal del distrito. Once días después del asesinato, Brian Howe, un policía estatal que trabajaba con la oficina del fiscal, junto con dos agentes de policía de Braintree, interrogaron a los Bishop en la casa de la avenida Hollis. En el informe final de Howe sobre el caso, fechado el 30 de marzo de 1987, este concluía que la muerte de Seth era el resultado del «disparo accidental de un arma de fuego».

* * *

Cuando hablé con Amy por teléfono, me dijo que estaba «horrorizada» por la muerte de su hermano. Insistía en que había sido un accidente, pero decía que, a pesar de todo, se sentía «culpable». En los meses posteriores al disparo, se metía en la cama con sus padres. Durante el día, sus amigos tenían que convencerla para que saliera de casa. En la actualidad, no cabe duda alguna de que una persona joven que hubiera presenciado o hubiera sido responsable de la muerte violenta de un hermano recibiría terapia. Pero Amy no contó con ninguna ayuda ni la sometieron a una evaluación psiquiátrica a raíz de la muerte de Seth. Su padre no creía demasiado en la psiquiatría y Amy me dijo que no quería enfrentarse a lo sucedido. «Me encerré en mí misma refugiándome en la casa e intentando superarlo –recordaba–. Me sentía fatal. No quería ahondar en mis terribles sentimientos». Los Bishop decidieron no mudarse, de modo que Amy continuaba comiendo en la cocina donde había muerto su hermano y pasando por su habitación, que sus padres habían dejado intacta, con su papel pintado con motivos de la guerra de Independencia y un cartel hecho a mano sobre la puerta: un viejo proyecto en madera que incluía las letras cinceladas S-E-T-H.

Amy regresó a la Universidad del Nordeste, pero durante algún tiempo siguió viviendo en la casa de Braintree. Al terminar las clases del día, solía acudir al despacho de Sam en el campus y esperaba a que este la llevase a casa en coche. Eileen Sharkey, secretaria de Sam durante muchos años y amiga de la familia, decía que Amy pareció combatir su aflicción convirtiéndose en una estudiante obstinada; obtuvo unas excelentes calificaciones. Sam se volvió más sombrío y retraído. «Judy se concentró en lograr que Sam siguiera adelante y en salvar a Amy –me contaba Sharkey–. El propósito de Judy era salvar a su familia».

Ocasionalmente, Judy divisaba a algún chico en bicicleta mientras conducía su coche. Tal vez haya habido un terrible error, pensaba, presa de la emoción. Pero entonces se ponía a su altura y comprobaba que no se trataba de su hijo.

Amy siguió adelante con su vida. Se graduó en la Universidad del Nordeste y se matriculó en 1988 en el programa de doctorado de genética en Harvard. Pero apenas hablaba de su hermano. Brian Roach, un compañero de clase de la universidad, decía: «Simplemente sabías que no debías sacar el tema».

Uno de los asistentes al velatorio de Seth fue Jim Anderson, un estudiante de la Universidad del Nordeste a quien Amy había conocido en un grupo del campus interesado por Dragones y Mazmorras y otros juegos de rol. Después de salir durante unos años, se casaron en 1989, en una sencilla ceremonia en la misma iglesia en la que los Bishop habían celebrado el velatorio de Seth.

Sam Bishop le había dicho a su hija que una forma de superar la pérdida era creando vida ella misma. En 1991 dio a luz a Lily, a quien siguieron otras dos hijas, Thea y Phaedra. Los amigos describen a Amy como una madre cariñosa, aunque muy nerviosa. Compraba comida ecológica, animaba a sus hijas a tocar instrumentos y le preocupaba que recibieran una estimulación adecuada en el colegio. A Amy le resultó difícil el programa de doctorado y sobresalió menos en Harvard de lo que había destacado en la Universidad del Nordeste. Pero en 1993, tras revisar su tesis, consiguió el título y comenzó el primero de varios contratos posdoctorales. Durante algún tiempo, Amy, Jim y sus hijas vivieron en la casa de campo de la avenida Hollis; un arreglo conveniente, puesto que Judy era la única niñera de la que Amy se fiaba. Pero en 1996 Sam y Judy vendieron la casa y se mudaron a Ipswich, a cincuenta y cinco kilómetros al norte. «Demasiados fantasmas», decía Sam.

En 2001, Amy dio a luz a un varón. Le llamó Seth. Pocos de sus amigos eran conscientes de la trascendencia de aquel nombre. «La conocí cuando estaba embarazada –recordaba su amiga Gail Doktor–. Imagínese tener toda una conversación sobre nombres de bebés con alguien que está esquivando el hecho de que va a ponerle a su hijo el nombre de su hermano, a quien ella había matado». En una espeluznante coincidencia, el hijo de Amy nació el día que su hermano habría cumplido treinta y tres años.

* * *

Amy había escrito poesía en la universidad y más tarde cultivó la ficción. Trabó amistad con Gail Doktor a través de un grupo local de escritores y acabó escribiendo oscuras novelas de suspense al estilo de Michael Crichton, que jamás llegaron a publicarse. Al igual que Amy, las protagonistas de los libros son de origen griego, sueñan con una ilustre carrera científica y están atormentadas por la muerte de un chico a quien una vez conocieron. Para varios de los personajes de Amy, la procreación ofrece una redención simbólica. Una de sus protagonistas es presa del temor de que su hijo pueda llegar a parecerse a un niño llamado Luke, que había muerto. Amy escribe: «Se preguntaba si sería capaz de sobrevivir a la infancia de su hijo, si sería capaz, sin llorar, de ver correr y jugar a ese niño tan parecido a Luke». (Amy me reconoció que «existen ciertos paralelismos» entre su vida y sus novelas, pero advirtió: «Trato de que sigan siendo relatos de ficción»).

Amy era una figura polémica en el grupo de escritura. Alardeaba de estar trabajando con un agente literario a fin de conseguir un contrato para un libro y le gustaba mencionar que era pariente lejana, por parte de madre, del novelista John Irving. Tenía poca paciencia para el lenguaje delicado y constructivo propio de un taller de escritura y podía ser brusca y desdeñosa. «Elimínalo», solía decir de un elemento de la trama que se le antojaba deficiente. Estaba orgullosa de su doctorado, y el estatus conferido por los estudios en Harvard era un *leitmotiv* en sus libros. (Sus compañeros de escritura no sabían que Amy había sido considerada una débil candidata al doctorado. «Este es el escándalo local número uno —me dijo alguien que estaba familiarizado con su trabajo de posgrado en Harvard—. Jamás debería haber conseguido el título»).

Por muy susceptible y arrogante que Bishop pudiera mostrarse, también solía ser una amiga afable y considerada. Muchos me hablaban de su humor rápido y mordaz. Gail Doktor solía llamarla afectuosamente «la loca Amy» en alusión a sus cambios de humor. «Las personas vibran a diferentes velocidades —decía Doktor—. Y Amy vibraba a una alta frecuencia». Cuando a la hija de Doktor le diagnosticaron un cáncer, Amy le enviaba recortes de prensa sobre nuevos tratamientos; ocasionalmente tomaba a Doktor de las manos y rezaba una oración.

Amy se había vuelto religiosa a raíz de la muerte de Seth, mientras estudiaba todavía en la universidad, y había comenzado a acudir a una iglesia evangélica local. Aquello podría haber parecido impropio para una científica de Harvard en ciernes; además, Sam era un griego ortodoxo no practicante y Judy, una unitaria cuya iglesia, bromeaba Sam, parecía más bien «un grupo de debate». Pero las novelas de Amy revelan una profunda preocupación por el concepto de liberación del pecado. La protagonista de *Easter in Boston* se pregunta si «a fuerza de invocar a Jesús lograría borrar sus pecados». La figura principal de *The Martian Experiment* solamente halla consuelo al final, cuando un amigo le dice: «Jesús te ama independientemente de lo que hayas hecho». (Amy me confesó que acepta a Cristo como su Salvador y que ha estado leyendo la Biblia en la cárcel).

Una mañana de sábado de 2002, Amy, Jim y los niños fueron a desayunar a un abarrotado IHOP en Peabody, Massachusetts. Cuando pidieron un asiento elevado para Seth, una camarera les dijo que acababan de darles el último a otros clientes. «¡Pero nosotros hemos llegado antes!», protestó Amy. Entonces se acercó a la clienta que tenía la silla —una mujer que estaba desayunando con sus hijos— y se lanzó a despotricar soltando improperios. «¡Soy la doctora Amy Bishop!», gritó repetidamente, según un informe policial. Un responsable del local le pidió que se marchara del restaurante y ella obedeció, no sin antes acercarse de nuevo a la mujer que tenía el asiento elevado y golpearle en la cabeza. Amy fue arrestada, pero se retiraron los cargos contra ella y jamás aparecieron en sus antecedentes.

Por aquel entonces, Amy continuaba trabajando en su investigación posdoctoral; para quienes la conocían bien resultaba evidente que se hallaba sometida a mucha presión para triunfar en una profesión exigente, que puede resultar hostil para las mujeres mientras están cuidando a sus hijos pequeños. El estrés de conciliar el deseo de tener una familia con los imperativos de un trabajo tan selecto es un tema recurrente en sus novelas. «Nos considerarán líderes en nuestros campos solo por el nombre en nuestros diplomas

—dice un pretencioso científico a una heroína—. ¿Y tú quieres cambiar pañales, sonar los mocos y meter un engrudo verde en la boca de un bebé como cualquier estúpida ama de casa?».

Varios conocidos de la familia observaron que el trabajo de Amy era, efectivamente, el único sustento: Jim nunca terminó sus estudios de posgrado y solo trabajaba de forma esporádica, a menudo en empleos de laboratorio que conseguía por mediación de Amy. En *Easter in Boston*, la heroína, Elizabeth, está casada con Jack, un programador informático que no logra mantener un empleo en su campo y que acaba trabajando en Radio Shack; le describe como «carente de ambición» y un «holgazán perdedor amante de la cama». En cierta ocasión, Amy dijo a sus colegas de Alabama que su marido era «demasiado inteligente para trabajar».

En su tercera novela, *Amazon Fever*, sobre una becaria posdoctoral de Harvard, Olivia White, que debe salvar el planeta de un retrovirus mortífero, Amy describe la Universidad de Alabama en Huntsville como el «MIT del sur». Cuando Amy aceptó allí en 2003 un empleo con la esperanza de acabar siendo titular y la familia se mudó, el traslado parecía prometer cierta estabilidad financiera. Jim y ella comenzaron a colaborar en la invención de una incubadora de células automatizada; David Williams, el rector de la universidad, compartió con un periódico local su vaticinio de que el dispositivo iba a «cambiar la forma de llevar a cabo la investigación biológica y médica». Pero, dado que Amy se dedicaba a conseguir patentes en lugar de a escribir artículos, su historial de publicaciones era escaso, y parece no haber hecho caso de las reiteradas advertencias de que, si no publicaba más, podían peligrar sus posibilidades de conseguir la titularidad. No le iba mejor en el aula, donde les decía ocasionalmente a sus alumnos que no eran tan inteligentes como los estudiantes de Harvard. Expulsó de forma abrupta a varios estudiantes de posgrado de su laboratorio. Otros solicitaron el traslado.

Amy siempre había mantenido cierto vínculo con sus amigos y su familia de Massachusetts, pero, conforme su carrera empezaba a malograrse en Huntsville, se fue aislando cada vez más y dejó de responder a sus llamadas telefónicas y correos electrónicos. Era propensa a los comportamientos erráticos y a veces extraños. En 2009 publicó un artículo en el *International Journal of General Medicine*, una publicación online ampliamente considerada como una editorial de escaso reconocimiento, y enumeraba cuatro coautores: Jim, Lily, Thea y Phaedra. «Íbamos a hacer muchos trabajos codo con codo e implicar en ellos a nuestros hijos –explicaría más tarde Jim a *Wired*–. Como hicieron los Curie».

Aquella primavera negaron a Amy la titularidad. Al menos uno de los miembros del comité expresó su preocupación de que estuviera «loca»; declaró al *Chronicle of Higher Education* que ya se había inquietado por su salud mental «a los cinco minutos de conocerla». Amy presentó una serie de recursos y acabó por contratar un abogado. Y comenzó a obsesionarse con lo que consideraba la aleccionadora historia de Douglas Prasher, un biólogo molecular cuyos fondos para la investigación se agotaron en 1992, cuando parecían cuestionarse sus posibilidades de conseguir la titularidad en el Instituto Oceanográfico Woods Hole. Prasher acabó abandonando la ciencia. Posteriormente, en 2008, dos científicos con quienes había colaborado ganaron el Premio Nobel de Química, basándose en parte en las investigaciones de Prasher. Por entonces, el excientífico vivía en la zona de Huntsville, donde conducía una furgoneta de cortesía para un concesionario local de Toyota. Amy le confesó a su marido que le preocupaba correr una suerte similar.

Desde su infancia Amy había padecido alergias graves, que podían manifestarse en forma de urticaria o eccema. En los meses previos al tiroteo de Alabama, me dijo, estuvo sometida a un estrés tremendo y empezó a sufrir alucinaciones. También comentó que poco después de la muerte de Seth comenzó a «oír voces», que habían continuado desde entonces, de manera intermitente, coincidiendo ocasionalmente con los ataques de alergia. «Unas veces dan miedo y otras veces no», señaló en referencia a las voces, pero se negó a dar más detalles al respecto.

Un día, Amy condujo hasta la universidad y aparcó delante del edificio de administración. Sentada en su coche, llamó al despacho del rector y anunció su intención de subir a tratar su caso. Le comunicaron que el rector Williams no la recibiría y que ni siquiera debía entrar en el edificio. Según una declaración jurada escrita por Amy en prisión, incluida en un reciente expediente judicial, ella vio después a Williams y al decano, Vistasp Karbhari, salir apresuradamente del edificio escoltados por la policía. Amy telefoneó a Debra Moriarity. «Actúan como si yo fuera a entrar y disparar a alguien», le dijo.

Una semana antes de la matanza, el marido de Amy la acompañó a Larry's Pistol & Pawn, un campo de tiro en las afueras de la ciudad, para hacer prácticas de tiro. Llevaban una Ruger de 9 milímetros que Jim había adquirido en Massachusetts más de una década antes; un amigo había comprado el arma en New Hampshire y se la había entregado ilegalmente a Jim, evitando así el periodo de espera que Massachusetts impone para los permisos de armas. Sigue sin estar claro si a Jim le preocupaba confiarle a Amy un arma de fuego; rechazó reiteradas solicitudes de entrevista. Sin embargo, Amy describía en ocasiones a su marido ante sus amigos como «un manipulador de manual». Varias personas que los conocieron durante aquellos años me sugirieron que, cuando Amy se sentía herida y humillada por algún desaire profesional, Jim no tendía a mitigar su indignación, sino a provocarla aún más. Un amigo íntimo de la pareja me aseguró: «Amy era una narcisista. Tenía un profundo deseo de reafirmación, y esa era la manera en que Jim ejercía el poder sobre ella».

Cuando Jim telefoneó a Judy Bishop para decirle que la policía había puesto a Amy bajo custodia, ella le preguntó: «Jim, ¿teníais una pistola en casa?».

* * *

No mucho después de que Amy Bishop disparara a sus colegas en Huntsville, las autoridades de Massachusetts publicaron documentos de hacía décadas referentes a la muerte de su hermano. Los informes policiales originales (varias decenas de páginas amarillentas, unas cubiertas de anotaciones manuscritas, otras mecanografiadas) contienen revelaciones que ponen en tela de juicio el informe de la policía estatal de 1987, que declaraba que había sido una muerte accidental.

Cuando Seth cayó al suelo y Amy huyó corriendo de la cocina, salió de la casa por la puerta trasera, llevando consigo la escopeta. Cruzó la avenida Hollis y atajó por una zona arbolada, para salir a un callejón que terminaba en el taller de Dave Dinger Ford, también un concesionario de automóviles. Como era sábado, el lugar estaba cerrado, pero unos cuantos mecánicos fuera de servicio andaban por allí. Según los mecánicos, Amy entró con la escopeta. Dijo que necesitaba un coche y exigió que le entregaran unas llaves. Los hombres salieron corriendo y Amy se encontraba a la puerta de Dinger Ford cuando la encontró Ronald Solimini, un policía al que habían enviado desde la casa de los Bishop en busca de una joven que vestía una cazadora vaquera y llevaba una escopeta.

Amy parecía «asustada, desorientada —señaló Solimini en su informe—, pero sostenía la escopeta con las dos manos». Solimini se aproximó lentamente, intentando razonar con ella. Pero Amy no bajaba el arma.

Mientras hablaba, Solimini se percató de que otro agente, Tim Murphy, se estaba acercando a Amy por detrás, con su revólver de calibre 38 desenfundado. Solimini continuó hablando mientras Murphy avanzaba sigilosamente, hasta que se halló a poco más de un metro detrás de Amy. Entonces Murphy gritó «¡Suelta el rifle! ¡Suelta el rifle! ¡Suelta el rifle!». Según el informe de Murphy, Amy obedeció. Los agentes la esposaron, le informaron de sus derechos y le quitaron el arma.

Una tarde de no hace mucho, visité a un amigo entendido en armas de fuego y pasé una hora cargando y disparando el mismo modelo de Mossberg, calibre 12, que Amy Bishop había usado aquel día. Una escopeta con acción de bombeo o de corredera se carga mediante el «acerrojado»: deslizando hacia atrás y hacia delante el guardamanos, un gesto familiar por las películas de acción, que emite un satisfactorio chasquido mecánico. La Mossberg que Amy llevaba podía contener hasta cinco cartuchos. Los cartuchos de escopeta son cilindros de latón y plástico rellenos de pólvora y bolitas diminutas o perdigones en gran concentración. Cuando se aprieta el gatillo, los perdigones salen disparados del arma, pero el casquillo (el cartucho) queda dentro. Si uno de esos cartuchos gastados está en la recámara, el acerrojado, en un único movimiento, eyecta el casquillo viejo del arma e introduce un nuevo proyectil en la recámara.

Mientras yo acerrojaba la escopetaba, disparaba y volvía a acerrojarla, me vino a la mente un detalle de los informes policiales. En la casa de la avenida Hollis, los agentes habían encontrado una caja de cartón de veinticinco cartuchos en la cama de Amy. Faltaban cuatro. Había disparado uno de ellos en su habitación. (La policía recuperó el cartucho gastado en el suelo del dormitorio). Un segundo proyectil había matado a Seth. Descubrieron un tercer cartucho en el bolsillo de la cazadora de Amy. Y cuando la policía examinó la escopeta tras arrebatársela a Amy, encontró el cuarto cartucho. Estaba en la recámara, listo para disparar. Después de haber disparado una escopeta de corredera, la única forma de introducir otro cartucho en la recámara es repetir el acerrojado. Por consiguiente, en algún momento después de disparar a Seth y antes de ser arrestada, Amy debió de haberlo hecho, expulsando el cartucho que había matado a su hermano y cargando uno nuevo en su lugar.

Cuando Amy llegó a la comisaría de Braintree, la condujeron a la sala de arrestos. Apuntar a alguien con un arma cargada es motivo de cargo por delito de agresión, y blandir un arma delante de un agente de policía es una afrenta a las fuerzas del orden que rara vez se toma a la ligera. ¿Por qué dejó marchar entonces la policía a Amy Bishop?

Poco después de la masacre de Alabama, Paul Frazier, el jefe de policía de Braintree, ofreció una respuesta perturbadora. En una conferencia de prensa, dejó bien claro quién había sido el responsable. Uno de los tenientes estaba fichando a Amy, explicó, cuando fue informado de que el jefe de policía había ordenado su puesta en libertad.

Un reportero le preguntó a Frazier quién era el jefe en esos momentos.

«John Polio», contestó.

* * *

«Fue todo decisión de Polio», me aseguró Frazier. Amy estaba siendo interrogada en la comisaría cuando Judy Bishop llegó. Según Ronald Solimini, que por entonces había regresado a la comisaría, Judy exigió ver al jefe gritando: «¿Dónde está John V.?».

Cuando le pregunté a Frazier cómo había llegado Judy a tener un trato tan cercano con el jefe como para dirigirse a él por su nombre de pila, me respondió: «Ella era una gran partidaria suya». Me recordó que a mediados de los ochenta Judy había sido miembro de la asamblea municipal, el órgano representativo local. Polio, que a la sazón contaba sesenta y pocos años, había estado «poniendo a su favor discretamente» a los miembros del grupo con la esperanza de elevar la edad de jubilación obligatoria de los agentes de policía, que era de sesenta y cinco años.

Según esta versión, Polio, célebre por su integridad, había terminado otorgando el máximo favor político. Durante los años siguientes, me dijo Frazier, los agentes del departamento murmuraban entre ellos acerca de la decisión de dejar marchar a Amy. Era un secreto a voces en la comisaría, aseguraba Frazier, y el conocimiento de esa transgresión daba un cariz diferente a la prohibición de Polio del amaño de multas y otras formas de corrupción policial de pequeña envergadura. «Si él puede amañar un asesinato, yo puedo amañar una multa», era la actitud imperante, me explicó Frazier. «Aquello era un abuso judicial —concluyó—. Y solo por tratarse de una amiga suya».

Para cuando esta nueva información salió a la luz, Polio tenía ochenta y siete años y continuaba viviendo en Braintree. Cuando los periodistas llamaron a su puerta, se encontraron con un frágil anciano con las mejillas hundidas que llevaba una gorra de béisbol blanca con la frase «Abuelo número 1». Los invitó a entrar.

Polio dijo que, si mal no recordaba, Seth y Amy habían estado «haciendo el tonto» con la escopeta de la familia cuando esta se disparó. «La madre dio su versión de cómo había ocurrido, y su versión era que fue un accidente», recordó Polio. Añadió que era «descabellado» sugerir que hubiera habido alguna clase de encubrimiento. Polio se negaba a aceptar la responsabilidad por la decisión de dejar en libertad sin cargos a Amy. «Yo no le indiqué a nadie que la dejase marchar», dijo.

Bill Delahunt, que por aquel entonces era el fiscal de distrito para el condado de Norfolk, donde se encuentra Braintree, y que había llegado a servir durante siete mandatos en el Congreso, me dijo que, si hubiera estado al tanto del incidente de Dinger Ford, habría acusado a Amy de agresión, lo cual habría desencadenado probablemente una evaluación psiquiátrica. «Esta podría haber tenido unas repercusiones totalmente diferentes en su vida posterior», comentó. Delahunt acusaba a Brian Howe, el policía estatal que había redactado el informe policial final calificando de accidente la muerte de Seth, por omitir el relato del enfrentamiento con las fuerzas policiales.

Pero, cuando localicé a Howe, que ya está jubilado y vive en Georgia, este me contó que no había incluido en su informe las secuelas del disparo porque no había tenido noticia de ellas. Decía que había solicitado los informes originales a la policía de Braintree, pero esta no se los había entregado. Aunque Delahunt me dijo que Howe debería haber sido más diligente en su investigación, él también atribuía la responsabilidad última al Departamento de Policía de Braintree, y en particular a Polio. «Jamás habrían dejado en libertad a Amy sin el visto bueno de Polio —aseguraba Delahunt—. Habrían tenido miedo de hacerlo».

Las evidencias recién reveladas redefinían la imagen pública de Amy Bishop. A raíz del tiroteo de Alabama, los medios de comunicación la habían retratado inicialmente como una excéntrica, una «profesora chiflada» cuyas acciones eran una expresión extrema de las presiones de la vida académica. Ahora, en cambio, la describían como algo más malévolo y reconocible: una mala hierba. Según esta versión, la muerte de Seth era solamente la primera consecuencia de una retahíla de advertencias desoídas. Estaba el episodio del restaurante IHOP y otro caso, en 1993, en el que a Amy y su marido los había interrogado la Agencia de Alcohol, Tabaco y Armas de Fuego. El tutor posdoctoral de Amy en Harvard, Paul Rosenberg, con quien al parecer ella había tenido alguna disputa, recibió cierto día por correo un paquete sospechoso. Rosenberg lo abrió cuidadosamente —el terrorista conocido como Unabomber estaba activo por aquellos años— y eludió por poco el mecanismo de detonación conectado a un par de bombas de fabricación casera de quince centímetros. El caso sigue sin resolverse y jamás se formularon cargos contra Amy ni su marido, si bien ambos fueron identificados como sospechosos. Por entonces vivían en la casa de campo de la avenida Hollis, y las autoridades registraron el lugar en presencia de Sam y Judy. Las entrevistas policiales revelaron que Amy y Jim habían hablado con amigos sobre cómo fabricar una bomba casera. Y en cierta ocasión Amy había hecho un extraño regalo de cumpleaños a su amigo de la universidad Brian Roach: cuatro kilos y medio de permanganato potásico, que puede emplearse para hacer explosivos. (Roach me dijo que aquello había sido «solo una broma»).

En las semanas posteriores al tiroteo de Alabama, varios antiguos colegas y vecinos acudieron a la policía para describir altercados que habían tenido con Amy, básicamente por asuntos triviales. Jimmy Anderson padre, el suegro de Amy, declaró a un reportero que había visto «al demonio en sus ojos».

«La gente no dejó de esconder bajo la alfombra sus malos comportamientos y ahora estamos pagando un precio tremendo», declaró al *Huntsville Times* un consejero de la Universidad de Alabama. Incluso Roy Miller, el abogado de Amy, creía que existía un patrón de violencia revelador. «A esta mujer le ocurre algo —aseguró—. Su historia habla por sí misma».

Conforme arraigaba esta nueva interpretación del pasado de Amy Bishop, Judy Bishop comenzaba su propia metamorfosis ante la opinión pública, de madre desconsolada a una manipuladora intrigante que había subvertido la ley con el fin de proteger a su díscola hija. En esta nueva interpretación, Judy se asemejaba al personaje de Joan Crawford en *Alma en suplicio* (*Mildred Pierce*), una tenaz y protectora madre que encubre una serie de fechorías, incluido el asesinato, cometidas por su hija, con desastrosas consecuencias.

Eurípides describe la maternidad como «un potente hechizo», y el instinto humano de proteger a nuestros hijos puede inspirar admiración. Hace unos años, un día invernal en el norte de Quebec, un oso polar vagaba por una aldea y se acercó a un niño inuit de siete años. La madre del niño se abalanzó sobre el animal, que pesaba más de trescientos kilos, y lo contuvo hasta que llegó un cazador y le disparó.

Huelga decir que una cosa es salvar a tus hijos de una muerte segura y otra protegerles del enjuiciamiento penal. Ahora bien, la mayoría de los padres probablemente reconocerían el impulso de encubrir las transgresiones de un hijo, con independencia de que lo hicieran o no ellos mismos. Hace varios años, Sheila Michael, una maestra de escuela primaria de Atlanta, fue condenada a ocho años de cárcel por ocultar la implicación de su hija de veintidós años en un accidente automovilístico con fuga que mató a cinco personas. Durante la operación de búsqueda del conductor que había provocado el accidente, Michael persuadió a un mecánico para que ocultara los daños del coche de la familia. En el juicio llegó a saberse que su hija había querido confesar, pero Michael le había indicado que no lo hiciera porque, como observó el juez, «usted no quería perderla».

¿Acaso Judy Bishop, testigo de la muerte de su propio hijo, había hecho un cálculo similar?

Los casos sin resolver son arduos de investigar incluso en las mejores circunstancias, y el disparo a Seth Bishop era especialmente difícil porque, para empezar, no se había tratado como un crimen. Ni la policía de Braintree ni la policía estatal habían llevado a cabo una investigación propiamente dicha. No se había conservado ninguna de las pruebas físicas; incluso la escopeta Mossberg llegó a desaparecer después de las pruebas de balística. Existían unas cuantas fotografías rutinarias de la escena del crimen, pero la casa de los Bishop no se sometió a una investigación exhaustiva; en cualquier caso, la integridad de la escena se había visto comprometida por los compasivos vecinos que habían limpiado la sangre.

Había otro problema: en 2010, según la ley, cualquier delito del que Amy pudiera ser acusada en relación con el enfrentamiento en Dinger Ford habría prescrito hacía mucho tiempo. El único delito que no estaba sujeto a esta circunstancia era el asesinato, pero para condenarla por ello la fiscalía tendría que demostrar que había matado intencionadamente a su hermano.

Un día, mientras los investigadores estaban revisando las fotografías de la escena del crimen, dieron con una posible pista. En una de las fotos tomadas en la habitación de Amy podía verse en el suelo un ejemplar del *National Enquirer*. Alguien de la oficina del fiscal del distrito pidió el ejemplar en la Biblioteca del Congreso, y los investigadores vieron que buena parte de él estaba dedicada al asesinato de los padres de Patrick Duffy, un actor de *Dallas*. El 18 de noviembre de 1986, dos jóvenes habían matado a los padres de Duffy en el bar de Montana perteneciente a la pareja. Utilizaron una escopeta de calibre 12 y huyeron de la escena, empuñando el arma en una tentativa de robar un coche para escapar. Ese podría haber parecido un débil indicio para tratar de entender el estado mental de Amy el día del disparo, pero los investigadores se preguntaban si Amy habría visto el artículo como una suerte de manual de instrucciones. William Keating, fiscal del distrito a la sazón, sugirió al *Globe* que la fotografía podía usarse para demostrar la intención.

En abril de 2010, las autoridades locales abrieron una investigación sobre la muerte de Seth. Comparecieron veinte testigos en un juzgado de Quincy, un edificio de ladrillo rojo. Tom Pettigrew, uno de los mecánicos que se había encontrado con Amy en Dinger, describió cómo sujetaba la escopeta al tiempo que exclamaba «¡Arriba las manos!».

Solimini, el policía, recordaba lo extraño que fue oír a Judy Bishop preguntar por Polio usando su nombre de pila. «Nunca escuché *a nadie* llamarle John», dijo. Kenneth Brady, un sargento que estaba aquel día en la comisaría, testificó que él también oyó a Judy preguntar por el jefe. James Sullivan, el teniente que interrogó a Amy, dijo que en realidad él había escrito las palabras «asesinato» y «asalto con un arma peligrosa» en el pliego de cargos. Pero, como los agentes recibieron posteriormente instrucciones de dejar en libertad a Amy, jamás la acusaron de esos delitos.

Según Sullivan, con quien hablé recientemente, el interrogatorio al que estaba sometiendo a Amy quedó «interrumpido de forma abrupta» cuando Judy Bishop entró en la sala de arrestos, en un descarado incumplimiento del protocolo. Uno de los capitanes de servicio le dijo que Judy Bishop había hablado con Polio, que este le había explicado que el disparo había sido accidental y que Polio la había creído.

«Yo me quedé atónito», me aseguró Sullivan. Recordaba haberse quejado al capitán: «Si dejásemos en libertad a todo aquel cuya madre creyera que no había cometido ningún delito, no tendría sentido arrestar a nadie». Pero le comunicaron que Polio había ordenado que la soltasen y que tenía que «obedecer esa orden».

En la investigación, el sargento Brady testificó que, cuando Amy se reunió con su madre, ambas se abrazaron: «La señora Bishop dijo que aquel día había perdido a su hijo y que no quería perder a su hija».

Cuando Sam Bishop subió al estrado, negó que la «disputa» con Amy hubiera sido seria. «No me marché de allí pensando que hubiéramos tenido una discusión terrible», aseguró. El robo del verano de 1985 había sido «traumático» para Amy, explicó, y por ese motivo había sacado el arma y la había cargado. «Estaba en esa casa victoriana —dijo—. Tenía miedo. Y cometió un terrible error actuando movida por ese temor». Había llevado consigo una fotografía de Seth y Amy para recordarle al juez que «son personas reales». La instantánea, que se había tomado por Halloween, tan solo unos meses antes de la muerte de Seth, captaba a los hermanos sonriéndose, tallando una pequeña calabaza en una mesa de cocina cubierta con papel de periódico.

* * *

«Salí de casa a eso de las seis de la mañana y estuve fuera hasta las dos de la tarde –dijo Judy cuando subió al estrado–. Llegué a la entrada y Seth lo hizo justo detrás de mí». Ella le ayudó a meter la compra; entonces bajó Amy y pidió ayuda para descargar la escopeta. En ese momento, dijo Judy, Seth alargó la mano para coger el arma, Amy se volvió y «la escopeta se disparó». Amy tenía una mano en el cañón y la otra en la culata: «Ni siquiera tenía la mano en el gatillo».

Como madre de la víctima y testigo ocular del disparo, Judy era una presencia poderosa en el estrado. Contó que había oído a su hijo decir «¡Oh, no, mamá!» antes de desplomarse sobre el suelo. «La sangre estaba... salía a borbotones –dijo–. Se me llenaron los zapatos de sangre. Se me llenó el pelo de sangre». Concluyó diciendo: «Simplemente desearía añadir que aquel fue el peor día de nuestras vidas».

Judy negó tener ningún tipo de amistad con John Polio e insistió en que jamás preguntó por él en la comisaría. Polio y su mujer, Ginny, testificaron y también ellos dijeron que Judy y él no habían sido amigos cercanos. Recientemente me reuní con Ginny Polio en una cafetería de Braintree y ella hizo una declaración sorprendente: aunque los agentes de la comisaría no lo hubieran sabido, el jefe había estado efectivamente en el edificio aquel día. Polio había diseñado su despacho para que tuviese su propio acceso a través de un garaje privado, de suerte que sus subordinados no sabían si estaba o no allí. «Parte de mi trabajo consiste en tener un horario lo más imprevisible que puedo –comentó en cierta ocasión–. Como conozco a los polis, han de ser conscientes de que papi puede andar por ahí en cualquier momento».

Ginny también estuvo aquel día en la comisaría, me contó; antes de casarse con Polio en 1999 había sido su secretaria. Recordaba que un capitán, Ted Buker, se encontró con Polio en su despacho y le dijo: «Jefe, ¿conoce a Judy Bishop, la de la asamblea municipal? Su hija Amy ha disparado a su hermano. Su madre dice que ha sido un accidente». A decir de Ginny, Buker no mencionó el incidente de Dinger Ford y comentó su intención de trasladar el caso a la policía estatal y al fiscal del distrito. Según la versión de Ginny, Polio repuso: «Hágalo». Jamás habló con Judy Bishop; nunca ordenó la puesta en libertad de Amy. (Ted Buker ya no vive).

Ginny es una mujer pequeña con una mirada pétrea. Sigue indignada por lo que considera un esfuerzo orquestado por los veteranos de la policía de Braintree para difamar a su marido. Polio murió en diciembre de 2010, debilitado, cree Ginny, por el calvario de su autodefensa. Fue enterrado con una escolta policial, pero, cuando los familiares estaban organizando el velatorio, pidieron que Paul Frazier se mantuviese al margen.

Tras las pesquisas, el caso fue remitido a un gran jurado, y el 16 de junio de 2010 Amy Bishop fue acusada del asesinato en primer grado de su hermano. Sam y Judy emitieron un comunicado. «No nos explicamos ni comprendemos lo que ocurrió en Alabama —escribieron—. Sin embargo, sabemos que lo sucedido hace veintitrés años a nuestro hijo Seth fue un accidente».

Dos días después del anuncio del procesamiento en Massachusetts, Amy, encarcelada en Alabama, sacó la hoja de una maquinilla de afeitar y se cortó las venas de las muñecas. Cuando le pregunté por aquel incidente, me contó que ya había intentado acabar con su vida en otra ocasión, tras la muerte de Seth. Aquella vez, me dijo, no sabía lo que estaba haciendo; pero en 2010 ya tenía experiencia enseñando anatomía y fisiología. «Me corté en sentido longitudinal, sobre la arteria radial», me explicó. Se desplomó en su celda, sangrando, y sobrevivió solamente gracias a que la descubrió un guardia de la prisión. Roy Miller, su abogado, me dijo: «Cuatro minutos más y habría muerto».

* * *

Una mañana del pasado otoño, conduje hacia el norte desde Boston hasta la tempestuosa localidad costera de Ipswich. En una tranquila zona residencial, me detuve en una casa de madera gris apartada de la carretera. Sam Bishop me recibió en la puerta.

Yo llevaba algún tiempo hablando con Judy, en conversaciones telefónicas durante las cuales solía alternar entre el enfado y la emoción, como perceptiblemente le notaba en la voz, y habíamos intercambiado una serie de correos electrónicos. A pesar –o por causa– de su angustia y su aislamiento, Judy y Sam siguen muy unidos. Comparten una dirección de email, lo cual implicaba que a veces me resultara difícil determinar con precisión quién estaba escribiendo.

«Cada vez que voy al médico me dice que he perdido otro par de centímetros», dijo Judy, esforzándose por recuperar un álbum de fotos de un estante elevado. Estaba en su salón, un espacio amplio y luminoso con vigas vistas y obras artísticas de ambos en las paredes. Llevaba una camiseta Marc Ecko con falsos grafitis. Su cabello, voluminoso todavía, había encanecido por completo. «Esto de envejecer no es para los cobardes», me dijo con una sonrisa.

Hojeamos el álbum y Judy me enseñó fotos de las fiestas de cumpleaños de sus hijos; de Seth y Amy haciendo volar aviones de madera ligera en el patio trasero; de Seth camino del baile de graduación, sonriente, en su Camaro rojo. Luego ya no había más imágenes de Seth y, conforme Judy pasaba las páginas, vimos una flor prensada; un poema, en griego, de la madre de Sam, y el programa descolorido del funeral de Seth.

«Lo que han pasado los Bishop es verdaderamente una tragedia griega –me había dicho su amiga Eileen Sharkey–. Una hija acaba con la vida de su hermano por accidente, luego se destruye a sí misma y los padres asisten a cómo todas aquellas pequeñas cosas que podrían pervivir de la muerte de Seth –el intento de Amy de tener una vida normal– les son arrebatadas».

Judy había preparado un almuerzo a base de sándwiches de atún y, mientras comíamos en la mesa de la cocina, Sam contó que, durante las semanas posteriores al tiroteo de Alabama, los equipos de televisión habían instalado fuera de su casa unos potentes focos cuya luz atravesaba las ventanas, por lo que a medianoche parecía pleno día. No ponían en duda el horror de lo que Amy había hecho en Alabama, aunque tampoco insistían en ello. «Es una chica muy brillante y sencillamente se quebró», decía Judy. Pero los Bishop expresaban una furia justificada por lo que se les antojaba el oportunista ajuste de cuentas de las autoridades de Massachusetts. «Estaban empeñados en cargarse a Polio», aseguró Judy. Le ofende la idea de que esos hombres presumieran de decirle cómo murió su propio hijo. «¡Yo estaba allí! —exclamó—. Vi cómo ocurrió. Aquello me cambió la vida».

Los Bishop me dijeron que Frazier había mentido en su conferencia de prensa de febrero. En aquella ocasión, no solo había sugerido una conspiración entre Judy Bishop y el jefe Polio; había afirmado erróneamente que la discusión matinal había sido entre Amy y Seth. Judy se mofaba de la insinuación de Frazier de que ella era políticamente influyente en Braintree: había sido miembro de la asamblea municipal, pero ese órgano constaba de unos doscientos cuarenta integrantes. Los Bishop creen que Solimini también mintió en la investigación cuando declaró que Judy pidió ver a Polio llamándole por su nombre de pila. «Somos personas y nos han lastimado, jamás volveremos a ser como antes —dijo Judy levantando la voz—. Lo que nos han hecho es imperdonable. Espero que ardan en el infierno».

«Está bien, Judy», dijo suavemente Sam. Había estado hojeando nerviosamente una carpeta de documentos y comenzó a sacar copias de los informes policiales originales, cada una de ellas subrayada y anotada. Había encontrado un informe del Ejército estadounidense que sugería que un modelo militar de la Mossberg de calibre 12, al caer sobre su boca, puede dispararse ocasionalmente. Pero, cuando presentó el informe en el curso de las pesquisas, dijo Sam, no se tuvo en cuenta. (De hecho, el policía que examinó el arma tras la muerte de Seth mencionó el informe cuando testificó, pero añadió que él había sometido personalmente el arma a «pruebas de impacto» y no se había disparado).

Sam me explicó que la cocina de la casa de la avenida Hollis era un espacio muy reducido. Se levantó de la mesa e imitó el barrido con la escopeta que habría llevado a cabo Amy para mostrársela a Seth. «Tengo la impresión de que pudo haberla golpeado», dijo, especulando que, si la culata hubiera chocado contra un armario o una encimera, la colisión podría explicar el disparo accidental.

Cuando pregunté por la «disputa» familiar, Sam dijo que aquella mañana se había despertado en torno a las diez, pero no bajó hasta eso de las once y media. «Estuve a punto de tropezar con algo en el vestíbulo», dijo. No recuerda qué era, pero reprendió a Seth y a Amy y les pidió que recogiesen sus cosas. «Y ellos respondieron, sobre todo Amy», dijo. Pero resolvieron el asunto amistosamente. «No le di mayor importancia», insistió Sam.

En cuanto a los arranques de cólera de Amy, Judy dijo:

–Tenía el temperamento de su padre.

–¿Se peleaban alguna vez Amy y Sam? –inquirí.

–Oh, sí –contestó Judy, mirando a su marido y riéndose entre dientes. Sam no dijo nada.

En opinión de los Bishop, el incidente de Dinger Ford se ha sacado de quicio. «¡Ella estaba conmocionada!», dijo Sam, aunque no podía explicar por qué Amy había acerrojado de nuevo la escopeta tras salir de casa. En cualquier caso, señaló Judy, si Amy estaba buscando un coche para huir, no necesitaba andar blandiendo un arma por ahí. El coche de Judy estaba en la entrada. Las llaves estaban colgadas junto a la puerta de la cocina.

Una cosa que irrita particularmente a los Bishop es el hecho de que Frazier y otros miembros del departamento de policía, que supuestamente estaban tan preocupados por la decisión de dejar en libertad a Amy en 1986, no hubieran dicho nada al respecto hasta que llegó la noticia de Alabama en 2010. Los Bishop tienen su parte de razón: durante esos años se reabrieron en Massachusetts decenas de casos sin resolver. El miedo a John Polio podría explicar la renuencia a hablar mientras este seguía en el poder, pero se había jubilado en 1987. «No dijeron nada durante veinticinco años –observó Sam–. ¿Ahora, de repente, todo el mundo tiene la respuesta?». (Cuando pregunté a Frazier por la inacción de la policía de Braintree, replicó: «Esa es una buena pregunta». Tras una pausa, aventuró: «Sencillamente nunca pensamos que pudiéramos reabrir el caso»).

Los padres de Amy culpan directamente de su tentativa de suicidio en prisión al procesamiento en Massachusetts. No obstante, cuando les pregunté si Amy había intentado quitarse la vida antes de aquel incidente, Judy respondió que no.

–Bueno, se cortó… –comenzó a decir Sam.

Judy le corrigió:

–Amy había estado «tallando calabazas y se cortó con el cuchillo justo aquí –se señaló la muñeca–. Eso *no* fue un intento de suicidio.

Llevaron a Amy al hospital, donde un médico se la suturó.

–Decía que quería ver lo afilado que estaba el cuchillo –explicó Sam.

–Aquello no fue un intento de suicidio –repitió Judy.

* * *

Roy Miller, un nativo de Alabama con un ronco acento sureño, lleva casi cuatro décadas ejerciendo la abogacía en el área de Huntsville. Cuando el juzgado le asignó el caso de Amy Bishop, pasó dieciocho meses preparando una defensa basada en la enajenación mental. Amy había solicitado la pena de muerte. «La mujer desea morir», me dijo Miller. La alternativa sería probablemente la cadena perpetua sin libertad condicional, y Amy, que estaba encerrada en la cárcel del condado de Huntsville, probablemente sería trasladada a la Prisión de Mujeres Julia Tutwiler, una institución en el centro de Alabama conocida por su brutalidad. Una denuncia presentada ante el Departamento de Justicia alegaba que la cárcel se caracterizaba por «la frecuente y severa violencia sexual de los funcionarios sobre las reclusas». Cuando pregunté a Miller por Tutwiler, me contestó: «Aquello es antediluviano». Amy le comentó a un amigo que no quería pasar el resto de su vida en «una cajita diminuta».

No obstante, Sam y Judy la persuadieron de que, incluso si deseaba ser ejecutada, los casos de pena capital se demoran tanto que podrían transcurrir décadas hasta que llegase el momento de la ejecución. Así pues, se declaró inocente alegando enajenación mental. La defensa contrató a una serie de prominentes psiquiatras para que la evaluasen, pero no sería un caso fácil. Los jurados de Alabama habían mostrado una notable aversión por los casos de defensa por razones de enajenación mental. «Básicamente, se atrapa a alguien en el acto y la siguiente noticia es que está loco –ha observado Rob Broussard, el fiscal de distrito encargado de la acusación de Amy–. La gente otorga a las defensas basadas en la enajenación mental su justo valor, que no es mucho».

Amy me dijo que, aunque está «horrorizada» por lo que ella llama «el incidente de la UAH», no guarda ningún recuerdo de los asesinatos. Momentos después del tiroteo, mientras los policías la metían en un coche patrulla, les dijo: «Eso no ha ocurrido... Siguen vivos». Es difícil saber si esa amnesia parcial es genuina o táctica. Me aseguró que, aunque recordaba haber disparado a Seth por accidente, no se acordaba de nada de lo sucedido en Dinger Ford. Cuando le pregunté por qué había acerrojado la escopeta después de disparar a su hermano, me contestó: «No lo recuerdo en absoluto». Señalé que sus periodos de pérdida de memoria parecían coincidir con sus fechorías más graves. Ella respondió: «Después de los acontecimientos traumáticos, a menudo la gente no recuerda nada».

El caso de Alabama se complicó todavía más por el hecho de que varias de las personas a las que había disparado, incluido Gopi Podila, el jefe de departamento, en realidad habían votado a favor de su titularidad; el derramamiento de sangre no podía explicarse simplemente como un acto de venganza. Tanto los padres como los amigos de Amy tienden a referirse a la muerte de Seth como «el disparo accidental», con una insistencia robótica que a veces parece estratégica. En lo que concierne al tiroteo de Alabama, emplean con frecuencia la forma impersonal, como si Amy no tuviese ninguna autoría en el asunto. En cierta ocasión en que yo hablaba con su amigo Brian Roach, este aludió al «accidente de Alabama».

Amy me contó que la están tratando con el antipsicótico Haldol y que padece esquizofrenia paranoide. Sin embargo, Roy Miller me dijo que ella no había recibido un diagnóstico definitivo y que, en cualquier caso, podría resultar difícil defender en el juicio la idea de que Amy sufría de delirios extremos. En términos generales había vivido una vida equilibrada. Había obtenido un doctorado y había criado a cuatro hijos sin mayores incidentes.

Cuando pregunté a Judy si estaba al tanto de que a veces Amy oía voces, me contestó: «Por supuesto que no». Añadió que, si semejante cosa fuese cierta, Amy «no nos lo contaría ni a su padre ni a mí».

Amy no se despojó de su arrogancia en la cárcel. Bromeaba con Miller diciendo que su vocabulario se estaba deteriorando debido a sus compañías forzosas y que su cociente intelectual estaba disminuyendo. «Tiene un tremendo sentido del humor», dijo Miller, advirtiendo que de vez en cuando eso la metía en apuros. «Compartía celda con una de esas mujeres gordas auténticas de uno de esos pequeños pueblos auténticos —me contó Miller—. Esa mujer no tenía dientes». La compañera de celda tenía una dentadura con un par de dientes falsos, que en cierta ocasión dejó apoyada en el alféizar de la ventana. Un guardia que pasaba vio la dentadura postiza y preguntó a Amy y a su compañera de celda a quién pertenecía. Amy sonrió al guardia y le dijo: «Déjame darte una pista».

«Aquello le costó una buena bronca», dijo Miller con una risa mordaz.

«Di una paliza a una chica. En realidad a tres», me contó Amy, explicándome que en la prisión del condado «había mucho alboroto». Insistía en que en los tres casos había obrado «en defensa propia». Tras una disputa verbal en la cantina, otra reclusa la golpeó sin piedad con una bandeja.

El juicio de Amy se había fijado para el 24 de septiembre de 2012, pero dos semanas antes de la fecha Miller planteó a la fiscalía la posibilidad de llegar a un acuerdo. Amy estaba dispuesta a declararse culpable de asesinato a cambio de que la acusación se comprometiera a no pedir la pena de muerte. Pasaría el resto de su vida en la cárcel, sin la posibilidad de libertad condicional. No está del todo claro qué provocó este cambio de parecer, pero Miller me dijo que, de haber ido a juicio, habría habido un «1 por ciento de probabilidades» de haber podido convencer a un jurado de que Bishop no era culpable por razones de enajenación mental. También me dijo que una batería de pruebas psicológicas se habían revelado no concluyentes: la defensa no tenía evidencias satisfactorias de que Bishop estuviese loca.

La fiscalía aceptó el trato. Una tarde de septiembre acudí al Juzgado del Condado de Madison, en el centro de Huntsville, para ver cómo Bishop se declaraba culpable. Decenas de policías se habían congregado para la llegada de la asesina más famosa de la historia del condado. El juzgado estaba lleno de espectadores, pero Amy había pedido a su familia que se mantuviese al margen. Mientras la conducían al interior, todos estiraban el cuello para echar un vistazo. Llevaba un mono rojo y chanclas sobre calcetines blancos. Los grilletes alrededor de los tobillos le tintineaban cual campanillas de trineo mientras pasaba arrastrando los pies. Había perdido peso: tenía los ojos hundidos y sus pálidos antebrazos parecían palos de helado. Pero mantenía la cabeza alta mientras abría un poco las fosas nasales, evaluando la sala con un rastro de la que había sido su angustiada altivez.

Cuando un acusado se declara culpable en un caso de asesinato en Alabama, el estado ha de presentar una versión abreviada de sus pruebas ante el tribunal, y Amy aguardaba sentada en silencio, juntando y separando las manos, mientras la acusación describía sus crímenes. Mientras se proyectaban las fotografías de sus colegas asesinados, enterró la cabeza en los brazos, como una colegiala, con el cabello negro desparramado sobre la mesa. Cuando el juez preguntó a Amy si aceptaba declararse culpable y renunciar a todo derecho de apelación, se dirigió al tribunal por primera y única vez diciendo con voz suave «Sí». Posteriormente fue trasladada a Tutwiler.

La siguiente cuestión era si Amy podría enfrentarse todavía a un juicio por asesinato en Massachusetts. Ello supondría un giro desastroso para los Bishop, que tendrían que revivir una vez más el trauma de la muerte de Seth y enfrentarse a preguntas incómodas acerca de las acciones de Amy en Dinger Ford y las circunstancias de su puesta en libertad. No obstante, eso también podía plantear un problema para la fiscalía. Una cosa era acusar a Amy; muchos litigantes dirán que no es difícil garantizar un procesamiento por parte de un gran jurado. Ahora bien, procesarla por asesinato en primer grado obligaría a la fiscalía a presentar un caso que implicaba un presunto crimen que tuvo lugar más de un cuarto de siglo atrás. Algunas de las personas que podrían ser llamadas a testificar eran ahora ancianos de memoria frágil. Muchas otras habían muerto. Casi todas las pruebas físicas originales habían desaparecido, incluida la aparente arma homicida, y el único testigo ocular del suceso era la madre tanto de la víctima como de la acusada, y no cabía la menor duda de que sería citada como testigo crucial de la defensa.

Estaba asimismo la cuestión del motivo. Si bien ciertas versiones sugerían que había existido animosidad entre Amy y su hermano, yo había sido incapaz de identificar una sola persona que los conociera a ambos y pudiera testificar tal cosa; probablemente la fiscalía se enfrentaría a un reto similar. Paul Frazier había aseverado en su rueda de prensa que la riña de la mañana del 6 de diciembre había sido entre Amy y Seth, pero todas las evidencias restantes indicaban que en realidad se había producido entre Amy y su padre.

Unos días después de la declaración de culpabilidad de Amy, la oficina del fiscal del distrito del condado de Norfolk emitió un comunicado anunciando que no solicitaría su extradición porque Massachusetts no tiene la pena de muerte; dado que Amy está cumpliendo cadena perpetua sin derecho a libertad condicional en Alabama, explicaba el comunicado, «la pena que solicitaríamos […] ya está vigente».

Luego el caso dio un giro inesperado. Amy hizo saber, a través de un abogado defensor de oficio llamado Larry Tipton, que la representaba en Massachusetts, que quería ser juzgada por la muerte de Seth. Siempre había insistido en que el disparo había sido accidental y parecía molesta por la insinuación de que se habían retirado los cargos. «Desea un juicio que le ayude a demostrar que es inocente», decía Tipton.

«Quiero que se sepa la verdad —me dijo Amy—. Lo quiero por mí, por mis padres, para pasar página».

* * *

Cuando la violencia quiebra súbitamente el curso de nuestra vida, tendemos a contarnos historias con el fin de hacerla más explicable. Enfrentados a un revoltijo de evidencias, las organizamos en un relato. Ante los mismos hechos trágicos, tanto quienes concluían que Amy Bishop había asesinado a su hermano como quienes defendían que no lo había hecho cogían sucesos desordenados y los convertían en una historia. Pero ninguna historia era especialmente convincente.

La caricatura de Amy como la hermana diabólica que buscó inspiración en las páginas del *National Enquirer* antes de asesinar a su hermano a sangre fría es demasiado simplista, como lo es el cínico relato de un secreto apretón de manos entre John Polio y Judy Bishop que mantuvo enterrada la verdad durante décadas. En los meses que pasé hablando con las gentes de Braintree, llegué a creer que había existido en efecto un encubrimiento, pero que este no había sido un acto de conspiración, sino de compasión. En las pequeñas localidades, en particular, pasar por alto hasta cierto punto lo que ocurre tras la puerta de casa de tus vecinos puede llegar a parecer no solo necesario, sino también un acto humanitario. «Siempre he creído que fue un accidente», me aseguró Kathleen Oldham, amiga de Amy. Luego, haciéndose eco de un sentimiento que yo había escuchado innumerables veces, añadió: «Y siempre he dicho que, si no lo fue, no querría saberlo». Algunos de los agentes de policía de Braintree conocían a la familia Bishop. Judy conocía a los padres de algunos de los policías más jóvenes por la asamblea municipal. Podría haber parecido que la manera más caritativa de abordar la confusa tragedia de la avenida Hollis era simple y llanamente pasando página; un gesto provinciano de piedad y negación que tendría un coste incalculable, décadas después, en Alabama.

Las versiones propuestas por los Bishop y por Ginny Polio resultan asimismo insostenibles. Por mucho que el jefe Frazier y sus colegas detestaran a John Polio, la idea de que fabricaran pruebas y alegaran supuestos recelos simplemente para difamarle parece poco creíble. Una vez más, existe una explicación más humana y más lógica para el celo con el que las autoridades de Braintree forzaron la reapertura de este doloroso caso en 2010: para los funcionarios del lugar, la investigación ofrecía un modo de purgar malas conductas pretéritas y de acabar con una vieja forma de hacer las cosas. «No se trataba simplemente de un disparo ocurrido veintitrés años atrás —me aseguró Joe Sullivan, el alcalde de la ciudad–. Lo que estaba en juego era la Braintree de hoy en día».

Por mucha simpatía que uno sienta por los Bishop, no se pueden negar las anomalías en su versión de aquel sábado. Una tarde fui a ver a una mujer que conoce a la familia, pero me pidió que no utilizara su nombre. «Voy a contarle algo que no le he contado a nadie en veinte años», me dijo.

En los ochenta, Judy Bishop tenía una amiga íntima llamada Saran Gillies, una lugareña que participaba activamente en la política de Braintree. El día en que Seth recibió el disparo, Gillies pensaba ir a casa de Judy a tomar el té, pero Judy la había llamado para cancelar la visita. «Ha habido una trifulca terrible», dijo Judy a Gillies, según la mujer, a quien Gillies telefoneó inmediatamente después. «Ha sido una bronca monumental». Sam se había ido «furioso». Poco después, Gillies se enteró de que Seth Bishop había recibido un disparo.

«Saran y yo atamos cabos», me contó la amiga. Cuando Amy oyó a Seth regresar de la compra, conjeturaron, debió de haber «pensado que era su padre el que volvía a casa». La hipótesis que esas dos mujeres compartieron en secreto era que Amy no tenía intención de matar a su hermano. Lo que podría haber pretendido, cuando bajó las escaleras con la escopeta, era matar a su padre.

Por supuesto, aquel era solo otro relato especulativo sobre los turbios acontecimientos, y Gillies había muerto varios años atrás. No obstante, esa teoría podría explicar cómo una lucha entre Sam y Amy, y no entre Seth y Amy, había deparado la muerte a Seth. Explicaría asimismo una discrepancia clave en la cronología de la historia que los Bishop han relatado. En la investigación, así como en las entrevistas que yo mantuve con Judy Bishop, ella insistía en que estuvo en el establo desde las seis de la mañana hasta las dos de la tarde aproximadamente y en que llegó a casa justo cuando Seth volvía del supermercado. Pero cuando Brian Howe, el policía estatal, entrevistó a los Bishop poco después de la muerte de Seth, Amy le contó que, cuando bajó con la escopeta, tuvo la impresión de que su madre llevaba «algún tiempo» en casa. Durante las mismas entrevistas, Sam Bishop les dijo a Howe y a los dos agentes que le acompañaban que había esperado que Judy volviera a casa entre las once y las doce. En su declaración, Judy dijo que había «regresado al domicilio para ver si había algo para comer». Seth estaba en casa cuando ella llegó, dijo Judy a Howe, y «declaró que iría a la tienda a comprar algo de comida para almorzar juntos».

Según este relato, compartido poco después del disparo, Judy no llegó a casa después de que Seth volviera del supermercado, sino antes de que él se hubiera marchado. Existe un buen motivo para que Sam y Judy Bishop se sintieran incómodos con esa secuencia temporal: en su versión, Amy había sacado la escopeta básicamente porque había estado sola en casa durante varias horas.

En las pesquisas, el experto en armas de fuego que había examinado la Mossberg de calibre 12 testificó que normalmente se requieren 2,2 kilos de presión sobre el gatillo para disparar el arma.

—¿Está usted diciendo que la única forma de que hubiera podido dispararse accidentalmente, incluso si hubiera tenido el dedo en el gatillo, era si alguien estuviese forcejeando con ella? —le preguntaron.

—Intentando quitarle el arma de las manos —respondió—. Así es.

Nada de esto indica necesariamente que Amy tuviera intención de matar a su padre. Podía haber estado blandiendo el arma, furiosa con Sam y solo con ganas de impresionar. Cuando yo tenía unos catorce años, en cierta ocasión tuve una discusión con mi padre. Era por algún asunto trivial que ya no recuerdo, pero yo estaba furioso. Estábamos alojados a orillas del mar, y mi padre solía nadar a diario, en largos recorridos paralelos a la orilla. Mientras él nadaba aquel día, empecé a lanzar piedras para que rebotaran en el agua. Vi que se acercaba y continué cogiendo piedras de la arena y lanzándolas a las olas. Entonces, de repente, oí un alarido. Mi padre salió del agua tambaleándose, desorientado y alarmado. Yo no había pretendido golpearle, simplemente había querido asustarle, afirmarme de algún modo. Más allá de la conmoción, la pedrada no le causó ningún verdadero daño. Pero podía haberlo hecho. Cuando hace poco le conté a mi madre la historia, ella me sorprendió diciendo: «Pues fíjate que, en todos estos años, tu padre nunca me lo ha contado».

Después de escuchar la historia sobre Saran Gillies, repasé las novelas de Amy en busca de nuevas pistas que pudieran contener e hice un descubrimiento asombroso. En su primer libro, *The Martian Experiment*, Abigail White, la protagonista, está atormentada por un incidente de su infancia. Al inicio de la novela, Abigail está jugando con Kathy, una amiga del colegio, y con Luke, el hermano pequeño de Kathy. Las dos niñas se pelean y Kathy le lanza una piedra a Abigail. Presa de la furia, Abigail divisa en el suelo una piedra del tamaño de un puño y la «dispara» al aire, «confiando en que Kathy la esquive asustada». La piedra se dirige en apariencia hacia Kathy, pero no la alcanza, y aterriza en cambio en la cabeza de su hermano pequeño, Luke.

«Luke cayó como un soldado de juguete —escribe Amy—. Jamás supo qué fue lo que le golpeó». Abigail queda aturdida, «horrorizada por que su piedra, con la que pretendía asustar a Kathy, hubiera alcanzado a Luke». El pequeño entra en coma y muere, y sus padres concluyen que debe de haber sufrido un aneurisma.

El pasaje recordaba lo que parecía ser la explicación más plausible de la muerte de Seth: en un arrebato de ira, una joven empuña un arma peligrosa con la intención de asustar a una persona, pero acaba matando a otra. Atormentada por sus actos, finalmente Abigail intenta confesárselos a su abuela, a la que llama, al estilo griego, Yaya, el nombre que Amy usaba con su propia abuela. «Yo maté a

Luke», le dice. En un firme susurro, Yaya le responde: «El niño está con Dios. Él sabe que tú lo sientes».

Más tarde, el padre de Abigail entra en su habitación pensando que está dormida y la besa en la frente. «Aquel beso le decía que la decisión estaba tomada y era definitiva». La familia no dirá nada de su posible responsabilidad por la muerte.

Cuando le planteé a Amy la hipótesis alternativa de aquel día, me colgó el teléfono sin previo aviso. Al día siguiente volvió a llamarme. Negó que la discusión con su padre hubiese sido seria y ofreció una versión diferente: ella había terminado una cafetera y Sam se había irritado porque «tenía que preparar otro café». Me dijo: «Así que no sé bien a qué vendría esa llamada telefónica en la que mi madre dijo que teníamos una trifulca, porque no era cierto. –Y añadió–: Nuestra familia siempre ha tenido una relación muy buena».

En un libro reciente, *Lejos del árbol: Historias de padres e hijos que han aprendido a quererse*, Andrew Solomon escribe, al tratar cómo lidian los padres con hijos que han matado a alguien: «Existe una fina línea entre el amor heroico y la ceguera deliberada». La negación parental puede estar motivada por la compasión, sostiene Solomon, pero también puede generar al hijo una profunda confusión. Si el hijo ha cometido un crimen terrible, el progenitor puede negarse a confrontarlo por considerar que esa es la estrategia más segura para restaurar una existencia estable. Pero esa misma negación puede resultar en realidad más desestabilizadora. A juicio de Solomon, puede ser «alienante, incluso traumático» que los padres rehúsen reconocer las cosas horribles que han hecho sus hijos. En su novela *Amazon Fever*, Amy Bishop describe al padre de su heroína como «deliberadamente ciego» y se pregunta si esa ceguera podría hacerle, de alguna manera, «cómplice». El pasaje me llevó a preguntarme por Sam. ¿Acaso había considerado que Amy podría haber tenido intención de dispararle a él? ¿Y habían comentado Judy y él alguna vez esa posibilidad?

Decidí hablar con Judy de la teoría alternativa, aunque me preguntaba si tenía mucho sentido hacerlo. «Solo hay dos personas que saben realmente lo que sucedió en aquella casa —me dijo la mujer que me había relatado la teoría–. Y yo pienso que Judy lo ha enterrado y ha propuesto algo con lo que puede lidiar. –Hizo una pausa–. Y tiene mis bendiciones».

No era la única que tenía ese sentimiento. Hablando con las gentes de Braintree, me preguntaban a menudo si yo tenía hijos, como si ello pudiera ser algún requerimiento para comprender el cálculo moral en juego. «Nunca le he preguntado a Sam y a Judy qué ocurrió en la casa aquel día porque no quiero que me mientan –me explicó Deb Kosarick, la amiga de Judy–. ¿Y sabe una cosa? Para proteger a mis hijos, yo también mentiría. Mentiría sobre una pila de Biblias».

* * *

El día anterior a Acción de Gracias fui a ver otra vez a los Bishop. Era una mañana gélida y salía humo de su chimenea. El 6 de diciembre tenían planeado visitar la tumba de Seth, que está en New Hampshire. Era una peregrinación anual, a la que Amy les había acompañado durante años. Ella solía hablar a la sepultura, contándole a Seth cosas sobre su vida y sus hijos. Incluso en la actualidad, telefonea de vez en cuando a sus padres para contarles que Seth la ha visitado en su celda, que habla con ella y que se sienta en el borde de su cama. Amy me contó que, hasta hace muy poco, hablaba con su hermano «única y exclusivamente en tiempo presente».

Parece improbable que prospere la solicitud de Amy de que se celebre un juicio en Massachusetts. La decisión depende del fiscal del distrito, que parece reacio a proseguir. También ha apelado contra su condena en Alabama. Esta iniciativa –que desconcertó a sus padres, dado que se había declarado culpable y había renunciado a su derecho de apelación– también tiene escasas probabilidades de éxito. «Lo peor de la cárcel es el hecho de estar separada de mis hijos», me confesó. Jim, que continúa viviendo en Huntsville, tiene la custodia de los hijos. Ella habla con ellos por teléfono con la máxima frecuencia posible. A su hija Phaedra le toca elegir universidades. Amy la anima a solicitar Harvard.

Sam preparó café y nos sentamos en la mesa de la cocina. Cuando pregunté a Judy dónde había estado el 6 de diciembre, reiteró que había pasado toda la mañana en el establo y que no regresó a casa hasta aproximadamente las dos de la tarde, justo cuando Seth estaba volviendo con la compra.

Le señalé que, en su declaración original a los agentes de policía, había dicho que había llegado a casa antes de que Seth saliera a comprar comida.

—Eso no es cierto —replicó Judy.

—Aquello no fue una declaración —indicó Sam.

Brian Howe y otros dos agentes los habían interrogado; entre los tres compilaron sus notas en un informe resumen. Tal vez el resumen fuese erróneo. En cualquier caso, me explicó Sam, él había contado a aquellos hombres que había esperado a que Judy regresase entre las once y media y las doce simplemente porque esa era la hora a la que solía volver a casa de la cuadra.

—Lo único que sé es lo que pasó —dijo Judy—. Me marché del establo. Conduje hasta la entrada de la casa y Seth llegó justo detrás de mí.

—Yo no andaba pensando en intentar conseguir alguna coartada para alguien —dijo Sam, cada vez más aturullado—. Teníamos un funeral. Teníamos un entierro. Teníamos una hija totalmente deprimida. Ellos hacían preguntas. No estábamos pensando en la hora. Ellos tres debieron de oír cosas.

Pregunté a Judy si había quedado para tomar un té con Saran Gillies aquel día y si había cancelado esos planes por causa de la pelea entre Sam y Amy.

«¿Qué? —repuso—. Eso no es verdad».

Le expliqué que eso es lo que me había contado alguien que conocía bien a Gillies.

«¡Dios santo, menuda gente!», exclamó Judy alzando la voz.

Entonces conté a los Bishop la historia sobre mi padre y la piedra. «¿Existe algún escenario en el que Amy estuviera furiosa con Sam —comencé a preguntar— y bajara con el arma, y la estuviera blandiendo, y…».

«Rotundamente no», replicó Judy. Se trasladó desde la mesa hasta un sofá contiguo junto a la chimenea.

Le pregunté por qué Gillies le diría a alguien que había quedado con Judy ese día si no era cierto.

—No creo que lo dijera —respondió Judy—. Alguien está diciendo algo que no es verdad.

Rompió a llorar y dijo:

—Todas esas personas que están hablando de ello no estaban allí.

—Se acabó, Judy —dijo Sam.

—No, no se ha acabado —replicó ella.

—Ya lo sé, pero no podemos hacer nada.

—Amy era una chica estupenda. Vivíamos una vida decente —me aseguró Judy—. Lo único que sé es lo que sucedió. Yo estaba allí. —Me miró fijamente, con los ojos vidriosos con las lágrimas—. Yo estaba allí —repitió—. Yo estaba allí.

Sostuvo la mirada, sin pestañear, hasta que acabé sintiéndome incómodo y aparté la mía.

Amy Bishop sigue cumpliendo cadena perpetua en Alabama. En mayo de 2020 ganó el segundo premio en el Concurso Pen America de Escritura en Prisión por un relato corto titulado «Man of Few Words». Once meses después, su hijo Seth —violinista, al igual que su madre y el tío con quien compartía nombre— fue asesinado de un disparo. Tenía veinte años. El autor del disparo, Vincent Harmon, era un amigo suyo. Harmon, que tenía dieciocho años, fue acusado de homicidio imprudente.

A LA CAZA DEL CHAPO

Los entresijos de la captura del señor de la droga más famoso del mundo (2014)

Una tarde de diciembre de 2013, un asesino a bordo de un vuelo de KLM procedente de Ciudad de México llegó al aeropuerto de Schiphol de Ámsterdam. En esta ocasión no se trataba de un viaje de negocios: al asesino, que tenía treinta y tres años, le gustaba viajar y daba cuenta a menudo de sus paseos por Europa en Instagram. Llevaba ropa de diseño y un pesado anillo de plata con forma de calavera que hacía una extraña mueca. Su pasaporte era una costosa falsificación, que había utilizado con éxito muchas veces. Pero momentos después de presentar sus documentos en la aduana holandesa, fue arrestado. La Administración para el Control de Drogas de Estados Unidos (la DEA, por sus siglas en inglés) había emitido una notificación roja de Interpol (una orden internacional de detención) y estaba al tanto de su llegada. Solo cuando las autoridades holandesas tuvieron al hombre bajo custodia descubrieron su verdadera identidad: José Rodrigo Aréchiga, el sicario principal de la mayor organización de narcotráfico de la historia, el cártel mexicano de Sinaloa.

Trabajar en México en el tráfico de estupefacientes implica tener un apodo, y Aréchiga respondía al caprichosamente malévolo nombre del Chino Ántrax. Supervisaba el brazo armado del grupo de Sinaloa (un cuadro de verdugos conocidos como los Ántrax) y coordinaba los envíos de drogas para el líder del cártel, Joaquín Guzmán Loera, conocido como el Chapo, que significa bajito. Aréchiga era un narcotraficante de la era digital: charlaba con otros criminales en Twitter y publicaba imágenes en las que aparecía consumiendo cristal, posando con mascotas exóticas o acariciando un AK-47 chapado en oro. Guzmán, con cincuenta y siete años, representaba una generación anterior. Obsesivamente reservado, dirigía su multimillonaria empresa de estupefacientes desde la clandestinidad en Sinaloa, el remoto estado occidental donde nació y del que la agrupación recibe su nombre. El cártel de Sinaloa exporta a Estados Unidos cantidades industriales de cocaína, marihuana, heroína y metanfetaminas; se considera responsable nada menos que de la mitad de la droga ilegal que cruza cada año la frontera. El Departamento del Tesoro estadounidense ha calificado a Guzmán como «el narcotraficante más poderoso del mundo» y, tras el asesinato de Osama bin Laden en 2011, se convirtió quizá en el fugitivo más buscado del planeta. Los políticos mexicanos prometieron llevarle ante la justicia y Estados Unidos ofreció una recompensa de cinco millones de dólares a quien ofreciera información que condujese a su captura. Pero la fama de Guzmán obedecía en parte a la percepción de que era imposible de atrapar, y continuó prosperando, consolidando el control de las principales rutas de contrabando y extendiendo su actividad a nuevos mercados en Europa, Asia y Australia. Según un estudio, en la actualidad el cártel de Sinaloa opera en más de cincuenta países.

En varias ocasiones las autoridades han estado cerca de atrapar a Guzmán. En 2004, el ejército mexicano se dirigió a un polvoriento rancho de Sinaloa, donde estaba escondido, pero le habían advertido con anticipación y huyó en un todoterreno por una pista de montaña llena de baches. Tres años después, Guzmán se casó con una reina de la belleza adolescente llamada Emma Coronel e invitó a la ceremonia a la mitad del submundo criminal de México. El ejército movilizó varios helicópteros Bell para irrumpir en la fiesta; llegaron las tropas, armas en mano, para descubrir que Guzmán acababa de marcharse. Las autoridades estadounidenses no tienen jurisdicción para efectuar detenciones en México, por lo que, cada vez que los agentes de la DEA conseguían nuevas pistas sobre el paradero de Guzmán, todo cuanto podían hacer era compartirlas con sus homólogos mexicanos y esperar. En Washington D. C., las preocupaciones acerca de la competencia de las fuerzas mexicanas se mezclaban con temores más profundos relativos a la corrupción. Un exoficial de inteligencia mexicano de alto rango me contó que el cártel ha «penetrado en la mayoría de las agencias mexicanas». ¿Le estaba dando el soplo a Guzmán alguien de dentro? Tras una serie de intentos fallidos en los que el Chapo se zafó de sus perseguidores escabulléndose de los edificios por la puerta trasera, a los funcionarios de la embajada de Estados Unidos en Ciudad de México les dio por bromear, amargamente, diciendo que en español no existe una palabra equivalente a *surround* («rodear»).

Guzmán se granjeó una «reputación de Zorro», me dijo Gil González, que le había perseguido en México para la DEA. En decenas de narcocorridos, las baladas mexicanas que glorifican a los traficantes, los cantantes retrataban a Guzmán como un chico del campo convertido en un astuto bandido que se había enriquecido, pero no ablandado, con su cuerno de chivo (argot mexicano que designa un rifle de asalto con una recámara curvada) siempre a su lado. No obstante, el propio Guzmán seguía siendo una figura oscura, para exasperación de sus perseguidores. Solo circulaban públicamente unas pocas fotografías suyas. Una famosa serie tomada tras un arresto en 1993 muestra a un joven bajo y fornido, de ojos oscuros y mandíbula cuadrada, torpemente en pie en el patio de una prisión; mira fijamente a la cámara con una timidez paradójica habida cuenta de su temible reputación.

El Chapo escapó ocho años más tarde y ha estado huyendo desde entonces. Dado que podría haberse sometido a cirugía plástica para alterar su aspecto, las autoridades ya no podían estar seguras de cómo era. Un narcocorrido captaba la difícil situación: «Solo él sabe quién es él / así es que búsquense a otro / que se le parezca bien /porque al verdadero Chapo / no lo volverán a ver».

Las autoridades trataban de seguir la pista de Guzmán vigilando las líneas telefónicas. El contrabando de estupefacientes necesita de comunicación telefónica regular entre campesinos y empaquetadores, camioneros y pilotos, contables y sicarios, traficantes callejeros y proveedores. Pero los traficantes en la cima de la jerarquía mantienen la seguridad operacional evitando hacer llamadas telefónicas o enviando el menor número de correos electrónicos. Se sabía que Guzmán empleaba una codificación sofisticada y limitaba el número de personas con las que se comunicaba. Mantenía compartimentada su organización y permitía a sus subordinados cierto grado de autonomía, siempre y cuando los envíos siguiesen llegando a tiempo. «Yo nunca hablaba directamente con él —me contó un antiguo lugarteniente de Sinaloa—. Pero sabía lo que quería que hiciéramos». El cártel de Sinaloa se describe a veces como una organización «celular». Estructuralmente, su red se halla distribuida y tiene más en común con una organización terrorista como Al-Qaeda que con las anticuadas jerarquías de la Cosa Nostra. Cuando el cártel sufre la pérdida de una figura importante como el Chino Ántrax, puede reconstituirse, pero no sin unas cuantas llamadas telefónicas entre los dirigentes.

En la DEA, que interviene centenares de líneas telefónicas y cuentas de correo electrónico asociadas con traficantes, el proceso de ejercer presión sobre una organización criminal y luego vigilar los puntuales intentos de comunicación se conoce como «hacer cosquillas a los micrófonos» (*tickling the wires*). Cuando el Chino Ántrax fue arrestado en Ámsterdam, el cártel aún estaba lidiando con otras dos pérdidas de alto nivel: en noviembre, el hijo de uno de los colaboradores más cercanos de Guzmán, de veintitrés años, fue arrestado mientras trataba de cruzar la frontera en Nogales; en diciembre, tropas mexicanas en helicóptero dispararon y mataron a otro sicario clave del cártel en un tramo de carretera junto al mar de Cortés. Mientras el cártel intentaba reorganizarse, las autoridades de ambos lados de la frontera interceptaron montones de llamadas telefónicas, mensajes de texto y correos electrónicos. Se enteraron de que Guzmán acudiría pronto a Culiacán, la capital del estado de

Sinaloa, para reunirse con sus hijos Alfredo e Iván, traficantes en alza e íntimos amigos del Chino Ántrax. La DEA presentó un informe de inteligencia a las autoridades de México y, a mediados de enero, una unidad de comandos de las fuerzas especiales de los marines mexicanos (SEMAR) comenzó a reunirse en una base de operaciones avanzada próxima a la localidad turística de Los Cabos, a lo largo del extremo sur de la Baja California. A los marines mexicanos, el equivalente de los SEAL de la Marina, se unió un pequeño grupo de asesores estadounidenses. Las autoridades mexicanas pusieron a la misión el nombre en clave de Operación Gárgola. Su objetivo era capturar a Guzmán.

Según el *Dallas Morning News*, el presidente del Gobierno de México, Enrique Peña Nieto, informó a los marines y a sus socios estadounidenses de que dispondrían aproximadamente de tres semanas para apresar al señor de la droga. Un funcionario estadounidense implicado en la planificación de la operación me lo confirmó. La lucha contra los narcotraficantes en México se ha convertido en una cuestión que responde a un protocolo de intervención, y la unidad cambiaría pronto de destino para combatir otro cártel, el de los Caballeros Templarios, en el turbulento estado de Michoacán. (Eduardo Sánchez, el portavoz principal del Gobierno de México, negaba que existiese ningún límite de tiempo semejante. «No había ningún plazo», aseguró).

Mientras los marines y sus asesores se instalaban en Los Cabos, trataban de no atraer la atención. Un acorazado anclado frente a la costa se usaba como señuelo, con el fin de que los observadores curiosos pudieran concluir que la súbita afluencia de comandos formaba parte de un ejercicio naval estándar. Pero una de las razones por las que Guzmán había permanecido tanto tiempo en libertad era su inigualable red de informantes. Una persona implicada en la operación me dijo: «En cuanto desembarcamos, él lo supo».

* * *

Guzmán siempre había sido un maestro de la fuga. Nacido en la aldea montañosa de La Tuna, en la agreste y escarpada Sierra Madre Occidental de México, era el primogénito de un agricultor de subsistencia que incursionó en el narcotráfico. Durante generaciones, los rancheros sinaloenses habían cultivado cannabis y opio, y sacaban a sus hijos de la escuela para ayudar en la cosecha. Guzmán dejó definitivamente el colegio en tercero y en los años setenta, a pesar de su escasa formación, se convirtió en aprendiz de dos caciques de la droga: Amado Carrillo Fuentes, que poseía una flota de aviones y era conocido como el Señor de los Cielos, y Miguel Ángel Félix Gallardo, un agente de policía convertido en barón de la droga, que dirigía el cártel de Guadalajara y era conocido como el Padrino.

Guzmán comenzó como una especie de controlador aéreo, coordinando los vuelos de cocaína procedentes de Colombia. Pero era astuto y agresivo, y rápidamente empezó a adquirir poder. Una noche de noviembre de 1992, los secuaces de Guzmán masacraron a seis personas en una discoteca abarrotada de Puerto Vallarta. Cortaron las líneas telefónicas para que nadie pudiera pedir ayuda y acto seguido entraron y abrieron fuego sobre la pista de baile. Los objetivos eran traficantes con base en Tijuana con quienes Guzmán estaba pugnando por el control de las lucrativas rutas de contrabando a través de Baja California. Pero estos se encontraban en el servicio cuando comenzó el tiroteo y huyeron ilesos. La primavera siguiente, los traficantes encargaron a sus propios sicarios el asesinato de Guzmán en el aeropuerto internacional de Guadalajara. Cuando estalló el tiroteo, Guzmán salió gateando de su vehículo y logró ponerse a salvo. Siete personas fueron asesinadas, incluido el arzobispo Juan Jesús Posadas Ocampo. (Al parecer los pistoleros le confundieron con Guzmán).

El asesinato de Posadas provocó un escándalo político, y no transcurrió mucho tiempo antes de que a Guzmán, que había pasado a la clandestinidad, le atraparan las autoridades en Guatemala y lo entregaran a México. Fue condenado a veinte años de cárcel, acusado de conspiración, narcotráfico y soborno, y terminó en Puente Grande, en Jalisco, que se consideraba una de las prisiones más seguras de México. Entre rejas, Guzmán consolidó tanto su imperio como su reputación. Sobornó a los funcionarios de la prisión y disfrutó de una vida relativamente lujosa: hacía negocios por teléfono móvil, establecía con regularidad visitas de prostitutas y organizaba fiestas para los reclusos privilegiados en las que se servía alcohol, crema de langosta y filet mignon. Mientras estaba allí, la oficina del fiscal general mexicano encargó que le sometieran a entrevistas psicológicas. El perfil criminal resultante señalaba que era «egocéntrico, narcisista, astuto, persistente, tenaz, meticuloso, exigente y reservado».

Un día de enero de 2001, un trabajador de la prisión corrió una cortina que Guzmán había improvisado en la entrada de su celda y gritó: «¡Ha escapado!». Una investigación posterior determinó que Guzmán se había escondido en un carro de la lavandería empujado por un cómplice al que había sobornado. Pero en México son muchos los que especulan que no tenía que andar buscando subterfugios. Guzmán controlaba Puente Grande hasta tal extremo en la época de su fuga que podía haber salido tranquilamente por la puerta principal. Al final se formularon cargos penales contra setenta y un trabajadores de la cárcel, incluido el alcaide.

Si la fuga del Chapo sugería que el sistema político mexicano había sucumbido al dinero del narcotráfico, sus años posteriores como fugitivo apenas contribuyeron a dar la impresión contraria. Se estableció en Sinaloa y expandió sus operaciones, lanzando violentas guerras territoriales con cárteles rivales por el control de los preciados puntos de entrada a lo largo de la frontera estadounidense. El sociólogo Diego Gambetta, en su libro de 1993 titulado *La mafia siciliana*, ha observado que las empresas criminales duraderas están insertas con frecuencia en el entramado social y político de una comunidad, y parte de su «tenacidad intrínseca» reside en la capacidad que tienen de ofrecer ciertos servicios que el Estado no proporciona. Hoy en día en las calles de Culiacán pueden verse clubs nocturnos, villas fortificadas y algún que otro Lamborghini. El Chapo y otros señores de la droga han invertido y blanqueado sus ingresos comprando centenares de negocios legítimos: restaurantes, estadios de fútbol, guarderías y granjas de avestruces. Juan Millán, el exgobernador de Sinaloa, calculó en cierta ocasión que el 62 por ciento de la economía del estado está vinculado al dinero procedente del narcotráfico.

No obstante, Sinaloa sigue siendo pobre, y Badiraguato, el municipio al que pertenece la aldea natal de Guzmán, es una de las áreas más depauperadas del estado. En Sinaloa siempre había existido cierta simpatía hacia el narcotráfico, pero nada acrecienta tanto la simpatía como la caridad y los sobornos. Eduardo Medina-Mora, embajador de México en Washington D. C., describía la generosidad de Guzmán en el estado: «Usted está financiando todo. Bautismos. Infraestructuras. Si alguien enferma, le proporciona un avioncito. De este modo goza de un enorme apoyo local, porque usted es Santa Claus. Y a todo el mundo le gusta Santa Claus». Los policías municipales mexicanos tenían escasa formación, estaban mal pagados y mal equipados, lo cual los volvía susceptibles de soborno. «En términos prácticos, la delincuencia organizada privatizaba literalmente las fuerzas policiales municipales en muchas partes del país», me comentó un alto funcionario mexicano.

La influencia de Guzmán sobre el sector público no quedaba confinada a los cuerpos policiales. El año pasado, un antiguo guardaespaldas del actual gobernador de Sinaloa, Mario López Valdez, publicó una serie de vídeos en YouTube en los que describía cómo había acompañado a López Valdez, que acababa de tomar posesión del cargo, en un viaje para reunirse con Guzmán. En uno de los vídeos, el guardaespaldas reproducía una conversación grabada en la que el gobernador parecía dar instrucciones a sus subordinados para que no hostigasen al cártel de Sinaloa y, en lugar de ello, tomasen medidas enérgicas contra sus rivales. López Valdez insistía en que la grabación estaba manipulada. El pasado agosto, el guardaespaldas apareció junto a una carretera en Sinaloa. Lo habían decapitado.

Mientras Guzmán permanecía en las montañas, el terreno inhóspito y la lealtad de los lugareños parecían garantizar su seguridad. En 2009, Dennis Blair, director nacional de inteligencia del presidente Barack Obama, se reunió con Guillermo Galván, a la sazón secretario de Defensa de México. Galván le dijo que todo el mundo sabía más o menos dónde estaba Guzmán. El reto consistía en ponerle bajo custodia. Según un cable diplomático revelado posteriormente por WikiLeaks, Galván explicó que, según se creía, Guzmán se movía entre una docena de ranchos y que le protegían hasta trescientos hombres armados. Los picos de Sierra Madre Occidental son escarpados, y las carreteras que los atraviesan rematan con frecuencia en una única pista de tierra. Los centinelas de Guzmán avistarían cualquier convoy blindado mucho antes de llegar a su destino. Y si se enviase un helicóptero Black Hawk para atacar su escondite, lo oiría tronando a través del valle a kilómetros de distancia, lo cual le dejaría tiempo de sobra para huir.

Más recientemente, sin embargo, la información de inteligencia recopilada por las autoridades mexicanas y la DEA indicaba que Guzmán podría estar cambiando de hábitos. Hay un dicho en el mundo del narcotráfico mexicano que afirma que es preferible vivir un año bueno que diez malos. Muchos jóvenes entran en el sector con la esperanza de disfrutar de una vida de excesos durante un tiempo breve antes de ser encarcelados o asesinados. Los narcos jóvenes se comportan temerariamente: van a clubs nocturnos, hacen carreras con Bentleys y publican en internet fotos suyas con sus cómplices (y con el cadáver de turno). Los únicos traficantes de Sinaloa que superan esas expectativas son los que se conforman con seguir una vida más austera en las montañas. Hasta hace poco, Guzmán había adoptado esa actitud. Pero, como estaba cansado, o casado con una mujer mucho más joven, o confiaba demasiado en su capacidad para escapar, comenzó a pasar tiempo en Culiacán y en otras ciudades. «He aquí un tipo que ha ganado cientos de millones de dólares en el narcotráfico y está viviendo como un indigente arriba en las montañas —me dijo Mike Vigil, un exagente de la DEA que había trabajado muchos años en México—. Le gustan las fiestas. Le gusta la música. Le gusta bailar». Otro funcionario del orden público especulaba que, aunque Guzmán estaba acostumbrado a una vida rural, Emma Coronel no lo estaba. «Ella no es una persona hecha a la montaña que se diga», comentó, añadiendo a continuación que tenían dos hijas gemelas y, aun cuando Guzmán sea un fugitivo, su mujer insiste en que él esté presente en la vida de las niñas: «Ella haría lo que fuera por mantener esa vida familiar».

Guzmán tenía otras debilidades. «Le encanta la comida gourmet», me dijo un funcionario de la DEA. De vez en cuando se le veía en algún restaurante elegante de Sinaloa o de un estado vecino. La escena era siempre la misma. Con cortesía y decisión, un equipo de pistoleros sobresaltaba a los comensales, a quienes se les pedía sus teléfonos, prometiéndoles que se los devolverían al final de la velada. El Chapo y su séquito entraban y se daban un festín de gambas y bistecs, luego agradecían a los demás comensales su paciencia, devolvían los teléfonos, pagaban la cuenta de todo el mundo y desaparecían en la noche.

Se ha informado, erróneamente, de que Guzmán utilizaba un teléfono por satélite; de hecho, su dispositivo de comunicación favorito era la BlackBerry. Al igual que muchos narcos, desconfiaba de los teléfonos por satélite porque la mayor parte de las empresas que los fabricaban son estadounidenses y a los agentes del orden les resulta relativamente fácil hackear los dispositivos. Pero en el caso de la BlackBerry el fabricante es una compañía canadiense, y Guzmán se sentía más cómodo usándola. Pero esa confianza carecía de fundamento: a comienzos de 2012, la DEA había localizado la BlackBerry de Guzmán y no solo podía vigilar sus comunicaciones, sino también emplear la tecnología de la geolocalización para triangular su señal. Aquel febrero, la agencia confirmó que Guzmán había viajado a Los Cabos para encontrarse con una prostituta. Había estado casado al menos tres veces y mantenía relaciones con muchas amantes; no obstante, parece haber tenido un apetito insaciable de damas de compañía. (Numerosos funcionarios tanto actuales como pasados han señalado el prodigioso consumo de Viagra por parte de Guzmán. «La tomaba como si fuesen caramelos», comentaba uno de ellos). Los agentes de la DEA que interceptaban sus correos electrónicos y mensajes de texto se maravillaban de hasta qué punto sus comunicaciones parecían centrarse no en gestionar su imperio multinacional, sino en conjugar las exigencias de su mujer, sus exmujeres (con las que seguía manteniendo una relación cordial), sus novias y sus acompañantes de pago. «Aquello parecía un culebrón –me dijo un exfuncionario del orden público que hacía un seguimiento de las comunicaciones–. Era un no parar».

Después de que las autoridades rastrearan la señal hasta una mansión en una calle sin salida de un rico enclave cercano a la costa, las tropas mexicanas irrumpieron por la puerta principal del edificio. Sigue sin estar claro si avisaron a Guzmán con antelación, pero tuvo tiempo suficiente para escabullirse por la parte trasera de la propiedad; llegó a un complejo vacacional adyacente, donde se mezcló entre la multitud de turistas antes de continuar su camino. Durante los tres días siguientes, las autoridades le persiguieron mientras se movía por la ciudad, intentando desesperadamente organizar una ruta de escape hasta las montañas. En un momento dado durante la persecución, Guzmán debió de haberse percatado de que le estaban rastreando a través de la BlackBerry y decidió sacar partido de ello. Se reunió con un subordinado y le entregó el teléfono. Alguien implicado en la operación dijo que Guzmán les «había tomado el pelo». Las autoridades, ajenas a la argucia, siguieron la señal por Los Cabos, hasta que finalmente se abalanzaron sobre el subordinado. Mientras se afanaban en arrestarlo, el Chapo logró llegar al desierto, donde le rescató un avión privado que le condujo a la seguridad de Sierra Madre.

* * *

«Después de Los Cabos cambió de estrategia», me explicó un funcionario del orden público estadounidense, añadiendo a continuación unas palabras dignas de un narcocorrido: «Es un hijo de puta analfabeto, pero también un cabronazo muy espabilado». En lugar de cambiar de BlackBerry, como había hecho en el pasado, ahora Guzmán parecía haber dejado por completo de comunicarse. Al igual que Bin Laden, podría haber optado por confiar en mensajeros. Pero un sistema de recaderos es demasiado ineficiente para el ritmo acelerado del tráfico de estupefacientes, por lo que, como acabaron por descubrir las autoridades estadounidenses y mexicanas, el Chapo ideó una solución elaborada. En el pasado, había restringido ocasionalmente su contacto con otros integrantes del cártel transmitiendo sus órdenes a través de un representante. Durante algún tiempo, una mujer conocida como la Voz actuó como su recadera, enviando y recibiendo mensajes en su nombre. Después de Los Cabos, Guzmán reinstauró el método, si bien con precauciones adicionales. Si necesitabas comunicarte con el jefe, podías contactar con él mediante BBM, la aplicación de mensajería instantánea de BlackBerry. (Aparentemente Guzmán había aprendido a leer y escribir lo suficientemente bien para comunicarse a través de los mensajes instantáneos). No obstante, el mensaje no llegaba directamente a Guzmán, sino a un lugarteniente de confianza que se pasaba el día en las cafeterías de Starbucks y en otros lugares con redes inalámbricas públicas. Al recibir el mensaje, el lugarteniente lo transcribía a un iPad con el fin de enviar el texto usando la wifi, lo que evitaba las redes de telefonía móvil, vigiladas, como el cártel sabía, por las autoridades. El mensaje transcrito no se enviaba a Guzmán, sino a un segundo intermediario, quien, valiéndose asimismo de una tableta y una wifi pública, transcribía las palabras en su BlackBerry y se las transmitiría a Guzmán. Aunque el Chapo continuase utilizando una BlackBerry, esta era prácticamente imposible de rastrear porque solo se comunicaba con otro dispositivo. Cuando recibía el mensaje, su respuesta se devolvía a través de los mismos medios, de manera indirecta. Muchos miembros del cártel desconocían que, cuando escribían al jefe y recibían una respuesta, cada palabra había pasado por dos intermediarios. Esto se describe a veces como un sistema «de espejo» y a las autoridades les resulta endiabladamente difícil desenmascararlo (en especial cuando los intermediarios se trasladan sin parar de un punto de acceso wifi a otro). Con todo, estudiando los patrones de comunicaciones del cártel, los analistas de la División de Operaciones Especiales de la DEA acabaron descifrando la naturaleza del sistema. Resolvieron concentrarse en el pequeño círculo de facilitadores logísticos en torno a Guzmán con el fin de identificar los espejos que este estaba utilizando para, en última instancia, centrarse en sus comunicaciones.

A principios de febrero de aquel año, cuando la unidad de fuerzas especiales de la SEMAR comenzó a hacer incursiones en Sinaloa, era la primera vez que los marines mexicanos llevaban a cabo una operación significativa en el estado. A diferencia del ejército mexicano –que tendía a moverse con lentitud y siempre informaba a las autoridades estatales antes de efectuar una operación, incluso cuando esas autoridades eran corruptas–, los marines eran ágiles y discretos. Se movilizaban con rapidez, en helicópteros Black Hawk, y no pedían permiso antes de iniciar las incursiones. Los marines que perseguían a Guzmán habían asistido a intensos combates en los últimos años, luchando contra el cártel de los Zetas en el nordeste de México. Habían participado en un tiroteo en 2009 que había acabado con la vida de un antiguo socio de Guzmán, Arturo Beltrán Leyva, durante una incursión en Cuernavaca. Uno de los marines de la unidad, un joven oficial de Tabasco llamado Melquisedet Angulo Córdova, murió en el asalto. Lo enterraron con todos los honores militares. Poco después de su funeral, los pistoleros irrumpieron en la casa donde su familia se había reunido para llorar su muerte y asesinaron a su madre, su hermano, su hermana y su tía. La advertencia no podría haber sido más clara. No obstante, a decir de quienes conocen la unidad, los marines se reafirmaron en su determinación de acabar con los traficantes. Hicieron de la discreción una obsesión. Cada vez que los fotografiaban en público, seguían la costumbre de otras fuerzas de seguridad mexicanas de élite y se cubrían el rostro con pasamontañas. También ponían en práctica astutas formas para protegerse de posibles injerencias por parte de los cárteles. Aparte del almirante que estaba al mando y unos pocos superiores, ninguno de ellos sabían adónde se dirigían ni quién podía ser su objetivo hasta que montaban en un Black Hawk para llevar a cabo la misión. Varios días antes de la operación, los integrantes de los comandos estaban obligados a entregar el teléfono móvil, para protegerse contra las filtraciones.

El primer arresto importante de la operación Gárgola se efectuó el 13 de febrero, cuando la unidad apresó a un grupo de asesinos de Sinaloa en una carretera de las afueras de Culiacán. Los marines confiscaron los teléfonos de los hombres y los enviaron a analizar. Habida cuenta de que los miembros del cártel se deshacen con frecuencia de los teléfonos, un único dispositivo puede ofrecer una información inesperada si contiene los números actualizados de otros miembros de la organización. En los debates en Estados Unidos sobre la recopilación de «metadatos» sin orden judicial por parte de la Agencia de Seguridad Nacional, esta es una de las razones por las que muchas autoridades se han apresurado a defender estas técnicas; un conjunto de números marcados en un teléfono puede utilizarse para construir un «gráfico de vínculos» que exponga la jerarquía de una organización.

Empleando la información extraída de los teléfonos recogidos en el arresto, los marines y la DEA comenzaron a concentrarse en un traficante llamado Mario Hidalgo Argüello. Era un hombre de mejillas rollizas, con bigote zapatista y nariz torcida de boxeador, y un veterano de las fuerzas especiales de México que había cambiado de bando al trabajar para los traficantes. Dentro del cártel era conocido como el Nariz. Ahora que Guzmán pasaba más tiempo en áreas urbanas, su séquito se había reducido mucho. El Nariz formaba parte de ese círculo privilegiado y actuaba como asistente personal y recadero de Guzmán. En Culiacán, este raramente pasaba varias noches consecutivas en la misma cama. Rotaba de casa en casa y casi nunca informaba a quienes le rodeaban —incluido el Nariz— sobre su próximo destino hasta que estaban en camino. Guzmán tenía una chef personal, una atractiva joven que le acompañaba dondequiera que viajase. Se dice que temía que le envenenasen y a veces hacía que sus subordinados probaran la comida antes de comerla él. Pero un agente de la DEA decía de la chef: «Es una cocinera extraordinaria. Por tanto, tal vez toda esa historia de la chef personal tuviese más de hedonismo que de paranoia». Guzmán también gustaba de la comida para llevar y la noche del 16 de febrero envió al Nariz a recoger un pedido.

La vida de Guzmán por entonces era básicamente nocturna y cenaba muy tarde. Aquella noche estaba durmiendo en una casa segura que pertenecía a su exmujer Griselda López. Cuando el Nariz salió del trabajo, pasaba ya de medianoche. El Nariz regresó a su propia casa en Culiacán y descubrió que los comandos de la SEMAR lo estaban esperando. Al ser interrogado por los marines, el Nariz admitió que Guzmán estaba escondido en la ciudad y les dio la dirección. «Cantó enseguida», me dijo un funcionario del orden público.

Justo antes del amanecer llegaron los marines a una casa de dos plantas de color crema en la calle Río Humaya, en Libertad, un barrio de clase media. Había barrotes en las ventanas, pero eso era habitual en Culiacán. Los marines prepararon sus armas y fabricaron un ariete, pero, cuando intentaron romper la puerta principal, esta no cedió. Cualquier puerta de madera se habría hecho astillas, pero aquella era un prodigio de acero reforzado, que algunos de los marines compararían más tarde con el mecanismo de entrada a un submarino. Pese a todos sus esfuerzos, la puerta parecía indestructible. Normalmente la fricción causada por un ariete calentaría el acero tornándolo más flexible. Pero la puerta estaba hecha para su propósito: dentro de la piel de acero había agua, de suerte que, si alguien tratara de derribarla, el calor del impacto no se propagaría. Los marines golpearon la puerta una y otra vez, hasta que el ariete se dobló y hubo de ser reemplazado. Tardaron diez minutos en entrar en la casa.

Los marines atravesaron una modesta cocina y una serie de habitaciones sin ventanas. Repararon en las cámaras de vigilancia y los monitores que había por todas partes. De la pared colgaba una estridente pintura al óleo de un toro de rodeo, lleno de banderillas pero todavía desafiante. Pero no había nadie en la casa. En un baño de la planta baja descubrieron una bañera levantada con elevadores hidráulicos, en un ángulo de cuarenta y cinco grados, y, debajo, una oscura abertura que conducía a unas empinadas escaleras: un túnel.

* * *

En los primeros tiempos de Guzmán, antes de su paso por Puente Grande, se distinguía como un traficante que aportaba al negocio un inusual sentido de la imaginación y del juego. Hoy en día, los túneles que atraviesan la frontera entre Estados Unidos y México son un pilar del contrabando de estupefacientes: llegan a medir más de un kilómetro y medio de longitud, y con frecuencia están dotados de aire acondicionado, electricidad, sofisticados sistemas de drenaje y rieles para poder transportar pesadas cargas de contrabando.

Guzmán inventó el túnel fronterizo. Hace un cuarto de siglo, encargó a un arquitecto, Felipe de Jesús Corona-Verbera, el diseño de una tienda de comestibles que sirviera de empresa tapadera y un zoo privado en Guadalajara para su colección de tigres, cocodrilos y osos. Por aquel entonces, Guzmán estaba ganando tanto dinero que necesitaba lugares seguros en los que esconderlo junto con sus drogas y sus armas. Así pues, hizo que Corona-Verbera diseñara una serie de «clavos» o escondites: compartimentos secretos bajo las camas de sus casas. Inevitablemente se llegó a una idea más audaz: si se podía excavar un clavo debajo de una casa cercana a la frontera de Estados Unidos, ¿por qué no continuar excavando y salir por el otro lado? Guzmán ordenó a Corona-Verbera diseñar un túnel que discurriera desde una residencia en Agua Prieta, inmediatamente al sur de la frontera, hasta un almacén perteneciente al cártel en Douglas, Arizona. El resultado le encantó. «Corona ha hecho un túnel cojonudo», dijo.

Desde entonces, la inteligencia estadounidense ha atribuido no menos de noventa túneles fronterizos al cártel de Sinaloa. Cuando los marines comenzaron a entrar en la casa de la calle Río Humaya, Guzmán seguía dentro junto con un guardaespaldas. Cuando el ariete golpeó la puerta, provocando un estruendo, se trasladaron a toda prisa al baño de la planta baja. El Chapo activó la entrada al túnel de emergencia conectando un enchufe a una toma de corriente junto al lavabo, al tiempo que encendía un interruptor oculto en el lateral de un espejo. Súbitamente, la silicona que rodeaba la bañera se rompió, y esta se elevó desde su armazón alicatado. La silicona había camuflado la escotilla de emergencia; incluso el guardaespaldas podía haber ignorado su existencia hasta que Guzmán activó el elevador hidráulico.

Bajaron a toda prisa las escaleras hasta un estrecho pasadizo. El espacio estaba iluminado, pero era muy angosto, y se movían con rapidez, conscientes de que tenían solo una ligera ventaja sobre los marines. Llegaron a un pequeño portal que parecía la puerta de la caja fuerte de un banco, donde el túnel en el que se hallaban conectaba con el principal sistema de alcantarillado de Culiacán; gateando a través de la abertura, entraron en un túnel cilíndrico. El pasadizo estaba oscuro y apenas medía un metro y medio de altura; no obstante, se movieron a gran velocidad por el agua sucia y poco profunda, como si Guzmán hubiera ensayado la fuga. Para cuando los comandos entraron en el túnel, el narcotraficante llevaba ya más de diez minutos corriendo.

Un túnel es un entorno extremadamente peligroso para seguir los pasos de alguien que va armado: si se vuelve y te dispara, ni siquiera necesita apuntar: probablemente te alcance alguna de las balas que reboten. Pero los marines no vacilaron. En las calles de Culiacán, mientras tanto, decenas de tropas estaban en posición, preparadas para perseguir a Guzmán cuando volviese a salir a la superficie. Un dron estadounidense sobrevolaba secretamente la ciudad, preparado para seguir el rastro del fugitivo si salía por una boca de alcantarilla y huía por las calles.

Entretanto, el Chapo corría por las cloacas, como Harry Lime en *El tercer hombre*. El túnel se bifurcaba, y en una encrucijada los marines quedaron desconcertados por un momento, incapaces de saber qué camino había cogido. Entonces localizaron un chaleco antibalas en el suelo —Guzmán o el guardaespaldas debieron haberse despojado de él— y tomaron esa dirección. Finalmente los marines emergieron por una alcantarilla a orillas de un río cenagoso, a casi un kilómetro del punto donde Guzmán había entrado en el túnel. Una vez más, se había esfumado.

* * *

Dos días después, el 19 de febrero, el presidente Obama, que estaba visitando Ciudad de México, celebró una conferencia de prensa con el presidente Peña Nieto. Obama elogió la «excelente cooperación entre Estados Unidos y México en asuntos de justicia penal». Cuando Peña Nieto tomó posesión del cargo en 2012, muchos funcionarios de Washington D. C. tenían dudas sobre su determinación para luchar contra los cárteles. Su predecesor, Felipe Calderón, había lanzado un ataque sin precedentes contra el narcotráfico, desplegando cincuenta mil tropas para combatir a los traficantes en las calles; las fuerzas armadas habían seguido «la estrategia de los cabecillas», tratando de desmantelar los sindicatos de drogas matando o capturando a sus líderes. La estrategia de Calderón recibió un fuerte respaldo financiero y material por parte de Washington D. C. Pero la campaña fue un fracaso rotundo: el número de víctimas mortales en México aumentaba vertiginosamente mientras los cárteles libraban batallas armadas a plena luz del día con las autoridades y entre ellos mismos. En Ciudad Juárez, uno de los puntos calientes del conflicto, el índice anual de homicidios aumentó de unos trescientos en 2007 a más de tres mil en 2010. La carnicería podría haberse evitado de algún modo si Calderón hubiese logrado refrenar a los narcotraficantes. Pero como observa Ioan Grillo en su reciente libro *El Narco*: «Al parecer, en el negocio de la droga la economía de guerra funciona a la perfección». El flujo de sustancias a través de la frontera jamás disminuyó de manera significativa y, conforme los cárteles como el de Sinaloa y los Zetas derrotaban a los competidores más pequeños, consolidaban el control territorial, haciéndose más poderosos y recurriendo a métodos más grotescos en el proceso. En las esquinas de las calles principales se dejaban «mensajes de cadáveres» (montones de cuerpos desmembrados).

Los votantes mexicanos que acudieron a las urnas en 2012 estaban cansados de la violencia; Peña Nieto, un exgobernador de aspecto juvenil que representaba al Partido Revolucionario Institucional, o PRI, que había dominado la política mexicana durante gran parte del pasado siglo, aseguró que empezaría de cero. Se comprometió a no centrarse en atacar a los cárteles, sino a reducir los asesinatos, si bien su plan para lograrlo fue recibido con escepticismo. En el pasado, los funcionarios priistas habían consentido en gran medida el narcotráfico a cambio de sobornos a gente bien situada, y no estaba claro si Peña Nieto era sincero cuando hablaba de seguir una senda diferente. Durante años, a los funcionarios del orden público estadounidenses les había irritado limitarse a «asesorar» a sus homólogos mexicanos en la lucha contra el narco; algunos de ellos querían que las fuerzas armadas estadounidenses tuvieran una amplia libertad operativa sobre el terreno, como la que habían tenido en su momento en Colombia. Calderón había estado más cerca de tolerar semejante escenario que ningún jefe de Estado mexicano precedente. Pero parecía que Peña Nieto prefería mantener una distancia mayor. Cuando los jóvenes oficiales mexicanos estudian la historia militar de su nación, se hace hincapié ineludiblemente en las numerosas invasiones por parte de Estados Unidos; la perspectiva de una presencia dominante de las fuerzas del orden estadounidenses al sur de la frontera atentaba contra el sentido de soberanía de muchos mexicanos. Poco después de que Peña Nieto tomara posesión del cargo, declaró que todas las iniciativas lideradas o asistidas por Estados Unidos debían ser canalizadas a través de una oficina del Ministerio del Interior de México, lo que llegó a conocerse como «la ventanilla única».

Resultó especialmente sorprendente, por tanto, cuando la administración de Peña Nieto comenzó a capturar o a matar a algunos de los capos de la droga más brutales del país, a menudo en estrecha colaboración con Estados Unidos. El julio pasado, las autoridades arrestaron a Miguel Ángel Treviño Morales, uno de los líderes de los Zetas, que a veces quemaba vivas a sus víctimas. Al mes siguiente, los operativos militares capturaron al líder del cártel del Golfo, el Pelón, que era conocido por vender los ojos a sus enemigos y torturarlos hasta la muerte. Para Peña Nieto, el hecho de marcar una distancia retórica respecto de los gringos podría haber creado la libertad política para colaborar con ellos.

En el momento del encuentro con Obama, la unidad de la SEMAR continuaba persiguiendo a Guzmán en Culiacán. (Aquello suponía un nuevo rumbo, pues las fuerzas armadas mexicanas generalmente se retiraban a sus bases tras la primera tentativa fallida por capturarle). Después de haber salido de las cloacas sin cogerle, los marines descubrieron que la casa de la calle Río Humaya no solo estaba conectada con el sistema de alcantarillado de Culiacán, sino también, a través de las cloacas, con otras seis casas, cada una de ellas amueblada y equipada de manera similar, y cada una con su salida de emergencia en la bañera. Guzmán había estado yendo y viniendo por las noches entre aquellas casas. La información de uno de sus colaboradores capturados condujo a los marines hasta un almacén cercano, donde descubrieron un depósito de armamento pesado y más de tres toneladas de cocaína y metanfetaminas. Parte de la droga se había escondido dentro de pepinos y plátanos de plástico, preparados para un viaje a través de la frontera.

Los marines sabían que, además de las casas seguras y las rutas de escape, Guzmán tenía ayudantes que podían proporcionarle una nueva BlackBerry o sacarle de la ciudad. Así pues, la SEMAR ocupaba cada casa segura que descubría y se centraba en perseguir a los hombres del séquito de Guzmán, basándose en la teoría de que, si le desconectaba de su red de apoyo, ya no tendría ningún lugar donde ocultarse. Lo que había comenzado siendo una operación encubierta iba saliendo a la luz, conforme las fuerzas mexicanas intentaban aumentar la presión sobre el Chapo. Eduardo Sánchez, el portavoz del Gobierno, me contó que las autoridades establecían controles de carretera nada discretos «para que el señor Guzmán pudiera sentir que íbamos tras él».

Poco después de la huida por los túneles, los marines arrestaron a Manuel López Osorio, otro exoficial de las fuerzas especiales que había ingresado en el círculo íntimo de Guzmán; respondía al nombre del Picudo. También él se mostró colaborador en los interrogatorios y reveló un detalle significativo. Picudo dijo que había recogido a Guzmán y al guardaespaldas junto a una alcantarilla en las afueras de Culiacán. Los condujo hasta el sur de la ciudad, donde se encontraron con otro ayudante y cambiaron de vehículos. Según Picudo, el guardaespaldas con el que viajaba Guzmán era su empleado de mayor confianza: Carlos Hoo Ramírez, llamado el Cóndor.

Los marines sabían quién era el Cóndor y allanaron su casa de Culiacán. Estaba vacía. Habían estado vigilando asimismo las comunicaciones de su BlackBerry, pero el dispositivo parecía estar apagado. Súbitamente, el 20 de febrero, cobró vida, cuando el Cóndor envió un mensaje de texto. Las autoridades rastrearon la señal y vieron que provenía de la ciudad portuaria de Mazatlán, a doscientos veinticinco kilómetros al sudeste. A la luz de lo sucedido en Los Cabos, a los operadores de la SEMAR y a sus colegas estadounidenses les preocupaba que Guzmán pudiera haber salido ya de Mazatlán. Gozaba de una protección considerable en la ciudad, donde había recibido con frecuencia envíos procedentes de la India y China con las sustancias químicas empleadas para fabricar metanfetaminas. Pero sería una insensatez mudarse de un gran núcleo de población a otro y, a juzgar por el comportamiento pasado de Guzmán, probablemente habría regresado ya a Sierra Madre. A esas alturas, las autoridades federales de Ciudad de México estaban al tanto de la operación fallida en Culiacán, y el plazo de tres semanas antes de que la unidad de la SEMAR fuese destinada a otro lugar estaba próximo a su fin. Ahora bien, si el Cóndor era tan indispensable para el señor de la droga, su captura podría proporcionar valiosa información de inteligencia y estrechar más aún el cerco sobre Guzmán. Así, los marines volaron hasta la costa.

* * *

Mazatlán es una localidad turística con jubilados estadounidenses y canadienses. Desde hace mucho tiempo es un corredor para el tráfico de estupefacientes, pero, como territorio indiscutible de Sinaloa, se ha librado de la severa violencia interna que ha asolado zonas más disputadas. La noche del viernes 21 de febrero, alrededor de cuarenta marines se reunieron en la ciudad junto con un reducido contingente de agentes de la DEA, del Servicio de Alguaciles de Estados Unidos y del Departamento de Seguridad Nacional. Los alguaciles, especializados en la localización de fugitivos, habían podido rastrear la señal de la BlackBerry del Cóndor hasta el Miramar, un edificio blanco de doce plantas que alberga un hotel y un bloque de apartamentos, con tres columnas de balcones con forma de media luna sobre el Pacífico.

La tecnología de geolocalización puede rastrear una señal hasta un edificio dado de la ciudad, pero no necesariamente determinar en qué lugar del edificio se halla el dispositivo. Por consiguiente, a primera hora de la mañana del sábado, los marines se desplegaron en abanico, formando un perímetro alrededor de la propiedad. Alguien consultó el registro y descubrió que el día anterior se habían alquilado dos apartamentos. Un equipo de marines subió a la sexta planta e irrumpió en uno de los pisos, donde descubrieron a dos turistas aún recuperándose de una noche de fiesta. (Uno de ellos, un estadounidense, pensó que habían asaltado su habitación por haber estado fumando marihuana. Los marines quedaron perplejos cuando se sacó de la cartera una tarjeta de cannabis medicinal).

Mientras tanto, en la cuarta planta, un equipo de seis marines se acercaron al apartamento 401, donde descubrieron al Cóndor haciendo guardia con un rifle de asalto. Apuntó con el arma solo por un momento, pues era obvio que le superaban en número. La decisión de Guzmán de deshacerse de su enorme fuerza de seguridad le había permitido moverse con rapidez y discreción, pero había quedado muy indefenso. Los comandos no necesitaron ningún ariete para atravesar una endeble puerta de madera al grito de «¡Marines!». Entraron en un apartamento de dos habitaciones con plantas en macetas, muebles baratos y un suelo de baldosas blancas. En una habitación encontraron a dos mujeres: la chef y una niñera, que había estado durmiendo con las gemelas de dos años de Guzmán, Emali y María Joaquina. Habían instalado una cuna de viaje rosa, a juego con las maletitas de las niñas, del mismo color. Los marines corrieron al dormitorio principal, donde descubrieron a Emma Coronel, que estaba durmiendo. «¡No le maten!», gritó. Guzmán se había escabullido de la cama en calzoncillos, había cogido un rifle de asalto y se había encerrado en un pequeño cuarto de baño. «¡No le maten! –imploró de nuevo Coronel–. ¡Es el padre de mis hijas!».

El enfrentamiento duró solamente unos segundos, con los marines bramando y Coronel chillando. Entonces el Chapo gritó «¡Vale, vale, vale, vale!» y extendió las manos sin arma alguna a través de la puerta del baño. Había sido una operación asombrosamente veloz: menos de tres minutos después de que los marines irrumpieran en el apartamento, Guzmán se había entregado. Nadie habría imaginado que semejante forajido legendario se rindiera sin un tiroteo. Pero la SEMAR ya tenía fama de equipo que primero dispara y luego pregunta. «A la mínima provocación, no dudan en matar a todos los presentes», me aseguró un funcionario del orden público estadounidense que ha trabajado con la SEMAR. Con su mujer y sus hijas presentes, Guzmán habría sido consciente de que la única manera de salvarles la vida era entregarse.

Cuando los marines registraron el apartamento de Miramar, encontraron una silla de ruedas de plástico azul. Guzmán había entrado en el edificio fingiendo ser una frágil anciana. Pero, cuando le pusieron bajo custodia, descubrieron que tenía un aspecto muy parecido al de las fotografías anteriores. Tenía los dientes un poco más blancos; se había puesto fundas. Seguía teniendo el pelo y el bigote espesos y de color negro azabache. (En la casa de la calle Río Humaya de Culiacán, los marines descubrieron un bote de tinte de pelo). Le pusieron unos vaqueros negros y una camisa blanca, y acto seguido le escoltaron hasta fuera del edificio, bordearon la construcción y llegaron hasta un campo de fútbol de tierra, donde le montaron en un Black Hawk y le transportaron hasta una base naval cercana. Un avión de Learjet le llevó después a Ciudad de México.

Mientras los marines sacaban a la fuerza al Chapo de un hangar del aeropuerto, los periodistas le fotografiaron mirando furtivamente a sus captores. Llevaba la cara magullada e hinchada, cosa que la SEMAR no atribuye a ningún trato indebido, sino a las contusiones que sufrió al atravesar a toda velocidad los oscuros túneles por debajo de Culiacán. Los marines advirtieron asimismo cardenales y cortes en los pies. Según acabaron sabiendo, cuando huyó de la casa de la calle Río Humaya, no tuvo tiempo de coger sus zapatos; había recorrido descalzo los túneles.

Guzmán se mostró brusco pero respetuoso con sus captores. Les contó que tenía planeado marcharse a las montañas aquel día. Si los marines hubieran llegado tan solo unas horas más tarde, ya se habría ido. «No puedo creer que me hayan atrapado», les dijo.

* * *

A las once y cuarenta y dos minutos de esa mañana, Peña Nieto anunció la captura en Twitter: «Agradezco la labor de las instituciones de seguridad del Estado mexicano para lograr la aprehensión de Joaquín Guzmán Loera en Mazatlán». Los funcionarios estadounidenses ya habían filtrado la noticia a Associated Press, pero Peña Nieto quería asegurarse de que sus tropas hubiesen atrapado al hombre correcto. En el verano de 2012, las autoridades mexicanas anunciaron que habían capturado al hijo de Guzmán, Alfredo, y dieron una rueda de prensa en la que exhibieron ante las cámaras a un joven rechoncho y de aspecto huraño que vestía un polo rojo. Un abogado que representaba a aquel hombre reveló entonces que aquel no era en absoluto el hijo de Guzmán, sino un vendedor de coches local llamado Félix Beltrán. La familia de Guzmán confirmó, con un regocijo apenas disimulado, que el joven bajo custodia no era Alfredo. En otro caso reciente, los agentes de Michoacán anunciaron que habían matado al infame capo Nazario Moreno, un triunfo que quedó un tanto socavado por el hecho de que Moreno, conocido como el Más Loco, había fallecido supuestamente en un enfrentamiento con fuerzas gubernamentales en 2010. (Los agentes de la DEA bromean en la actualidad diciendo que el Más Loco es el único capo mexicano que ha muerto dos veces). Las huellas dactilares y la muestra de ADN confirmaron que el hombre capturado en el Miramar era en efecto Guzmán. Aquella fue una victoria colosal para Peña Nieto y para la DEA, si bien simbólica en buena medida. Nadie se hacía ilusiones de que aquel arresto fuese a frenar el narcotráfico. «Si matas al director ejecutivo de General Motors, General Motors no quebrará», me comentó un funcionario mexicano. El genio de Guzmán fue siempre arquitectónico, y la infraestructura que creó le sobrevivirá casi con certeza. Cinco semanas después de la aprehensión de Guzmán se descubrieron dos nuevos narcotúneles en el territorio de Sinaloa, que partían de Tijuana y emergían en la periferia industrial de San Diego.

Algunos creen que incluso antes de la captura de Guzmán su papel en la organización se había vuelto en gran medida simbólico. «Era un presidente no ejecutivo —me aseguró el embajador Medina-Mora—. Una figura emblemática». Con todo, el arresto implicaba una poderosa reafirmación del imperio de la ley en México. Alejandro Hope, un exfuncionario de alto rango de la inteligencia mexicana, me explicó que el mensaje de la operación Gárgola es simple y rotundo: «Nadie escapa a la ley». No obstante, tan pronto como el Gobierno de Peña Nieto puso bajo custodia a Guzmán, surgieron las preguntas acerca de su capacidad para retenerle. Según un memorando enviado al fiscal general Eric Holder pocas horas después de la redada de Mazatlán, Guzmán es objeto de autos de procesamiento en Arizona, California, Texas, Illinois, Nueva York, Florida y New Hampshire. La mañana después de su captura, Michael McCaul, el republicano de Texas que preside la Comisión de Seguridad Nacional del Congreso, anunció que Guzmán debía ser extraditado a Estados Unidos. Como declaró a ABC: «Hay precedentes; escapó de una cárcel en 2001». Un fiscal federal de Nueva York declaró que Guzmán debía ser procesado en Nueva York. El director de la oficina de la DEA en Chicago declaró: «Tengo la firme intención de que sea juzgado aquí». Pero el fiscal general de México, Jesús Murillo Karam, se apresuró a mostrar su oposición. Guzmán todavía tenía que completar su anterior condena de veinte años y luego enfrentarse a nuevos cargos, antes de que el Gobierno mexicano considerase entregarle a Estados Unidos. Anunció que México no tiene «ninguna intención» de extraditar a Guzmán, al hilo de una preocupación que me habían expresado otros funcionarios mexicanos: que las autoridades estadounidenses pudieran hacer hablar a Guzmán y concederle una reducción de condena a cambio de su cooperación. Estados Unidos tiene un historial de «alcanzar acuerdos con criminales», observó Murillo Karam. Puede que esta oposición a extraditar al Chapo también estuviera relacionada con preocupaciones menos nobles: la cooperación de Guzmán podía proporcionar al Gobierno estadounidense pruebas en contra de altos cargos mexicanos.

En un reportaje emitido en la cadena Televisa, el periodista mexicano Carlos Loret de Mola relató que, durante el vuelo de Mazatlán a Ciudad de México, Guzmán contó a los marines que había matado a entre dos y tres mil personas. Si esa cifra no incluye solo a los individuos que él asesinó personalmente, sino también a las personas muertas, por orden suya, a manos de sus subordinados, es sin duda una estimación demasiado baja. Nadie sabe con exactitud cuántas personas han sido asesinadas en México en las guerras de la droga a lo largo de la última década, pero entre los muertos y los desaparecidos el número probablemente exceda los ochenta mil. Como instigador y vencedor de algunas de las batallas más sangrientas de la frontera, Guzmán es responsable de una proporción apabullante de esas atrocidades. Sus víctimas fueron mexicanas en una abrumadora mayoría; una de las razones por las que la guerra de la droga ha sido tan fácil de ignorar para la mayoría de los estadounidenses es que muy poca de la violencia infligida a México ha salpicado a Estados Unidos. Durante los años en los que Ciudad Juárez se consideraba la ciudad más peligrosa del planeta —quien residía allí tenía una probabilidad estadísticamente mayor de ser asesinado que alguien que viviera en las zonas en guerra de Afganistán o Irak—, El Paso, justo al otro lado de la frontera, era una de las ciudades más seguras de Estados Unidos. Dado este dato, tiene todo el sentido que Guzmán deba responder de sus crímenes allí donde se cometieron los peores de ellos. Pero los funcionarios mexicanos con los que he hablado reconocen que el sistema de justicia penal de su país es frágil y que la corrupción continúa siendo endémica. El verano pasado, un viejo amigo de Guzmán, Rafael

Caro Quintero, fue liberado en mitad de la noche de la cárcel en la que había estado cumpliendo una condena de cuarenta años por el asesinato de un agente de la DEA. Fue puesto en libertad por un defecto de forma a instancias de un equipo de magistrados mexicanos, en circunstancias que a muchos se les antojaron sospechosas. El Departamento de Justicia estadounidense objetó enérgicamente que Caro Quintero se enfrentaba todavía a cargos en Estados Unidos y declaró que los mexicanos debían extraditarle. Pero para entonces ya había desaparecido en las montañas.

La perspectiva de una liberación similar del Chapo en medio de la noche puede no ser descabellada. El nivel de desconfianza entre Estados Unidos y los funcionarios mexicanos a este respecto es notable; de hecho, una teoría que escuché sobre la decisión por parte de los estadounidenses de filtrar la noticia de la captura de Guzmán a Associated Press era que su publicación descartaría toda posibilidad de que las autoridades mexicanas le dejasen marchar discretamente. «Una y no más, santo Tomás», me comentó el embajador Medina-Mora, manteniendo que no existía ninguna posibilidad de que su país se arriesgara al bochorno político de permitir que su más célebre convicto escapara una segunda vez.

Pero existen escenarios plausibles, sin llegar al extremo de la fuga, que resultarían inquietantes. Según el Departamento del Tesoro estadounidense, Caro Quintero continuó dirigiendo su negocio de la droga durante los años que pasó en prisión, al igual que lo hiciera Guzmán durante su encierro en Puente Grande. Guzmán se encuentra «en régimen de aislamiento» en la cárcel más segura de México, Altiplano, a unos ochenta kilómetros al oeste de Ciudad de México. Se le permiten visitas no solo de su abogado, sino también de sus familiares, muchos de los cuales han estado implicados en las actividades de su cártel. Poco después del arresto en Mazatlán, el hijo de Guzmán, Alfredo, atacó en Twitter. «El Gobierno va a pagar por esta traición; no debería haber mordido la mano que le da de comer —escribió—. Solo quiero decir que no estamos vencidos. El cártel es de mi padre y siempre lo será. GUZMÁN LOERA POR SIEMPRE». Su hermano Iván juró venganza: «A mí me van a pagar con creces esos perros que le pusieron una mano encima a mi padre».

* * *

Una circunstancia curiosa de la captura de Guzmán fue el hecho de que fuese traicionado, en rápida sucesión, por al menos dos de sus ayudantes más cercanos: el Nariz y el Picudo. Si los dos hubieran rehusado colaborar, Guzmán seguiría hoy en libertad. En un principio me quedé impresionado por la velocidad con la que los marines habían obtenido pistas de esos subordinados, ambos exmiembros de las fuerzas especiales de México que se habían curtido con los años pasados en el cártel. Un funcionario del orden público estadounidense me informó de que no es inusual que los miembros de los cárteles empiecen a cooperar en cuanto son capturados. «Existe muy poca lealtad una vez que son puestos bajo custodia», me aseguró.

Pero cuando le planteé el tema a un exagente de la DEA que ha hablado con homólogos mexicanos implicados en la operación, este dio una explicación diferente. «Los marines torturaron a esos tipos —me dijo con total naturalidad—. En caso contrario, nunca habrían hablado». La DEA se negó a comentar la denuncia de tortura. No obstante, dos altos funcionarios del orden público estadounidenses me dijeron que, si bien no tenían ningún conocimiento concreto de que las autoridades mexicanas hubieran empleado la tortura en la operación, «no les sorprendería». Eduardo Sánchez, el portavoz del Gobierno mexicano, negaba la acusación y mantenía que tanto en esta como en las demás operaciones «todos los oficiales —federales o no— y los agentes desempeñan sus funciones estrictamente dentro del marco legal aplicable y con absoluto respeto de los derechos humanos». Pero las fuerzas armadas mexicanas han estado implicadas con anterioridad en el uso de la tortura como una técnica de interrogatorio en la persecución de los narcotraficantes. Un informe de Human Rights Watch de 2011 reveló que los miembros de los servicios de seguridad de México «utilizan sistemáticamente la tortura para obtener confesiones forzosas e información relativa a los grupos criminales» y documentó el uso de técnicas tales como «palizas, asfixia con bolsas de plástico, ahogamiento simulado, descargas eléctricas, tortura de tipo sexual y amenazas de muerte». El empleo recurrente de técnicas brutales, sumado a la resonancia del caso y a la urgencia de la caza de Guzmán, hace que parezca tanto más plausible que las autoridades mexicanas recurrieran a medios reprobables e ilegales para perseguirle.

El futuro del cártel de Sinaloa es incierto. Los principales colaboradores del Chapo, Ismael Zambada y Juan José Esparragoza, son mayores que él y resulta improbable que asuman la gestión diaria. Los hijos de Guzmán parecerían candidatos adecuados, pero, como niños mimados de un rico traficante, pueden mostrar más interés por el estilo de vida de los narcos que por el propio negocio. «El tráfico de estupefacientes es uno de los pocos sectores realmente meritocráticos de la economía mexicana —señalaba Alejandro Hope—. Ser el hijo del Chapo Guzmán no garantiza necesariamente que vayas a ser su sucesor».

Pero la cuestión de quién heredará el cártel de Sinaloa puede ser relativamente irrelevante porque, mucho antes de la captura de Guzmán, el panorama del crimen en México había comenzado a cambiar. Mientras que Sinaloa es un cártel de la droga tradicional, centrado principalmente en la fabricación y la exportación de estupefacientes, otros grupos más recientes, como los Zetas y los Caballeros Templarios, han diversificado sus actividades lucrativas para incluir la extorsión, la trata de personas y el secuestro para obtener rescate. Con el declive del consumo de cocaína en Estados Unidos, y con la marihuana en un camino hacia la legalización generalizada, la expansión de los cárteles pasa, según una lógica darwiniana, por modalidades de delito más parasitarias. Organizaciones que antaño se concentraban exclusivamente en las drogas extraen hoy rentas de la industria petrolera mexicana y exportan mineral de hierro robado a China; el precio de las limas en los supermercados estadounidenses se ha duplicado en estos últimos años porque los cárteles están gravando a los citricultores de México. «No tenemos un problema de drogas, tenemos un problema de delincuencia», me aseguró más de un funcionario mexicano y, en la medida en que los sindicatos del crimen continúen evolucionando, esta dinámica podría terminar haciendo obsoletas organizaciones tales como la de Guzmán. La prohibición de los estupefacientes podría haber creado un monstruo, pero, como señalaba Alejandro Hope, incluso si se despenalizaran mañana todas las drogas, el monstruo encontraría una forma de sobrevivir. «No se puede legalizar el secuestro», decía.

Algunos especulan que en realidad Guzmán no fue capturado contra su voluntad: viendo que había llegado su hora, optó por disfrutar de un tranquilo retiro entre rejas. Una consecuencia de la cultura de la corrupción en México es un cinismo que se manifiesta ante cualquier historia oficial publicada por el Gobierno. Varios años atrás, una intrépida periodista llamada Anabel Hernández publicó un libro sobre el cártel de Sinaloa titulado *Los señores del narco*. (Se publicó recientemente en inglés con el título *Narcoland*). Hernández sostenía que la influencia de Guzmán era tan omnipresente, y que el sistema político mexicano estaba tan absolutamente podrido por la corrupción, que todo lo vinculado con el Chapo podía interpretarse como una gran farsa. Guzmán fue «encarcelado» en Puente Grande, pero en realidad él dirigía aquel lugar. «Escapó», cuando la verdad, según sugiere Hernández, es que el presidente de México a la sazón, Vicente Fox, autorizó personalmente su liberación a cambio de un soborno colosal. (Fox ha negado airadamente la acusación). Guzmán pasó años como un «fugitivo», aunque todos sabían dónde estaba, y las autoridades simplemente mentían cuando declaraban que «no podían atraparle». El libro de Hernández vendió más de cien mil ejemplares en México; su gusto por la conspiración y la impresión que dejó en los lectores como gran conocedora del asunto calaron hondo. Por lo tanto, no debería sorprender el hecho de que muchos expertos crean que la «captura» de Guzmán en Mazatlán fue en realidad una puesta en escena dirigida por el señor de la droga en persona. Cuando contacté con Hernández y le pregunté cómo interpretaba el arresto, ella cuestionó la premisa misma de mi pregunta. «*Si* verdaderamente al Chapo Guzmán lo han arrestado –dijo–. *Si* esa es la historia real». No está convencida de que el hombre fotografiado en Mazatlán, y cuyo ADN se analizó, sea el Chapo real. Cuando las autoridades interrogaron en prisión a Guzmán, él mismo pareció sugerir que lo habían identificado erróneamente. Mantenía su inocencia y sus respuestas, que ofrecía como de memoria, rayaban en lo absurdo:

–Se solicita al declarante que indique a qué organización pertenece.

–Yo no pertenezco a ningún cártel… Soy agricultor –respondió.

Sus productos no eran cocaína, heroína, marihuana y metanfetamina, insistía Guzmán, sino maíz, sorgo, frijoles y alazor. Según decía, ganaba veinte mil pesos mensuales, unos dieciocho mil dólares al año. En una encuesta a los mexicanos realizada después del arresto, la mitad de los entrevistados decían que Guzmán era más poderoso que el Gobierno de México; en Culiacán, en los días posteriores a su captura, centenares de manifestantes ocuparon las calles con pancartas que exigían su liberación.

La mujer de Guzmán, Emma Coronel, nació en California y conserva la nacionalidad estadounidense. Tras la redada en Mazatlán, las autoridades la dejaron en libertad junto con sus hijas y desde entonces ha desaparecido del foco mediático. Solo contaba diecisiete años cuando atrajo la atención del Chapo, en 2006, durante su participación en un concurso de belleza en la Feria del Café y la Guayaba, que se celebra anualmente en el estado de Durango, de donde es originaria su familia. Su tío Ignacio –«Nacho»– Coronel era por entonces uno de los más estrechos colaboradores del Chapo y, cuando el jefe del cártel manifestó su interés, ella no tenía más opción que complacerlo. Una banda norteña, Los Alegres del Barranco, estaba tocando en el festival. Al igual que el Chapo, los integrantes de la banda procedían de la zona de Badiraguato y habían logrado el éxito tocando narcocorridos sobre el cártel. Se rumorea que han actuado en fiestas privadas para Guzmán y sus socios; incluso estuvieron de gira en Estados Unidos, con conciertos en Los Ángeles, Las Vegas y Miami. Tras la redada, Los Alegres publicaron en YouTube un nuevo sencillo: «La captura de Joaquín». Un desenfadado tema para guitarra y acordeón que no difiere mucho de sus otras baladas, aparte de la letra: «No saben ni lo que hicieron / ni en qué bronca se metieron / el que mi arresto ordenó», canta la banda, adoptando la voz del capo. «No será por mucho tiempo / pa' cuando vuelva a La Tuna / y vuelva a darme a la fuga. / Eso es lo que pide el pueblo».

Como se había predicho, el Chapo escapó de nuevo. En julio de 2015 se esfumó de Altiplano, huyendo a través de un túnel que sus cómplices habían excavado desde una casa a kilómetro y medio de la cárcel. El túnel tenía iluminación y aire acondicionado, y conducía directamente a la celda donde estaba encerrado. Tras otra épica cacería humana, el Chapo volvió a ser capturado en 2016 y lo trasladaron rápidamente a Estados Unidos, donde fue juzgado en Brooklyn y condenado a cadena perpetua. Está cumpliendo condena en ADX, en Florence, Colorado, la prisión federal más segura de Estados Unidos. Emma Coronel asistió al juicio de su marido. En 2021 la arrestaron en el aeropuerto de Dulles y posteriormente la declararon culpable de ayudar al Chapo a dirigir su imperio de la droga.

GANAR

Cómo Mark Burnett resucitó a Donald Trump como un icono del éxito estadounidense (2014)

Expedition: Robinson, un programa sueco de telerrealidad, se estrenó en el verano de 1997 con una seductora premisa: dieciséis desconocidos que aterrizan en una pequeña isla frente a las costas de Malasia son obligados a valerse por sí mismos. Para sobrevivir han de cooperar, pero también compiten: cada semana, expulsan a un miembro del grupo de la isla y el concursante final gana un gran premio. El título del programa aludía tanto a *Robinson Crusoe* como a *Los Robinsones de los mares del sur*, pero una referencia literaria más apropiada podría haber sido *El señor de las moscas*. El primer concursante al que echaron fue un joven llamado Sinisa Savija. A su regreso a Suecia se mostró taciturno; se quejó a su mujer de que los realizadores del programa solían «cortar las cosas buenas que hacía y hacerme parecer estúpido». Nueve semanas antes de la emisión del programa, se quitó la vida lanzándose a un tren a toda velocidad.

Los productores afrontaron la tragedia sugiriendo que el trastorno de Savija no guardaba relación con el concurso y le eliminaron prácticamente del programa. Aun así hubo una reacción; un crítico aseguró que un programa basado en semejante competencia despiadada era «televisión fascista». Pero todo el mundo vio el concurso y pronto se olvidaron de Savija. «Jamás habíamos asistido a nada semejante», declaró a *Los Angeles Times* en 2000 Svante Stockselius, el responsable de la cadena que producía el programa. *Expedition: Robinson* ofrecía un potente cóctel de repulsión y atracción. Te avergonzaba verlo, decía Stockselius, y sin embargo «no podías dejar de hacerlo».

En 1998, un exparacaidista británico de treinta y ocho años llamado Mark Burnett estaba viviendo en Los Ángeles y era productor de televisión. *El señor de las moscas* era uno de sus libros favoritos y, al oír hablar de *Expedition: Robinson*, adquirió los derechos para hacer una versión estadounidense. Burnett había trabajado previamente en ventas y tenía un don para la gestión de marcas. Renombró el programa como *Survivor*.

La primera temporada se rodó en Borneo y, desde el momento en que se emitió en la CBS, en 2000, *Survivor* fue un gigante en los índices de audiencia: según la cadena, ciento veinticinco millones de estadounidenses (más de un tercio de la población) vieron en algún momento el último episodio de la temporada. «La tribu ha hablado», la consigna del presentador, Jeff Probst, al final de cada ceremonia de eliminación, se incorporó al léxico de la gente.

Burnett había sido una figura marginal en Hollywood, pero a raíz de ese triunfo también a él se le empezó a considerar un gurú del espectáculo. Les Moonves, a la sazón presidente de CBS Television, le hizo entrega, a modo de agradecimiento, de un Mercedes color champán. Para Burnett, el significado de aquel gesto era inconfundible: «Lo había conseguido». La única pregunta era qué podía hacer a continuación. Unos años después, Burnett estaba en Brasil filmando *Survivor: The Amazon*. Su segundo matrimonio se estaba desmoronando y se alojaba en un apartamento de la empresa con una amiga. Un día, estaban viendo la tele y se toparon con una serie documental de la BBC titulada *Trouble at the Top*, sobre la «carrera de locos» del mundo de la empresa. A su amiga el programa le parecía aburrido y sugirió cambiar de canal, pero Burnett quedó embelesado. Telefoneó a su socio de Los Ángeles y le dijo: «Tengo una nueva idea».

Burnett no solía tratar esos asuntos por teléfono —una de sus reglas para el éxito era presentar siempre las propuestas en persona—, pero estaba convencido de que la premisa podía tener éxito: *Survivor* en la ciudad. Concursantes compitiendo por un trabajo en una empresa. ¡La jungla urbana! Necesitaba a alguien que interpretase el papel de gran magnate. Burnett, que tiende a narrar historias de su propia vida recurriendo al lenguaje florido y brillante de Hollywood, en cierta ocasión dijo del programa: «Necesitamos un gancho, ¿vale? Tienen que trabajar para alguien grande, especial e importante. Corte a: he alquilado esta pista de patinaje».

En 2002, Burnett alquiló Wollman Rink en Central Park para la retransmisión en directo del final de la cuarta temporada de *Survivor*. La propiedad estaba en manos de Donald Trump, quien había obtenido la concesión para la explotación de la pista en 1986 y había plasmado su nombre en ella. Antes de que empezase el programa, Burnett se dirigió a los mil quinientos espectadores que se habían congregado para la ocasión y vio a Trump sentado en primera fila con Melania Knauss, que por entonces era su novia. Burnett se enorgullece de su capacidad de «calar al público»: evaluar a su auditorio, percatarse de lo que quieren y luego dárselo. «Tenía que mostrar respeto al señor Trump», contó Burnett en un discurso en Vancouver en 2013. «Dije: "Sean todos bienvenidos a la pista de patinaje Wollman de Trump. La pista de patinaje Wollman de Trump es una excelente instalación, construida por el señor Donald Trump. Gracias, señor Trump. Porque la pista de patinaje Wollman de Trump es el lugar en el que nos encontramos esta noche y nos sentimos entusiasmados de estar en la pista de patinaje Wollman de Trump, señor Trump, Trump, Trump, Trump, Trump». Apenas terminó Burnett de pronunciar estas palabras, cuando bajó del escenario y Trump le estrechó la mano proclamando: «¡Usted es un genio!».

Corte a: junio de 2015. Después de protagonizar catorce temporadas de *The Apprentice*, todas ellas con Burnett como productor ejecutivo, Trump apareció en el atrio dorado de la Torre Trump, en la Quinta Avenida, para anunciar su candidatura a la presidencia. Solo alguien «realmente rico», declaró Trump, podía «coger la marca de Estados Unidos y hacerla grande de nuevo». También hizo comentarios racistas sobre los mexicanos, que provocaron que la NBC, que había emitido *The Apprentice*, le despidiese. No obstante, Burnett no rompió su relación con su estrella. Trump y él habían sido socios igualitarios en *The Apprentice*, y el programa había reportado a cada uno de ellos cientos de millones de dólares. También eran íntimos amigos: a Burnett le gustaba contar que, cuando Trump se casó con Knauss en 2005, el hijo de Burnett, Cameron, había llevado los anillos.

Trump había sido una celebridad desde los años ochenta, y su imagen pública se correspondía con la del libro *El arte de la negociación*, un éxito de ventas. Pero sus negocios habían fracasado y para 2003 se había convertido en un personaje estrafalario de escaso interés, una caricatura propia de una revista de cotilleos. *The Apprentice* le devolvió al estrellato, y a una escala mucho mayor, pues se convirtió en un icono del éxito americano. Jay Bienstock, un colaborador de Burnett de los viejos tiempos y el responsable del programa *The Apprentice*, me dijo: «A Mark siempre le gusta comparar sus programas con grandes películas o novelas. Todos los programas de Mark parecen tener una importancia trascendental, y eso es algo intencionado». Burnett había hecho muchos programas desde *The Apprentice*, entre ellos *Shark Tank*, una competición entre empresas emergentes basada en un programa japonés, y *The Voice*, un concurso de cantantes adaptado de un programa holandés. En 2018 se convirtió en el presidente de MGM Television. Pero su principal legado es haber escogido a un charlatán de feria acumulador de bancarrotas para el papel de un hombre que podía convertirse en el líder del mundo libre.

«Creo que ninguno de nosotros podía saber adónde iríamos a parar», me confesó Katherine Walker, una productora de las cinco primeras temporadas de *The Apprentice*. «Pero Donald no sería presidente de no haber sido por ese programa». Tony Schwartz, que escribió *El arte de la negociación* —no Trump, que aparecía como autor principal—, me comentó que siente una cierta responsabilidad por haber facilitado el engaño que ha supuesto Trump. Pero, decía, «la influencia de Burnett fue inmensamente mayor. —Y añadió—:

The Apprentice fue el factor decisivo a la hora de situar a Trump en el foco de atención nacional». Schwartz ha condenado públicamente a Trump, describiéndole como «el monstruo que yo contribuí a crear». Burnett, en cambio, ha rehusado hablar públicamente de su relación con el presidente o de su curioso pero decisivo papel en la historia estadounidense.

* * *

Burnett es enjuto y desgarbado, con un rostro de Peter Pan siempre sonriente y sin edad, y unos ojos que, en palabras de una de sus exmujeres, muestran «un brillo de Photoshop». Tiene una frente amplia y su cabello, estático como el de una estrella de cine de los cincuenta, parece desafiar la gravedad. La gente cree a menudo que Burnett es australiano por su bronceado intenso y porque es amante del aire libre, además de por su acento, algo indefinido por años de viajes internacionales. Pero creció en Dagenham, en la periferia oriental de Londres, un entorno que ha calificado de «gris y mugriento». Su padre, Archie, era un hombre tatuado de Glasgow que trabajaba en el turno de noche en una planta de automóviles de Ford. Su madre, Jean, también trabajaba allí, rellenando de ácido las baterías, pero Mark la recuerda siempre inmaculadamente vestida, «sin dejar nunca que sus condiciones de vida interfiriesen con su forma de presentarse».

Como hijo único, Mark creció viendo programas de la televisión estadounidense tales como *Starsky & Hutch* y *The Rockford Files*. A los diecisiete años se prestó voluntario para el Regimiento de Paracaidistas del ejército británico; a decir de un amigo suyo que se alistó con él, ingresó para «presumir». Los «paras» eran una unidad de élite, y un soldado de su pelotón, Paul Read, me contó que Burnett era un operador especial particularmente bueno, con un físico imponente, a la par que un líder nato: «Se mostraba siempre superentusiasta. Siempre quería ser el mejor, incluso entre los mejores». (Otro soldado recordaba que a Burnett lo llamaban el Modelo Masculino porque era reacio a «ensuciarse las uñas»). Burnett sirvió en Irlanda del Norte y luego en las islas Malvinas, donde participó en el ataque de 1982 a Port Stanley. La experiencia, diría más tarde, fue «horrorosa, pero por otra parte, de una manera enfermiza, emocionante».

Cuando Burnett dejó el ejército al cabo de cinco años, su plan era encontrar trabajo en América Central como «asesor en armas y tácticas»; no como mercenario, insistiría posteriormente, aunque resulta difícil hacer la distinción. Antes de marcharse, su madre le contó que había tenido una premonición y le imploró que no aceptase otro empleo que implicase llevar un arma. Al igual que Trump, Burnett confía en sus impulsos. «Tu instinto visceral rara vez se equivoca», le gusta decir. Durante una escala en Los Ángeles decidió seguir la advertencia de su madre y salió del aeropuerto. Más tarde se describiría a sí mismo como el inmigrante indocumentado por antonomasia: «No tenía dinero, ni permiso de residencia, ni nada de nada». Pero brillaba el sol de California y estaba ansioso por probar suerte. Burnett es un ávido contador de historias, y las anécdotas que relata sobre su vida tienden a tener una estructura en tres actos. En el primer acto se retrata como un pez fuera del agua, cándido e ingenuo, con nada más que una camisa como equipaje, pero con un gran sueño. El segundo acto es el rudo despertar: el mundo se pone en su contra. ¡Es imposible! ¡Lo perderás todo! ¡Jamás se ha intentado nada semejante! En el tercer acto siempre vence.

No mucho después de llegar a California consiguió su primer empleo, como canguro. La gente no daba crédito: ¿un exmilitar de élite convertido en canguro? Sin embargo, Burnett prosperó, trabajando para una familia en Beverly Hills y luego para otra en Malibú. Como observaría más tarde, la experiencia le enseñó «cuán hermosos son los estilos de vida de los ricos». Joven, apuesto y solícito, descubrió que las personas que han triunfado con frecuencia están encantadas de hablar de su camino hacia el éxito. Burnett se casó con una californiana, Kym Gold, que provenía de una familia adinerada. «Mark siempre se ha mostrado tremendamente ambicioso —me aseguró Gold hace poco—. Siempre ha tenido mucho empuje».

Trabajó durante algún tiempo para el padrastro de Gold, que poseía una agencia de casting, y para su propia mujer, que tenía un negocio de ropa. Ella compraba al por mayor camisetas con pequeñas taras, a dos dólares cada una, y Burnett las revendía en el paseo marítimo entablado de Venice por dieciocho dólares. Fue allí donde aprendió «el arte de vender», ha afirmado. El matrimonio duró solo un año, y para entonces Burnett había conseguido el permiso de residencia. (Gold, que también había aprendido un par de cosas sobre ventas, pasó a cofundar la empresa de ropa vaquera True Religion, que finalmente vendió por ochocientos millones de dólares).

Un día de comienzos de los años noventa, Burnett leyó un artículo sobre una nueva clase de competición deportiva: una carrera de resistencia de larga distancia, conocida como el Raid Gauloises, en la que los equipos de atletas compiten en una travesía de varios días por terrenos accidentados. En 1992, Burnett organizó un equipo y participó en una carrera en Omán. Habiéndose percatado de que él y sus compañeros de equipo eran «anuncios ambulantes y escaladores» de equipación deportiva, consiguió patrocinadores. Se dio cuenta asimismo de que, si filmaba una carrera semejante, conseguiría unas imágenes exóticas y apasionantes. Burnett lanzó su propia carrera, el Eco-Challenge, que se rodó en localizaciones tan pintorescas como Utah y la Columbia Británica, y se emitió en varios canales, incluido Discovery Channel. Bienstock, que había conocido a Burnett cuando trabajaba en el programa *Eco-Challenge* en 1996, me aseguró que Burnett estaba menos interesado en los deslumbrantes escenarios o en la competición que en las intensas experiencias emocionales de los corredores: «Mark veía que el drama de las personas reales era la fuerza motriz en un programa sin guion».

A esas alturas, Burnett había conocido a una actriz en ciernes de Long Island llamada Dianne Minerva y se había casado con ella. Ambos llegaron a obsesionarse con la idea de lograr hacer un programa exitoso. «Cuando nos íbamos a la cama por la noche, hablábamos de ello; cuando nos despertábamos por la mañana, hablábamos de ello», me confesó recientemente Dianne Burnett. En el mundillo de las carreras de aventuras, Mark cultivó una reputación de tipo hábil y ambicioso. «Es como una serpiente de cascabel –declaró al *New York Times* en 2000 uno de sus competidores comerciales–. Si te acercas lo suficiente el tiempo suficiente, te muerde».

A Mark y a Dianne les iban mucho mejor las cosas que a los padres de Mark, pero él era una persona inquieta. Un día asistieron a un seminario del orador motivacional Tony Robbins titulado «Libera tu poder interior». Una buena técnica para alcanzar tus metas, aconsejaba Robbins, era anotar lo que más deseabas en fichas y luego depositarlas por toda tu casa, como recordatorios permanentes. En unas memorias de 2012, *The Road to Reality*, Dianne Burnett recuerda que ella escribió la palabra «familia» en sus fichas. Mark escribió «más dinero».

* * *

En su juventud se descubría en ocasiones soñando despierto. Se veía a sí mismo en un vuelo de negocios, observando a los demás pasajeros: si este avión se estrellara en una isla desierta, ¿en qué lugar de nuestra nueva sociedad encajaría yo? ¿Quién dirigiría y quién seguiría las órdenes? «La naturaleza nos quita el barniz que nos mostramos unos a otros a diario, y entonces las personas se convierten en lo que realmente son», escribió Burnett en cierta ocasión. Desde hace mucho tiempo ha abrazado una visión hobbesiana del mundo, y cuando puso en marcha *Survivor*, una parte integral del programa se basaba en el espíritu competitivo. «Es un juego bastante cruel, al igual que la vida es una especie de juego cruel –declaró Burnett a la CNN en 2001–. Cada uno piensa solo en sí mismo».

En *Survivor*, los participantes se dividían en equipos o «tribus». En ese crudo escenario, sugería Burnett, los espectadores podían vislumbrar la cruel esencia de la naturaleza humana. Resultaba indudablemente atractivo ver a concursantes de diferentes edades, complexiones y caracteres negociar los retos fundamentales: hacer fuego, conseguir un refugio y buscar alimento. Al mismo tiempo, el escenario resultaba impostado, artificial: los equipos de cámaras ensombrecían a los supervivientes y los helicópteros tronaban por la isla, recopilando tomas aéreas. Además, los concursantes habían sido seleccionados por su carisma y su impulsividad. «Todo es cuestión de casting —observó Burnett en cierta ocasión—. Como productor, mi labor consiste en elegir con quién trabajar y a quién poner frente a la cámara». Siempre andaba buscando a alguien con el tipo de personalidad que pudiera «destacar entre la multitud». En las sesiones de casting, Burnett provocaba a veces a los candidatos para ver cómo respondían al conflicto. Katherine Walker, la productora de *The Apprentice*, me habló de una prueba en la que Burnett se mofó de uno de los potenciales miembros del reparto insinuando que era un homosexual que no había salido del armario. (El hombre, irritado, le contestó a Burnett y no fue seleccionado para esa temporada).

Richard Levak, un psicólogo clínico que asesoraba a Burnett en *Survivor* y *The Apprentice* y que trabajó en otros programas de telerrealidad, me contó que a los productores les gustan con frecuencia las personas con las que él se siente incómodo por motivos psicológicos. La volatilidad emocional contribuye a hacer una televisión atractiva. Ahora bien, reclutar a individuos por su inestabilidad y luego someterlos al estrés de una competición televisada puede resultar peligroso. Cuando a Burnett le preguntaron en una ocasión por el suicidio de Sinisa Savija, aseveró que Savija tenía «problemas psicológicos previos». No consta que ningún concursante de *Survivor* ni de *The Apprentice* se haya quitado la vida, pero en las dos últimas décadas se han suicidado varias decenas de quienes han participado en programas de telerrealidad. Levak dejó finalmente de asesorar en esos programas, en parte por temor a que un concursante pudiera autolesionarse. «Yo solía pensar: "Cielos, si esto se investiga, van a analizar el perfil de personalidad y puede que se descubra alguna señal de alarma"», recordaba.

Burnett destacaba en la ecuación del casting hasta el punto de que, en la segunda temporada de *Survivor*, que se rodó en el desierto australiano, sus supervivientes pasaban tanto tiempo chismorreando sobre los personajes de la temporada anterior del programa que Burnett tuvo que advertirles: «Cuanto más tiempo paséis hablando del primer *Survivor*, menos tiempo tendréis en televisión».

Pero el verdadero genio de Burnett estaba en el marketing. Cuando estuvo recorriendo Los Ángeles para lanzar el primer *Survivor*, prometía que el programa se convertiría en un fenómeno cultural y presentaba a los ejecutivos un número falso de *Newsweek* que incluía el concurso en portada. (Más tarde, *Survivor* llegaría a ocupar la portada de la revista). Burnett ideó un impresionante repertorio de lucrativos acuerdos con marcas de diverso tipo. En la primera temporada, uno de los equipos ganó una caja de provisiones sujeta a un paracaídas que llevaba el logotipo rojo y blanco de los almacenes Target. «Yo veía *Survivor* como un vehículo de marketing tanto como un programa de televisión», explicó Burnett en cierta ocasión. Estaba creando un entretenimiento inmersivo de aires cinematográficos y era conocido por el alto valor de sus producciones y por pagar generosamente para retener a los mejores productores y editores. Pero su arte era cualquier cosa menos sofisticado. Mucho antes de conocer a Trump, Burnett había desarrollado una confianza ciega en el poder de las marcas. «Creo que vamos a ver algo parecido al Parque Nacional del Gran Cañón de Microsoft», declaró al *New York Times* en 2001. «El Gobierno no se ocupará de todo eso, lo harán las compañías».

* * *

Siete semanas antes de las elecciones de 2016, Burnett, vestido con un elegante traje con cuello esmoquin, llegó con su tercera esposa, la actriz y productora Roma Downey, al Teatro Microsoft de Los Ángeles para la gala de los Premios Emmy. Tanto *Shark Tank* como *The Voice* recibieron galardones esa noche. Pero su triunfante velada se vio empañada cuando el maestro de ceremonias, Jimmy Kimmel, dio un giro inesperado durante su monólogo inaugural. «La televisión une a la gente, pero la televisión también puede separarnos —dijo Kimmel pensativo—. Me refiero a que, de no ser por la televisión, ¿sería Donald Trump candidato a la presidencia?». Hubo risas en el público. «Muchos se han preguntado: "¿Quién es el culpable de Donald Trump?" —prosiguió Kimmel—. Yo les diré quién es, porque está sentado justamente ahí. Aquel tipo». Kimmel señaló a la audiencia y en directo se emitió un primer plano de Burnett, cuya expresión exhibía una rígida mueca. «Gracias a Mark Burnett, ya no tenemos que ver programas de telerrealidad, porque estamos viviendo en uno de ellos», dijo Kimmel. Burnett continuaba sonriendo, pero Kimmel no. Prosiguió: «Quiero que conste en acta: él es el responsable. Si Donald Trump resulta elegido y construye ese muro, la primera persona a la que arrojaremos al otro lado es Mark Burnett. La tribu ha hablado».

Por aquella época, Burnett dejó de conceder entrevistas sobre Trump o *The Apprentice*. Continúa hablando con la prensa para promocionar sus programas, pero rechazó entrevistarse conmigo. Antes de la carrera presidencial de Trump, sin embargo, Burnett contaba una y otra vez la historia de cómo se había originado el programa. Cuando conoció a Trump en la pista de patinaje Wollman, Burnett le contó una anécdota sobre cómo, cuando vendía camisetas en su juventud en el paseo marítimo entablado de Venice Beach, un patinador que pasaba le había entregado un ejemplar de *El arte de la negociación*. Burnett decía que la lectura de aquel libro le había cambiado la vida; pensó: «¡Menuda leyenda es el tal Trump!». Cualquiera que escuchara la historia podría encontrarla un tanto exagerada, si no inverosímil. Kym Gold, la primera mujer de Burnett, me dijo que no tenía ningún recuerdo de él leyendo el libro de Trump en aquella época. «Le gustaban los libros de misterio», me comentó. Pero, cuando Trump escuchó la historia, se sintió halagado.

A Burnett nunca le ha gustado el término «telerrealidad». Durante algún tiempo hizo una valiente campaña para rebautizar el género como «dramalidad», «una mezcla de drama y realidad». No llegó a cuajar, pero reflejaba el reconocimiento franco por parte de Burnett de que lo que él crea es una versión de la realidad sumamente estructurada, selectiva y manipulada. Burnett ha alardeado con frecuencia de que, por cada hora televisada de *The Apprentice*, sus equipos grababan hasta trescientas horas de metraje. La auténtica alquimia de la telerrealidad es la edición: escudriñar un montón de compost de tomas y armar una historia absorbente. Jonathon Braun, un realizador que empezó a trabajar con Burnett en *Survivor* y después continuó en las seis primeras temporadas de *The Apprentice*, me explicó: «No te inventas nada, pero acentúas cosas que ves como hilos argumentales». Reconocía de buen grado cuán distorsionador podía resultar el proceso. Buena parte de la telerrealidad consiste en planos de reacciones: un participante dice algo escandaloso y la pantalla muestra a otro participante que pone los ojos en blanco. Con frecuencia, decía Braun, los realizadores eligen un plano de los ojos en blanco de una parte completamente diferente de la conversación.

Cada semana, *The Apprentice* giraba en torno a una serie de desafíos empresariales. Al final de cada episodio, Trump determinaba qué competidor debía ser «despedido». Pero, como explicaba Braun, con frecuencia Trump no estaba preparado y no sabía quién lo había hecho bien. A veces un candidato se distinguía durante el concurso, pero Trump lo despedía por capricho. Cuando eso sucedía, me explicó Braun, los realizadores se veían obligados a menudo a «aplicar la ingeniería inversa» al episodio, rastreando centenares de horas de metraje para enfatizar los pocos momentos en los que el candidato ejemplar podía haber cometido algún desliz, en un intento de darle forma a una versión artificial de la historia en la que tuviera sentido la impulsiva decisión de Trump. Durante el rodaje de *The Apprentice*, Burnett reconocía que las historias se construían de esa manera: «Sabemos cada semana quién ha sido despedido y, por consiguiente, tenéis que editar en sentido inverso». Braun comentó que quienes trabajan para Trump también se han visto forzados a aprender el arte de la construcción narrativa retroactiva: «Me sorprende escuchar que están haciendo lo mismo en la Casa Blanca».

Semejante forma de prestidigitación es el estándar más extendido en la telerrealidad. La propia premisa de *The Apprentice* se asentaba asimismo sobre una especie de engaño. Cuando Trump y Burnett contaban la historia de su colaboración, ambos sugerían que inicialmente Trump se mostró receloso de comprometerse con un programa de televisión, porque estaba muy ocupado dirigiendo su floreciente imperio inmobiliario. Durante una mesa redonda en 2004 en el Museo de la Televisión y la Radio de Los Ángeles, Trump declaró que «todas las cadenas» habían intentado convencerle para que hiciese un *reality show*, pero él no estaba interesado. «No quiero tener la oficina llena de cámaras cuando estoy tratando con contratistas, políticos, mafiosos y todas las demás personas con las que he de tratar en mi negocio. Ya saben ustedes que a los mafiosos no les gusta tener cámaras por toda la sala cuando están hablando conmigo. Eso funcionaría bien en televisión, pero no con ellos».

The Apprentice no retrataba a Trump como un repulsivo estafador que se codea con los mafiosos del lugar, sino como un plutócrata con impecables instintos para los negocios y una riqueza sin parangón; un titán que siempre parecía estar bajándose de helicópteros o montándose en limusinas. «La mayoría de nosotros sabíamos que era un farsante —me confesó Braun—. Había sufrido no sé cuántas bancarrotas. Pero hicimos que pareciera la persona más importante del mundo. Aquello fue como convertir en rey al bufón de la corte». Bill Pruitt, otro productor, recordaba: «Recorríamos las oficinas y veíamos muebles desvencijados. Veíamos un imperio que se derrumbaba a cada paso. Nuestra labor consistía en hacer que pareciese lo contrario».

Trump maximizaba sus beneficios desde el comienzo. Cuando los productores andaban buscando oficinas en las que montar el espectáculo, él vetó todas las sugerencias y luego mencionó que tenía una planta vacía disponible en la Torre Trump que podía alquilarles a un precio razonable. (Tras llegar a ser presidente, ofreció un arreglo similar al servicio secreto). Cuando el personal de producción intentó amueblar el espacio, se encontró con que los proveedores locales, a los que Trump había estafado en el pasado, se negaban a hacer negocios con ellos.

Fueron más de doscientas mil las solicitudes para ocupar uno de los dieciséis puestos de la primera temporada, y a lo largo de los primeros años del programa los candidatos tenían una gran formación y pusieron el listón muy alto. Oficialmente, el gran premio era lo que el programa describía como «el trabajo de tus sueños»: el inconmensurable privilegio de trabajar como ejecutivo júnior en la Organización Trump y tener como mentor a Donald Trump. En apariencia, todos los candidatos suscribían la idea de que Trump era un hombre de negocios sin par, pero no todos ellos lo creían. Un concursante destacado de la primera temporada era Kwame Jackson, un joven afroamericano con un MBA por Harvard que había trabajado en Goldman Sachs. Jackson me contó que si participó en el programa no fue movido por ningún deseo de que lo tutelara Trump, sino porque la perspectiva de un concurso empresarial televisado a escala nacional se le antojaba «una magnífica plataforma» para la promoción profesional. «En Goldman me dedicaba a la gestión de patrimonios privados, de modo que Trump no era ni por asomo la persona de más éxito en términos financieros que yo había conocido o con quien había trabajado», me aseguró Jackson. Le resultaba bastante divertido que otros concursantes se sorprendieran de la habilidad de Trump para los negocios o ante sus gustos elevados y que exclamasen, en sus visitas a las horteras propiedades de Trump: «¡Oh, Dios mío, cuantísima riqueza!». Fran Lebowitz señaló en cierta ocasión que Trump es «la idea que una persona pobre tiene de una persona rica», y Jackson estaba impresionado, cuando se emitió el programa, por hasta qué punto los estadounidenses respondían a aquella afirmación. «El americano medio, ante todas esas cosas relucientes, el helicóptero y los lavabos chapados en oro, veía a la persona más exitosa del universo —recordaba—. Mis conocidos en el mundo de las altas finanzas comprendían que todo aquello era una broma».

Algo que se repetía entre las personas implicadas en *The Apprentice* era que el programa consistía en una exageración y que la imagen de Trump como personificación de la prosperidad se transmitía con cierta complicidad. Pero, de alguna manera, esta interpretación no llegaba a la audiencia. Jonathan Braun estaba sorprendido: «¡La gente empezó a tomárselo en serio!». Cuando vi recientemente varias decenas de episodios del programa, no percibí ningún indicio de ironía deliberada. Es cierto que resulta irrisorio oír a los candidatos, en una comida elegante, hablar de observar a Trump en busca de señales sobre qué cubierto debían utilizar para cada plato, como si se tratara de un especialista en etiqueta. Pero la veneración del programa hacia su díscolo presentador, por muy ingenua que hoy pueda parecer, da la impresión de ser sincera. ¿Creía Burnett en lo que estaba vendiendo? ¿O acaso era Trump otra camiseta de dos dólares que encasquetaba por dieciocho? Es difícil de saber. Una persona que ha colaborado con Burnett le comparaba con Harold Hill, el timador ambulante de *Vivir de ilusión*: «Mark siempre anda a la caza de algo. Siempre está intentando vender».

Burnett habla con fluidez la jerga de la autoayuda y ha publicado dos memorias, ambas escritas con el escritor a sueldo Bill O'Reilly, a modo de manuales para hacerse rico. Uno de ellos, titulado *Jump In! Even if You Don't Know How to Swim*, se lee en la actualidad como una metáfora involuntaria de la presidencia de Trump. «No pierdas el tiempo preparándote en exceso», aconseja el libro. En la mesa redonda de 2004, Burnett dejó claro que con *The Apprentice* estaba vendiendo un arquetipo. «Donald es la versión actual real de un magnate —decía—. Dirá lo que le plazca. No se anda con miramientos. Si eres amigo de Donald, te defenderá todo el tiempo. Si no lo eres, te matará. Y eso es muy americano. Es como los tipos que construyeron el Oeste». Al igual que Trump, Burnett parecía tener una impresión negativa de la esencia crédula del pueblo estadounidense y, al mismo tiempo, un entusiasmo descarado por cómo explotarla. *The Apprentice* trataba de «lo que hace grande América —decía Burnett—. En este país todos quieren una de entre unas pocas cosas. Están dispuestos a pagar para perder peso. Están dispuestos a pagar para que les crezca el pelo. Están dispuestos a pagar para tener sexo. Y están dispuestos a pagar para aprender a ser ricos».

Al inicio de *The Apprentice*, la intención de Burnett pudo haber sido contar una historia más honesta, una que reconociese los muchos tropiezos de Trump. Burnett reconocía sin lugar a dudas que el magnate estaba pasando por un mal momento, pero, a decir de Walker, «Mark sentía el potencial de Trump para remontar». De hecho, en una introducción con voz en off en el episodio piloto del programa, Trump dejaba ver cierto grado de debilidad que resulta increíblemente honesta cuando lo escuchamos hoy en día: «Tenía problemas muy serios. Tenía deudas de miles de millones de dólares. Pero luché y vencí por todo lo alto».

El programa fue un éxito instantáneo, y la imagen pública de Trump y el propio magnate comenzaron a cambiar. No mucho después del estreno, Trump sugirió en un artículo de *Esquire* que ahora gustaba a la gente, «mientras que antes me veían como una especie de ogro». Jim Dowd, antiguo publicista de Trump, contó a Michael Kranish y Marc Fisher, los autores del libro de 2016 *Trump Revealed*, que desde que había empezado a emitirse *The Apprentice* «la gente le abrazaba por la calle». Dowd comentó: «De repente se acabaron las burlas. Ahora era un héroe». Dowd, que murió en 2016, señalaba la buena acogida de *The Apprentice* por parte del público como «el puente» hacia la carrera presidencial de Trump. Los cámaras del programa grababan a Trump en contrapicado, como harían con un jugador de baloncesto profesional o con el Monte Rushmore. Trump se cernía sobre el espectador, mostrando papada y con el ceño fruncido, y con el pelo más oscuro que ahora, de un castaño rojizo metálico. (Los empleados de *The Apprentice* tenían instrucciones de no modificar el pelo de Trump, que él mismo se teñía y peinaba). Las entradas de Trump en escena se montaban para causar el mayor impacto y con frecuencia se acompañaban con el sonido de tambores y platillos. La «sala de juntas» (donde Trump decidía qué candidato debía ser despedido) tenía la penumbra amenazadora de *El padrino*. En una escena, Trump acompañaba a los concursantes por sus aposentos rococós en lo alto de la Torre Trump y decía: «Enseño este apartamento a muy pocas personas. Presidentes. Reyes». En el ecosistema de la prensa sensacionalista en el que había ido languideciendo tiempo atrás, Trump siempre era, de manera inconfundible, Donald. En *The Apprentice*, finalmente se convirtió en el señor Trump.

«Hemos de reconocer nuestros propios mitos –me dijo el productor de *The Apprentice* Bill Pruitt–. Mark Burnett es un gran creador de mitos. Él infló el globo y creyó en él». Burnett, que prefería dedicar el tiempo a presentar nuevas ideas para otros programas, delegaba la mayor parte de las decisiones diarias relativas a *The Apprentice* en los integrantes de su equipo, muchos de ellos veteranos de *Survivor* y *Eco-Challenge*. Pero en todo momento promocionaba el programa, a menudo con Trump a su lado. Según muchos de los colaboradores de Burnett, una de sus mayores destrezas es su manejo del talento, cómo comprende los deseos y preocupaciones de quienes trabajan con él, haciéndoles sentirse protegidos y seguros. En las entrevistas de las giras promocionales con Trump, Burnett se exhibía como un productor veterano de estudiados instintos: cada vez que el foco de atención se desviaba en su dirección, él lo redirigía sutilmente hacia Trump. Burnett, que tenía cuarenta y tres años cuando se emitió la primera temporada, describía a Trump, que contaba cincuenta y siete años, como su «alma gemela». Expresaba asombro ante «la extrema capacidad de atención y la retentiva» de Trump. Le dispensaba lisonjas en el lenguaje ostentosamente servil que tanto gusta a Trump. Burnett decía que confiaba en poder alcanzar algún día el «nivel» de prestigio y éxito de Trump. Comentaba al respecto: «No sé si lo conseguiré, pero le diré una cosa: ¡si no aspiras al estrellato, no aspiras a nada!». En cierta ocasión, Trump invitó a Burnett a cenar en su apartamento de la Torre Trump; Burnett había previsto una comida elegante y, según un socio, ocultó su sorpresa cuando Trump le tendió una hamburguesa de McDonald's.

A Trump le gustaba sugerir que Burnett y él habían ideado el programa «juntos»; Burnett nunca le corregía. Cuando Carolyn Kepcher, una ejecutiva de la Organización Trump que aparecía junto con el magnate en las primeras temporadas de *The Apprentice*, daba la impresión de estar buscando su propio lugar como celebridad, Trump la despidió y contrató en directo a tres de sus hijos, Ivanka, Donald júnior y Eric, para que participaran en el *show*. Burnett comprendió que la mejor manera de mantener satisfecho a

Trump era asegurarse de que nunca se sintiera eclipsado. «Esto es Batman y Robin, y yo soy claramente Robin», decía.

A veces Burnett llegaba hasta el extremo de insinuar que la participación de Trump en *The Apprentice* era una forma de altruismo. «He aquí a Donald Trump correspondiendo», declaró al *Times* en 2003 y acto seguido ofreció una vaga invocación del deber cívico a raíz del 11-S: «¿Qué es lo que hace del mundo un lugar seguro en estos momentos? Creo que son los dólares estadounidenses, que salen de los impuestos, y estos se deben a Donald Trump». El propio Trump había sido franco respecto de sus razones para hacer el programa. «Mi avión va a aparecer en todos los episodios», le dijo a Jim Dowd, añadiendo a continuación que la producción sería «genial para mi marca». Lo fue. Gracias a la primera temporada de *The Apprentice*, se vendía una propiedad de Trump tras otra. Los concursantes se alojaban en la Torre Trump, celebraban eventos en el Club Nacional de Golf Trump, vendían agua embotellada Trump Ice. «Siempre he pensado que el Trump Taj Mahal debería funcionar aún mejor», anunció Trump antes de plantear a los concursantes el reto de atraer a los jugadores a su casino de Atlantic City, que pronto entró en bancarrota. El premio para el equipo ganador era alojarse y jugar en el Taj seguido por las cámaras. *The Apprentice* tenía tanto éxito que, cuando se estrenó la segunda temporada, las mediocres marcas asociadas estaban siendo eclipsadas por empresas de primera línea dispuestas a pagar generosamente para que sus productos apareciesen en la emisión. En 2004, Kevin Harris, un productor que ayudaba a Burnett a obtener contratos con nuevas marcas, envió un correo electrónico describiendo unas promociones publicitarias de Trump que se utilizarían para atraer clientes: «Aparece Donald un segundo: "Crest es lo mejor", "Llevo Levi's desde los dos años", "Me encanta M&Ms", "Unilever es la compañía más grande del mundo", todas ellas con la canción de fondo». Burnett y Trump negociaron con la NBC conservar los derechos sobre los ingresos derivados de las nuevas marcas y dividir los gastos. En el plató, Trump se regodeaba con frecuencia de aquel dinero fácil. Un productor recordaba en una conversación con el magnate: «Tú decías "Oye, Donald, hoy tenemos Pepsi y nos pagan tres millones por aparecer en el programa" y él respondía: "¡Estupendo, acabo de ganar un millón y medio!"».

Originalmente, Burnett había planeado que cada temporada la presentara un magnate diferente. Pero Trump interpretaba su papel con más destreza de la que nadie podía haber predicho. No tenía guion; se trababa con las palabras y vocalizaba mal. Pero producía espontáneamente el animado efecto que constituye la savia de la telerrealidad. Le espetó a uno de los concursantes: «Sam, eres un auténtico desastre. No te ofendas, pero todos te odian». Katherine Walker me contó que los productores se afanaban con frecuencia para que Trump pareciese coherente, editando las incoherencias sintácticas y otras incorrecciones. «Hacíamos limpieza con el fin de mostrar su mejor cara —decía, añadiendo a continuación—: Estoy segura de que Donald cree que jamás lo editaron». Sin embargo, Walker reconocía que se movía en el medio como pez en el agua: mientras que los productores de telerrealidad generalmente se sienten obligados a amplificar las personalidades y lo que sucede, a acentuar los conflictos y abonar las intrigas, «nosotros no teníamos que cambiarle; él nos proporcionaba el material con que trabajar». Trump llegó a improvisar el lema por el que se hizo famoso *The Apprentice*: «Estás despedido».

Los ejecutivos de la NBC estaban tan enamorados de su nueva estrella que dieron instrucciones a Burnett y a sus productores para que concediesen a Trump más tiempo en pantalla. Fue entonces cuando se apoderó de Trump la obsesión con los índices de audiencia televisiva. «Hace cuatro semanas yo no sabía lo que eran los índices de audiencia —le confesó a Larry King—. De repente oí que estábamos en tercera posición en audiencia. Anoche éramos el número uno en los índices de audiencia. Y eso es lo que importa». Las audiencias siguieron subiendo y la final de la primera temporada fue el programa número uno de la semana. Para Burnett, la vuelta de Trump al candelero suponía una satisfactoria confirmación del gancho populista. «Me gusta cuando los críticos ponen por los suelos una película y esta se convierte en un gran éxito de taquilla

–comentó en cierta ocasión–. Me encanta». Mientras que otros habían visto en Trump solamente a una celebridad de los años ochenta venida a menos, Burnett había vislumbrado un carisma salvaje.

* * *

El 26 de junio de 2018, el día que la Corte Suprema ratificó la prohibición de viajar, que había emitido el presidente Trump, dirigida contra las personas de varios países predominantemente musulmanes, el secretario de Estado Mike Pompeo envió invitaciones para un evento denominado Convención Ministerial para Promover la Libertad Religiosa. Si Pompeo constató alguna disonancia entre semejante retórica grandilocuente y las políticas de la administración Trump dirigidas contra determinadas religiones, no la mencionó. El evento tuvo lugar al mes siguiente en el Departamento de Estado en Washington D. C., y uno de los ponentes destacados fue Mark Burnett. En 2004 se estaba cortando el cabello en una peluquería de Malibú cuando reparó en una atractiva mujer que se estaba haciendo la pedicura. Se trataba de Roma Downey, la estrella de *Tocados por un ángel*, un inspirador drama de la CBS que llevaba mucho tiempo en antena. Se enamoraron y se casaron en 2007; juntos criaron a los dos hijos de él de su segundo matrimonio y a la hija de ella. Downey, que creció en una familia católica de Irlanda del Norte, es profundamente religiosa, y también Burnett acabó reorientando su vida en torno al cristianismo. «La fe es una parte esencial de nuestro matrimonio –declaró Downey en 2013, añadiendo a continuación–: Rezamos juntos».

Para quienes conocían a Burnett desde hacía mucho tiempo, aquel fue un giro inesperado. Era un hombre que había puesto fin a su segundo matrimonio durante una entrevista en directo con Howard Stern. Para promocionar *Survivor* en 2002, Burnett llamó al programa de radio de Stern, y este le preguntó de improviso si estaba casado. Cuando Burnett vaciló, Stern se lanzó al ataque. «¿No ha sobrevivido al matrimonio? –preguntó–. ¿No quiere que su novia sepa que está casado?». Como Burnett disimulaba, Stern siguió curioseando, y la conversación se volvió incómoda. Finalmente, Stern preguntó si Burnett estaba «soltero», y Burnett replicó: «Pues sí». Aquello cogió de nuevas a Dianne, que llevaba una década casada con Burnett. Como escribiría posteriormente en sus memorias: «Los radioyentes de entre dieciocho y treinta y cuatro años supieron antes que yo adónde se dirigía mi matrimonio».

Hace años, Burnett declaró a *Esquire* que la religión era «una pérdida de tiempo». Dianne Burnett me contó que, cuando estuvo casada con él, no le interesaba nada la fe. «Pero ¿sabe una cosa? Las personas cambian —continuó—. Así que le concederé el beneficio de la duda». Cuando Burnett conoció a Downey, se reinventó a sí mismo. Tras haber hecho una fortuna produciendo un tipo de televisión que era a menudo poco ético, anunció que se centraría exclusivamente en «franquicias con contenido adecuado para las familias»; al respecto, declaró: «No necesitas ser malo para crear drama». Burnett y Downey pusieron en marcha una productora que se ha especializado en programación de temática cristiana, incluida una nueva versión de *Ben-Hur* de cien millones de dólares. (Fue un fracaso). Burnett ha hablado con entusiasmo con sus colegas acerca del papel que la oración y la devoción religiosa desempeñan actualmente en su vida. Downey y él se describen a sí mismos como «los cristianos más ruidosos de Hollywood».

Kym Gold me dijo que piensa que Burnett tiende a adaptarse a su pareja del momento. Antes de casarse con Gold, que es judía, hizo un curso de seis semanas sobre el judaísmo. «Nunca me ha constado que Mark fuese religioso», observó Gold. Pero señaló que «personas próximas a él han dicho que "va donde sopla el aire"». Rick Warren, un conocido pastor evangélico, es amigo de Burnett. «Mark no tiene nada que ver con la persona que era hace una década —me aseguró—. Hollywood está construido sobre el dinero, el sexo, el poder y la fama. Yo diría que ninguna de esas cosas son ya fuerzas motrices para él». Warren me aseguró, de manera espontánea, que Burnett es sincero en su cristianismo; que es un «creyente genuino» que se ha comprometido a ser un «embajador» para su fe.

Otros que conocen a Burnett me señalaron que la comunidad cristiana constituye en sí misma un significativo sector demográfico de telespectadores. Burnett habla con sus colegas de la «audiencia de la fe» y describe a la comunidad cristiana como «el ejército más grande de la Tierra». En 2013, Downey y él produjeron *The Bible*, una miniserie para el Canal Historia que, a decir de Burnett, vieron cien millones de personas. La Biblia, en palabras de Burnett, es «la mejor obra de época».

En el Departamento de Estado, Burnett mencionó la intolerancia religiosa «por todo Oriente Medio», el genocidio en Darfur y la persecución de las minorías religiosas en Myanmar. «Yo soy un simple productor de televisión», dijo, señalando que era «muchísimo menos instruido» que su audiencia. Pero se le daba bien comunicar con las masas, prosiguió. Explicó su fórmula para contar historias, «K-I-S-S: *Keep it simple, stupid*» («Hazlo simple, estúpido»). Burnett dijo que, cuando su mujer y él viajan, a veces los desconocidos «le piden a Roma que pose sus manos sobre ellos», como si fuese realmente un ángel. Este, me dijo en confianza, es «el poder de los medios de comunicación». Sugirió que su posición en Hollywood le confería una cierta ventaja a la hora de presionar a los políticos para que hicieran lo correcto, porque «al fin y a la postre, nadie desea parecer malo en los medios». Pero Burnett no citó ninguna política controvertida de la Casa Blanca que confiara en cambiar; ni siquiera mencionó el nombre de Trump.

Burnett había permanecido cerca del presidente. En el Desayuno Nacional de Oración de 2017, presentó a Trump diciendo que «jamás ha habido una sola mala palabra entre nosotros» y describiendo sus catorce años de amistad como «una de las relaciones más formidables de mi vida». En el transcurso de los años, Burnett y Downey han colaborado con las causas del Partido Demócrata y en 2008 donaron la contribución máxima a la campaña de Barack Obama. Pero Burnett nunca ha tenido un perfil especialmente político. Un antiguo miembro del equipo de *The Apprentice* me contó que Burnett no había acogido con beneplácito la idea de perder a su estrella por una campaña presidencial, señalando lo siguiente: «La candidatura de Trump a la presidencia le costó mucho dinero a Mark. Había ganado millones de dólares con *The Apprentice* y Trump acabó con la franquicia». Para cuando Trump anunció su campaña, los índices de audiencia de *The Apprentice* habían caído y el programa se había convertido en *The Celebrity Apprentice*. Los concursantes eran ahora celebridades de tercera, entre quienes se incluían Gary Busey, un actor que está como una cabra, y Gene Simmons, el desagradable líder de Kiss. No habían cambiado ni los retos empresariales ni las eliminaciones en la sala de juntas, pero a todas luces había mucho menos en juego. Buena parte del drama en *The Apprentice* original se basaba en la idea de que, para los empresarios en ciernes, competir en el programa podía ser una oportunidad importante para su carrera. Para los avejentados concursantes de *The Celebrity Apprentice*, tan amigos del bótox, su propia presencia en el programa suponía un reconocimiento tácito de que sus mejores días habían quedado atrás. No obstante, todos fingían de buen grado tomárselo en serio. Al describir el programa en una aparición pública, Donald Trump hijo comentó que podía resultar intimidante para él, en calidad de hijo de Trump, emitir un juicio sobre alguien «tan consumado como Gene Simmons».

En el primer capítulo de la undécima temporada, la vibración de un dispositivo rompió la tensión teatral de la sala de juntas. «¿De quién es ese móvil?», gruñó Trump.

«¿Cómo apago este trasto?», tartamudeó Busey, manipulando torpemente los diminutos botones.

«¡Gary, apaga el teléfono!», exclamó Trump. Resulta extraño ver hoy esa clase de chorradas y pensar que solo unos pocos años después uno de aquellos hombres sería presidente.

«Donald comentó en varias ocasiones: "Quizá presente mi candidatura a la presidencia —declaró Burnett al *Washington Post* en enero de 2016—. Aunque resulte triste decirlo, la política es una especie de programa de televisión». Cuando preguntaban a Burnett si respaldaba la candidatura de Trump, él evitaba responder, refugiándose detrás de su noción de que la política es simplemente entretenimiento por otros medios. «Yo no tengo ni idea de política

—decía, añadiendo a continuación—: Me he divertido muchísimo viéndola».

Tras ganar las elecciones, Trump recurrió a su viejo amigo en busca de consejo sobre la celebración inaugural. Cual estrella en ciernes que continúa regresando a su director favorito, a Trump siempre le había encantado la imagen que Burnett ofrecía de él. Burnett acudió a Nueva York tras convocarlo el presidente electo y otro hombre de confianza de Trump, el financiero Tom Barrack. Burnett lanzó unas cuantas ideas efectistas: un desfile por la Quinta Avenida; un vuelo en helicóptero televisado trasladando a Trump desde Manhattan hasta Washington D. C. Barrack, que se convertiría en el presidente del comité inaugural, dijo más tarde que Burnett participó activamente en la producción de la inauguración y añadió: «Mark es un genio, y el presidente electo le adora». Hablé con varias personas que recordaban que Burnett les había contado que andaba muy atareado trabajando en la inauguración. Un político del Partido Demócrata que estuvo implicado en una campaña entre bastidores para disuadir a las estrellas de renombre de que apareciesen en el evento me contó que Burnett había tratado de reclutar a músicos para que actuasen. «Mark era alguien contra quien trabajábamos activamente», me dijo el político. La lista de deseos de Trump incluía a Elton John, Aretha Franklin y Paul Anka —quien confiaba en que cantase «My Way»—, pero todos ellos adujeron otros compromisos. El evento terminó con un gentío disperso y un pobre elenco de artistas. Burnett acabó restando importancia al papel que desempeñó en la inauguración. Sus representantes me dijeron que «él no produjo» el evento. Una persona que conoce a Burnett señaló: «No tuvo éxito, luego es probable que no quiera que le asocien con ello».

* * *

El 8 de octubre de 2016, el día después de que el *Washington Post* publicase el audio del programa *Access Hollywood* en el que Trump aparece charlando con el micrófono abierto sobre manosear a las mujeres en la entrepierna, Bill Pruitt tuiteó: «Como uno de los productores de las dos primeras temporadas de #theapprentice os lo aseguro: en lo tocante a las #trumptapes hay cosas mucho peores». En otras entrevistas, Pruitt aseguró que durante el tiempo que pasó en *The Apprentice* había escuchado a Trump hacer declaraciones no solo sexistas, sino también racistas. No era tan difícil de imaginar. El registro natural de Trump es el de la vulgaridad y es evidente que los objetivos de su ira (el jugador de fútbol americano Colin Kaepernick, los «países de mierda», cualquier periodista afroamericano que le haga una pregunta difícil) no los elige al azar. Parte de lo que resultaba fascinante en él, para Mark Burnett y, en última instancia, para el pueblo americano, era su inclinación por el lenguaje ofensivo. Pero en la densa atmósfera política de una inminente presidencia de Trump, la hipotética existencia de nuevos «audios de Trump» cobraba una poderosa urgencia. El verano pasado, Omarosa Manigault Newman, la exconcursante de *The Apprentice* y ayudante del presidente, reavivó semejantes especulaciones cuando aseguró haber escuchado una cinta, grabada durante el periodo en que se rodó *The Apprentice*, en la que Trump pronunciaba la palabra *nigger* («negrata»). Manigault Newman grabó ella misma clandestinamente una conversación con dos ayudantes de la campaña de Trump en la que parecían discutir la existencia de una cinta semejante. En la grabación, una de las ayudantes, Lynee Patton, dice que le planteó el asunto a Trump y que este le dijo que no recordaba haber usado ese lenguaje. «Claro que lo dijo —interviene Katrina Pierson, la otra ayudante—. Solo que está avergonzado».

El 13 de agosto de 2018, Trump negó haber utilizado jamás insultos racistas. Lo hizo en Twitter: «@MarkBurnettTV llamó para decir que NO EXISTEN CINTAS de *The Apprentice* donde yo empleara una palabra tan terrible y repugnante como me atribuye la chiflada y perturbada Omarosa». Se trataba de un tuit muy peculiar. Si Trump jamás había pronunciado el epíteto, ¿por qué necesitaba que Burnett le asegurase que no existían cintas en las que hiciera tal cosa? El tuit también era llamativo porque, cuando se filtró la cinta de *Access Hollywood*, Burnett ya había dado su paso más definitivo para distanciarse de Trump. En una declaración había dicho: «En vista de todos los falsos informes de prensa, me siento obligado a aclarar unos cuantos puntos. Ni apoyo ahora ni he apoyado jamás la candidatura de Donald Trump. NO soy pro-Trump. Además, mi mujer y yo rechazamos el odio, la división y la misoginia, que han constituido una parte muy desafortunada de su campaña». Trump suele responder a esas críticas con una refutación exagerada, pero no contraatacó a Burnett, al menos no públicamente, y su amistad no parece haberse resentido. Apenas dos meses después de emitir su declaración en la que aseguraba no ser pro-Trump, Burnett asistió a un evento para recaudar fondos en Cipriani, en Nueva York, y en enero de 2017 voló a Washington D. C. para la toma de posesión, acompañado de sus dos hijos.

Puede que Burnett haya querido restar importancia a su amistad con el presidente, pero Trump no tenía ningún reparo similar. En marzo de 2018, en un mitin en Richfield, Ohio, anunció: «¡Recibí una llamada de Mark Burnett! Él hizo *The Apprentice*; es un tipo extraordinario. Me dijo: "Donald, solo te llamo para saludarte y para preguntarte si has visto los índices de audiencia de Roseanne"» (Roseanne Barr, una de las pocas partidarias de Trump en Hollywood, que acababa de retomar su *sitcom*). «Yo le pregunté: "Mark, ¿y de qué cifras estamos hablando?". "¡Unas cifras increíbles! ¡Más de dieciocho millones de espectadores!"». Cuando pregunté a los representantes de Burnett por las afirmaciones que hacía el presidente en sus conversaciones con el productor, declinaron confirmar o negar su exactitud.

La renuencia de Burnett a hablar de la presidencia de Trump resulta desalentadora para muchas de las personas implicadas en *The Apprentice*, dado que Trump ha triunfado en política, en parte, tomando prestados los temas recurrentes del programa. Jonathon Braun me señaló que, cuando Trump anunció su candidatura en 2015, lo hizo en el atrio de la Torre Trump e hizo su entrada bajando las escaleras mecánicas de color dorado; una puesta en escena que Burnett y su equipo han utilizado reiteradamente en el programa. Tras el anuncio de Trump, se ha sugerido que a las personas que habían llenado el espacio vitoreando durante su discurso las habían contratado para hacerlo, cual extras de televisión, a razón de cincuenta dólares diarios. A comienzos de año, la Casa Blanca empezó a emitir breves intervenciones en vídeo del presidente que evocan claramente sus apariciones en el programa de Burnett. Justin McConney, exdirector de nuevos medios para la Organización Trump, declaró al *New York* que cada vez que Trump trabaja con cámaras les da estas instrucciones: «Grábenme como me graban en *The Apprentice*».

Randal Pinkett, que ganó la cuarta temporada de *The Apprentice*, me contó que había visto la campaña de Trump con un sentimiento creciente de temor. Hacía tiempo que Pinkett había llegado a la conclusión de que Trump era racista. Cuando este declaró ganador a Pinkett, que es afroamericano, le preguntó si aceptaría compartir el título con otra concursante, una mujer blanca. Pinkett se negó. «La única conclusión que puedo extraer es que no deseaba ver a un negro como único ganador de su programa», me dijo. En una reciente entrevista en *Vanity Fair*, Michael Cohen, exabogado de Trump, declaró que le había dicho que no había elegido a Kwame Jackson, el banquero de Goldman Sachs, como vencedor de la primera temporada porque «de ningún modo puedo permitir que gane ese negro marica».

Como ganador, Pinkett pasó a trabajar para la Organización Trump. «Cuanto más me acercaba a Donald, menos me gustaba lo que veía –recordaba–. Es como una persona con mal aliento». Cuando Pensilvania legalizó los juegos de casino en 2004, Trump solicitó una licencia para construir un casino en una zona predominantemente afroamericana. «La gente de ahí odiaba a Donald», dijo Pinkett. Así pues, la compañía envió a Pinkett como abogado. A su regreso anunció: «No voy a volver a ir allí en representación vuestra, amigos». Tenía la impresión de que la Organización Trump le estaba utilizando y no estaba dispuesto a vender un proyecto al que aquella gente se oponía tan rotundamente. El casino jamás se construyó. Incluso el primer premio de *The Apprentice* tenía algo de falso, me contó Pinkett. Su empleo en la Organización

Trump lo pagaba en realidad la NBC. «¡Ni siquiera era su dinero!», exclamó.

Cuando Trump anunció su campaña, Pinkett y Kwame Jackson decidieron hacer una declaración pública en su contra. «No era una cuestión política; era una cuestión de idoneidad para el cargo —recordaba Jackson—. Era una cuestión de decencia y del carácter estadounidense básico». Contactaron con montones de antiguos concursantes y organizaron una rueda de prensa. Al final, aparte de Pinkett, Jackson y otros dos concursantes, no apareció nadie más. En un comunicado, Trump dijo: «Qué rápido se olvidan. Nadie sabría quiénes son de no ser por mí».

«Creo que en realidad Mark Burnett es un tipo de Hollywood —me comentó Jackson—. Probablemente presienta que, si torpedea a Donald Trump, destruirá una parte de su propio legado. Y es curioso, porque posee suficiente dinero y poder en Hollywood para permitirse decir lo que piensa». El silencio de Burnett «es elocuente —aseveró Jackson—. Es confabulación. Es complicidad, como la de Ivanka Trump. Estoy muy decepcionado con Mark a ese respecto».

* * *

Un reciente artículo publicado en *The Ankler*, una newsletter sobre Hollywood muy popular, mencionaba que Burnett «ha pasado los dos últimos años reinando sobre su rincón del territorio de resistencia casi sin la más mínima oposición». Donald Trump era un demonio popular en Hollywood, y todo el mundo en la industria estaba al tanto de la estrecha relación de Burnett con el presidente, pero ningún progresista prominente rehusaba trabajar con Mark Burnett. Una cosa es «adoptar una postura valiente sobre la alfombra roja —observaba el artículo—. Pero nadie está tan loco como para […] acabar en un estudio de segunda categoría». Burnett fue reclutado en 2015 para la sección de televisión de MGM por Gary Barber, el presidente y director ejecutivo de la compañía. Barber, un antiguo contable, había sacado el estudio de la bancarrota recortando costes y apostando por títulos rentables como los de la saga de

James Bond. En su esfuerzo por revitalizar MGM, Barber quería aumentar el negocio televisivo del estudio. Así pues, compró la compañía de Burnett y lo reclutó para supervisar la producción televisiva. Aparentemente, Barber y Burnett se entendían bien. No obstante, mientras que Mark Burnett Productions se había caracterizado por el despilfarro con objeto de deslumbrar, Barber era ahorrador y controlaba todos los gastos. El presidente del consejo de MGM es Kevin Ulrich, un financiero cuyo fondo de capital riesgo tiene una participación mayoritaria en la empresa. Quienes conocen a Ulrich le describen como alguien que se deleita con los ostentosos beneficios de los magnates de Hollywood. Mientras que a Barber le gustaba pasar los fines de semana atendiendo a los caballos de carreras de su propiedad, Ulrich disfrutaba asistiendo a fiestas y estrenos. Barber estaba interesado en vender el estudio, una maniobra a la que Ulrich se oponía. Según varias fuentes, Burnett comenzó a cultivar su relación con Ulrich invitándole a eventos y presentándole a las celebridades. Entonces, el pasado marzo, el consejo de MGM comunicó a Barber que había sido despedido; este acababa de firmar una prolongación del contrato, de suerte que el estudio le pagaría doscientos sesenta millones de dólares para que se marchase.

A pesar de la retribución, Barber estaba indignado. Tres meses después de su destitución, Burnett fue ascendido a dirigir la sección encargada de la televisión en MGM. Barber se negó a hablar conmigo, pero un amigo suyo decía que su expulsión le había «pillado por sorpresa»: Burnett había hecho una alianza con Ulrich y echaron a Barber a patadas de la isla. Burnett, más joven que su colega, hizo saber que no se contentaba con ser el productor de unos cuantos programas de éxito; quería llegar a dirigir un día un estudio de televisión. Según alguien que ha colaborado estrechamente con él, Burnett siempre se había sentido como un forastero, «porque en el negocio de la telerrealidad nunca formas parte del auténtico Hollywood». Hacía tiempo que aspiraba a la televisión guionizada y las películas, pero no tenía demasiado talento narrativo. En MGM supervisaba tanto las emisiones con guion como las que carecían de él, incluidas las aclamadas series *Fargo* y *El cuento de la criada*. A esas alturas había alcanzado tal poder que incluso en el Hollywood progresista su asociación con Trump se comentaba con bastante disimulo. Muchas personas que hablaron conmigo acerca de esto no lo harían abiertamente por temor a que los incluyan en una lista negra.

No obstante, *The Apprentice* continúa persiguiendo a Burnett. En 2017, cuando subió al escenario en los Premios del Gremio de Productores de Estados Unidos para recoger el galardón al Productor Destacado de Televisión de Competición, hubo abucheos en el público. En septiembre no acudió a los Premios Emmy, a pesar de que *The Voice* y *Shark Tank* estaban nominados; la noche anterior a la ceremonia, sin embargo, Downey y él asistieron a la gala anual del Motion Picture & Television Fund en un hotel de Century City. Al comienzo del evento, tuvieron un enfrentamiento con el actor Tom Arnold.

Arnold, un veterano de la industria de mirada desquiciada, conocido sobre todo por su papel en la película de 1994 *Mentiras arriesgadas* y por su matrimonio en el pasado con Roseanne Barr, se había empeñado en sacar a la luz tomas eliminadas de Donald Trump en *The Apprentice* que pudieran perjudicar al magnate. Incluso había lanzado un programa televisivo estilo gonzo, producido por Vice y titulado *The Hunt for the Trump Tapes*. Como relata Arnold en el programa, Trump y él se conocían desde hacía años porque habían ocupado «el mismo nivel en Hollywood». De hecho, en 2010, Burnett había escrito un correo electrónico a Arnold diciéndole: «¿Existe alguna forma de ficharle a usted para *Celeb Apprentice*? [...] Creo que *Celeb Apprentice* forma parte de una marca maravillosa. Trump desea de veras que usted participe. Yo deseo que participe». Arnold era, según él mismo sostenía, un bromista y una celebridad marginal. Le preocupaba pensar que pudiera confiársele a alguien como él la dirección del país.

Lo que ocurrió exactamente en Century City es un asunto controvertido, pero Arnold y Burnett tuvieron un tenso encuentro. Poco después, Roma Downey tuiteó una fotografía del dorso de su mano y escribió al respecto: «Esta noche me he hecho este cardenal cuando Tom Arnold ha intentado tendernos una emboscada a mi marido Mark y a mí en un evento benéfico. ¿Te merece la pena hacer esto para tu programa de televisión, Tom? Para ya, por favor».

Hay quien se preguntaba si un cardenal podía haber aparecido tan pronto. El propio Arnold ofrecía una versión muy diferente en Twitter: «Mark Burnett se ha puesto como un energúmeno, ha intentado estrangularme en esta magnífica fiesta de los Emmy y luego ha salido huyendo con su camisa rosa rasgada y sin su cadena de oro. Estoy esperando a la policía de Los Ángeles». Podría parecer improbable que Burnett, un tipo cordial y sonriente, agrediese físicamente a alguien. No obstante, existe algún precedente. Su segunda mujer, Dianne Burnett, me contó que un día, en Santa Mónica, Mark los dejó a ella y a uno de sus hijos en el coche para comprar yogur helado. Durante su ausencia, un vagabundo comenzó a golpear con agresividad la ventanilla del coche; presumiblemente solo quería limosna. Cuando Burnett regresó, recordaba Dianne, le golpeó en la cara, lo tiró al suelo y se marchó conduciendo. Horas después del altercado de Century City, *TMZ* publicó una versión de un testigo presencial, que decía que «Mark agarró por la garganta a Tom, y Tom le rasgó la camisa a Mark y le arrancó su crucifijo». Las autoridades han rechazado presentar cargos contra Burnett, y varias personas cercanas a él han descrito a Arnold como un niño, un experto en llamar la atención que había acorralado a Burnett en una suerte de *performance* destinada a promocionar su pésimo programa. Eso bien puede ser cierto, pero es bastante revelador que la única persona de Hollywood dispuesta a enfrentarse a Burnett a propósito de su relación con Trump sea un personaje como Tom Arnold. Alguien que ha trabajado con el productor me dijo: «Mark creó el *mundo* en el que Tom Arnold es el único tipo capaz de ir tras él. Tom Arnold está troleando a Mark Burnett al igual que Donald Trump troleaba a sus adversarios. ¡Y lo está haciendo por un *reality show*!».

* * *

Después de la primera temporada de *Survivor*, un concursante llamado Stacey Stillman demandó a la CBS y a Burnett. Alegaba que este último había influido deshonestamente en la competición sugiriéndoles a los concursantes a quién deberían votar para su eliminación. En su declaración, otro miembro del reparto dijo que Burnett «creía que ciertas personas harían un programa mejor que otras y que hacía cuanto estaba en sus manos para influir a fin de que esas personas permanecieran en la isla». Burnett negaba haber hecho nada ilícito, y la demanda se resolvió finalmente. Una consecuencia de la demanda fue que, cuando llegó el momento de grabar *The Apprentice*, los productores intentaron que todo lo que hiciera Donald Trump quedara registrado desde que entraba en el plató hasta el momento en que salía, y todo ese metraje se preservaba. Cuando MGM compró la compañía de Burnett, asumió la propiedad de las tomas eliminadas y, a raíz de la filtración de la cinta de *Access Hollywood*, tuvo que lidiar con las demandas públicas que perseguían revelar el contenido de las cintas de *The Apprentice*. Marvin Putnam, un abogado que representa a MGM, me aseguró: «Mark Burnett no puede publicar las cintas. Punto. Incluso si Mark Burnett quisiera publicar las cintas, Mark Burnett no puede publicar las cintas». Putnam me explicó que los contratos que Trump y otros miembros del reparto habían firmado contenían estipulaciones estándar que limitaban el uso que podía hacerse de las tomas eliminadas y del resto del metraje. Se trata de obligaciones vinculantes, lo cual significa que si MGM las violara (publicando secuencias no solo de Trump, sino de cualquiera que apareciera con él en pantalla), el estudio podría ser objeto de demanda. Brian Edwards, el presidente de operaciones televisivas de MGM, que lleva más de una década trabajando con Burnett, señalaba que incluso sin semejantes constricciones legales Burnett no podría publicar las cintas; si lo hiciera, mucha gente con talento se negaría a trabajar con él en el futuro. «Si en el mundo de la telerrealidad todos supieran que ante el primer síntoma de presión acaba publicando las tomas eliminadas, ¿qué cree usted que le sucedería a este negocio?», preguntaba Edwards.

Así, ni Putnam ni Edwards han comentado si MGM posee cintas en las que Trump diga algo ofensivo; tampoco han dicho qué proporción del total se ha revisado. A lo largo de las catorce temporadas que ha presentado Trump, se emitieron en la NBC casi doscientas horas de *The Apprentice*. Si Burnett grababa trescientas horas de metraje por cada episodio, podría haber en torno a sesenta mil horas de tomas eliminadas para examinar. La mayor parte de los miembros del equipo de *The Apprentice* con los que hablé recordaban haber oído a Trump decir groserías sobre las mujeres. «No andaba por ahí todo el tiempo diciendo "chocho, chocho, chocho"», reconocía Walker. Pero a menudo hacía comentarios acerca del cuerpo de las concursantes y las trabajadoras. Un empleado de *The Apprentice* me aseguró: «Solía decir: "¿Qué te parecen esas tetas? ¿No te gustaría follártela?"». Con todo, Braun afirmaba que dudaba de que existiese alguna cinta de *The Apprentice* en la que Trump pronunciase la palabra *nigger*. «Yo era el supervisor de edición de las seis primeras temporadas —me contó—. No examinaba cada fotograma, pero en todo lo que vi no le oí decir nada tan horrible». Braun señaló que los realizadores de los *reality shows* se divierten a menudo compilando «cintas cómicas» con los momentos más subidos de tono o más embarazosos de algún miembro del reparto. Los realizadores pueden tener prohibido legalmente emitir tales tomas eliminadas, pero ello no es obstáculo para que las compartan internamente. Tom Arnold me contó que había visto una de esas cintas de *The Apprentice* en la que Trump pronuncia la palabra *nigger*. Pero Braun, que está consternado por el hecho de que Trump sea presidente, tiene sus dudas. «Si existiera una cinta, se habría propagado como la pólvora», me comentó. Otro miembro del equipo de *The Apprentice* hizo esa misma observación: «Si alguien tuviera ese contenido, lo habría filtrado hace mucho tiempo. No había ningún forofo de Trump en el plató. No conozco a una sola persona que trabajara en el programa y haya votado a Trump».

Cada vez que Trump aparecía en el programa, me explicó el empleado, había «al menos un centenar de personas mirándole», con una docena de cámaras captando todos los ángulos. Se transmitía en directo a los ejecutivos no solo de la NBC, sino también de las corporaciones que patrocinaban el episodio. El trabajador prosiguió: «En la cinta de *Access Hollywood*, Donald iba en un autobús. Creía que estaba solo. Jamás pensaba que estaba solo en la sala de juntas. Aquello era un plató». A juicio de Braun, la caza de las cintas parece una distracción. «Hemos visto que no importa —observó—. Ahora dice infinidad de cosas aparentemente racistas, misóginas y fascistas. Eso no le hace ningún daño». A raíz de las declaraciones de Manigault Newman referentes a las cintas de *The Apprentice*, *The Economist* realizó una encuesta y reveló que el 77 por ciento de los votantes blancos de Trump pensaba que «es posible que una persona que emplea la palabra *nigger* durante su mandato pueda seguir siendo un buen presidente». Más de un tercio de los votantes blancos de Trump admitían haber usado ellos mismos ese término.

* * *

Un día de otoño de 2018, Burnett recibió una llamada de su primera mujer, Kym Gold, con quien sigue manteniendo una relación amistosa. Gold estaba molesta por lo que estaba sucediendo en el país y pidió a Burnett que intercediera ante Trump. «Hablamos del asunto —me contó—. Yo le dije:"Tienes que ayudar a nuestros hijos, por el futuro y la seguridad de este país"». Gold imploró a Burnett: «Dile que esto no es un *reality show*. Esto es la vida real. Tú eres el presidente. Estás diciendo cosas que no puedes decir, tanto a los periodistas como a otros líderes mundiales». Burnett aguardó a que terminara de hablar: «Yo no me meto en política —le respondió—. Ni siquiera estoy en Twitter». Le acabó diciendo que no tenía intención de hablar en contra de Trump ni de publicar ninguna cinta. «No soy más que un tipo que produce programas», insistió.

Puede que Burnett no sea experto en política, pero se siente fascinado desde hace mucho tiempo por el poder de las estrellas políticas. En 2010 lanzó *Sarah Palin's Alaska* en TLC con estas palabras: «Con una personalidad dinámica que ha cautivado a millones, no se me ocurre nadie más fascinante que Sarah Palin para contar la historia de Alaska». Por aquel entonces, Burnett afirmaba que el programa era «completamente apolítico». *The Daily Beast* discrepaba, sugiriendo que «puede considerarse el anuncio de campaña presidencial más temprano y más caro que jamás se ha hecho». Burnett y Trump han concedido los derechos del formato de *The Apprentice* a decenas de otros países, y Burnett observó en cierta ocasión que los magnates seleccionados para el papel de Trump son, cada vez más, «personas con aspiraciones políticas». Al menos media docena de presentadores han ejercido cargos políticos, incluido João Doria, el gobernador electo del estado de São Paulo, que es un aliado de Jair Bolsonaro, el hombre fuerte y presidente electo de Brasil. En 2017, Kevin O'Leary, uno de los presentadores de *Shark Tank*, anunció su intención de presentarse como candidato a primer ministro de Canadá, como miembro del Partido Conservador, señalando que tanto él como Trump han «trabajado para Mark Burnett, y ambos nos hicimos famosos en un programa de telerrealidad». Burnett comentaba en broma a más de una persona que ya no era simplemente un productor de televisión, sino también un productor de líderes políticos. (Cuatro meses después, O'Leary retiró su candidatura y regresó al programa).

Durante casi dos décadas, Burnett ha hablado asimismo de su deseo de hacer un programa de televisión con Vladimir Putin. En 2001 trató de que se incorporara a un proyecto llamado *Destination Mir*, un concurso de telerrealidad en el que el ganador sería enviado al espacio. La idea fue echada por tierra cuando Rusia desmanteló la estación espacial Mir. En 2015, Burnett expresó su interés en crear un *reality show* en el que apareciera Putin; no tanto un programa sobre política, sugería Burnett, sino más bien un himno a la gloria de Rusia, «los seres humanos, la naturaleza, los animales de la nación». La miopía de Burnett respecto de la política puede ser selectiva, pero eso no significa que sea fingida. Difícilmente llegaría a reinar en Hollywood con su escasa comprensión de los acontecimientos actuales más allá de Los Ángeles, pero incluso para los estándares de la industria puede parecer increíblemente desconectado. Poco después del tiroteo masivo en la Escuela Secundaria Marjory Stoneman Douglas de Parkland, Florida, en febrero de 2018, Burnett asistió a una reunión ordinaria de ejecutivos de televisión en MGM. En un momento dado, alguien mencionó el plan de comercialización de un proyecto en la división de cine del estudio: una nueva versión de *El justiciero*, protagonizada por Bruce Willis. La película, que trata de un justiciero armado, era una descarada apología de las armas; Breitbart acabó calificándola de «campaña a favor de la Asociación Nacional del Rifle». Alguien preguntó si MGM alteraría el lanzamiento de la película a la luz del tiroteo. «¿Qué tiroteo?», dijo Burnett, según alguien ajeno a MGM al que informaron sobre la reunión. Cuando sus colegas, incrédulos, preguntaron cómo era posible que no se hubiera enterado de la masacre de Parkland, Burnett replicó «No sé de qué están hablando» y añadió: «No estoy en las redes sociales».

Pese a toda esa cantinela de que es apolítico, su reticencia a renegar del presidente puede tener que ver en parte con su temor a ponerse en contra a los votantes de Trump. Al igual que los legisladores republicanos o los pastores evangélicos, Burnett está en deuda con una parte del público que, en muchos casos, piensa que el presidente no puede hacer nada malo. «Desde el momento en que te posicionas políticamente, vuelves en tu contra a la mitad de la nación —me comentó Rick Warren—. Y cuando estás tratando de llegar al mayor número posible de personas, no quieres que eso ocurra». El dilema se ve agravado, señaló Warren, cuando el ocupante de la Casa Blanca es tan vengativo. «¿Sabe usted cómo destruye a la gente este presidente? —me preguntó Warren—. Hay que tener mucho cuidado con lo que se dice».

Katherine Walker sugería que parte de la razón por la que Burnett parece no inmutarse por el papel que ha representado en la saga de Trump puede ser su condición de británico. «Los americanos tienen esas reacciones viscerales que en Mark están ausentes —observó—. Sencillamente él no llega a tanto. Creo que no tiene la misma reacción, la de "¡Oh, Dios mío!, ¿qué he hecho?"». Para muchos estadounidenses, la presidencia de Trump evoca un doloroso sentimiento de desposeimiento, a medida que se destruyen normas apreciadas por todos e instituciones nacionales. «La gente está haciendo que parezca que Mark está ignorando el mal –prosiguió Walker–. Pero yo creo que se trata de algo más benigno […] y más aterrador en cierto sentido. No le importa. Simplemente quiere mantenerse al margen».

* * *

«Mark es extremadamente inteligente –me aseguró Richard Levak, el psicólogo que asesoraba a Burnett en *The Apprentice*–. Tiene buen ojo para el casting y fue él quien seleccionó a Donald Trump». Pregunté a Levak qué rasgos de personalidad podían haber hecho de Trump un buen candidato para el programa. Me contestó que Mark habría observado «la energía, la impulsividad, la incapacidad de expresar un pensamiento completo porque es interrumpido por las emociones, por lo que cuando habla todo son adjetivos:"genial", "enorme","horrible"». El magnetismo de Trump como estrella de la telerrealidad radicaba en su impulso de transgresión, continuó diciendo Levak, y esa es la misma cualidad que ha atrapado al mundo fuera del plató. «El hecho de que alguien pueda llegar a tener tanto éxito siendo al mismo tiempo tan indisciplinado emocionalmente resulta tan macabro que tienes que verlo –señaló–. Y sigues esperando que tenga su merecido, pero este no acaba de llegar». Probablemente jamás haya existido un hombre de quien, durante su propia vida, se haya hablado y escrito tanto como de Donald Trump. La política nunca ha sido tan cautivadora. «Esa es la razón por la que la gente acude a ver una pelea de patio de colegio –sugirió Levak–. Se trata de ver a alguien ajeno a nuestro entorno comportarse mal y salirse con la suya». Burnett comentó en cierta ocasión que *El señor de las moscas* es una obra tan absorbente porque todos los personajes se encuentran de repente en un mundo en el que «se cambian las reglas y se suspenden las convenciones, las leyes y la moralidad». Se trata de unas palabras que resumen bien la presidencia de Trump.

Los domingos por la tarde, a Burnett le gusta de servirse una generosa copa de vino e ir con ella hasta el balcón de su casa de seiscientos cincuenta metros cuadrados junto a la Ruta de la Costa del Pacífico en Malibú. Downey y él se refieren a la propiedad, que salió indemne de los recientes incendios forestales, como «el santuario». Es un lugar exquisito, con sofás blancos sobre una vista ininterrumpida del océano. A Burnett le gusta reflexionar sobre el hecho de que su mansión no está lejos de una de las casas en las que, siendo un joven inmigrante, había trabajado como canguro.

Burnett en realidad sí está en las redes sociales. Rara vez tuitea, pero es activo en Instagram. Junto con las instantáneas de la familia y las fotografías en las que aparece pasando el rato con celebridades y personalidades religiosas, tiene un par de vídeos en los que se ha grabado a sí mismo relajándose en el balcón. «Tarde apacible de domingo», comenta Burnett en uno de ellos. Está descalzo y viste una camiseta que dice «Gánster Espiritual». Indica la amplia vista, con satisfacción no disimulada, y dice: «Mirad esto. Guau». Hace una panorámica por el cielo, que está tornándose rojo y violeta por el crepúsculo. «¡Qué agradecido estoy!», exclama. A menudo expresa su admiración por lo afortunado que es y por el éxito que ha alcanzado, que en estos tiempos atribuye al «favor de Dios».

Cuando le comenté a Jonathon Braun que Burnett parece demasiado tranquilo por el legado de su propia creación, me dijo que para Burnett la presidencia era tan solo otro juego. «Creo que también es un juego para Trump —aventuró Braun—. Es un juego para el público. Creo que a los votantes les gusta. Están disfrutando del espectáculo. Ese es Mark en estado puro. Los dos son almas gemelas. No les mueve ninguna causa trascendental; todo se reduce a jugar a un juego y ganarlo». Años atrás, cuando Burnett estaba promocionando *Survivor*, los entrevistadores intentaban averiguar cómo les había ido a los concursantes esa temporada. Por supuesto, él no podía revelar tal información. Por lo tanto, cuando le preguntaban quién ganaría el juego, él les contestaba: «Yo».

Burnett siguió en MGM. Jamás publicó ninguna cinta de The Apprentice y, hasta el momento en que escribo estas páginas, nunca ha proporcionado un éxito al estudio. Trump perdió su candidatura a la reelección en 2020, pero le votaron setenta y cuatro millones de electores. Se retiró a Mar-a-Lago para planear su regreso. Si no vuelve a postularse como candidato a presidente, su vuelta implicará casi con certeza la televisión y, si esto ocurre, perfectamente podría contar con Mark Burnett.

ATRACO A UN BANCO SUIZO

El técnico informático que reveló los más oscuros secretos de un banco de Ginebra (2016)

Unos pocos días antes de la Navidad de 2008, Hervé Falciani estaba en una reunión en su oficina de Ginebra cuando un equipo de agentes de policía llegó para arrestarle. Falciani, que tenía treinta y seis años, trabajaba para el HSBC, a la sazón el banco más grande del mundo. Pertenecía a la plantilla de la filial suiza de la compañía, que sirve a clientes lo suficientemente ricos para permitirse el depósito mínimo (medio millón de dólares) requerido para abrir una cuenta. Falciani llevaba ocho años en el HSBC, inicialmente en Mónaco y después en Ginebra. Era un técnico informático que ayudaba a supervisar los sistemas de seguridad para el tratamiento de los datos de los clientes. Había crecido en Mónaco, donde en su juventud había trabajado como crupier en el Casino de Montecarlo, y había aprendido a mostrar una excelente cara de póquer. Mientras la policía suiza le escoltaba fuera del edificio, él insistía en que no había hecho nada malo.

Los agentes interrogaron a Falciani en una comisaría cercana. Estaban investigando un robo de datos del banco. Desde 1713, cuando el Gran Consejo de Ginebra prohibió que los bancos revelasen la información privada de sus clientes, Suiza ha prosperado en su reputación como un baluarte del secreto financiero. Las élites internacionales podían colocar sus fortunas fuera del alcance de las autoridades fiscales de sus países respectivos. Para los gestores de patrimonios suizos, que supervisaban más de dos billones de dólares en depósitos internacionales, la promesa de mantener la privacidad financiera se asemejaba a un voto religioso de silencio. Suiza es la cuna de la cuenta numerada: los clientes especifican con frecuencia que prefieren no recibir extractos bancarios con el fin de evitar un posible rastro en papel. A la luz de estas precauciones, la mera idea de una brecha en el HSBC resultaba impactante. Los agentes de policía contaron a Falciani que alguien que se hacía llamar Ruben al-Chidiak había robado datos de clientes del banco. No sabían con seguridad cuánta información se había extraído ni cómo se había planificado el robo. Pero sospechaban que Chidiak era un seudónimo y que el auténtico culpable era Falciani. Este declaró a la policía que su trabajo consistía en proteger los datos: ¿cómo podían acusarle de comprometer semejante información?

Al caer la noche, pidió marcharse a casa. Su mujer, Simona, estaría preocupada. Los investigadores le dejaron en libertad, pero le dieron instrucciones de que regresase a la mañana siguiente para proseguir el interrogatorio. Falciani caminó por las calles alumbradas por las luces navideñas hasta su apartamento en un edificio poco iluminado de la Rue des Mouettes. Simona y él hicieron las maletas, abrigaron a su hija de tres años, Kim, para protegerla del frío y prepararon la huida del país.

Pese a haberlo negado, Falciani había robado los datos. Cuando él y su familia salieron del apartamento, dejaron las llaves en la puerta. Falciani alquiló un coche, con el que atravesaron los Alpes. A la mañana siguiente, mientras los investigadores suizos se congregaban en la comisaría de policía de Ginebra, Falciani se acercaba al sur de Francia. Dejó el coche de alquiler en el aeropuerto de Niza. Su mujer y su hija continuaron hasta Italia para visitar a la familia de Simona; Falciani viajó hasta la casa de sus padres en Castellar, un pueblo de montaña próximo a la frontera francoitaliana.

W. Somerset Maugham describió en cierta ocasión la Côte d'Azur como «un lugar soleado para gente oscura», y Falciani, que se había convertido en un fugitivo, se ocultó en Castellar. Por precaución, no había viajado con los datos robados; había subido la información a servidores remotos. Entonces descargó los ficheros en su ordenador portátil. Los suizos habían pedido a las autoridades francesas que les ayudasen a localizar a Falciani y, al amanecer del 7 de enero de 2009, los gendarmes allanaron la casa de sus padres. El fiscal de Niza que llevaba el caso, Éric de Montgolfier, me contó que las autoridades suizas estaban tan ansiosas por incautar el ordenador de Falciani que enviaron a un fiscal suizo para que acompañase a los gendarmes. La policía francesa arrestó a Falciani y confiscó su MacBook Pro y su iPhone. Pero cuando estaba fuera del alcance del oído del fiscal suizo, de camino a la comisaría de la cercana Menton, contó a los gendarmes que su ordenador contenía información de posible interés para el Estado francés: nombres, números y saldos de cuentas. El disco duro contenía pruebas, aseguró, de «evasión fiscal cometida por franceses». Falciani había obtenido sesenta mil ficheros relacionados con decenas de miles de clientes del HSBC de casi todos los países. Un abogado del HSBC describiría posteriormente el delito de Falciani como «el mayor robo de un banco jamás cometido en el mundo».

La huida de Falciani a Francia coincidió con el inicio de la crisis financiera global. Muchos países luchaban para asegurar ingresos y tomaban medidas enérgicas contra ciudadanos cuyas fortunas estaban escondidas en paraísos fiscales. Años antes de la filtración, en abril de 2016, de los Papeles de Panamá (una gran cantidad de documentos de Mossack Fonseca, un bufete de abogados en la ciudad de Panamá especializado en la creación de empresas fantasma anónimas), abundaban las pruebas de que la plutocracia global dispone de numerosos canales para ocultar sus finanzas personales. «Solo la gente común paga impuestos», le comentó en cierta ocasión a su ama de llaves la multimillonaria Leona Helmsley. En 1989, el ama de llaves contó la conversación a un jurado neoyorquino, y Helmsley pasó dieciocho meses en prisión. No obstante, la mayor parte de los delitos de evasión fiscal quedan impunes. Según un estudio de 2012 de James Henry, un antiguo economista jefe de McKinsey que en la actualidad asesora a la Red para la Justicia Fiscal, las personas más ricas del mundo ocultan al menos veintiún billones de dólares a las autoridades tributarias. En su libro *La riqueza oculta de las naciones*, el economista Gabriel Zucman ofrece una estimación más baja, si bien todavía enorme: 7,6 billones de dólares, o el 8 por ciento de la riqueza financiera personal mundial. Zucman calcula que «el fraude perpetuado cada año a través de cuentas extranjeras no declaradas les cuesta en torno a doscientos mil millones de dólares a los gobiernos del mundo entero».

Los datos que Falciani robó podían servir de mapa del tesoro, pues posibilitaba que un país como Francia recuperase parte de esos ingresos perdidos. Montgolfier dijo: «Cuando tienes a tantos franceses con cuentas en Suiza —alzó las cejas al tiempo que se encogía de hombros en un ademán muy francés— se respira […] una fragancia de fraude».

El fiscal suizo solicitó a Montgolfier la entrega del portátil de Falciani, pero este puso reparos. «Examinaremos el ordenador —dijo—. Entonces decidiremos si lo devolvemos». Para el Gobierno suizo, Falciani era tan solo un ladrón, pero los franceses le veían con otros ojos. «Yo le describiría como un tanto mesiánico —me confesó Montgolfier—. En pleno contexto de crisis mundial provocada por las finanzas de todos esos grandes bancos que posibilitaban la evasión de impuestos, ese tipo solo quería liberar al mundo de semejantes comportamientos». En unas memorias publicadas recientemente en Europa, *Earthquake on Planet Finance*, Falciani escribe sobre sus motivos: «Yo deseaba un mundo diferente para mi hija. No quería que creciese en una realidad gobernada por el dinero, en la que la norma fuese el abuso del poder y saltarse las reglas». Como para subrayar las peligrosas implicaciones de los datos de Falciani, Montgolfier guardó el portátil en una caja fuerte. Mientras las autoridades francesas deliberaban acerca de cómo proceder, Falciani pasó la noche en un calabozo de Menton. Pero a la mañana siguiente, en un gesto que indicaba un cambio de estatus, sus guardias le sorprendieron con café y cruasanes.

* * *

Cuando conocí a Falciani, un día de invierno de 2014 en la Place d'Italie de París, había estado viviendo bajo protección policial, temeroso de que su vida corriese peligro a causa de las informaciones que había revelado sobre las élites y su falta de escrúpulos. Viajaba a menudo con tres guardaespaldas proporcionados por el Estado francés, pero, cuando nos reunimos, Falciani acudió solo, en un patinete plegable. Había propuesto un curioso lugar para nuestro encuentro: Hippopotamus, una cadena francesa de restaurantes para niños con una mascota propia de dibujos animados y coloridos menús que incluían una gran variedad de diminutos filetes con patatas fritas. Falciani pidió una porción de tarta de queso. Vestía como un asesino de Tarantino: camisa blanca, corbata negra estrecha, traje negro muy entallado. Parece una atractiva estrella de culebrón, con un hoyuelo en la barbilla, piel aceitunada, patillas afiladas y lo que un periódico francés describía como «una sonrisa de anuncio comercial».

«Mi padre trabajaba en un banco», me comentó Falciani en un inglés con fuerte acento. Durante su infancia en Mónaco, que es uno de los paraísos fiscales más antiguos de Europa, acompañaba con frecuencia a su padre al trabajo y le maravillaba el poder de la institución en un entorno de discreción. El banco era inmaculado y todos hablaban en susurros. A Falciani le recordaba a una iglesia. Tras las horas de oficina, le gustaba correr por los pasillos alfombrados.

Conforme iba creciendo, Falciani advertía que el flujo de dinero que llegaba a Mónaco se veía afectado por los acontecimientos políticos. Cuando la guerra asoló el Líbano durante los años ochenta, los libaneses adinerados trasladaron a sus familias y sus fortunas al principado. Cuando François Mitterrand llegó al poder en Francia, los aristócratas del país, temerosos de nuevos impuestos, ocultaron su dinero en los bancos monegascos. A veces llegaban maletas llenas de dinero en efectivo que debía depositarse, y Falciani veía a su padre contar el dinero a mano. Jamás se mencionaban los nombres de los clientes.

Falciani estudió Matemáticas y Física en la Universidad de Niza y después comenzó a trabajar en el Casino de Montecarlo, inicialmente en la sala de juego y más tarde en el banco interno del casino, que extiende líneas de crédito a los clientes ricos. En 2000 entró en el HSBC. En la época en la que empezó a trabajar allí, se descubrió que un empleado llamado Stephen Troth, que había tratado con clientes famosos en Mónaco, había robado millones de dólares de sus cuentas. «Utilizaba un sistema muy simple», me explicó Falciani, añadiendo a continuación que había seguido de cerca aquel escándalo. Cuando el fraude salió a la luz, la sucursal de Mónaco determinó que necesitaba mejorar la seguridad de su red interna, y Falciani era uno de los empleados que trabajaba en el diseño de sistemas perfeccionados. En 2006 fue trasladado a la filial del HSBC en Ginebra, donde emprendió un proyecto similar. Estaba entusiasmado con aquel nuevo desafío, recordaba: «Tenía grandes expectativas».

Los orígenes del HSBC, siglas en inglés de Corporación Bancaria de Hong Kong y Shanghái, se remontan a 1865 y su éxito temprano fue fruto del comercio del opio. El banco ha crecido sustancialmente a lo largo de las dos últimas décadas (en la actualidad ronda los cincuenta millones de clientes) y ha adquirido la reputación de no ser nada escrupuloso, incluso para los laxos estándares de la banca internacional. En 2012, una investigación del Senado estadounidense concluyó que el HSBC había trabajado con regímenes corruptos, financieros del terrorismo y narcotraficantes. El banco acabó reconociendo haber blanqueado más de ochocientos millones de dólares en ingresos procedentes del narcotráfico de los cárteles mexicanos y colombianos. Carl Levin, el legislador de Michigan que presidió la investigación del Senado, declaró que el HSBC fomentaba una cultura «de corrupción generalizada» que ponía los beneficios por delante de la diligencia debida. En diciembre de 2012, el HSBC evitó los cargos penales accediendo a pagar una multa de mil novecientos millones de dólares. El CEO de la empresa, Stuart Gulliver, dijo que «lamentaba profundamente» las transgresiones del banco. Ningún ejecutivo se enfrentó a penas.

El Private Bank de Ginebra se había integrado en el HSBC en 1999, cuando la compañía, que tiene su sede en Londres, adquirió el Republic National Bank, que había pertenecido a Edmond Safra, el financiero de origen libanés. Safra había estado viviendo entre sus hogares de Ginebra, Mónaco y la localidad de Villefranche-sur-Mer, en la Costa Azul, donde poseía una villa palaciega que había pertenecido antaño al rey Leopoldo II de Bélgica. Muchos de los clientes de Safra habían sido rusos presuntamente vinculados a la delincuencia. Como comentó en cierta ocasión un fiscal estadounidense, «El Republic National siempre tenía clientes muy interesantes que estaban en el punto de mira del Gobierno, quizá incluso más que otros bancos». Falciani me contó que, cuando llegó a Ginebra, se percató de que el HSBC estaba involucrado en un «fraude gigantesco». Los clientes no solo estaban colocando sus fortunas en cuentas «no declaradas» ante las autoridades tributarias; los banqueros del HSBC estaban ayudando activamente a sus clientes a ocultar su dinero, creando empresas pantalla y fideicomisos falsos en las Islas Vírgenes Británicas y en Panamá. En algunos casos, los banqueros llegaban a entregar a sus clientes fajos de cien mil dólares estadounidenses en billetes, permitiendo que volviese a girar la rueda del contrabando. En una investigación llevada a cabo posteriormente por la fiscalía francesa, un cliente del HSBC declaró que el banco le había dado instrucciones de «crear una compañía en Panamá con una cuenta en el HSBC de Lugano, a la que yo debía transferir todos mis activos, con el fin de no tener que pagar impuestos».

Al igual que muchos bancos suizos, el HSBC ofrecía cuentas «con retención de correspondencia», por la que se abstenían de enviar extractos y cualquier clase de correo a los clientes. Cabría suponer que los inconvenientes de un arreglo semejante harían que solo los pocos clientes que adoran la privacidad suscribirían ese tipo de cuentas, pero casi quince mil de ellos eligieron ese método, aproximadamente la mitad de los titulares de cuentas en la filial suiza del HSBC. Otro cliente interrogado en la investigación posterior recordaba que, cuando deseaba realizar un depósito, se reunía con su gestor de cuentas en un lugar público. «Yo le entregaba un sobre con el dinero en efectivo –explicó–. Y unos días más tarde él me comunicaba por teléfono que los fondos se habían abonado en mi cuenta en Suiza». El HSBC tiene numerosas oficinas en París, pero, según la investigación francesa, cuando los banqueros suizos visitaban allí a sus clientes, preferían quedar en cafés; en un espíritu similar de ocultación, los titulares de cuentas utilizaban teléfonos públicos para llamar a Suiza. Un cliente señaló que los encuentros furtivos cara a cara ofrecían «cierta tranquilidad respecto del dinero que tenía en Suiza, puesto que no disponía de ningún documento ni de nada que atestiguase que tenía una cuenta».

Aunque las conductas que Falciani presenciaba pudieran haber sido ilegales, constituían una práctica bastante habitual por parte de los bancos suizos en aquella época. Un informe del Senado estadounidense de 2014 describe a un banquero de Crédit Suisse que viajó a Estados Unidos para reunirse con un cliente para desayunar en un hotel de la cadena Mandarin Oriental, donde le hizo entrega de un ejemplar de *Sports Illustrated*, entre cuyas páginas se ocultaban extractos de cuentas. Los bancos suizos enviaban habitualmente emisarios para captar a nuevos clientes en exposiciones de arte y regatas, y la ilegalidad del servicio estaba implícita en el reclamo publicitario: si abre una cuenta en nuestro banco, su fortuna estará exenta de impuestos. No es ilegal que una persona o una corporación tenga una cuenta en un banco suizo ni que practique la «elusión» fiscal, esquivando los requisitos tributarios mediante acrobacias contables y explotando los vacíos legales. Pero la evasión fiscal, en la que se oculta la riqueza a las autoridades de manera deliberada, es ilegal, y el comportamiento de los banqueros suizos sugería con frecuencia que estos sabían que estaban cruzando la línea. Según el testimonio de una persona que participó en un proceso penal en Florida en 2014, los representantes del banco suizo UBS, que viajaban a eventos tales como Art Basel para reclutar a clientes, llevaban consigo ordenadores portátiles encriptados que estaban configurados con una contraseña de emergencia, de suerte que podían borrar el disco duro con tan solo pulsar unas pocas teclas. Un banquero suizo anónimo, en declaraciones al *New York Times*, recordaba haber dicho a sus colegas: «Todos tenemos un pie en la cárcel». Y comentó al periódico: «Quizá por eso cobrábamos tanto».

La mayoría de los bancos suizos tenían procedimientos de cumplimiento destinados a evitar la evasión fiscal, el blanqueo de dinero y otros delitos financieros. Pero Sue Shelley, que hasta 2013 fue la vicepresidenta ejecutiva del HSBC encargada de la normativa en Luxemburgo y que trabajaba en estrecho contacto con la filial de Ginebra, me contó que «en realidad el cumplimiento quedaba relegado a un segundo plano» respecto de la obtención de beneficios. Shelley descubrió que, cuando los empleados encargados de la normativa formulaban demasiadas preguntas acerca de los grandes depósitos de origen sospechoso, corrían el riesgo de ser marginados. El cumplimiento se percibía con frecuencia como si se tratase de «un departamento de obstrucción de los negocios», y en consecuencia la división padecía una falta crónica de personal. «Cada vez nos topábamos con más señales de alerta, sin disponer de los recursos para ocuparnos de ellas», me explicó. Cuando pregunté a Falciani acerca de los procedimientos de cumplimiento en el banco, me contestó: «Se limitan a hacer unas cuantas comprobaciones». Me dijo que él había intentado hacer sonar la alarma internamente, pero le habían ignorado; una afirmación que el banco cuestiona. Para Falciani, los banqueros del HSBC eran poco más que delincuentes con trajes de raya diplomática. «Pasé demasiados años esperando que algo cambiase», se lamentó. Finalmente tomó cartas en el asunto.

* * *

Todo comenzó con la acumulación gradual de datos de clientes. En teoría, esto debería haber sido imposible: un principio de seguridad en los bancos suizos es que la información de los clientes se distribuye de manera «celular», de forma que ningún individuo tiene acceso a demasiados datos. El sistema informático del banco estaba «subdividido en compartimentos estancos», sostiene Falciani, y cada empleado recibía instrucciones de no ir más allá de lo que sucedía fuera de la pantalla de su ordenador. Con el fin de preservar el anonimato de las cuentas, solo unos pocos empleados conocían la identidad que se ocultaba detrás de cada retahíla de números de cuenta. Pero, al igual que Edward Snowden, con quien siente una fuerte afinidad, Falciani era un experto en sistemas. Su competencia técnica le permitía superar el *software* de seguridad del banco. En Ginebra estaba trabajando en un nuevo sistema de gestión con los clientes. Un día, mientras recopilaba datos de la red interna del banco, dice, se topó con información a la que no debería haber tenido acceso: no solo los nombres y números de cuentas de los clientes, sino también las notas confidenciales que los banqueros del HSBC mantenían sobre sus reuniones con ellos. «Jamás había oído hablar de esa clase de contenido en el sistema informático», declararía posteriormente Falciani a los investigadores. Los datos se actualizaban en tiempo real; al parecer había tropezado con un agujero de gusano que encerraba los más profundos secretos del banco. Incluso pudo acceder a los detalles de su propia cuenta bancaria.

En ese momento, otro técnico informático se habría apresurado a informar a sus superiores acerca de la vulnerabilidad. Falciani no hizo tal cosa. Nadie sabe con exactitud cómo robó Falciani un volumen tan asombroso de datos sensibles. Alexandre Zeller, que por aquel entonces era el jefe de las operaciones suizas del HSBC, ha hablado del robo como si se tratara de un truco de magia. En una declaración ante los investigadores franceses, Thibaut Lestrade, un técnico de la administración tributaria francesa, elogiaba la asombrosa capacidad de Falciani: «No habría bastado con apretar un botón y copiar todos los datos. Había información procedente de varios sistemas diferentes, que sospecho que no se habían creado para estar conectados entre sí». Un expediente de investigación confidencial compilado por las autoridades suizas observa que Falciani posee «cierto talento para la computación» y le describe como «un autodidacta» y «un apasionado de la exploración de datos y el establecimiento de vínculos entre ellos».

Cuando pregunté a Falciani cómo había evitado que se activasen las alarmas digitales, me explicó que contó con la ayuda de una misteriosa liga de profesionales de ideas afines.

—Comenzamos a elaborar una estrategia —me dijo.

—¿Quiénes son esos profesionales? —le pregunté.

—La Red.

—¿Cuántas personas integran la Red? —inquirí de nuevo.

—No quiero dar demasiados detalles. —Sonrió crípticamente.

Según Falciani, la Red era una difusa agrupación de «cruzados en contra de la evasión fiscal» integrada por funcionarios del orden público, abogados y espías. Me contó que la Red no solo le había ayudado a robar los datos, sino que también le había facilitado la huida a Francia. El HSBC, que llevó a cabo una investigación interna después de que Falciani fuese declarado fugitivo, mantiene que su historia sobre la Red es un ardid y que tenía un único cómplice: una libanesa de treinta y cuatro años llamada Georgina Mikhael, a la que habían nombrado administradora técnica del HSBC en septiembre de 2006.

Mikhael, que posteriormente regresó a Beirut, tiene una voz ronca, unos grandes ojos negros y el cabello de color caramelo. Falciani y ella trabajaban en despachos adyacentes y se hicieron muy amigos. Solían salir del edificio para tomar café o ir juntos al gimnasio. Mikhael sabía que Falciani estaba casado, pero sentía que él era infeliz en su matrimonio y que la miraba, diría más tarde, como si «me devorara con los ojos». No tardaron mucho en tener una aventura.

* * *

El fiscal de Niza, Éric de Montgolfier, descubrió que los ficheros del disco duro de Falciani estaban encriptados: una mezcolanza ininteligible de nombres, nacionalidades, números de cuentas y montos de depósitos. Por consiguiente, las autoridades francesas crearon un grupo de trabajo para decodificar la información en una intervención que acabaron llamando operación Chocolate. («Un nombre estúpido –reconoció un funcionario francés–. Pero no íbamos a llamarla operación HSBC». En febrero de 2009, veinte especialistas se reunieron en un hotel de Niza y se pusieron manos a la obra, en estrecha colaboración con Falciani, quien les facilitó contraseñas para descifrar la información y les asesoró sobre la manera de organizarla. A finales del verano habían extraído una lista de cien mil nombres, que estaban conectados con cuentas del HSBC. Éric Woerth, en aquel momento ministro francés del Presupuesto, anunció que su Gobierno había identificado a tres mil contribuyentes que tenían cuentas no declaradas en Suiza: «Esta es la primera vez que disponemos de esta clase de información: precisa, con nombres, números de cuentas y sumas depositadas. Se trata de algo excepcional».

Los funcionarios suizos amenazaron con detener una serie de iniciativas entre ambos gobiernos, no relacionadas con el asunto, si los franceses rehusaban devolver los datos. El periódico suizo *Le Temps* describió el enfrentamiento a propósito de los ficheros de Falciani como «un terremoto diplomático». Un funcionario judicial suizo envió a Montgolfier una encendida carta en la que le decía que Falciani no solo había perjudicado al banco, sino que había atacado asimismo al Estado suizo. «Aquello era insólito –sentenció Montgolfier–. Resulta que perjudicar al HSBC suponía perjudicar a Suiza».

La agitación de los suizos no debió de causar sorpresa. La entrega de Falciani de los datos del HSBC a los franceses suponía una afrenta a la tradición suiza del secreto financiero. En 2007, un banquero estadounidense que había trabajado para UBS en Ginebra, Bradley Birkenfeld, acudió a las autoridades de Estados Unidos con información relativa a la ayuda que el banco había prestado a miles de estadounidenses para evadir impuestos. El propio Birkenfeld había proporcionado diversos servicios «de asistencia personal» para la evasión fiscal: en cierta ocasión había comprado diamantes para un cliente norteamericano y acto seguido los había introducido de contrabando en Estados Unidos dentro de un tubo de dentífrico. «Se trataba de una maquinaria orquestada de blanqueo de dinero y evasión fiscal –me aseguró Birkenfeld–. En Suiza puedes hacer lo que te venga en gana. ¿Quiere usted entrar por la puerta con cien millones de dólares? Puede depositarlos. Que tenga un buen día. Jamás volverá a pagar impuestos». Aunque el Banco Central Europeo planea eliminar los billetes de quinientos euros, dado que los billetes de alto valor son más útiles para los delincuentes, Suiza tiene todavía uno de mil francos (unos mil dólares). «Tienen la denominación monetaria más elevada del mundo, ¿qué le dice eso? –dijo Birkenfeld–. Una vez, en Ginebra, pagué con un billete de mil francos suizos un paquete de chicles. El tipo del mostrador ni pestañeó».

A resultas de la filtración de Birkenfeld, UBS se vio obligado a entregar al Servicio de Impuestos Internos (IRS en sus siglas en inglés) los datos de más de cuatro mil quinientos clientes con cuentas no declaradas, y el banco acabó pagando una multa de setecientos ochenta millones de dólares. En 2008, el ministro de Economía de Suiza, Hans-Rudolf Merz, advirtió a otros países que, si el mundo intentaba tomar medidas enérgicas contra el secreto bancario suizo, era probable que «se metiese en un berenjenal». Cuando el Grupo de los Veinte (G20) se reunió en Londres en 2009, las cuentas en paraísos fiscales y la evasión de impuestos ocupaban por vez primera un lugar prioritario en la agenda, bajo la rúbrica «El fin del secreto bancario». La neutralidad es otra preciada tradición suiza, pero ahora los vecinos más próximos al país helvético estaban poniendo sobre la mesa las formas en las que el secreto bancario había enriquecido el país a expensas de otras naciones. Como sugiere Nicholas Shaxson en su libro *Las islas del tesoro: Los paraísos fiscales y los hombres que se robaron el mundo*, el sector bancario suizo se basaba en la idea de que «resulta perfectamente aceptable que una jurisdicción ejerza su derecho soberano a enriquecerse socavando las leyes y las reglas soberanas de otros lugares».

En este contexto político, la lista Falciani representaba una amenaza existencial para la economía suiza. Los ficheros habían terminado en manos de los franceses, pero contenían datos incriminatorios relacionados con clientes del HSBC del mundo entero. No transcurrió mucho tiempo hasta que otros gobiernos comenzaron a pedir a los franceses que compartieran la información. A inicios de 2010, las autoridades tributarias del Reino Unido preguntaron si figuraban contribuyentes británicos en la lista, y los funcionarios parisinos les entregaron varios miles de nombres. El mes de mayo siguiente, la policía de Italia anunció que había recibido información relativa a titulares de cuentas italianos. El escándalo se reveló mientras el primer ministro italiano, Silvio Berlusconi, estaba siendo investigado por fraude fiscal, y las filtraciones a la prensa revelaron que aparecían en la lista muchos italianos prominentes, desde una princesa romana hasta el joyero Gianni Bulgari. La prensa italiana la bautizó como el *elenco della vergogna*, la lista de la vergüenza. Asimismo, las autoridades francesas compartieron parcialmente la lista con Argentina, Rusia, Canadá, Australia, Suecia, Bélgica, España, Alemania y la India (donde los fondos ocultos se describían como «dinero negro»).

Estallaron escándalos en todos los países, pero el caso más sonado fue el de Grecia, que ya estaba sufriendo la crisis económica mundial. En 2010, Christine Lagarde, que por aquel entonces era la ministra francesa de Economía, compartió dos mil nombres de la lista de Falciani con su homólogo griego, George Papaconstantinou. Según un estudio realizado por investigadores de la Universidad de Chicago y de Virginia Tech, en 2009 los contribuyentes griegos dejaron de declarar nada menos que veintiocho mil millones de euros, aproximadamente el 12 por ciento del producto interior bruto del país. Grecia había acumulado una deuda gigantesca y, para reducirla, Papaconstantinou había promulgado severas medidas de austeridad, recortando pensiones y salarios y subiendo impuestos, aun cuando muchos griegos estaban sufriendo dificultades económicas desesperadas. Sin embargo, cuando Papaconstantinou conoció los nombres de los griegos adinerados que ocultaban sus fortunas en paraísos fiscales, el Gobierno no tomó ninguna medida. En 2012, la revista griega *Hot Doc* publicó una versión de la lista. El sucesor de Papaconstantinou, Evangelos Venizelos, alegó inicialmente que no la conocía. Más tarde anunció que había descubierto en un cajón de su despacho un pendrive que contenía datos de Falciani y se lo había entregado a las autoridades. Cuando la fiscalía solicitó a París una copia actualizada de la lista griega y la comparó con los datos proporcionados por Venizelos, descubrió que en el pendrive faltaban tres nombres. Los tres eran parientes de Papaconstantinou, quien fue acusado de manipular la lista y condenado a una pena que no llegó a cumplir por suspensión de sentencia.

Aunque el Gobierno suizo parece haber comprendido rápidamente las posibles repercusiones de la lista Falciani, la dirección del HSBC tardó en entender la magnitud de su apurada situación. Alexandre Zeller, el director de la filial suiza del HSBC, restó importancia a la pérdida de datos aduciendo que aquello solo afectaba a una decena de clientes. Zeller no comprendió que era una brecha de dimensiones históricas hasta diciembre de 2009, cuando los franceses compartieron por fin la lista completa con los suizos. Los ejecutivos del HSBC quedaron estupefactos cuando a Falciani lo aclamaron posteriormente por toda Europa como el «Edward Snowden de la banca», en parte porque habían llegado a la conclusión de que sin duda era alguien más siniestro de lo que pensaban.

* * *

La Asociación de Banqueros Suizos, un grupo empresarial, mantiene un sistema de alerta internacional que permite que los bancos participantes emitan boletines de seguridad a otros bancos. El sistema lo supervisa la policía suiza y, en febrero de 2008, un oficial reparó en una publicación de una mujer llamada Samira Harb, que trabajaba en el Banco Audi en el Líbano. Harb explicaba que se había reunido recientemente con un hombre que estaba tratando de vender una base de datos que contenía lo que parecía ser información sobre clientes privados de un banco suizo. En una entrevista posterior con las autoridades helvéticas, Harb declaró que había quedado desconcertada por lo que le ofrecía aquel hombre, a quien le había señalado: «Mi propio nombre podría acabar en la lista si tuviera una cuenta». El hombre respondió con agresividad. Abriendo un portátil Mac, le mostró una hoja de cálculo que contenía números de cuentas, direcciones y datos sobre puestos de trabajo. Cuando Harb le preguntó cómo había obtenido esa información, se mostró evasivo, diciendo que había empleado «tecnologías de la información». Harb declinó la oferta del hombre, pero conservó su tarjeta de visita. Esta le identificaba como Ruben al-Chidiak. Viajaba con una socia, una libanesa llamada Georgina Mikhael.

En Berna, una fiscal federal llamada Laurence Boillat abrió una investigación. No había constancia de ningún Ruben al-Chidiak en Suiza, y el nombre sonaba ficticio. Pero Georgina Mikhael sí que trabajaba en el HSBC en Ginebra. Boillat puso a Mikhael bajo vigilancia, lo que incluía intervenirle el teléfono móvil. No parecía que se comunicara con Al-Chidiak, pero Boillat determinó que mantenía una aventura con un colega casado, Hervé Falciani. Mikhael intercambió más de quinientas llamadas telefónicas y mensajes de texto con Falciani. Durante un chat de mensajes instantáneos por Skype, ella parecía preguntarle por la transferencia de información sobre clientes a un pendrive. «¿Has cometido un pecado? —escribió—. Has de tener cuidado, cariño». Hacia finales de 2008, la vigilancia reveló que Mikhael estaba planeando dejar su empleo y regresar a Beirut. Boillat y un equipo de investigadores abordaron a Mikhael en su despacho. Ella confirmó inmediatamente que Al-Chidiak era en realidad Falciani y se comprometió a cooperar.

Mikhael contó a los investigadores que Falciani había pretendido usar su base de datos no para poner al descubierto la evasión de impuestos, sino para ganar dinero. Estaban enamorados, explicó. Le dijo que quería dejar a Simona. «Pensaba que Hervé hablaba en serio y que podíamos imaginar un futuro juntos», declaró. Pero Falciani le comentó que necesitaba recaudar dinero para financiar el divorcio. (Simona estaba al tanto de la relación, contó Mikhael a los investigadores, y añadió: «[Pero] no sé si está enterada de la historia de los datos»). Los bancos privados intentan habitualmente pescar a los clientes ricos. Mikhael contó a los investigadores que Falciani y ella habían viajado a Beirut para vender los datos sobre los clientes del HSBC a otro banco. Antes de partir, habían creado una empresa con sede en Hong Kong, Palorva, cuyo nombre era una mezcla de «Palomino», el apodo de Mikhael, y «Hervé». Crearon una página web y anunciaron su lema: «Los negocios son el arte de extraer dinero del bolsillo de otro hombre sin recurrir a la violencia». La web decía que Palorva podía ayudar a los bancos a reclutar nuevos clientes explorando las bases de datos públicas en busca de información. Falciani creía que debía usar un alias, dijo Mikhael. Buscando «un nombre que resultase familiar a sus interlocutores libaneses», decidió que Ruben al-Chidiak sonaba convincentemente árabe. Imprimieron tarjetas de visita –Al-Chidiak aparecía como «jefe de ventas» de Palorva– y en febrero de 2008 volaron al Líbano; habían utilizado la tarjeta de crédito del HSBC de Simona Falciani para comprar los billetes.

Además del Banco Audi, se reunieron con otros cuatro bancos, pero no realizaron ninguna venta. Según Mikhael, Falciani viajaba a todas horas con un espray de pimienta y una navaja. (Él niega este extremo, diciendo: «Ese no es mi estilo»). Cuando le pregunté a Falciani si tenía una aventura con Mikhael, me respondió que sí, pero añadió: «No era nada especial». En Beirut, la pareja paseó por la Corniche, y Mikhael presentó a Falciani a su familia. «Georgina pensaba que íbamos a instalarnos en el Líbano –testificó posteriormente Falciani en una declaración en Francia–. Yo dejé que pensase que compartía la misma idea». Pero, una vez que regresaron a Suiza, la relación se deterioró. Mikhael se percataba de que cada vez que una nueva joven empezaba a trabajar en el banco, Falciani la seguía por todas partes «exactamente como había hecho conmigo». Finalmente, declaró a los investigadores suizos, se dio cuenta «de que no estaba dispuesto a dejar a su mujer». En un momento dado, ella le envió un correo electrónico: «¡¡El trato que hemos hecho no dice que no debas llamarme jamás!! Según he podido saber, has estado pasando unos fines de semana geniales». Al parecer, Falciani había empezado a verse con otras mujeres. Más tarde, cuando los investigadores suizos analizaron su teléfono móvil, encontraron un contacto con el nombre «Myriam Gobierno». ¿Se trataba de una relación con alguien de un servicio de inteligencia extranjero? ¿Era alguien de la Red? Cuando comprobaron el número y citaron a la mujer para interrogarla, descubrieron que Myriam era una estudiante de Filosofía y secretaria a tiempo parcial oriunda de Ginebra, «una conquista romántica» de Falciani, en palabras de un investigador. (Aparentemente, Falciani, consciente de que su esposa o su amante podían inspeccionar su lista de contactos, había añadido «Gobierno» para no levantar sospechas).

Mikhael acabó llegando a la conclusión de que su examante era «un mentiroso, un manipulador nato, un seductor, un artista del ligue». Falciani me aseguró que nunca había pretendido vender ficheros en Beirut. Por el contrario, estaba al tanto de los sistemas de alerta de la Asociación de Banqueros Suizos y había concertado reuniones en Beirut con la intención expresa de disparar el sistema de alarma; así lograría que las autoridades suizas desvelaran las prácticas delictivas del HSBC. «Era una trampa», dijo.

¿Por qué forjarse una identidad falsa? Falciani me explicó que sus amigos de la Red habían empezado a sospechar de Georgina Mikhael y su súbita aparición en Ginebra. «Tal vez la presencia allí de esa chica encerrara algún misterio —dijo Falciani—. No tenía ninguna experiencia en banca».

«¿Para quién pensaba usted que trabajaba?», le pregunté.

Falciani echó un vistazo con aire teatral por el local antes de inclinarse hacia mí y susurrar: «Hizbulá».

Le miré con perplejidad. Había veces en las que Falciani me recordaba a Chuck Barris, el presentador de *The Gong Show* que, en sus memorias de 1984, *Confesiones de una mente peligrosa*, declaraba haber llevado secretamente una doble vida como asesino de la CIA. Con el fin de esclarecer si Mikhael era una espía de Hizbulá, me dijo Falciani, la puso a prueba viendo si tenía los medios para conseguirle «una auténtica identidad falsa»: un pasaporte libanés y un documento de identidad con un seudónimo. Sus acciones parecían extrañas, admitía Falciani, pero había que entender que durante aquella época acudían a Ginebra personas peligrosas demasiado interesadas en él. Me preguntó: «¿Ha leído acerca del secuestro?».

Una noche de agosto de 2007, Falciani estaba caminando por el distrito ginebrino de Champel cuando una furgoneta se detuvo de repente a su lado. Los hombres que ocupaban el vehículo «me metieron dentro mientras me apuntaban a la cabeza con una pistola —recordaba—. Me descubrí en el sótano de una iglesia ante dos hombres. Un tipo grande pelirrojo que hablaba un francés impecable y un tipo superduro de cabello castaño». Eran agentes del Mossad y el Gobierno israelí necesitaba su asistencia. Al parecer se había infiltrado un topo islamista en el HSBC. ¿Les ayudaría él a desenmascarar al infiltrado? Aceptó la misión.

Al menos esa era la versión que Falciani había contado al diario francés *Nice Matin*. Cuando le insté a que me hablara de aquel episodio, cambió la historia. «Mis amigos organizaron el secuestro», me dijo. Lo había organizado la Red.

¿Así que los secuestradores no eran en realidad agentes del Mossad?

«Era una falsificación real —replicó Falciani—. Como una identidad falsa real». Concedió que en todo lo relacionado con el HSBC «hay un montón de cosas falsas reales».

En 2010, la fiscalía suiza preguntó a Mikhael acerca de la historia del Mossad. «Estoy convencida de que es pura invención», dijo ella. Había iniciado una demanda por difamación contra Falciani en París, insistiendo en que ella no es ni una terrorista ni una espía, y aduciendo que las alegaciones de Falciani son «dignas de una novela negra». (Por medio de un abogado, Mikhael rehusó hablar conmigo, pero el abogado reiteró que ella jamás ha pertenecido a Hizbulá; añadió que es cristiana).

En París me reuní con Christian Eckert, el ministro francés de Presupuesto, que había escrito un informe sobre Falciani y sus revelaciones. El Gobierno francés no solo ha alardeado de lo revelado por Falciani; ha librado una batalla internacional significativa para protegerle del procesamiento por parte de los suizos. Eckert reconocía que Falciani «tiende a idealizar un poco sus historias». No obstante, insistió en que las autoridades financieras habían confirmado «la autenticidad de las informaciones que él había facilitado». Incluso si Falciani no fuera en todo momento una persona fiable, el Gobierno francés no mostraba ningún arrepentimiento. Cuando aludí a la opinión de Georgina Mikhael de que Falciani es a fin de cuentas un estafador y un vulgar ladrón, Eckert hizo una mueca de profundo desagrado y farfulló «Salope», zorra en francés.

* * *

Hasta hace poco tiempo, parecía imposible avergonzar a los suizos para que rompieran su tradicional secreto bancario. En los años noventa, cuando los investigadores estadounidenses acudieron en busca de bienes saqueados a los judíos durante la Segunda Guerra Mundial, el Gobierno suizo se cerró en banda. Pero para 2012 las revelaciones de Falciani y otras presiones amenazaban con arrollar la resistencia suiza a la transparencia. En 2010, el Congreso de Estados Unidos promulgó una ley que requería que los bancos extranjeros facilitasen al Servicio de Impuestos Internos (IRS) los nombres y datos de las cuentas de los clientes estadounidenses. La Organización para la Cooperación y el Desarrollo Económicos, mientras tanto, modificó una convención sobre asistencia administrativa mutua en materia fiscal con el fin de que los bancos suizos pudieran verse obligados a divulgar información sobre sus clientes. En febrero de 2012, la fiscalía de Nueva York acusó a Wegelin & Company, el banco más antiguo de Suiza, de blanqueo de dinero e instigación a la evasión fiscal. Se logró el cese efectivo de las actividades del banco. La canciller Angela Merkel enfureció a los funcionarios suizos cuando anunció que el Gobierno alemán pagaría de buen grado a un empleado de un banco suizo que estuviera ofreciendo vender información sobre las cuentas secretas de algunos contribuyentes alemanes. «Si esos datos son relevantes, deberíamos intentar hacernos con ellos», dijo. Aquello estableció un precedente aterrador para los bancos suizos. Oswald Grübel, el director general de UBS, declaró: «Si los gobiernos están dispuestos a comprar datos ilegales, eso cambia el mundo».

El 30 de junio de 2012, Falciani viajó al puerto meridional de Sète, donde embarcó en un ferri con destino a Marruecos y con escala en España. Sus razones para ir a España nunca han estado claras. Oí un rumor en París de que iba allí a ver a una mujer. Pero Falciani, en su línea, me ofreció una explicación intrigante. Durante el verano de 2012, el Senado de Estados Unidos concluyó la investigación que revelaba que el HSBC había estado involucrado en blanqueo de dinero y que había facilitado las operaciones de varios cárteles de la droga mexicanos. Según Falciani, él había sido una fuente fundamental para la investigación, y sus simpatizantes en el Gobierno estadounidense le habían aconsejado que saliese de Francia. «En aquella época corría un riesgo enorme de que me matasen», me aseguró Falciani. (Un funcionario que había participado en el proceso abierto en el Senado me dijo que Falciani no había sido una fuente para la investigación).

A la mañana siguiente, temprano, el ferri llegó a Barcelona. Cuando Falciani desembarcó y presentó su pasaporte a los funcionarios de inmigración españoles, fue arrestado. Había estado seguro en París porque tenía un pasaporte francés y Francia rara vez extradita a sus propios ciudadanos. Pero Suiza había emitido una notificación roja (una orden internacional de detención) de Interpol, y los españoles optaron por respetarla. La acción colocó a las autoridades españolas en una posición un tanto incómoda, dado que en 2010 habían solicitado a los franceses la lista de Falciani. Los inspectores de Hacienda de Madrid realizaron posteriormente una serie de investigaciones de españoles prominentes que habían utilizado el HSBC para ocultar sus fortunas. Salió a la luz que Emilio Botín, el presidente del Banco Santander, era titular de una cuenta y fue obligado, junto con otros miembros de su familia, a pagar cerca de trescientos millones de dólares en impuestos atrasados.

Falciani contrató a un abogado para impugnar la extradición. A la espera de la resolución de su caso, fue enviado a la cárcel de Valdemoro, al sur de Madrid. Falciani se mostraba arrogante respecto del episodio: «Es duro para mi familia, pero yo soy una especie de Superman; a mí no me importa». Pasaba los días jugando al frontón con miembros de ETA, el grupo terrorista separatista vasco. Un sacerdote le prestó un libro sobre Julian Assange que leyó con gran interés.

En la audiencia de extradición celebrada en abril de 2013, Falciani apareció con gafas de gruesos cristales y una ridícula peluca marrón. El disfraz respondía a su propia seguridad, según explicaba en sus memorias: «Mi único temor era que alguien pudiera liquidarme antes de llegar al juzgado». Al alegar que no debía ser entregado a Suiza, Falciani se ofreció voluntario para colaborar con el Gobierno español en su batalla contra el fraude fiscal. «La lucha en pro de la transparencia financiera es fundamental», dijo. Un mes después, un tribunal español falló en contra de la extradición. Dado que el principio del secreto bancario no existe en la legislación española, argumentaba el tribunal, la violación de ese secreto en Suiza no constituía ningún delito en España.

Falciani insiste en que los cinco meses y medio que pasó en la cárcel española formaban parte de su gran proyecto. «Yo sabía que me encarcelarían —me explicó—. Pero tenía que huir de las amenazas a las que estaba expuesto y emprender la lucha contra el secreto financiero».

Pero ¿por qué España habría de ser más segura que Francia? Ante mi impaciencia e incapacidad de entender su lógica, dijo: «Porque sin duda estaría en la cárcel».

Tras su puesta en libertad, Falciani regresó a Francia, donde se le proporcionó protección policial. Montgolfier, el fiscal de Niza, declaró a *Le Temps* que las tentativas suizas de desacreditar a Falciani debían desestimarse. «Nadie parece dudar de lo que tenemos entre manos —aseveró—. No podemos cuestionar los datos». Falciani me contó que habían allanado su casa y que, como consecuencia de su notoriedad, a Simona, que se había quedado en Italia con Kim, la habían despedido de su empleo de vendedora en una zapatería. En las entrevistas ha adoptado un tono amenazador hacia sus antagonistas. «Me he vuelto más peligroso», declaró a *Le Monde* en 2013.

El Gobierno francés asegura que jamás ha pagado a Falciani a cambio de información, y él niega haber recibido nada de ninguno de los gobiernos que han utilizado sus datos para perseguir a los defraudadores fiscales. Pero, si Falciani hubiera sido compensado, semejante transacción no habría carecido de precedentes. En 2006, un antiguo empleado del Grupo LGT, un banco privado de Liechtenstein, ofreció los datos de centenares de cuentas a los servicios de inteligencia alemanes y al parecer recibió a cambio cinco millones de euros. Algunos funcionarios alemanes expresaron su malestar con el intercambio y con el respaldo de Angela Merkel a semejantes tratos. Kurt Lauk, el presidente del consejo empresarial de los demócratas cristianos, dijo: «Estamos enviando un mensaje a esos ladrones de datos: compraremos lo que robéis».

* * *

Georgina Mikhael ha dicho de Falciani: «Tiene una imaginación enorme. Desbordante». Sus extravagantes historias sobre agentes secretos y una red de piratas informáticos que se oponen a la evasión fiscal se asemejan a las fantasías de un paranoico o a los desvaríos de un fabulador. Pero en marzo de 2008, antes de huir de Ginebra, había enviado un correo electrónico a las agencias de inteligencia británicas y alemanas anunciando: «Tengo la lista completa de clientes de uno de los cinco bancos privados más importantes del mundo». (Las agencias no aprovecharon esa oportunidad). Había contactado asimismo con un inspector de fiscal francés llamado Jean-Patrick Martini. Durante el verano de 2008, Falciani organizó un encuentro secreto con Martini en un pueblo francés, al otro lado de la frontera suiza. Martini llevó consigo a un psicólogo, que le ayudó a concluir que Falciani parecía creíble en cuanto a la procedencia de sus datos. En una declaración posterior, Martini testificó: «Decía que había habido fraude, que el banco era cómplice en un buen número de irregularidades y que era importante poner fin a aquello. Yo siempre tuve la convicción de que actuaba movido por el puro deber cívico».

Después de cruzar a Francia en diciembre de 2008, Falciani volvió a reunirse con Martini, en un café del aeropuerto de Niza, y le hizo entrega de unos CD que contenían los datos del HSBC. Cuando Montgolfier y su equipo irrumpieron en el apartamento de los padres de Falciani, no estaban al tanto de que otro funcionario francés poseía ya una copia de la lista. Georgina Mikhael ha aseverado que las propuestas de Falciani a los gobiernos extranjeros eran simplemente una cobertura para vender con más facilidad los datos: si no lograba hacer un trato con un banco, buscaría un comprador entre los servicios de inteligencia. Era consciente de que Alemania había pagado millones al filtrador del Grupo LGT, el banco de Liechtenstein. En *La lista de Falciani*, un documental de 2015 del cineasta británico Ben Lewis, Mikhael dice que fue el trato de Liechtenstein lo que «le dio la idea de vender los datos a los servicios secretos».

Por supuesto, alguien puede sentir el deseo de desvelar irregularidades y querer al mismo tiempo recibir una recompensa por su esfuerzo. Los acuerdos gubernamentales con quienes ofrecen información valiosa se antojan con frecuencia moralmente confusos. En 2009, Bradley Birkenfeld, el banquero estadounidense que filtró documentos relativos a las actividades ilegales en UBS, acabó en prisión por su papel en la conspiración. Cumplió dos años y medio de condena. (Aunque UBS pagó una multa, ningún otro ejecutivo fue a la cárcel por las malas conductas desveladas por Birkenfeld). Tras su puesta en libertad, el banquero recibió una recompensa gubernamental de ciento cuatro millones de dólares, la mayor jamás pagada por el IRS.

En las terminales de los aeropuertos del mundo entero, el HSBC coloca anuncios que promocionan su presencia en todos los continentes y culturas. Aparece una imagen dos veces, con diferentes leyendas: un brazo tatuado es calificado de «moderno» en una de las imágenes y de «tradicional» en la otra, sugiriendo que el viajero cosmopolita necesita un banco global que capte las diferencias en la percepción cultural. Mientras la suerte de Falciani variaba según el momento, seguíamos en contacto por Skype, y yo pensaba a menudo en aquel anuncio. En Francia, Falciani parecía un denunciante; en Suiza parecía un ladrón. «Me dejé engañar por su encanto –dice Mikhael en el documental–. Pero me sigue asombrando que haya cautivado al mundo entero».

En diciembre de 2014, la fiscalía suiza acusó a Falciani de espionaje empresarial y robo de datos. Cuando se anunciaron los cargos, él parecía impertérrito. No acertaba a comprender por qué alguien cuestionaba la pureza de sus motivos. «He obrado con absoluta honestidad», me aseguró.

* * *

Un día de principios de 2014, alguien dejó un pendrive en el mostrador de recepción de *Le Monde* en París. Contenía una copia de los datos de Falciani. Hasta ese momento se habían publicado fragmentos de la lista, pero ningún medio de comunicación poseía una copia íntegra. Abrumados por la cantidad de información, los editores de *Le Monde* se unieron al Consorcio Internacional de Periodistas de Investigación para revisarla. En febrero de 2015, el proyecto, Swiss Leaks (Filtraciones Suizas), se tradujo en decenas de artículos en periódicos del mundo entero. La novedad y la importancia de la lista radicaban más en su magnitud que en los casos individuales de corrupción. No obstante, resultaba alentador poner rostros humanos (muchos de ellos célebres) en la historia. El *Guardian* y otros participantes en Swiss Leaks revelaron que la lista Falciani incluía a políticos, traficantes de armas y personas vinculadas con la financiación del terrorismo y el tráfico de diamantes de sangre. Stuart Gulliver, el CEO del HSBC, reconoció que la lista se había convertido en «una fuente de vergüenza».

Los clientes expuestos ofrecían a veces cómicas respuestas. El chef francés Paul Bocuse dijo que había «olvidado» que tenía una cuenta con 2,2 millones de euros. David Bowie explicó al *Guardian* que, aunque vivía en Manhattan, tenía residencia legal en Suiza desde 1976. Una persona cuyo nombre terminó en la lista, John Malkovich, demandó a *Le Monde* asegurando que jamás había tenido una cuenta no declarada en el HSBC. Hubo graves consecuencias para unos cuantos de los clientes cuyos nombres salieron a la luz. Por ejemplo, un tribunal francés condenó a Arlette Ricci, la heredera de setenta y tres años de la fortuna de Nina Ricci, a un año de prisión por fraude fiscal. Pero la inmensa mayoría de las personas identificadas como titulares de cuentas no declaradas no fueron procesadas. En lugar de ello, parece que llegaron a una serie de discretos acuerdos con sus gobiernos respectivos.

Cerca de tres mil cuentas tenían como titulares a contribuyentes estadounidenses. Cuando me reuní con Christian Eckert, el ministro francés de Presupuesto, me enseñó documentación oficial que indicaba que a principios de 2010 las autoridades de Estados Unidos habían solicitado asistencia francesa para conseguir los nombres de los estadounidenses que figuraban en la lista. En mayo de 2012, cuatro agentes del IRS y un fiscal del Departamento de Justicia volaron a París e interrogaron a Falciani en relación con su base de datos. «Quedo a su disposición», dijo este, según una transcripción de la reunión.

El Departamento de Justicia declinó hacer comentarios sobre su encuentro con Falciani, y el IRS denegó mi petición, al amparo de la Ley de Libertad de Información, de datos relativos a la posible utilización de la lista por parte del organismo para perseguir a los infractores tributarios. Pero en 2009 el IRS presentó un plan que permitía que los ciudadanos estadounidenses con cuentas no declaradas facilitasen voluntariamente los datos al Gobierno y pagasen los impuestos pendientes sin temor a sanciones penales. Los funcionarios del IRS mantienen que han recaudado más de ocho mil millones de dólares a través de este programa, y es lógico pensar que algunas personas que regularizaron de esta guisa su situación figurasen en la lista de Falciani. De hecho, existen evidencias de que las autoridades estadounidenses han empleado la lista para iniciar causas contra contribuyentes norteamericanos. Según una declaración jurada relacionada con una causa federal contra Eli y Renee Chabot, una pareja de Nueva Jersey, el Gobierno recibió en abril de 2010 un CD que contenía parte de la lista de Falciani, y los datos revelaron que los Chabot tenían varios millones de dólares en el HSBC de Suiza, en cuentas asociadas a una empresa llamada Pelsa

Business Inc. Los Chabot rehusaron facilitar información sobre las cuentas al IRS. El año pasado, un tribunal de apelación falló que en esa situación la Quinta Enmienda no los amparaba. Pero el caso contra ellos puede afrontar complicaciones. En el documental sobre Falciani, Victor Song, un exagente del orden del IRS, afirma que el Departamento de Justicia tomó la determinación de que la información de Falciani sería inadmisible en los tribunales estadounidenses por haber sido «sustraída de un banco en Europa».

* * *

El pasado noviembre, en un tribunal federal en Bellinzona, Suiza, un fiscal llamado Carlo Bulletti aseguró que Falciani no era ningún cruzado. «Toda la historia del caballero blanco es una sarta de mentiras», aseveró. Falciani estaba siendo juzgado *in absentia* por espionaje corporativo y robo de datos. Un antiguo supervisor suyo testificó que este se había quejado del coste de la vida en Ginebra y de su salario, que nunca superó los ciento treinta mil dólares. Laurent Moreillon, un abogado del HSBC, llamó a Falciani «ladrón de datos» y señaló que la brecha había sido devastadora para el banco, había abochornado a los titulares de las cuentas y había precipitado numerosos divorcios.

El abogado de Falciani, Marc Henzelin, negaba que su cliente hubiera atacado una fortaleza financiera. Los datos prácticamente «le cayeron en el bolsillo», por lo que Falciani quedó «preocupado» por la vulnerabilidad del *software* interno del banco. Henzelin reconocía que el viaje a Beirut no había sido «un episodio especialmente glorioso», pero sugería que Falciani había exagerado el componente de intriga de la historia. «Todo esto forma parte de un guion cinematográfico, pero no de una película muy seria», insistía. Falciani había ido al Líbano para vender datos, decía Henzelin, pero únicamente con materiales recopilados en internet. «No existe indicio alguno de que los datos que quisiera vender en Beirut fuese precisamente información del HSBC de Suiza», adujo Henzelin. La acusación alegaba que la privacidad de millares de honorables

clientes se había invadido, pero, como señaló Henzelin, eso resultaba difícil de mantener con los datos irrecusables de la lista. De los
seiscientos veintiocho nombres indios de la lista, solo setenta y nueve habían declarado sus bienes al Gobierno de su país. La proporción era similar en los casos de Argentina y Grecia. El economista
Gabriel Zucman estima que el 80 por ciento de los activos en paraísos fiscales se encuentran sin declarar. La evasión de impuestos
no era algo accesorio para la filial suiza del HSBC, concluía Henzelin; era la razón de ser del banco.

Suiza ha sido dura con aquellos que violan el secreto bancario:
Rudolf Elmer, un antiguo empleado del banco suizo Julius Bär, fue
procesado en 2011 por compartir información relativa a la evasión
fiscal y otras irregularidades con WikiLeaks. Elmer estuvo encarcelado durante doscientos días, una parte de ellos en régimen de aislamiento; dice que a su familia la acosaron detectives que trabajaban
para el banco. En la sociedad suiza, violar el pacto de confidencialidad conlleva correr el riesgo no solo de prisión, sino también de
ostracismo.

Durante el juicio, Falciani provocó a la fiscalía asistiendo a una
conferencia en Divonne, una ciudad termal francesa ubicada a un
kilómetro y medio de la frontera suiza. El título de la intervención
era «El periodismo de investigación en los tiempos de WikiLeaks».
Falciani llegó sin afeitar, con el cabello oscuro peinado hacia atrás,
vestido con chaqueta negra y pantalones vaqueros. Estaba bronceado y, con los destellos de los flashes, tenía el semblante cohibido de
una estrella de cine en un estreno. «Mi acción continúa dando fru-
tos –declaró Falciani–. Estoy trabajando con las administraciones y
los investigadores». Aunque se había quedado en Francia, se había
afiliado a un nuevo partido político español, el Partido X, y se presentó a las elecciones al Parlamento Europeo en 2014 en una plataforma anticorrupción y en favor de la transparencia. (El partido
no consiguió ningún escaño). Andaba promocionando asimismo
Earthquake on Planet Finance, donde relataba sus aventuras y recla-
maba una mayor rendición de cuentas en el sistema financiero internacional.

El libro es un documento extraordinario. Falciani escribe que la Red está integrada por «alrededor de cien personas que trabajan en pro de un mismo objetivo». Cuenta que, mientras estaba huyendo de Suiza, los activistas de la Red contactaban con él mediante un teléfono sin teclado, «de color blanco y del tamaño de una tarjeta de crédito, tan fino que podía esconderse entre las páginas de un libro». La descripción del dispositivo suena a algo que Apple venderá dentro de una década, pero Falciani lo describe como un dispositivo tecnológico patentado por la Red. En Beirut «siempre corría el riesgo de ser secuestrado». En España, los enemigos poderosos podían haber «simulado un accidente para eliminarme». Describe reuniones secretas en andenes de estaciones de tren y guardaespaldas que velan por él con tanta discreción que nadie salvo Falciani parece reparar en ellos.

En una rueda de prensa, un reportero le preguntó cómo había afrontado Simona sus problemas. «Ella es valiente, nunca me ha fallado», dijo, antes de añadir espontáneamente: «Jamás he tenido ninguna amante». Señaló que ya no vivía con su familia; inicialmente lo definió como «la elección de un estilo de vida», y después explicó que estaba tratando de proteger su seguridad. «Nos comunicamos por Skype», dijo. El hotel donde tenía lugar el evento era también un casino. Falciani parecía a sus anchas allí.

Unos días después, en Bellinzona, los abogados y el juez que presidía el tribunal pasaron la mañana debatiendo si, a la luz de la decisión de Falciani de boicotear su propio juicio, sus comentarios en Divonne se podían admitir como testimonio. (No acabó ocurriendo). El 27 de noviembre de 2015, Falciani fue acusado de espionaje corporativo agravado y le condenaron a cinco años de cárcel. El HSBC emitió un comunicado celebrando el veredicto y señaló que el banco «siempre ha mantenido que Falciani robó sistemáticamente información de los clientes con el fin de venderla».

Fue la sentencia más dura jamás dictada en Suiza por violación del secreto bancario. Pero las autoridades estaban librando a todas luces una batalla en la retaguardia. Marc Henzelin, el abogado de Falciani, observó que a su cliente lo estaban procesando mientras

Suiza sucumbía a la presión internacional para acabar por completo con el secreto bancario. «No es Falciani quien está siendo juzgado –aseguró Henzelin–. Es Suiza». Eckert, el ministro francés de Presupuesto, me confesó: «Creo que los suizos ya se han convencido de que el secreto bancario no tiene mucho futuro».

Los franceses están emprendiendo un proceso penal contra el HSBC por las revelaciones de Falciani y han acusado al banco de comercialización directa a los nacionales, blanqueo de dinero y facilitación del fraude fiscal. Pero en Suiza las autoridades suspendieron una investigación del HSBC después de que el banco accediese a pedir disculpas por sus «deficiencias organizativas» y a pagar una multa, llamativamente asumible, de cuarenta y tres millones de dólares. (El pasado año, los beneficios netos del HSBC superaron los trece mil millones de dólares).

Cuando pregunté a Birkenfeld, el exbanquero de UBS, por la multa que el HSBC tuvo que pagar en Suiza, se rio. «Yo tenía amigos que trabajaban en el HSBC que gestionaban cuentas de más cantidad», me comentó. El sistema está amañado, exclamó Birkenfeld: «El Gobierno suizo no puede investigar al banco. ¡Se estaría investigando a sí mismo!».

* * *

A los pocos días de la condena de Falciani, visité Ginebra. La ciudad parecía impecable y próspera. Al caer la noche, los letreros de neón con los logotipos de empresas relojeras y bancos suizos brillaban sobre el lago, que por el día parecía tan claro como el cristal. El HSBC se había trasladado recientemente de un viejo palacio a orillas del lago –heredado de Edmond Safra– a una hilera de hermosos edificios pintados en blanco. No me recibiría ningún ejecutivo, pero un portavoz de prensa británico de aire atribulado me escoltó a través de una serie de elegantes interiores de vidrio hasta una sala de conferencias en una planta alta y me aseguró que el banco ha cambiado. El HSBC prácticamente ha triplicado su número de empleados encargados de los procedimientos de cumplimiento, hasta nueve mil, y ha cesado de hacer operaciones en una docena de países. «El número de cuentas se ha reducido», señaló.

¿Dónde irán a parar los beneficios que el HSBC está perdiendo? A otros bancos, me dijo, o a otros países. El dinero tiende a moverse, y Suiza no es el único paraíso fiscal. Si acaba siendo poco práctico esconder fortunas allí, el dinero podría migrar a Singapur o, para el caso, a Norteamérica. Shruti Shah, el vicepresidente de Transparencia Internacional en Estados Unidos, descubrió recientemente que en estados tales como Delaware y Nevada resulta más fácil crear una empresa fantasma anónima que obtener un carné de biblioteca. Parece improbable que la reforma del sector bancario suizo disminuya la práctica generalizada de la evasión fiscal, puesto que los clientes ricos pueden simplemente transferir su dinero a un lugar de jurisdicción más laxa o convertir su dinero en arte, en oro o en algún otro activo de blanqueo fácil. El *Times* observó recientemente que combatir la evasión fiscal alcanzando acuerdos con un paraíso bancario particular es como «tapar un solo agujero en un colador».

Si la forma de proceder en el HSBC ha cambiado realmente es algo que está abierto al debate. Tras la implicación del banco en dar servicio a cárteles de la droga y a regímenes sancionados, el Departamento de Justicia de Estados Unidos designó a un supervisor independiente para evaluar los esfuerzos de reforma del HSBC. El verano pasado, el supervisor informó de que los empleados continuaban exhibiendo una falta de cooperación durante las auditorías internas. Los directores mantenían la misma estrategia de puertas para afuera que hacia el cumplimiento de la normativa interna: «Desacreditar, negar, desviar y retrasar».

Sue Shelley, antigua responsable del cumplimiento interno en Luxemburgo, había comenzado su carrera en el Midland Bank de Liverpool cuando era adolescente, destruyendo talonarios de cheques. A raíz de la fusión de Midland con el HSBC en 1992, creó un departamento de cumplimiento para la filial del HSBC en las Islas Caimán. Llegó a Luxemburgo en 2009 y quedó asombrada por las laxas precauciones en la filial, así como por la reacción de sus trabajadores a la filtración de Falciani. «Las medidas que vi que se adoptaron concernían más a la protección de datos, dificultando que los empleados extrajesen datos, que al problema subyacente, que era la evasión de impuestos», me explicó. En una serie de informes, Shelley expresaba su preocupación a la dirección y al consejo de administración acerca de clientes y transacciones sospechosos y acerca de la cultura permisiva en el banco. En respuesta, me dijo Shelley, la «intimidaron, aislaron e ignoraron». En 2013 llegó a sentirse consumida por el estrés. Notaba que estaba irritando a sus superiores con sus advertencias y que no lograba poner coto a otras irregularidades. Shelley sufrió lo que ella describe como «una especie de crisis nerviosa». Mientras estaba en casa recuperándose, el HSBC la despidió sin darle explicaciones.

Shelley llevaba treinta y seis años trabajando en la banca. Está segura de que la razón de su despido fue su negativa a ignorar las cuestiones relativas al cumplimiento. En 2014 ganó una demanda por despido improcedente. Su historia recuerda la de Carolyn Wind, que supervisaba el cumplimento y la prevención del blanqueo de dinero en las operaciones del HSBC en Estados Unidos y fue despedida en 2007. Wind declaró ante una subcomisión del Senado que había perdido su empleo porque había presionado para conseguir «recursos adicionales para el cumplimiento».

En abril de 2016, la lista Falciani quedó empequeñecida por la filtración de los Papeles de Panamá. Una fuente anónima publicó once millones y medio de documentos relacionados con las prácticas de Mossack Fonseca, sacando a la luz las transacciones financieras de una docena de jefes de Estado actuales y antiguos, y poniendo de relieve cuán extendido es por parte de la élite mundial recurrir a empresas pantalla y paraísos fiscales para ocultar su riqueza. La filtración documentaba que el HSBC y sus filiales habían creado en torno a dos mil trescientas empresas fantasmas, todas ellas registradas por Mossack Fonseca. Según un reportaje del *Guardian*, el HSBC había ayudado a mantener abiertas las cuentas bancarias suizas de Rami Makhlouf, el primo financiero del dictador sirio Bashar al-Assad, cuando se intensificaron las hostilidades en Siria.

(La familia de Makhlouf figura en la lista negra del Gobierno estadounidense desde 2007).

En un momento dado, varios altos ejecutivos del HSBC fueron convocados a una comisión de la Cámara de los Comunes de Londres para abordar las irregularidades en el banco. Cuando les preguntaron por qué no se había despedido a ningún alto ejecutivo tras la reciente serie de escándalos, Douglas Flint, el presidente del grupo, contestó que él era «un gran defensor de la responsabilidad individual», pero creía que en ese caso resultaría inapropiado «atribuir la responsabilidad a un único individuo». Stuart Gulliver, el CEO, dijo que, desde que asumiera el cargo en 2011, había implementado reformas «radicales». Pero resultaba difícil verle como un agente del cambio. Cuando los miembros de la comisión preguntaron cómo escogió percibir su retribución personal del banco, Gulliver reconoció que durante muchos años se le pagó mediante una empresa pantalla anónima que él había creado en Panamá a través de Mossack Fonseca. Gulliver insistía en que siempre había pagado sus impuestos y que empleaba la compañía fantasma panameña simplemente por «privacidad». Pero admitía su «incapacidad para convencer a nadie de que semejantes arreglos no se habían establecido por razones de evasión fiscal».

Falciani continúa residiendo en París, y la semana en la que se publicaron los Papeles de Panamá hablé con él por Skype. Acogió con beneplácito la filtración, me dijo, pero albergaba dudas acerca de las posibilidades de cambios de mayor alcance. El sector bancario, comentó, efectuará las mínimas reformas necesarias para apaciguar la indignación. Después los ejecutivos descubrirán la manera de manipular el nuevo marco regulatorio. Los banqueros, observó Falciani, tienen una gran «capacidad de adaptación».

Mencionó la enorme suma que Bradley Birkenfeld percibió por dar la voz de alarma sobre UBS y dijo que Francia necesitaba seguir el ejemplo de Estados Unidos y crear incentivos para los denunciantes. Falciani parecía un tanto melancólico, y se me ocurrió que uno de los problemas de adoptar la posición de defensor de la transparencia para permanecer fuera de una celda de prisión suiza es que estás obligado a seguir haciéndolo. Le pregunté si le había merecido la pena poner su vida patas arriba. Vaciló y luego contestó que sí. «La gente solía relacionar Suiza con el chocolate, los relojes y los ricos —señaló—. Ahora también se piensa en la corrupción».

Falciani acabó afincándose en España con protección ofrecida por las Naciones Unidas. En 2018 fue arrestado de nuevo en Madrid, porque las autoridades suizas habían continuado presionando para lograr su extradición. Pero un tribunal español rechazó una vez más la entrega. Cuando fue detenido, Falciani estaba a punto de dar una conferencia en una universidad. El título de la charla era «Cuando contar la verdad resulta heroico».

EL PRÍNCIPE DE MARBELLA

La batalla de varias décadas para atrapar a un escurridizo traficante de armas internacional (2010)

El palacio de Mifadil, una de las varias residencias del adinerado traficante de armas sirio Monzer al-Kassar, es una mansión de mármol blanco con vistas sobre la localidad turística de Marbella, en la costa meridional de España. Rodeada de exuberantes jardines y vigilada por tres mastines, cuenta con un garaje para doce coches y una piscina con forma de trébol de cuatro hojas. Una soleada mañana de 2007, dos guatemaltecos llamados Carlos y Luis llegaron a la entrada principal. Uno de los socios de Al-Kassar acompañó a los hombres por la escalinata de mármol en curva hasta el gran salón. Al-Kassar los estaba esperando. Había acordado venderles armas por valor de varios millones de dólares para las Fuerzas Armadas Revolucionarias de Colombia, la organización narcoinsurgente sudamericana conocida como las FARC, que el Gobierno estadounidense considera un grupo terrorista.

Desde que se mudó a España unos treinta años atrás, Al-Kassar se había convertido en uno de los traficantes de armas más prolíficos del mundo. Aunque poseía una empresa de importación y exportación que realizaba negocios legítimos, había cultivado asimismo una reputación como traficante dispuesto a suministrar municiones a estados corruptos y grupos armados desafiando las sanciones y los embargos internacionales. Ha sido acusado de nu-

merosas transgresiones: alimentar conflictos en los Balcanes y So-
malia, obtener componentes de misiles de crucero antibuque para
Irán, abastecer al ejército iraquí en vísperas de la invasión estadounidense de 2003 y utilizar un jet privado para sacar mil millones de
dólares de Irak e introducirlos en el Líbano para Sadam Husein. Un
informe de Naciones Unidas de 2003 le tildaba de «destructor del
embargo internacional». En 2006, cuando el nuevo Gobierno iraquí
publicó su lista de los criminales más buscados, Al-Kassar ocupaba
el número 26. (Era «una de las principales fuentes de apoyo financiero y logístico» para la insurgencia, reconoció un oficial iraquí).
Las autoridades afirmaban que Al-Kassar había estado involucrado
en el contrabando de drogas, la financiación de grupos terroristas y
el asesinato de varios rivales y testigos en su contra. Expulsado de
Inglaterra y condenado *in absentia* por cargos de terrorismo en
Francia, por suministrar explosivos que se habían utilizado en un
atentado de 1982 en un restaurante en el barrio judío de París, llevaba treinta años en busca y captura.

A Al-Kassar le gustaba negar con socarronería los cargos contra
él, afirmando que jamás había traficado con drogas («¡Ni siquiera
fumo cigarrillos!») y asegurando que se había retirado hacía tiempo
del comercio de armas. Pero, junto con alfombras persas y flores de
seda, el gran salón estaba decorado con fotografías enmarcadas que
le mostraban posando con el hijo psicópata de Sadam Husein, Uday,
y con su viejo amigo Abu Abbas, el antiguo líder del Frente para la
Liberación de Palestina y responsable del secuestro del crucero italiano Achille Lauro en 1985. «¿Cómo sé yo quién es bueno y quién
es malo? –solía decir Al-Kassar a sus socios–. Las personas malas
para ti pueden ser buenas para mí».

Al-Kassar vivía en Marbella con su mujer Raghdaa y sus cuatro
hijos. Cortés en extremo y elegantemente vestido, proyectaba una
imagen de pícaro cosmopolita: hablaba media docena de idiomas,
tenía media docena de pasaportes y mantenía una flota de Mercedes, junto con un jet privado que él mismo pilotaba. Si sus invitados
eran fumadores, les ofrecía puros cubanos enrollados especialmente
para él, con una vitola que rezaba «M. al-Kassar» e incluía una di-

minuta fotografía de su hijo. Visitaba con frecuencia el casino en el cercano Puerto Banús para jugar al *blackjack* y pagaba siempre por sus fichas con el mismo cheque manoseado, que le devolvían una vez que había recogido sus ganancias. Lo exhibía con orgullo ante sus amigos como muestra de su destreza como jugador. «Solía verle en un bar o en una discoteca local, y era obvio que no tenía ni una sola preocupación en el mundo», me comentó Sam Wyman, un exagente de la CIA que había estado destinado en Oriente Medio y en España. Con el transcurso de los años, Al-Kassar había establecido poderosos vínculos con varios gobiernos y sus servicios de inteligencia, cuyos agentes se entrecruzan a menudo con el mundo del hampa. A resultas, gozaba de cierto grado de impunidad. «Era una persona protegida, en algunos respectos, en virtud de sus relaciones», me explicó Wyman. Esos contactos, junto con una sólida asesoría legal, habían permitido a Al-Kassar evitar durante tanto tiempo pisar la cárcel. En el mundo árabe era conocido como el Pavo Real. En Europa, la prensa le llamaba el Príncipe de Marbella.

«¡Bienvenidos!», exclamó Al-Kassar cuando entraron en el salón. Era un hombre apuesto de sesenta y pocos años, de nariz llena de personalidad, ojos que solía mantener entrecerrados y pelo gris cortado al rape, vestía un traje azul a medida y llevaba un cinturón Hermès con una hebilla en forma de H. «¿Qué queréis beber? Decidme». Preguntó a sus visitantes por su viaje y llamó a Carlos «hermanito».

«Necesitamos hablar», le dijo Carlos. Luis y él no solo estaban interesados en ametralladoras y lanzagranadas propulsados por cohetes, le explicó, sino también en misiles tierra-aire que pudieran utilizarse para derribar los helicópteros estadounidenses en Colombia. Al-Kassar les aseguró que sería capaz de conseguir lo que necesitaban. «Mirad lo que está ocurriendo en Irak —dijo—. Sirven para todo, para todos esos helicópteros». Mientras el viejo caniche blanco de Al-Kassar, Yogi, entraba y salía de la estancia, los hombres comentaban los peligros de hacer negocios por teléfono. Al-Kassar dio instrucciones a sus invitados para que le llamaran por una línea especial, diciéndoles: «Tengo el teléfono más seguro del mundo».

En un momento dado, Carlos se quejó de que Estados Unidos estuviese interfiriendo en las actividades de las FARC en Colombia. «Ajá —murmuró Al-Kassar con simpatía—. En todo el mundo», dijo. La afirmación no podía ser más acertada, incluso más de lo que Al-Kassar podría haber imaginado, porque mientras negociaba el trato se estaba registrando cada palabra que decía. Se había convertido en el objetivo de una operación encubierta internacional orquestada por una unidad secreta de la Administración para el Control de Drogas de Estados Unidos (la DEA, por sus siglas en inglés). Carlos y Luis trabajaban para Estados Unidos.

* * *

Un día de noviembre conduje hasta el cuartel general de la División de Operaciones Especiales de la DEA, en un parque empresarial como tantos otros, en las afueras de Washington D. C. Acudí allí para reunirme con Jim Soiles, un agente antidrogas que había pasado dos décadas persiguiendo a Al-Kassar. Alto e imponente, Soiles llevaba un traje de tres piezas, una corbata con un alfiler y una cadena de oro en la muñeca. Llevaba el pelo recogido en una coleta y tenía una barba entrecana pulcramente recortada. Soiles había crecido en Massachusetts, en una comunidad «devastada por las drogas», me contó. Tras graduarse por la Universidad del Nordeste y trabajar durante varios años como agente de policía, ingresó en la DEA y fue destinado a la ciudad de Nueva York en 1982. Con ochenta y cuatro oficinas en sesenta y tres países, la DEA cuenta con una red inusualmente extensa de agentes e informantes. Dado que a menudo existe un nexo entre el tráfico de estupefacientes y el de armas, el terrorismo y otros delitos internacionales, la selecta División de Operaciones Especiales de la agencia lleva a cabo a veces investigaciones multijurisdiccionales que acaban no teniendo nada que ver con las drogas. «Comenzamos con los antidrogas —me explicó Soiles—. A medida que se desarrolla la historia, nos va conduciendo a otros ámbitos».

A comienzos de los años ochenta, Nueva York era lo que Soiles denomina una «ciudad de entrada». La heroína y el hachís se introducían de contrabando desde Oriente Medio hasta Europa occidental y después hasta Nueva York, donde se distribuían por Estados Unidos. Siendo un joven agente, Soiles había interrogado a contrabandistas a los que habían arrestado, y muchos mencionaban a un sirio llamado Monzer al-Kassar. «Todos los tipos que atrapábamos mencionaban su nombre», recordaba Soiles. Se decía que Al-Kassar era el mayor narcotraficante de Europa. El nombre aparecía escrito de numerosas formas (Manzer, Mansour, Kazar, Alkassar), pero aparecía una y otra vez, llegando a figurar en más de setenta y cinco investigaciones de la DEA. Uno de los colegas de Soiles comparaba a Al-Kassar con Keyser Söze, el misterioso y semimítico villano de la película de 1995 *Sospechosos habituales.*

Al-Kassar nació en 1945 y creció en la localidad de Nebek, en las afueras de Damasco. Se ha descrito a sí mismo como «un campesino hijo de un campesino», pero su padre era un diplomático que sirvió como embajador de Siria en Canadá y la India. Monzer estudió Derecho, pero nunca ejerció, y en 1970 ya tenía sus primeros antecedentes penales por los que lo perseguía la Interpol, un arresto por robo en Trieste. «Tras la guerra del 67, muchos de los libaneses, jordanos y sirios más adinerados y competentes –habitualmente muy instruidos– salieron para ganar mucho dinero como fuese –me contó Wyman–. La industria armamentista y el mundo de la droga eran muy lucrativos; también el del terrorismo. Existía prácticamente una subcultura al respecto».

Según las autoridades, el mentor de Monzer era su hermano mayor Ghassan, que había ingresado en el narcotráfico en los años sesenta. Ghassan era más serio que Monzer. «La mayoría de nuestras fuentes decían que Ghassan era uno de los mejores traficantes –me comentó Soiles–. Ghassan era un delincuente íntegro». En los setenta, el valle libanés de la Becá se convirtió en una importante fuente de hachís y heroína, y a mediados de la década Al-Kassar vivía en Londres, en Sloane Square, y participaba en una compleja trama. Las drogas se sacaban de contrabando del Líbano en camiones frigoríficos de carne y luego se vendían para comprar armas, que volvían a introducirse de contrabando en el Líbano desde Europa. El entramado lo destaparon las autoridades británicas, y Al-Kassar cumplió una condena de menos de dos años en una prisión británica. (Años más tarde divertiría a sus amigos con ejemplos en jerga rimada cockney, que había aprendido allí). Durante los años ochenta, Al-Kassar comenzó a centrarse en el tráfico de armas. Ghassan había establecido contactos en la industria armamentística búlgara, y Monzer pasó algún tiempo en Sofía. No tardó en aprender búlgaro y entretenía a sus amigos locales de una manera que resultaba de un lujo desmesurado para los estándares del comunismo, colándoles en el único casino de la ciudad, donde a los locales no se les permitía entrar. Siempre llevaba consigo una gran cantidad de pistachos, su snack favorito, que no estaba disponible en Sofía en aquellos tiempos.

«Le gustaba gastar dinero», recordaba un viejo amigo que le había conocido allí, añadiendo a continuación: «Le gustaba correr riesgos». Ghassan y él discutían de vez en cuando a propósito de sus gastos. Al-Kassar no tardó mucho en encontrar otra fuente de armas, en Polonia, donde forjó una relación empresarial con un fabricante nacional, Cenzin. Se estableció como representante comercial de la República Democrática Popular de Yemen y viajó a Varsovia con un pasaporte diplomático yemení. A decir de un antiguo socio, a veces compraba por adelantado la producción de un año, convirtiéndose en el agente exclusivo *de facto* para Cenzin. Al obtener armas de los fabricantes del bloque oriental y canalizarlas hacia pequeños estados y grupos armados, Al-Kassar asentó la estrategia del famoso traficante de armas tayiko Viktor Bout, quien en la década de los noventa comenzaría a vender armamento excedente de la Guerra Fría.

El tráfico de armas es un delito particularmente esquivo. El derecho internacional suele ser poco efectivo, y la Interpol, que carece de facultad de detención, es poco más que un organismo informativo de las órdenes que las naciones, a título individual, pueden optar por no ejecutar. Además, un envío de armas puede representar una violación del derecho internacional, pero seguir siendo perfectamente legal en muchas naciones. «Los individuos como Al-Kassar no son estúpidos», me explicó E. J. Hogendoorn, un investigador del International Crisis Group que redactó un informe sobre Al-Kassar para las Naciones Unidas. «Estructuran sus contratos de tal manera que no violan el derecho nacional». Al establecer transacciones, Al-Kassar actuaba con frecuencia como si se tratara de un agente de terceros. Desde su casa en España, podía negociar entre un proveedor en un segundo país y un comprador en un tercero. Las armas podían ser enviadas entonces directamente desde el segundo país al tercero, mientras que su comisión se transfería a un banco en un cuarto país. Al-Kassar nunca ponía el pie en los países en los que se producían los delitos, y en España no había cometido ninguno.

A principios de los ochenta, cuando Al-Kassar se estableció en Marbella, la localidad se había convertido en una Costa Azul para la élite árabe. Adinerados del Líbano y los estados del Golfo edificaban allí villas extravagantes; muchos de los hijos del rey Ibn Saúd construyeron casas en la zona. El príncipe Salman erigió una mezquita en Marbella y acudía a las oraciones de los viernes en un Rolls-Royce con la rejilla y los tiradores de las puertas de oro. Adnan Jashoggi, el rico traficante de armas saudí, atracaba en el puerto su gigantesco yate, Nabila, y era conocido por sus espectaculares fiestas y su avión DC-8 privado; un estilo de vida que, aseguraba, le costaba un cuarto de millón de dólares diarios. Marbella había empezado a atraer asimismo a elementos delictivos. «Estaban los árabes, estaban los holandeses y estaban los británicos», me explicó Soiles. Escasamente vigilados y a un corto viaje en barco desde África, la localidad llegó a ser un paraíso de los contrabandistas. En opinión de Soiles, las autoridades españolas sencillamente «no estaban preparadas para ese tipo de delincuencia».

Jashoggi, que era un rival ocasional de Al-Kassar, defendió en cierta ocasión la vida fastuosa como un imperativo del traficante de armas, observando: «Las flores y la luz atraen a los ruiseñores y las mariposas». Desde el momento en que Al-Kassar se mudó a Marbella, cultivó una imagen extravagante. Adquirió la mansión y contrató a cuarenta empleados para su mantenimiento. En 1981 se casó con Raghdaa Habbal, la hermosa hija de diecisiete años de una prominente familia siria establecida en Beirut. (Se refería en broma a su esposa como «mi hija mayor»). Tenían tres hijas y un hijo, y dividían su tiempo entre Marbella, Siria y Viena, donde tenía su sede Alkastronic, la empresa de importaciones y exportaciones de Al-Kassar. Alkastronic estaba especializada en armas de Europa del Este y, presumiblemente, la empresa observaba las leyes internacionales sobre la venta y la adquisición de su mercancía. Dedicado a su familia y rodeado de amigos y socios comerciales, Al-Kassar llegó a ser célebre por su hospitalidad y siempre llevaba la voz cantante en las barbacoas o fiestas que organizaba; aunque había un chef entre el personal, gustaba de preparar él mismo la comida. Un artículo de 1985 en *Paris Match* incluía un reportaje fotográfico de Al-Kassar posando con su joven familia junto a la piscina en forma de trébol, flanqueados por un séquito de sirvientes uniformados en posición de firmes. El artículo describía la mansión como un lugar «sacado de *Las mil y una noches*» y señalaba que «en unos pocos años, este comerciante sirio se ha convertido en uno de los hombres de negocios más poderosos del mundo». Al-Kassar bautizó la casa como palacio de Mifadil, una amalgama de español y árabe que significa algo así como el «palacio de Mi Virtud». Dos proyectiles de mortero oxidados decoraban la entrada principal.

* * *

«Monzer es un hombre muy peligroso, por mucho que me caiga bien —me confesó recientemente un mercenario y traficante de armas británico llamado David Tomkins—. He conocido a jefes de cárteles colombianos y nunca he creído necesarias tantas precauciones como con él». Tomkins era un experto en cajas fuertes y un ladrón que, en los setenta, se hizo mercenario; cumplió una condena de cárcel en Estados Unidos por un complot fallido en el que el cártel de la droga de Cali le había contratado para asesinar a

Pablo Escobar. Me contó que había conocido a Al-Kassar en 1984 a través de un conocido en común, Frank Conlon, un traficante de armas de Irlanda del Norte. Durante el decenio siguiente, Tomkins hizo varios trabajos para Al-Kassar, lo que él llama «cosas sueltas». En 1989, dice Tomkins, Al-Kassar le pidió que creara una empresa armamentística falsa con sede en una oficina de Ámsterdam y contactara con un comprador potencial al que ofrecer una lista de artículos en venta. Los compradores trabajaban para la inteligencia israelí. Al-Kassar presentía que estarían interesados solamente en uno de los productos de la lista: munición para un tipo de tanque ruso que los cristianos libaneses respaldados por los israelíes habían aprehendido en Siria. Al-Kassar no reveló a Tomkins el propósito último de la operación y únicamente le informó del paso siguiente: alquila una oficina, haz esta llamada de teléfono. Pero se fue descubriendo gradualmente que Al-Kassar planeaba atraer a dos agentes del Mossad hasta la oficina de Ámsterdam, donde les tenderían una emboscada varios pistoleros del Frente Popular para la Liberación de Palestina. (Al-Kassar mantenía vínculos desde hacía mucho con varios grupos terroristas palestinos; un informe del Congreso de Estados Unidos se refirió a él en cierta ocasión como «el Banquero de la OLP»).

Antes de la llegada de los israelíes, Tomkins recibió en Marbella la visita de su viejo amigo Frank Conlon. «Resultó ser un soplón», recuerda Tomkins. Conlon le contó a Tomkins que había sido arrestado y posteriormente interrogado en Bélgica, y había informado a las autoridades acerca del complot de Ámsterdam. Conlon sugirió que permitieran que la operación siguiera adelante con el fin de detener a Al-Kassar y a los asesinos. «Yo he comido de la mesa de este tío —dice Tomkins que respondió—. Nunca he metido a nadie en la cárcel y no voy a empezar ahora. Te doy veinticuatro horas para que salgas de España».

Sin mencionar la traición de Conlon, Tomkins indicó a Al-Kassar que abortase la operación. Más tarde, en el palacio de Mifadil, Al-Kassar condujo a Tomkins hasta una habitación sin ventanas situada debajo del palacio, donde ambos hombres se sentaron junto a una piscina subterránea. Tomkins advirtió que el suelo de azulejos de la piscina estaba decorado con la imagen de un tiburón. Al-Kassar interrogó a Tomkins acerca del fracaso de la operación y le dijo que se enteraría de lo que había sucedido exactamente por sus contactos en la inteligencia española. Poco después, Al-Kassar telefoneó a Tomkins y le dijo que fuese a Budapest. Tomkins se registró allí en el Hilton y aguardó. Pronto, Al-Kassar y uno de sus ayudantes llamaron a la puerta. «Entró y me dio un fuerte abrazo –dice Tomkins–. Luego miró a su compañero y dijo: "¿Ves? No tiene miedo de mí". Yo repliqué: "¿Por qué habría de tenerlo? Jamás te he hecho ningún daño". Y él repuso: "Ya sé que no lo has hecho". Al-Kassar hizo una pausa y luego añadió: "Quiero que mates a Frank Conlon"».

Tomkins se negó aduciendo que, por regla general, no mataba a británicos. Al-Kassar y él continuaron trabajando juntos; en los años noventa, Al-Kassar suministraba armas que Tomkins proporcionaba desde el aire a los rebeldes chechenos. Pero Frank Conlon acabó desapareciendo del mapa. «No volvió jamás», dijo Tomkins. Cuando le pregunté por ese incidente, Sara Martínez, una de las abogadas españolas de Al-Kassar, me dijo que no sabía nada al respecto. Pero a Al-Kassar lo habían acusado de otros complots similares. Bob Baer, un exagente de la CIA que pasó años trabajando en Oriente Medio, dice que durante los ochenta Al-Kassar intentó que asesinasen a un disidente sirio en París. Según la DEA, Al-Kassar trató de matar en dos ocasiones a Elias Awad, un miembro libanés del Frente para la Liberación de Palestina. Awad era «el competidor de la droga» de Al-Kassar, dice Soiles. El primer intento lo dejó paralítico y el segundo consistió en un cohete que atravesó la ventana del salón de su casa. Una declaración jurada del Departamento de Justicia sostiene que Al-Kassar ordenó el asesinato porque «Awad estaba interfiriendo en su relación con Yasir Arafat».

Aunque Al-Kassar mantenía vínculos estrechos con grupos radicales, se asemejaba muy poco a los ascéticos yihadistas asociados hoy en día con el terrorismo. Era principalmente un personaje conocido como mercenario; quizá político, pero más movido por los negocios y por el deseo de mantener sus relaciones profesionales que por alguna ideología ferviente. Era musulmán, pero apenas devoto, y sus gustos eran occidentales y seculares. Su familia celebraba la Navidad y la Semana Santa, y sus hijos aprendieron inglés antes que árabe; los envió a estudiar a colegios de estilo occidental en el extranjero. Al-Kassar era de hecho lo suficientemente flexible para suministrar armas encubiertas a Estados Unidos durante el escándalo Irán-Contra. Tom Clines, un especialista en armas que había trabajado para la CIA, visitó Marbella y negoció el trato. Entre 1985 y 1986, Al-Kassar cobró 1,5 millones de dólares a través de una cuenta bancaria suiza controlada por Oliver North y sus cómplices, y este último obtuvo a cambio más de cien toneladas de rifles de asalto y munición de la compañía polaca Cenzin. Interrogado acerca de Al-Kassar en las audiencias del Congreso en 1988, John Poindexter, el consejero de seguridad nacional de la administración Reagan, dijo: «Cuando estás comprando armas […] a menudo tienes que tratar con personas con las que tal vez no te gustaría ir a cenar».

Clines fue mucho más generoso. «Era un anfitrión excelente –me comentó recientemente–. A la mañana siguiente, vino y me preparó un desayuno muy apetecible».

Al-Kassar ha negado cualquier papel en el escándalo Irán-Contra con estas palabras: «Nunca en mi vida he conocido a ese hombre ni he oído hablar de ese tal North. Ni siquiera puedo pronunciar su nombre. En cualquier caso, yo no haría negocios con los estadounidenses. No acepto dinero de mis enemigos».

Los rumores siempre perseguían a Al-Kassar, sobre todo porque llevaba muchos años eludiendo los cargos mientras las autoridades intentaban en vano acumular pruebas suficientes para procesarle. Una afirmación que se repetía, aunque errónea, era que en 1988 había ayudado a colocar la bomba que hizo explotar el vuelo 103 de Pan Am. Al-Kassar citaba las alegaciones acumuladas en su contra como una razón para dudar de cada nuevo cargo. «Me han acusado de casi todo exceptuando la bomba de Hiroshima», le comentó a un entrevistador. Culpaba de las conjeturas a «gente envidiosa» y negaba cualquier implicación en actos terroristas. Rechazaba la palabra «traficante» e insistía en que su negocio era plenamente legítimo. En una ocasión afirmó que su «sector» dentro del comercio armamentístico era el de las «armas para cazar animales». Cuando el *Observer* londinense envió un corresponsal al palacio de Mifadil en 1987, Al-Kassar le invitó a entrar y, con un gesto con la mano, como si hiciera un barrido, preguntó: «¿Viviría abiertamente de esta forma un narcotraficante y terrorista?».

Alexander Yearsley, un especialista en el sector armamentístico que investigó a Al-Kassar para el grupo de vigilancia Global Witness dice: «Monzer era lo suficientemente vanidoso para querer estar en el candelero». A juicio de Yearsley, la disposición de Al-Kassar a hablar con la prensa suponía un guiño de reconocimiento del impacto global de sus cargamentos de armas. «¿Puede usted imaginar lo aburrido que sería provocar un cambio de régimen y que nadie se entere de ello?», señaló Yearsley. Los traficantes de armas son un instrumento indispensable, por más que desagradable, de la geopolítica, y Al-Kassar hacía todo lo posible por ser útil. Muchos gobiernos, incluido el de Estados Unidos, hacen compras clandestinas a traficantes de armas internacionales porque la utilización de armas de su propio país podría delatar su implicación en operaciones encubiertas. «La habilidad de los Al-Kassar para proporcionar a los gobiernos acceso a armamento y equipamiento por canales irregulares les permite hacer negocios con altos funcionarios gubernamentales que desean tratar extraoficialmente con terroristas u otros grupos políticamente sensibles», concluía una investigación de 1992 llevada a cabo por la Cámara de Representantes de Estados Unidos. «Los gobiernos que reciben semejantes servicios aparentemente "miran para otro lado" con respecto a las actividades de tráfico de los hermanos». (Ghassan permaneció cerca de Monzer y activo en el negocio armamentístico hasta su muerte, en 2009, por causas naturales).

«Al-Kassar continuó su camino, como si agitara una bandera con el lema "Soy un agente secreto. Puedo proporcionar mucha información al Gobierno estadounidense" —me dijo Vincent Cannistraro, un exagente de la CIA—. No buscaba dinero; buscaba protección». La agencia no aceptó sus ofertas, mantiene Cannistraro, pero otros gobiernos lo reclutaban de forma ocasional. Se ha informado ampliamente de que en los ochenta ayudó a los franceses a lograr la liberación de varios rehenes retenidos en el Líbano. Algunos sugerían asimismo que en 1994 había colaborado con la inteligencia francesa en la captura de Ilich Ramírez Sánchez, el terrorista venezolano conocido como Carlos el Chacal. Al-Kassar negaba toda participación en esa operación, como declaró a un periodista: «No lo habría vendido ni por todo el dinero del mundo».

* * *

En 1992, Al-Kassar fue arrestado en Madrid. Un magistrado español anunció que había estado implicado en el secuestro del trasatlántico Achille Lauro en 1985, reivindicado por el Frente para la Liberación de Palestina y que condujo al asesinato de un estadounidense en silla de ruedas, Leon Klinghoffer. Uno de los conspiradores del complot, que se encontraba retenido en una prisión italiana, había contado a los investigadores que los rifles de asalto AK-47 y las granadas de mano utilizados en el ataque las había suministrado un hombre elegantemente vestido llamado «Kazer». Las autoridades le mostraron una fotografía y él identificó a Al-Kassar. La DEA había trasladado a Jim Soiles a París en 1988. A través de un informante confidencial en Polonia, obtuvo una serie de documentos que indicaban que Al-Kassar había abierto una cuenta bancaria para Abu Abbas, el cerebro del secuestro. Soiles ofreció sus pruebas a la fiscalía española y se prestó a testificar. Al-Kassar pasó más de un año en prisión mientras el Gobierno armaba el caso contra él. Tras depositar una fianza de 15,5 millones de dólares, fue puesto en libertad. Mientras tanto, varios exempleados y socios de Al-Kassar accedieron a testificar que este había volado en persona a Polonia para conseguir armas para el atentado.

El juicio, que comenzó en diciembre de 1994 en Madrid, acabó siendo una debacle para las fuerzas policiales. Los testigos de Austria e Italia se negaron a viajar a España para testificar. Soiles estuvo subiendo al estrado durante cerca de una semana. Pero las pruebas documentales se rechazaron después de que los abogados de Al-Kassar convencieran al tribunal de que el informante confidencial que había suministrado los papeles no tenía derecho legal a sacarlos de la residencia de su cliente en Varsovia. Uno de los abogados objetó que Soiles estaba atribuyendo un repertorio ficticio de delitos a Al-Kassar. Soiles replicó: «Si es culpable tan solo de la mitad de las cosas de las que ha sido acusado, entonces sigue siendo el mayor delincuente de toda Europa».

Al-Kassar se mofaba de la acusación, arguyendo, en efecto, que alguien de su riqueza y su perfil público jamás se rebajaría a cumplir una función operativa en un atentado semejante. «No estoy tan enfermo ni soy tan tonto como para poner en riesgo mi avión, que vale cinco millones de dólares, para ir a Polonia a recoger cuatro kalashnikovs», testificó. Acusó al magistrado español que había iniciado la demanda de tratar de extorsionarle cien millones de dólares a cambio de retirar la demanda. Pero la característica más destacada del proceso fue la cadena de infortunios que comenzaron a golpear a los testigos de la acusación.

Uno de los testigos clave contra Al-Kassar, un antiguo empleado doméstico llamado Ismail Jalid, fue hallado muerto poco antes del juicio, tras caer por la ventana de un quinto piso en Marbella. Inicialmente se dictaminó que había sido un suicidio, pero más tarde se consideró un homicidio. Al-Kassar negó toda implicación en el asesinato y jamás se ha demostrado ningún vínculo con él. Los dos hijos de un segundo testigo fueron secuestrados en su camino a casa desde el colegio en Madrid. El testigo, Mustafa Nasimi, un antiguo socio de Al-Kassar, lo culpó de orquestar el secuestro, incriminación que el acusado negó airadamente. Un tercer testigo, un antiguo ayudante llamado Abu Merced, aseveró que Al-Kassar le había advertido que no testificara. Merced cambió su testimonio con tanta frecuencia que los jueces le consideraron poco fiable. En marzo de 1995, Al-Kassar fue absuelto de todos los cargos. Calificó el proceso de «un chantaje y una farsa», y dijo: «Lo más importante es que he demostrado mi inocencia».

Liberaron a los hijos de Mustafa Nasimi al cabo de varios días, y la policía local concluyó finalmente que los secuestradores, que trabajaban para un cártel colombiano de la droga, no tenían ninguna conexión con Al-Kassar. Una mañana, tres años después, Nasimi estaba saliendo de su casa en Madrid cuando un pistolero se le acercó y le disparó en la cabeza. No se ha establecido ningún vínculo entre el asesinato y Al-Kassar.

* * *

Después del juicio de Al-Kassar, Jim Soiles fue destinado finalmente a Atenas, pero continuó recopilando expedientes sobre el Príncipe de Marbella. Con el paso de los años, sin embargo, comenzó a perder las esperanzas de atraparle. Entonces, en el verano de 2003, recibió una llamada del Departamento de Justicia de su país. El cabecilla del secuestro del Achille Lauro, Abu Abbas, había sido capturado en una incursión de las fuerzas estadounidenses en Irak, y los funcionarios estaban analizando qué cargos podían presentarse contra él. Abbas murió unos meses después bajo custodia estadounidense. (Tras realizar una autopsia, los militares concluyeron que había muerto de una enfermedad cardiaca). Pero, aprovechando el interés renovado por lo sucedido en el incidente del Achille Lauro, la DEA arguyó que era un buen momento para procesar a Al-Kassar. Desde los atentados terroristas del 11 de septiembre de 2001, nuevos estatutos habían incrementado el poder de la «jurisdicción extraterritorial», lo que permitía que las autoridades estadounidenses investigaran y juzgaran a los sospechosos de crímenes cometidos fuera de Estados Unidos. Soiles accedió a trabajar con los fiscales federales y la División de Operaciones Especiales de la DEA, conocida por su acrónimo inglés, SOD, para armar un caso basándose en esa autoridad extraterritorial encargada del cumplimiento de la ley. «Esto no es para pusilánimes –advirtió Soiles a sus colegas–. Este es un camino largo. Y nos va a costar».

Durante los dos años siguientes, Soiles y un equipo de agentes de la SOD estudiaron minuciosamente los viejos archivos del caso examinando la actuación de Al-Kassar. Pero resultaba difícil recopilar suficientes pruebas de su implicación en varios crímenes, y perseguir a Al-Kassar por los cargos del Achille Lauro podría no ser una opción, porque supondría un doble enjuiciamiento. A principios de 2006, Soiles y sus colegas habían decidido intentar algo radical. En lugar de juzgar a Al-Kassar por un crimen que hubiera cometido en el pasado, utilizarían las firmes leyes de conspiración de Estados Unidos para enjuiciarle por algo que tuviera intención de hacer en el futuro. Se infiltrarían en la organización de Al-Kassar y le tenderían una trampa. Muchos países europeos tienen leyes sobre el «agente provocador» para salvaguardarse de la incitación al delito, pero en un tribunal estadounidense le resultaría difícil a un traficante con el historial de Al-Kassar declarar que no está predispuesto en modo alguno a hacer tratos clandestinos con armas. En un guiño a las tres décadas que la agencia había pasado investigando a Al-Kassar, el equipo de Soiles designó el plan como operación Legado.

La DEA tiene fuentes confidenciales en países de todo el mundo. En algunos casos se trata de antiguos delincuentes a los que arrestaron en uno u otro momento y que después enviaron de regreso al mundo del hampa con nómina de la agencia. «En términos de contactos e informantes efectivos sobre el terreno, hay muchas regiones en las que la DEA dispone de una red mejor que la de la CIA», me informó Jonathan Winer, un exfuncionario del Departamento de Estado que era responsable de la cooperación policial internacional en la administración Clinton. A lo largo de su carrera, Soiles había acumulado decenas de informantes de confianza. En 2006 acudió a un corpulento palestino de sesenta y nueve años llamado Samir. (A petición de la DEA, omito aquí los apellidos de las fuentes confidenciales). Antiguo integrante del grupo terrorista Septiembre Negro, Samir había sido arrestado por Soiles en 1984 por introducir heroína de contrabando en Nueva York. Estuvo preso en el Centro Correccional Metropolitano, en el bajo Manhattan, donde se negaba a cooperar. Soiles decidió hacerle una visita. Se llevó el almuerzo, se sentó frente a Samir y se lo comió. Samir no dijo nada. Cuando Soiles acabó, se levantó y se marchó, pero unos días más tarde regresó, y de nuevo unos días después; cada vez llevaba el almuerzo. «Por mi ascendencia griega, poseía cierto conocimiento de su cultura —me comentó Soiles con una sonrisa—. Sabía qué comidas le podrían gustar. Así que acudía allí con mi shish kebab y me comía el delicioso pan caliente con su queso. Y llevaba siempre lo suficiente para dos personas». Durante un mes, Samir no dijo nada, y cada vez Soiles tiraba ceremoniosamente a la basura la comida sobrante. Por fin, un día, Samir dijo: «¿Qué es lo que quiere?». Los dos han estado trabajando juntos desde entonces.

* * *

El plan consistía en que Samir viajara al sur del Líbano y se reuniera con un socio de Al-Kassar llamado Tareq al-Ghazi. Samir se haría pasar por un comprador de armas y se congraciaría con Al-Ghazi antes de pedirle que le presentara a Al-Kassar. Samir tardó diez meses; en diciembre de 2006 telefoneó a Soiles y le dijo: «Voy a reunirme con él».

Antes del encuentro, Samir necesitaría un certificado de usuario final. Los fabricantes de armas exigen esos documentos, que con frecuencia consisten en una sola hoja de papel, para establecer que un comprador está legalmente autorizado a adquirir armas. En la práctica, funcionarios corruptos de países del mundo entero expiden certificados por su tarifa correspondiente, y a menudo no son objeto de minuciosas inspecciones. Según la ONU, cuando Al-Kassar quería enviar armas a una Croacia devastada por la guerra en 1992, presentó a un proveedor polaco un certificado expedido por la República Democrática Popular de Yemen, aun cuando, dos años antes, Yemen del Norte y del Sur se habían reunificado y la República Democrática Popular había dejado de existir. En cualquier caso, el proveedor le proporcionó las armas.

Incluso cuando los documentos son legítimos, los fabricantes de armas rara vez tratan de comprobar si sus productos acaban en el país que ha expedido el certificado. «En el negocio todo es limpio en un 99 por ciento, hasta el momento del envío», me explicó David Tomkins. Soiles y sus colegas confiaban en atrapar a Al-Kassar cuando este utilizase un certificado de usuario final de un país para introducir armas en otro, una táctica conocida como desvío. John Archer, un joven agente de la SOD, acudió al Gobierno de Nicaragua y, sin divulgar ningún detalle de la operación, preguntó si podían proporcionarle un certificado de destino final que permitiera transacciones con rifles y lanzagranadas propulsados por cohetes, entre otras armas. Posteriormente, el 28 de diciembre de 2006, Samir acudió al hotel Diplomat Suite, en Beirut, donde Al-Ghazi le presentó a Al-Kassar diciéndole: «Samir es uno de los luchadores por la libertad. Estuvo con nosotros en la resistencia palestina».

Al-Kassar saludó a Samir efusivamente. Samir llevaba un micrófono mientras explicaba que representaba a un comprador interesado en adquirir armas que había insistido en negociar con Al-Kassar. «Me dijo que debía ser *Monzer* —señaló Samir—. Quiere a *Monzer*».

Al-Kassar se sentía halagado pero cauteloso acerca del comprador anónimo de Samir. «¿De qué le conoce? —le preguntó—. ¿Y desde cuándo?».

«Le conozco muy bien», le tranquilizó Samir.

Al-Kassar sugirió que volvieran a reunirse en Marbella. El equipo de la SOD decidió que sus compradores ficticios representasen a las FARC, que financian sus transacciones armamentísticas mediante la venta de drogas y están involucradas en una guerra prolongada con el Gobierno de Colombia y con los equipos de las Fuerzas Especiales de Estados Unidos. El reto consistía en encontrar una pareja de informantes que pudieran interpretar el papel de manera convincente. «Es casi como ser un director de reparto —me explicó uno de los agentes—. Estás montando tu película y piensas: "Este tiene que ser el final. ¿Cómo vas a llegar hasta allí?"». La elección era especialmente delicada en este caso, porque la SOD quería que los informantes grabasen secretamente en vídeo las negociaciones. Necesitaban personas que tuvieran el coraje de entrar en la casa de un criminal peligroso, la capacidad interpretativa para hacerse pasar por delincuentes, la entereza para improvisar si la operación salía mal y un conocimiento suficiente del sistema legal estadounidense para asegurarse de que toda esa farsa resultase explicable ante un jurado. Recurrieron a dos informantes guatemaltecos a quienes la agencia ya había utilizado con anterioridad, Carlos y Luis. La agencia paga con generosidad a los informantes por su trabajo, un aspecto particularmente inquietante para los partidarios de Al-Kassar. Carlos recibiría ciento setenta mil dólares por la operación contra el traficante. («En España los llamamos mercenarios», me comentó Sara Martínez, la abogada española de Al-Kassar).

Una especie de crudo humor negro puede desarrollarse entre agente e informante al cabo de unos años trabajando juntos. Cuando Carlos accedió a participar en la operación encubierta contra Al-Kassar, el encargado de su preparación bromeaba diciendo que debería practicar a saltar desde un edificio para ver si podía sobrevivir a la caída. En enero de 2007, los agentes reunieron a Carlos, Luis y Samir en una habitación de hotel en Atenas. Dado que Samir había iniciado la operación, podía vetar la elección de los agentes. Dio su aprobación a Carlos y a Luis, pero insistió en que se compraran zapatos nuevos, observando que «si se presentan con un traje elegante, pero con zapatos viejos», Al-Kassar los calaría de inmediato.

Los tres hombres ensayaron, perfilando los detalles de una conspiración válida en juicio, y los agentes los entrenaron insistiendo en las partes clave del diálogo: debían decir que las armas estaban destinadas a matar estadounidenses y que pretendían pagarlas con dinero de la droga. «Lo dejamos todo planeado», recordaba John Archer. Al mes siguiente, Al-Kassar dio la bienvenida a Marbella a los tres informantes.

El encuentro inicial no se grabó, pues a los agentes les preocupaba la posibilidad de que registrasen a los hombres. Lo cierto es que eso no sucedió. Según el testimonio posterior, Samir presentó a Carlos y a Luis, quienes dijeron que trabajaban para las FARC. Su certificado de destino final de Nicaragua era una treta, explicaron; las armas irían a parar a Colombia. Carlos dibujó un mapa, mostrando la ruta que debía seguir el envío, desde Europa hasta Surinam, y luego por vía terrestre hasta Colombia. Al-Kassar planeaba obtener las armas de fabricantes en Bulgaria y Rumanía. Siempre que les presentase el certificado de Nicaragua, todas las partes implicadas tendrían una excusa plausible. Al-Kassar preguntó si las FARC estaban recibiendo alguna ayuda financiera de los norteamericanos. Carlos le respondió que, por el contrario, las armas se utilizarían contra Estados Unidos. Al-Kassar accedió a la transacción.

Hasta ese momento la reunión había ido sobre ruedas. Entonces Al-Kassar preguntó a Carlos cuánto había pagado por el certificado de destino final. Carlos hizo una pausa. Desconocía la tarifa vigente para esa clase de soborno. Cuando habían preparado los derroteros por los que podría discurrir el diálogo, no contemplaron ese escenario. Al-Kassar esperaba una respuesta.

«Varios millones de dólares», dijo Carlos finalmente.

Al-Kassar se burló diciendo que con esa cantidad de dinero él «podía haber comprado un país entero». Era una metedura de pata monumental, pero Carlos se recuperó explicando que ese era el precio que había pagado por múltiples certificados, no por uno solo. Al cabo de unos instantes, Al-Kassar pareció relajarse y sugirió que, si en el futuro Carlos necesitaba comprar más certificados, él podía conseguírselos por «un precio mucho mejor».

Los hombres fueron a un bar a fumar en narguile. Al-Kassar rodeó a Carlos con el brazo. «Me dijo que yo le caía bien —testificó Carlos posteriormente–. Dijo que podía proporcionarme un millar de hombres para ayudar a luchar contra Estados Unidos».

* * *

En un segundo encuentro, al mes siguiente, Carlos escondió una pequeña cámara de vídeo en el bolso que llevaba y captó a Al-Kassar alabando los méritos del armamento antiaéreo en el gran salón del palacio. Cuando Carlos mencionó que quería comprar explosivos C-4, Al-Kassar le dijo que sería más barato y más seguro seguir el ejemplo de los insurgentes en Irak y fabricar los explosivos directamente en Colombia. «Podemos enviar expertos para que trabajen sobre el terreno», se ofreció. Al-Kassar hizo que uno de sus ayudantes llevase en coche a Carlos y a Luis a un cibercafé de Marbella para que pudieran transferir un anticipo de cien mil euros a una cuenta que tenía a nombre de otra persona. (No quería que utilizasen un ordenador de su casa a fin de evitar que rastreasen la transacción y dieran con él). La DEA autorizó una transferencia de dinero desde una cuenta encubierta.

El 2 de mayo, Carlos y Luis se reunieron con Al-Kassar en un café, donde este les presentó a un capitán de barco griego, Christos Paissis. «Llevamos veinticinco años trabajando juntos —señaló Al-Kassar—. Es de plena confianza». Mientras los hombres bebían Perrier y discutían la logística clandestina del envío de armas a Surinam a bordo de un barco de contrabando llamado Anastasia, la cámara del bolso de Carlos grababa la conversación.

A esas alturas, los agentes tenían suficientes pruebas para procesar a Al-Kassar en Estados Unidos. Pero, tras el desastroso juicio del Achille Lauro, Soiles era reticente a arrestarle en España. «Esa era su base de poder», comentó. Se decidió que Carlos intentase atraer a Al-Kassar hacia Grecia o Rumanía, donde el traficante podría gozar de menos protección. En junio, Carlos informó a Al-Kassar de que uno de los líderes de las FARC viajaría a Bucarest, donde la organización tenía tres millones y medio de dólares en ingresos provenientes del narcotráfico, que podrían servir como pago parcial por el armamento. Pero Al-Kassar se inquietó e indicó que no podía obtener un visado para su pasaporte argentino. Sugirió enviar en su lugar a uno de sus empleados. Conforme pasaban las horas, iba creciendo su frustración porque Carlos y Luis no habían presentado el saldo del pago por el trato. «No puedo hacer nada sin el dinero», le dijo a Carlos.

Finalmente, el equipo de Soiles decidió que no tenía más opción que ejecutar el «desmantelamiento» (la fase final de la operación) en España. No obstante, la DEA no tenía jurisdicción para efectuar un arresto. Normalmente, si los agentes del orden saben de antemano que un fugitivo estará en un país extranjero, solicitan a la

Interpol una «orden de detención provisional» y confían en que las autoridades locales respeten la orden y efectúen el arresto. Pero los contactos de Al-Kassar en el Gobierno español eran de tal calado que la DEA optó por notificar a muy pocos funcionarios españoles que estaba llevando a cabo una operación encubierta de varios meses de duración. La agencia era reacia incluso a solicitar una orden de arresto a la Interpol, por temor a que uno de los contactos de Al-Kassar pudiera ponerle sobre aviso.

El 4 de junio, Carlos propuso a Al-Kassar que se reuniera con el dirigente de las FARC en Madrid. Presintiendo que algo iba mal, Al-Kassar telefoneó a uno de sus contactos en la inteligencia, un funcionario de antiterrorismo llamado José Manuel Villarejo. Al-Kassar ya había informado a Villarejo de la inminente transacción, aunque le había dicho que las armas iban destinadas a Nicaragua. Le explicó que el comprador deseaba reunirse urgentemente con él en Madrid. «No quiero que me tiendan una trampa o algo por el estilo», le dijo, según consta en una transcripción de la llamada, que grabó Villarejo. «¿Es peligroso ir a Madrid?».

Villarejo no sabía nada de la operación estadounidense, pero previno a su amigo: «Siempre que hay alguna urgencia para hacer algo, es que hay una trampa».

No obstante, en un movimiento que delataba una falta de precaución, Al-Kassar condujo hasta el aeropuerto de Málaga y embarcó en un vuelo a Madrid. «No hicimos nada hasta que despegó el avión», me contó Archer, el agente de la SOD. Tan pronto como los agentes confirmaron que el avión estaba en el aire, solicitaron a la Interpol una orden de arresto provisional y pusieron bajo vigilancia el aeropuerto de Barajas. Habían informado esa misma mañana a un equipo local de captura de fugitivos, a los que habían comunicado que un importante sospechoso llegaría al aeropuerto. Menos de una hora antes del aterrizaje del avión, informaron al equipo de que el objetivo era Monzer al-Kassar, y Archer y otros agentes de la DEA, que vestían de paisano, tomaron posiciones en la zona de llegadas. Mientras los pasajeros salían en fila del avión, los agentes divisaron a Al-Kassar acompañado de dos ayudantes y, mientras se dirigía hacia el área de recogida de equipajes, el equipo habló por teléfono móvil con los agentes españoles, que controlaban sus movimientos mediante el sistema de vigilancia del aeropuerto. Cuando Al-Kassar se agachó para recoger su equipaje, le detuvo la policía española.

Al día siguiente, el equipo de la DEA fue a Marbella para ejecutar una orden de registro en el palacio de Mifadil. Bajo la legislación española, un presunto delincuente tiene derecho a estar presente mientras las autoridades registran su residencia. Sin escatimar jamás en hospitalidad, Al-Kassar ofreció bebidas a todo el mundo.

* * *

En junio de 2008, Monzer al-Kassar fue trasladado en un avión fletado para la ocasión, con grilletes, desde España hasta el aeropuerto del condado de Westchester en Nueva York. Jim Soiles y John Archer iban en la aeronave. Al-Kassar había pasado un año luchando contra la extradición, había hecho una huelga de hambre y afirmaba que su captura era un acto de «venganza política» del presidente George W. Bush. En una vista especial en Madrid, Villarejo testificó que Al-Kassar había colaborado con España en investigaciones de inteligencia. Villarejo no contó con exactitud lo que había hecho Al-Kassar, pero reconoció que la inteligencia española tenía un nombre en clave para el sirio, Luis, y que en varias ocasiones él había viajado fuera de España con Al-Kassar por asuntos de inteligencia. Un segundo funcionario, Enrique García Castaño, cuyo trabajo era tan delicado que testificó oculto detrás de una pantalla, declaró que Al-Kassar había suministrado a España información «relativa a las actividades de organizaciones terroristas».

«Gracias a mis contactos e influencias, hemos sido capaces de resolver secuestros en el mundo árabe y evitar ataques terroristas dentro y fuera de España —declaró Al-Kassar a *El Mundo* una vez finalizada la extradición—. Me temo que me han vendido muy barato». (Al ser preguntado acerca de Al-Kassar, un representante del Gobierno español no hizo ningún comentario).

El juicio de Al-Kassar, en un juzgado federal del bajo Manhattan, fue toda una demostración de la ley de seguridad nacional estadounidense en su máximo alcance. Al-Kassar jamás había puesto un pie en Estados Unidos y, aparte de transferencias electrónicas efectuadas por la DEA desde Nueva York, ningún hecho constitutivo de delito se había producido en suelo norteamericano. Además, cuatro de las cinco acusaciones contra Al-Kassar consistían en cargos por conspiración: conspiración para matar a estadounidenses, conspiración para matar a oficiales y empleados de Estados Unidos, conspiración para proporcionar apoyo material a terroristas y conspiración para adquirir y utilizar misiles antiaéreos. (La quinta acusación era por blanqueo de dinero). Se trataba del primer caso en el que la fiscalía federal recurría a un poderoso estatuto de 2004 en virtud del cual quien conspire para vender misiles tierra-aire se enfrenta a una condena de veinticinco años.

Cuando le preguntaron cómo se declaraba respecto de los cargos, Al-Kassar gritó «¡Inocente!». Lanzaba besos a sus partidarios que seguían el juicio y se dirigía al juez, Jed Rakoff, como *My Lord*. Contrató a Ira Sorkin, un célebre abogado criminalista que llegaría a representar a Bernard Madoff. «Aquí no hay ningún caso —protestó Sorkin—. Se trataba de una operación encubierta contra un individuo en España, creada sin ningún fundamento por la DEA». Los abogados de la acusación presentaron una reconstrucción extraordinaria de la operación. Mostraron vídeos de Al-Kassar en su salón hablando de derribar helicópteros. Reprodujeron grabaciones de llamadas telefónicas que hizo Carlos al teléfono seguro. Presentaron catálogos que Al-Kassar había enseñado a los informantes, con vívidos gráficos de las armas que tenía intención de vender. «Verán y escucharán lo ocurrido en esos encuentros, un caso de negocio armamentístico en tiempo real —anunció al jurado Brendan McGuire, fiscal adjunto de Estados Unidos para el Distrito Sur de Nueva York—. Estas grabaciones los conducirán hasta el corazón de este trato armamentístico, destinado a matar a estadounidenses».

John Archer testificó acerca del registro del palacio de Mifadil tras el arresto de Al-Kassar, del hallazgo del certificado nicaragüense de usuario final y del mapa que Carlos había dibujado para mostrar la ruta de contrabando. Cada miembro del jurado recibió una carpeta de tres anillas que contenía casi un millar de páginas de transcripciones y traducciones.

Sorkin contrarrestó ese aluvión de pruebas arguyendo que Al-Kassar había estado embaucando a Carlos y a Luis con la intención de denunciarlos ante sus contactos en las fuerzas del orden en España. Según Sorkin, los miembros del jurado no estaban presenciando una operación encubierta, sino una doble operación encubierta. Sin embargo, durante el tiempo que Al-Kassar estuvo luchando contra la extradición en España, mantuvo que había creído todo el tiempo que el envío era legítimo y que estaba destinado a Nicaragua.

Durante la audiencia de extradición en España, Sorkin había insinuado, en su interrogatorio a los dos oficiales de inteligencia, que Al-Kassar también había colaborado con la CIA. En el juicio, Sorkin quiso presentar pruebas que demostrarían la cooperación del sirio con las autoridades estadounidenses, pero el Departamento de Justicia objetó que las pruebas contenían materiales clasificados. El tribunal dictaminó finalmente que las pruebas eran irrelevantes. En conversaciones conmigo, varios de los amigos y socios de Al-Kassar sugirieron que este había colaborado en efecto con la CIA a lo largo de los años. (La agencia no confirmaría ni desmentiría semejantes insinuaciones). Cuando pregunté a Soiles por este asunto, me respondió: «¿Tenía alguna relación? No lo sabemos. Y en caso contrario no podríamos comentar nada al respecto».

Tanto Samir como Carlos testificaron en el juicio. Sorkin hizo hincapié en que la primera visita a Marbella, cuando Al-Kassar prometió presuntamente proporcionar a Carlos mil hombres, fue el único encuentro durante el cual no se utilizó ningún equipo de grabación. «¿Le resulta difícil a veces, cuando interpreta esos papeles para la DEA, determinar cuándo está diciendo la verdad y cuándo está mintiendo?», le preguntó a Carlos. Luis también había planeado asistir al juicio. Pero, tras el arresto de Al-Kassar en España, había regresado a Guatemala; un día a principios de 2008 acudió a ver una pelea de gallos cuando dos hombres se le acercaron y le mataron a tiros. No se ha establecido ninguna conexión con Al-Kassar.

* * *

Habida cuenta de que Al-Kassar estaba acusado de conspiración por tratar de ayudar a matar a estadounidenses, era importante para la fiscalía y para la DEA presentarle como un enemigo ideológico de Estados Unidos. «Monzer al-Kassar comanda un imperio mundial de municiones, armando y financiando a insurgentes y a terroristas [...] especialmente a aquellos que desean hacer daño a los estadounidenses –dijo después de su captura Karen Tandy, a la sazón directora de la DEA–. Opera en las sombras y es el socio silencioso detrás del negocio de la muerte y el terror». Con el fin de combatir la imagen de su cliente como un terrorista resuelto a hacer daño a Estados Unidos, Sorkin llamó al estrado a Haiffa, la hija de veinticuatro años de Al-Kassar. «Todos mis profesores eran estadounidenses –dijo–. Todos mis amigos son estadounidenses». Cuando le preguntaron si había oído a su padre hablar de las FARC, respondió:

–Ni siquiera sé lo que son las FARC.

–¿Sabe al menos a qué se dedica su padre? –le preguntó McGuire.

–No –contestó–. Yo no sabía nada.

El jurado deliberó durante seis horas en dos días. Según una información publicada por uno de los miembros del jurado, decidieron excluir el testimonio de Carlos y de Luis y centrarse en cambio enteramente en las grabaciones. Cuando regresaron a la sala, Al-Kassar murmuraba para sus adentros una oración. El juez Rakoff preguntó por el veredicto, y el presidente dijo que el jurado había encontrado a Al-Kassar culpable de todos los cargos. Haiffa dejó escapar un sollozo.

En febrero de 2009, el juez Rakoff condenó a Al-Kassar a treinta años de cárcel. «El señor Al-Kassar es una persona muy sofisticada –aseveró Rakoff–. Un hombre de muchas caras». Citó la «abrumadora naturaleza de las pruebas en este caso, gran cantidad de las cuales se grabaron en vídeo», y sugirió que habría sido «totalmente irracional» que el jurado hubiese llegado a un veredicto distinto al de culpabilidad.

Se permitió a Al-Kassar hacer algunos comentarios. «En todas las religiones [...] Dios exige justicia», dijo. Sugirió una vez más que había sido un activo de los servicios de inteligencia. El material clasificado que el jurado no tuvo oportunidad de analizar habría probado que había «salvado muchas vidas humanas», aseguró, y que no albergaba ninguna «animosidad contra Norteamérica». Tras proclamar por última vez su inocencia, Al-Kassar concluyó con una nota desafiante: «A veces la justicia va lenta, pero segura».

La acusación había acordado presentar su demanda contra Al-Kassar sin mencionar el incidente del Achille Lauro, para evitar predisponer al jurado. Sin embargo, en cada sesión del juicio, dos mujeres de mediana edad entraban en la sala y se sentaban en silencio a observar el proceso. Eran Ilsa y Lisa Klinghoffer, las hijas de Leon Klinghoffer. Durante años habían seguido la historia del implacable sirio que había estado implicado en la muerte de su padre y que continuaba viviendo en total libertad en España. «Incluso cuando lo atraparon, hasta el momento mismo de la sentencia, mantenía esa arrogancia –me comentó Lisa Klinghoffer–. Como si fuera intocable».

Sara Martínez insistió recientemente en que, si bien Al-Kassar había hecho cosas que «no eran correctas», los quince últimos años ha sido un legítimo hombre de negocios. Me aseguró que a lo largo de la operación encubierta Al-Kassar creía que los compradores representaban a Nicaragua. Eso parece contradecir el argumento de la doble operación encubierta que Ira Sorkin había invocado en el juicio; una interpretación de los acontecimientos que reiteraba el abogado actual de Al-Kassar, Roger Stavis. Este mantiene que Al-Kassar no viajó a Madrid para cerrar el trato, sino para «ver que los informantes eran arrestados». Calificó la captura de Al-Kassar de «un grave error judicial».

Todas las personas con las que he hablado y que han trabajado con Al-Kassar a lo largo de los años me expresaron su sorpresa por el hecho de que a alguien tan cauteloso lo pudieran haber grabado en vídeo accediendo a vender armas a las FARC. Una posible explicación es que, comparado con las últimas décadas del siglo xx —cuando los conflictos en África, Europa y Oriente Medio generaban ingresos constantes—, corren tiempos difíciles para los traficantes de armas. Cuando Samir contactó por primera vez con Tareq al-Ghazi en el Líbano, este último le dijo que Al-Kassar había estado luchando por mantener sus márgenes de beneficios. Una merma en la demanda de armamento del mercado negro puede estar llevando a otros traficantes de armas a asumir riesgos que jamás habrían corrido en el pasado. Un año después de la captura de Al-Kassar, el equipo de la SOD arrestó en Bangkok a Viktor Bout, el traficante de armas tayiko, empleando exactamente la misma clase de operación encubierta. (Lo extraditaron a Nueva York y finalmente fue condenado a veinticinco años de cárcel). Tom Clines, el exagente de la CIA que negoció el acuerdo del Irán-Contra, cree que Al-Kassar debió de haber tenido una necesidad desesperada de dinero en efectivo para caer en una trampa semejante. Lamentaba que las autoridades estadounidenses hubieran encarcelado a un hombre con tan numerosas conexiones en el mundo del hampa. «No le cortes los dedos a ese tipo —le dijo—. Déjale que siga adelante y trabaja con él». Aunque ambos hombres solo se habían visto en una ocasión, Clines recordaba a Al-Kassar con afecto: «Espero que los sirios le ayuden a volver a casa», me comentó.

* * *

No hace mucho tiempo hablé con Haiffa al-Kassar, que sigue siendo extraordinariamente leal a su padre. «Se han montado una película —dijo respecto de las pruebas grabadas en vídeo que se exhibieron en el juicio—. Él no ha hecho nada». Expresó su escepticismo hacia la idea de condenar a alguien por un delito antes de que haya tenido oportunidad de cometerlo. «Solo en América creen en la conspiración —me dijo—. Aquí en España no creemos en ella».

Haiffa describía a su padre como afable y alegre. Solo le permitieron visitarle en unas pocas ocasiones cuando estaba en Nueva

York con motivo del juicio, pero algunas tardes a las siete en punto se plantaba fuera de la cárcel del bajo Manhattan donde él permanecía encerrado. La celda de Al-Kassar estaba en la novena planta y tenía una ventana alta. Él encendía y apagaba las luces a fin de que Haiffa supiera a qué ventana mirar. Luego se asomaba lo suficiente para vislumbrar a su hija, que le lanzaba un beso desde la acera.

El palacio de Marbella permanece vacío en la actualidad. Es una propiedad grande y difícil de mantener, me explicó Haiffa, y resultaba demasiado doloroso permanecer allí. La familia Al-Kassar se ha mudado a una villa cercana. A la madre de Haiffa, Raghdaa, se le ha negado la entrada a Estados Unidos, por lo que no pudo asistir al juicio ni visitar a su marido en Carolina del Sur, donde está cumpliendo condena en una prisión federal de seguridad media. Al-Kassar goza de buena salud, dicen sus amigos, y está apelando su condena. Habla en español con su compañero de celda mexicano y trabaja limpiando ventanas. Ha estado cocinando para otros reclusos. Recientemente ha empezado asimismo a enseñarles idiomas. «Sigo creyendo en la justicia y jamás dejaré de luchar legalmente, hasta mi último aliento —me escribió Al-Kassar hace poco—. Nadie puede esconderse para siempre de la verdad».

En los años transcurridos entre el juicio del Achille Lauro y el comienzo de la operación Legado, Jim Soiles guardó en un armario de su casa una vieja caja fuerte repleta de expedientes sobre Monzer al-Kassar. De vez en cuando abría la caja, hojeaba los documentos y pensaba que tal vez fuese hora de triturarlos. Pero siempre había algo que le detenía. «Era uno de esos tipos que escapaban —me dijo—. Y había una parte de mí que decía que quizá reaparezca algún día».

Las apelaciones de Monzer al-Kassar fueron infructuosas. Continúa cumpliendo su condena en Marion, Illinois, y su puesta en libertad está prevista para 2033. Tiene una presencia muy activa en Facebook, donde mantiene firmemente su inocencia y alega que todas las pruebas en su contra las fabricaron Jim Soiles y una camarilla de «sionistas».

LO PEOR DE LO PEOR

Judy Clarke era conocida por salvar la vida de asesinos infames. Entonces aceptó el caso de Dzhokhar Tsarnaev (2015)

«Nos conocemos en la más trágica de las circunstancias», comenzó diciendo Judy Clarke, principal abogada defensora que representaba a Dzhokhar Tsarnaev. Hablaba desde el atril, frente a los miembros del jurado, con un traje oscuro y una nota de color, un pañuelo azul y morado que lleva con tanta frecuencia que parece un talismán para la sala de audiencia. A su derecha, George O'Toole, el juez, la miraba por encima de sus gafas. Detrás de ella estaba Tsarnaev, el joven delgado y de rasgos suaves al que estaban juzgando por el atentado con bomba en la maratón de Boston el 15 de abril de 2013; el peor ataque terrorista en suelo estadounidense desde el 11-S. Fuera del juzgado, la nieve de sucesivas ventiscas se había acumulado en sucios montículos. Clarke, que vive en San Diego, detesta el frío, pero ya había soportado todo un invierno en Nueva Inglaterra. «Judy pasó un año en Boston, antes de que el caso llegase a juicio, reuniéndose con ese muchacho», me contó su amigo Jonathan Shapiro, que ha compartido docencia con Clarke en Washington y en la Escuela de Derecho de la Universidad de Lee. Estábamos a principios de marzo, y habían transcurrido casi dos años desde que Tsarnaev, junto con su hermano mayor Tamerlan, detonaran dos bombas caseras cerca de la línea de meta de la maratón. Habían matado a tres personas y herido a doscientas sesenta y cuatro; acto seguido robaron un Mercedes, asesinaron a Sean Collier, un agente de policía del MIT, y se enzarzaron en un tiroteo con los policías. Dzhokhar, que por entonces contaba diecinueve años, había matado accidentalmente a Tamerlan, que tenía veintiséis, atropellándole con el coche en el que habían huido. Al final dieron con Dzhokhar, mortalmente herido, dentro de un bote en un dique seco del barrio de Watertown. Mientras se estaba recuperando en el hospital, Miriam Conrad, la jefa de los defensores de oficio federales de Massachusetts, contactó con Clarke, y esta decidió aceptar el caso.

Probablemente Clarke sea la mejor abogada de Estados Unidos para los casos de pena de muerte. Sus esfuerzos ayudaron a salvar las vidas de Ted Kaczynski (el Unabomber), Zacarias Moussaoui (conocido como el secuestrador número veinte del complot del 11-S) y Jared Loughner (que mató a seis personas e hirió a otras trece, incluida la congresista Gabrielle Giffords, en un centro comercial de Tucson en 2011). «Cada vez que Judy acepta un nuevo caso, este le supone un proceso de búsqueda espiritual —me dijo su vieja amiga Elisabeth Semel—. Porque es una enorme responsabilidad». En raras ocasiones, cuando Clarke se retiraba del caso o la apartaban de un equipo de defensa, el acusado era condenado a muerte. Pero en los casos que había llevado hasta la fase de la sentencia, ninguno de sus clientes había acabado en el corredor de la muerte.

La administración de la pena capital es tristemente propensa a errores. Según el Centro de Información sobre la Pena de Muerte, ciento cincuenta y cinco reclusos del corredor de la muerte han sido exonerados, y es lógico pensar que hay personas inocentes que esperan todavía su ejecución. Clarke no representa a tales individuos. Su especialidad es lo que el Tribunal Supremo ha calificado de «lo peor de lo peor»: violadores de niños, torturadores, terroristas, asesinos múltiples y otras personas que han cometido crímenes tan espantosos que incluso los detractores de la pena de muerte podrían sentir la tentación de hacer una excepción.

Indudablemente, Tsarnaev era culpable. En su declaración inicial, el fiscal principal, William Weinreb, describió un vídeo en el que se ve a Tsarnaev depositando una mochila directamente detrás de un niño de ocho años en la calle Boylston y alejándose antes de que explotase. En enero de 2014, el fiscal general Eric Holder, que había expresado públicamente su oposición personal a la pena de muerte, anunció que el Gobierno solicitaría la ejecución de Tsarnaev, explicando que la magnitud del horror había forzado la decisión. La acusación se refería a Tsarnaev como Dzhokhar, su nombre de pila, que es checheno y significa «joya». Pero cuando Clarke se dirigía al jurado, empleaba el apodo que el joven había adoptado cuando estudiaba secundaria en Cambridge, en el estado de Massachusetts: Jahar. En un caso de pena capital, el abogado defensor intenta humanizar al cliente hasta el punto en que los miembros del jurado lleguen a vacilar en condenarle a muerte. Clarke ha aseverado que su labor consiste en transformar al acusado para que no lo consideren un monstruo insondable, sino «uno de nosotros». Su uso del apodo implicaba una genuina familiaridad. Clarke dedica centenares de horas a conocer a los criminales que todo el mundo denigra. Su amiga Tina Hunt, una abogada de oficio federal de Georgia que conoce a Clarke desde hace treinta años, me dijo: «Judy está fascinada por lo que mueve a las personas, por lo que las impulsa a cometer esa clase de crímenes. La gente no nace malvada. Clarke tiene una fe muy profunda e inquebrantable en esa idea».

La mayor parte de los éxitos de Clarke en los casos de pena de muerte han sido fruto de negociar con la fiscalía las declaraciones de culpabilidad. Ella cita con frecuencia un proverbio del mundo judicial: el primer paso para perder un caso de pena de muerte es elegir un jurado. Para evitar un juicio, Clarke no rehúye el trabajo incansable que supone llegar a este tipo de tratos. En 2005 consiguió un acuerdo con la fiscalía para Eric Rudolph, que había detonado varias bombas en clínicas que practicaban abortos y en los Juegos Olímpicos de Verano de Atlanta, después de que el acusado prometiera revelar la localización de un artefacto explosivo que había enterrado cerca de un barrio residencial en Carolina del Norte. Al poco tiempo de incorporarse al equipo del caso contra Tsarnaev, Clarke indicó que su cliente estaba dispuesto a declararse culpable a cambio de una sentencia de cadena perpetua sin libertad condicional. Las autoridades federales declinaron la oferta. Clarke presionó entonces para que se celebrara el juicio fuera de Boston, alegando que los miembros del jurado locales tendrían un «prejuicio abrumador» contra Tsarnaev. El juez O'Toole mostró su desacuerdo.

Clarke miró uno a uno a los miembros del jurado. «Durante las próximas semanas, todos nosotros vamos a enfrentarnos cara a cara con la aflicción, la pérdida y el dolor insoportables causados por una serie de actos sin sentido y horriblemente equivocados que han llevado a cabo dos hermanos», dijo. Es alta, tiene el cabello castaño y liso, y los brazos le cuelgan un tanto cómicamente por su longitud, cual ramas de un sauce llorón. El estilo de Clarke con el jurado es afable, cercano, desprovisto de grandilocuencia. Cada vez que hacía una pausa antes de dar énfasis a sus palabras, el sordo repiqueteo de los teclados de los portátiles de los periodistas que tuiteaban en directo el proceso llenaba el silencio de la sala. «Pocas dudas quedan acerca de lo ocurrido la semana del 15 de abril: las bombas, el asesinato del agente Collier, el robo del coche, el tiroteo en Watertown», dijo. Clarke reconocía así la culpabilidad de su cliente. ¿Por qué molestarse entonces en celebrar un juicio? Cada miembro del jurado disponía de un monitor para ver las pruebas, y Clarke mostró una fotografía de Jahar cuando era un niño, con ojos oscuros y pelo lacio, sentado junto a un Tamerlan mucho más grande. Clarke preguntó: «¿Qué llevó a Jahar Tsarnaev de *esto* al Jahar Tsarnaev que, junto con su hermano, caminaba con su mochila por Boylston?».

Las fotografías del antes y el después son pruebas documentales habituales en el repertorio de Clarke. Es deliberadamente efectista, como ver la fotografía del anuario de una estrella de cine antes de que se haga famosa. Clarke prometió al jurado que no trataría de restar importancia ni de excusar el comportamiento de Tsarnaev. En lugar de ello, de manera sutilmente diferente, confiaba en presentar la vida del acusado de forma que pudiera mitigar su culpabilidad moral. Los miembros del jurado miraron a Tsarnaev, que se encontraba detrás de ella. Estaba sentado a la mesa de la defensa, jugueteando con su pelo negro y rebelde, vestido con una chaqueta y una camisa desabotonada que resultaba un tanto alegre para un juicio por asesinato. «Va a ser mucho pedirles que mantengan la mente y el corazón abiertos —advirtió Clarke—. Pero eso es lo que les pedimos».

* * *

Entre los abogados que se ocupan de los casos de pena de muerte, Clarke es conocida, sin ironía alguna, como Santa Judy, en virtud de su humildad, su generosidad y su devoción hacia sus clientes. Lleva veinte años sin conceder ninguna entrevista a la prensa convencional. No obstante, en el discurso que dio en una ceremonia de graduación en la facultad de Derecho de la Universidad Gonzaga, Clarke dijo que sus clientes la han obligado a «redefinir lo que significa un triunfo». En su caso, una victoria significa habitualmente una condena a perpetuidad. Aun así, decía Clarke, tiene una deuda de gratitud con sus clientes por «las lecciones que me han enseñado —sobre el comportamiento y la fragilidad humanas— y el constante recordatorio de que ahí podría estar yo si no hubiera sido por la gracia de Dios».

En cierto sentido, la imagen pública de Clarke se asemeja a la de la hermana Helen Prejean, la monja católica de Nueva Orleans que dirige la organización conocida como Ministerio Contra la Pena de Muerte. En su libro de 1993, *Pena de muerte*, Prejean describe el vínculo que forjó con un asesino al que habían condenado a muerte. El «peso de su soledad, su abandono, me arrastra», escribe. Abomina de sus crímenes, pero siente en él una «humanidad pura y esencial». Pero Clarke no es ninguna monja. Sus convicciones están enraizadas en el derecho constitucional, no en la Biblia, y en la sala del tribunal da muestras de un descarado espíritu combativo. En 1990 declaró a *Los Angeles Times*: «Me encanta luchar». Aunque carece del estilo extravagante asociado con frecuencia con los abogados litigantes, no pasa desapercibida en la sala del tribunal. En

2003, cuando representaba a Jay Lentz (un exagente de la inteligencia naval acusado de asesinar a su esposa), Clarke llamó al estrado a la hija de doce años de Lentz, Julia, que en el momento del asesinato tenía cuatro años. Julia declaró ante el jurado que su padre lo significaba todo para ella. El juez había advertido a Clarke que Julia no debía dirigirse a su padre, pero Clarke desafió la directriz preguntándole a la pequeña si tenía algo que decirle; le dijo: «Te quiero, papá». El jurado le perdonó la vida.

Lo que impulsa a Clarke es una intensa oposición filosófica a la pena de muerte. En cierta ocasión observó que «el homicidio legalizado no es una buena idea para una nación civilizada». Su amigo David Ruhnke, que ha llevado más de una docena de casos de pena capital, me comentó: «No es frecuente que los abogados de defensa criminal adoptemos una posición de superioridad moral, pero creo que en la ley sobre la pena de muerte sí lo hacemos». A decir de sus amigos, Clarke también se siente atraída por el dilema intelectual que plantean este tipo de atroces crímenes. Cuando Eric Rudolph se encontraba huido de las autoridades en las montañas de Carolina del Norte, Clarke le comunicó a Tina Hunt: «Si alguna vez le atrapan, quiero representarle yo». Hunt recuerda haber respondido: «¿Te has vuelto loca? ¡Es un fanático! ¡Hace estallar clínicas que practican abortos! Judy, para estos casos vamos a prepararte unas fichas que tan solo digan "NO"».

Según Hunt, Clarke siempre está buscando «la llave que encaja en la cerradura que abre la puerta que permite que una persona llegue a hacer algo así». A este respecto, Clarke evoca al abogado francés Jacques Vergès, que representó a Klaus Barbie (el Carnicero de Lyon), a Carlos el Chacal y al líder de los Jemeres Rojos Khieu Samphan. Vergès, que murió en 2013, se regodeaba poniendo patas arriba la reconfortante piedad de la justicia criminal e insistiendo en que sus clientes eran más humanos de lo que los demás podían estar dispuestos a admitir. «Lo que resultaba tan estremecedor en el caso del "monstruoso" Hitler era lo mucho que quería a su perro y el hecho de que les besara la mano a sus secretarias —observó Vergès en cierta ocasión—. Lo interesante de mis clientes es descubrir qué es lo que los lleva a hacer esas cosas tan horrorosas». Cuando comenzó el juicio a Tsarnaev, Clarke advirtió al jurado que no cuestionaría el «quién» ni el «qué» del caso. Se centraría en el «por qué».

* * *

Clarke, que tiene sesenta y tres años, creció en Asheville, en Carolina del Norte. Desde una edad temprana, declaró al *San Antonio Express-News*, «pensaba que sería genial ser Perry Mason y ganar todo el tiempo». En el Furman College de Greenville, en Carolina del Sur, estudió Psicología y lideró una exitosa campaña para cambiar el nombre del consejo estudiantil por el de Asociación de Estudiantes de Furman sobre la base de que el grupo no tenía ninguna autoridad efectiva. Se casó con su novio de la universidad, Thomas Rice «el Veloz», un hombre jovial de cara redonda que también llegaría a ser abogado. Al terminar sus estudios de Derecho en la Universidad de Carolina del Sur, se trasladaron a San Diego, donde en 1977 empezó a trabajar en una pequeña oficina de abogados defensores de oficio federales. «En aquella época se podía contar con los dedos de la mano el número de abogadas de defensa criminal que ejercían en el condado de San Diego», recuerda Elisabeth Semel, que conoció a Clarke durante esa etapa y en la actualidad dirige el observatorio sobre la pena de muerte de la facultad de Derecho de la Universidad de California en Berkeley. Semel y Clarke salían a correr dieciséis kilómetros los fines de semana. «Necesitábamos cultivar la camaradería porque aquel era un entorno hostil», me explicó Semel, añadiendo a continuación que el sector judicial en San Diego era en gran medida conservador.

Clarke trabajaba incansablemente en favor de los inmigrantes indocumentados, los narcotraficantes y otros individuos acusados de delitos federales que no podían permitirse un abogado. No tardó en ponerse al frente de la oficina, duplicó el número de abogados y triplicó el presupuesto. Pedía a los nuevos contratados que firmasen lo que llamaba una «carta de sangre», según la cual se comprometían a trabajar al menos sesenta horas semanales. Clarke dedicaba habitualmente ochenta. En 1991 empezó a trabajar para un gran bufete de abogados, McKenna Long & Aldridge, donde podía poner en práctica sus formidables habilidades en la defensa de clientes de cuello blanco. Pero, según Bob Brewer, el socio que reclutó a Clarke, «tenía un verdadero problema a la hora de cobrar a la gente por su tiempo». Idearon un sistema en el que Clarke recibía a un nuevo cliente, se hacía eco del caso y luego se excusaba cortésmente, permitiendo que Brewer se lanzara a negociar los honorarios. Clarke duró poco más de un año. Actualmente se la ha oído decir en tono socarrón a propósito de aquello: «Fui condenada a quince meses de ejercicio privado en McKenna Long & Aldridge».

En 1992, Clarke se trasladó a Spokane para hacerse cargo de la oficina de abogados defensores federales del este de Idaho y Washington. Por aquel entonces, uno de sus amigos de la facultad de Derecho, David Bruck, comentó que era como si Mozart llegase a la ciudad para dirigir la Orquesta Sinfónica de Spokane. Bruck es oriundo de Montreal, tiene una voz suave y luce una espesa mata de pelo blanco. Se había mudado a Carolina del Sur en 1972 para estudiar en la facultad de Derecho y llegó a ser uno de los más prominentes abogados defensores en casos de pena capital. En 1994 se encargó del caso de Susan Smith, una mujer de veintitrés años de la pequeña ciudad de Union que fue acusada de asesinar a sus dos hijos, ambos muy pequeños; los había atado en el asiento trasero del coche antes de dejarlo caer a un lago. Inicialmente, Smith alegó que un hombre negro le había robado el coche y había secuestrado a sus hijos, pero, tras una frenética cacería de tintes racistas, confesó que podían encontrar los cuerpos de sus niños en el lago. El estado solicitó la pena de muerte, lo cual implicaba que Smith tenía derecho a un segundo abogado; Bruck acudió a su vieja amiga Judy Clarke. Cuando ella alegó que nunca había llevado un caso de pena capital, Bruck dijo: «No es eso lo que necesito oír. Te necesito a ti».

En el juicio a Smith, Clarke desarrolló muchas de las técnicas que han llegado a ser distintivas de su trabajo. Prometió a los miembros del jurado que no trivializaría acerca de lo que Smith había hecho ni presentaría la «excusa del abuso». Aun así, alegó que el jurado tenía la obligación de comprender no solo el espantoso acto de Smith, sino también toda su vida, lo que la había llevado a hacer algo así. El padre de Smith, que trabajaba en una fábrica, se había suicidado cuando ella era pequeña. Su madre había vuelto a casarse y su padrastro abusó de ella. Había tratado de quitarse la vida en dos ocasiones y en el lago, argüía Clarke, Smith había intentado morir con sus hijos; en el último instante, su instinto de supervivencia la impulsó a saltar del coche, y en ese momento ya era demasiado tarde para salvar a los pequeños.

La fiscalía presentó una acusación devastadora. Un antiguo novio de Smith, hijo del adinerado propietario de una fábrica, testificó que una semana antes de los asesinatos había enviado a la acusada una carta de ruptura en la que le decía: «Hay algunas cosas de ti que no me acaban de gustar, y sí, me refiero a tus hijos». Un buzo testificó que había encontrado el coche volcado en el fondo del lago y había divisado «una manita contra el cristal».

La defensa llamó a declarar a uno de los guardias de la prisión de Smith, quien dio fe de su arrepentimiento. «Todo el mundo tiene un punto de ruptura —señaló Clarke al jurado—. Susan se rompió allí donde muchos de nosotros podríamos doblarnos». Su testigo estelar era el padrastro de Smith. Este confesó entre lágrimas que había abusado de Smith y, dirigiéndose directamente a ella, dijo: «Tú no eres la única culpable de esta tragedia». Smith fue condenada a cadena perpetua. En una entrevista posterior, Clarke sugirió que, aunque a veces era prudente celebrar el juicio lejos del lugar donde se había cometido el presunto crimen, en este caso había ayudado el hecho de que Smith fuese juzgada por los habitantes de Carolina del Sur. «Era una de ellos», señaló Clarke.

Una vez concluido el caso, Clarke visitó a Smith en la cárcel por Navidad. Consciente de la soledad de sus clientes, los felicita en sus cumpleaños y las festividades. Carolina del Sur aprobó posteriormente una ley que prohibía que los tribunales designaran abogados de fuera del estado en los casos de pena capital.

* * *

Un juicio en el que se solicita la pena de muerte consta de dos partes: la «fase de la imputación», en la que el jurado determina si el acusado cometió el crimen, y la «fase de la sentencia», en la que los miembros del jurado votan una condena. Aunque Clarke había reconocido sin ambages la culpabilidad de Tsarnaev en su declaración inicial, ello no impidió que la fiscalía llamase a declarar a personas que habían perdido miembros, o familiares, en el atentado. Algunos entraron en la sala en silla de ruedas, otros con piernas ortopédicas. Con una entereza asombrosa, describieron cómo la metralla de la explosión les había afectado al cuerpo. Las fotografías del antes y el después también son potentes pruebas instrumentales para los fiscales, y mientras William Campbell testificaba sobre cómo había sido asesinada su hija Krystle, de veintinueve años, los miembros del jurado vieron una fotografía de su primera comunión, en la que llevaba un vestido blanco y vaporoso.

Después de cada intervención de los testigos, Clarke murmuraba: «No tenemos preguntas». A veces les agradecía su testimonio. Interrogarlos después de sus declaraciones habría resultado inútil, incluso ofensivo. «Los abogados defensores tienen una relación tensa con las víctimas, no solo en un caso individual, sino casi como precepto metafísico —me explicó Reuben Camper Cahn, que dirige la oficina de los abogados defensores federales de San Diego—. Tienes que ser respetuoso y tenerlos en consideración, pero al mismo tiempo has de centrarte en tu cliente». Cahn había trabajado con Clarke en la defensa de Jared Loughner y dice que la abogada «es especialmente buena a la hora de empatizar con el sufrimiento de las víctimas y de pensar en cómo percibirán no solo los miembros del jurado, sino también las víctimas, cada paso que den ella y sus colegas».

En el caso de Tsarnaev, Clarke estuvo acompañada por Miriam Conrad, la defensora federal de Boston, y David Bruck. Mantenían una discreta y cercana relación con su cliente. Algunas noches, cuando el tribunal estaba con el caso, Tsarnaev dormía en un calabozo en las entrañas del juzgado, lo cual le permitía estar más cerca de Clarke y su equipo, que se alojaban en un hotel próximo. Pero Tsarnaev no era fácil de manejar. Cada día se dirigía a la mesa de la defensa y se repantingaba en su silla, con sus larguiruchas extremidades en una postura de despreocupación, como un muchacho de barrio tras el volante de un coche del que quiere presumir. Algunos testigos creían que Tsarnaev sonreía con un ademán burlón, aunque sus abogados advirtieron al tribunal que su expresión facial había quedado ligeramente modificada a causa del daño neurológico sufrido por los disparos en la cara por parte de la policía. Un testigo, un treintañero ancho de hombros llamado Marc Fucarile, había perdido una pierna en la explosión; reveló que todavía corría el riesgo de perder la otra. Los fiscales proyectaron radiografías suyas, y se podían ver espacios oscuros entre los huesos salpicados de puntos azules brillantes: balines y otra metralla que permanecía en el interior de su cuerpo. Fucarile, que había sufrido casi setenta operaciones, estaba en una silla de ruedas, pero fulminaba con la mirada a Tsarnaev, como si fuera a lanzarse desde el estrado y estrangularle. Tsarnaev rehusaba mirarle.

Clarke estaba sentada a la izquierda de Tsarnaev, y Conrad, una animada cincuentona, se sentaba a su derecha, de manera que los miembros del jurado siempre le veían flanqueado por mujeres. Susurraban e intercambiaban alegres comentarios con él, y le tocaban: una palmadita en la espalda, un apretón en el brazo. Era algo deliberado: como el papa inclinándose para abrazar a un peregrino desfigurado en San Pedro, las mujeres estaban indicando que Tsarnaev no era ningún leproso. Tales gestos no iban dirigidos exclusivamente a los miembros del jurado. Una guía de formación que Clarke ayudó a preparar para los abogados defensores en 2006 observa: «En los casos de pena capital, el contacto físico apropiado es con frecuencia el único gesto capaz de mantener la confianza de un acusado». Según los términos de su reclusión, a Tsarnaev no le estaba permitido tocar a ningún visitante, ni siquiera a sus familiares, por lo que el contacto ocasional de sus abogados probablemente representara la única forma que le quedaba de mostrar una conexión con otras personas. La pieza central de la acusación era un montaje de fotografías y vídeos tomados el día del atentado. Una imagen, captada poco antes de la primera explosión, muestra una familia de cinco miembros de Dorchester viendo a los corredores cruzar la línea de meta. Justo detrás de ellos, semioculto por un árbol, aparece Tsarnaev con una gorra de béisbol hacia atrás. El 5 de marzo subió al estrado el padre de la familia, un hombre delgado de aspecto angustiado. Recordaba que, después de que la explosión de la bomba le lanzara al otro lado de la calle, se apresuró a buscar a sus hijos. Localizó al de once años, Henry, que estaba ileso, y luego vio a su hija de siete, Jane, tumbada junto al árbol. La cogió, pero había perdido la pierna. «Había volado», dijo. Bill vio a su mujer, Denise, agachada sobre su hijo de ocho años, Martin, que era el que había estado más próximo a la explosión. Bill quería asistir a Martin, pero su hija estaba perdiendo sangre tan deprisa que no era probable que sobreviviese a menos que la llevase hasta una ambulancia. Echó un último vistazo a Martin: «Supe que no saldría de aquella –contó Bill–. Por lo que veía, no había ninguna posibilidad».

Corrió hasta una ambulancia y Jane sobrevivió. Denise quedó ciega de un ojo. Mientras los miembros del jurado y los espectadores lloraban, un médico forense describía el impacto de la explosión sobre el cuerpo de Martin. Con guantes de goma, sostenía los pantalones cortos que llevaba puestos el pequeño. Podrían haber sido pantalones largos, dijo; era difícil de saber. El tejido se había quemado.

Sin lugar a dudas, se trataba de un acto terrorista y la fiscalía describió a los Tsarnaev como yihadistas que tenían intención de matar a civiles estadounidenses en nombre del islamismo radical. Los investigadores habían recuperado del ordenador portátil de Jahar una copia descargada de *Inspire*, una publicación asociada a Al-Qaeda, que incluía un artículo titulado «Make a Bomb in the Kitchen of Your Mom» («Fabrica una bomba en la cocina de tu madre»). En el apartamento de la familia Tsarnaev en Cambridge, el FBI había descubierto restos de explosivos.

La fiscalía tenía asimismo lo que equivalía a una confesión de Jahar. Creyendo que se estaba muriendo en el bote en el dique seco, había escrito un mensaje a lápiz sobre el interior de fibra de vidrio de la embarcación. Inicialmente, el Gobierno había querido hacerse con la sección del bote que contenía la confesión y exhibirla en el proceso. La defensa objetó que el jurado necesitaba ver el mensaje de Jahar en todo su contexto. Ese era un clásico de Clarke. Cuando representó a Ted Kaczynski, creyó que el jurado debía ver la angosta choza en el desierto de Montana donde el Unabomber había fabricado sus cartas bomba y redactado su manifiesto. La choza se llevó hasta Sacramento en un camión con plataforma. Un día de marzo, el juez O'Toole acompañó a los abogados, el jurado y Tsarnaev hasta un almacén donde se encontraba el bote, elevado, en un tráiler. El bote estaba manchando de la sangre de Tsarnaev y exhibía más de un centenar de agujeros de bala. «Dios tiene un plan para cada persona —escribió Tsarnaev—. El mío era esconderme en este bote y arrojar algo de luz sobre nuestras acciones». Estaba «celoso» de Tamerlan por haber alcanzado el martirio. «El Gobierno estadounidense está matando a nuestros civiles inocentes», añadió, señalando que «los musulmanes somos parte de un solo cuerpo; si haces daño a uno, nos lo haces a todos». El mensaje era difícil de leer porque lo habían atravesado las balas. Pero hacia el final Tsarnaev escribió: «No me gusta matar a personas inocentes, está prohibido en el islam, pero debido a dicha [agujero de bala] está permitido. Todo el mérito es de [agujero de bala]».

Pese al presunto radicalismo de estas palabras, imperaba un sentimiento ineludible, incluso mientras el Gobierno presentaba la acusación, de que Jahar Tsarnaev no era tanto un soldado de Dios como un muchacho díscolo, curiosamente distanciado de sus actos terroristas. No era tan piadoso: en la Universidad de Massachusetts Dartmouth, donde era un estudiante de segundo año, Jahar era conocido por pasar hierba. Menos de una hora después de que explotaran las bombas, las cámaras de vigilancia le captaron en un supermercado Whole Foods de Cambridge. Aparecía decidiéndose por un envase de medio galón de leche; lo pagó, se marchó y luego regresó para cambiarlo por otro envase de medio galón. Horas después del atentado, tuiteó «No hay amor en el corazón de la ciudad.

Manteneos a salvo» y «Soy un tipo sin estrés». Fue con un amigo al gimnasio. Fue precisamente esa espeluznante capacidad de distanciamiento lo que había llevado a las autoridades a identificarle como sospechoso. Examinando las grabaciones de vigilancia de la maratón, los agentes del FBI se percataron de un hombre con una gorra de béisbol que no reaccionó cuando la primera explosión provocó una desbandada general.

* * *

Clarke no es una teórica del derecho especialmente original. El curso que ha impartido en Washington y Lee consiste en unas prácticas centradas en las reglas y tácticas de la abogacía. Acudió en dos ocasiones al Tribunal Supremo antes de cumplir los cuarenta, en casos que implicaban cuestiones técnicas de procedimientos penales, y perdió ambos por unanimidad. No obstante, en uno de los casos se detuvo a explicar las sutilezas de un oscuro aspecto del derecho penal, y claramente sabía más al respecto que los jueces. En una guía que Clarke elaboró para los abogados defensores federales, invocaba la máxima de Thomas Edison acerca del genio: «Un 99 por ciento de transpiración y un 1 por ciento de inspiración». En un caso de pena capital, buena parte del esfuerzo implica un trabajo detectivesco. Colaborando con los investigadores y los expertos en salud mental, Clarke recopila una «historia social», una biografía detallada del cliente, basándose con frecuencia en testimonios familiares que se remontan a mucho tiempo atrás. Localiza a parientes, maestros, vecinos y compañeros de trabajo en busca de signos de enfermedad mental o inestabilidad en el pasado del cliente. Esas entrevistas, escribió Clarke en una presentación judicial en 2013, pueden ser «inestimables a la hora de construir un caso en que se pide cadena perpetua, documentando la naturaleza, el alcance y las consecuencias del trauma».

Al buscar lo que Tina Hunt llamaba «la llave que encaja en la cerradura», un abogado defensor de casos de pena capital trabaja sobre la presunción general de que quienes cometen crímenes terribles son también víctimas a su vez; de hecho, de que solo las víctimas de enfermedades mentales o circunstancias horrorosas podrían cometer semejantes actos. «Nadie empieza siendo un asesino —me aseguró Jonathan Shapiro—. Esos tipos son mercancías dañadas cuando llegan a nosotros. Son como un ovillo enredado. Y nuestra tarea consiste en intentar desenredarlo, averiguar cómo han llegado a ser como son». Clarke ha afirmado que la mayoría de sus clientes a los que les piden la pena de muerte han sufrido «traumas atroces» y que «muchos de ellos padecen graves problemas de desarrollo cognitivo que afectan a lo más profundo de su ser». Invoca con frecuencia un mantra de quienes trabajan para evitar la pena capital: «Ninguno de nosotros, ni uno solo de nosotros, quiere que lo definan por el peor día o la peor hora o el peor momento de su vida».

Podemos oponernos a la pena de muerte por numerosos motivos y seguir hallando curiosa esta afirmación. Si no debemos juzgar a alguien que mata a un niño por voluntad propia, ¿no significa eso básicamente que jamás deberíamos juzgar a nadie, en ninguna circunstancia? Yo me preguntaba si ese razonamiento era verdaderamente un artículo de fe para Clarke. De hecho, cabría pensar que pasar tiempo con asesinos desengañaría a un abogado de cualquier ilusión que aún pudiera albergar de las virtudes de la humanidad. Sin embargo, una docena de amigos y colegas de Clarke me aseguraron que ella cree fervientemente en la bondad esencial de cada cliente. «Tiene un pozo de compasión que simplemente se va ahondando poco a poco», me señaló Elisabeth Semel.

Clarke llega a extremos inusuales para establecer vínculos con sus defendidos. «Muchos abogados acuden a reunirse con el cliente y, si este no desea hablar, tiran la toalla y se marchan —me comentó Laurie Levenson, una profesora de la facultad de Derecho de Loyola—. Si Judy se presenta y no quieren hablar, regresa al día siguiente y al otro». David Bruck declaró en cierta ocasión al *New York Times* que Clarke es un auténtico prodigio a la hora de escuchar: «Incluso las personas que padecen una enfermedad mental grave pueden identificar a alguien que de verdad desea protegerlas». Cuando Clarke se reunió con Jared Loughner, que sufre esquizofrenia paranoide, este le lanzó sillas, arremetió contra ella y la escupió. (En el proceso, Clarke y sus colegas restaron importancia a esos arrebatos, alegando que, en efecto, así era Jared). Antes del juicio de Boston, Clarke viajó al Cáucaso junto con un colega que hablaba ruso para conocer a los padres de Tsarnaev. Esa labor de empatía puede resultar agotadora. En palabras de Bruck: «El cliente se convierte en su mundo».

El marido de Clarke, Rice el Veloz, también es un detractor de la pena de muerte. En 2009 ayudó a defender a un jemer rojo torturador, Kaing Guek Eav, en un juicio por crímenes de guerra cometidos en Camboya. (Kaing fue condenado a cadena perpetua). Clarke y Rice siempre han tenido perros, incluido un carlino ciego y sordo, pero no tienen hijos. Varios de los amigos de Clarke me sugirieron que a ella le habría resultado imposible criar hijos y mantener su ritmo de trabajo. Habida cuenta de que los casos de Clarke tienen lugar en tribunales federales de todo el país, la decisión de aceptar un nuevo cliente puede significar meses fuera de casa. Con la excepción de Susan Smith, todos los casos de pena capital de Clarke han sido federales. La mayoría de los procesos de pena de muerte se desarrollan a nivel estatal, donde a menudo se ha condenado a muerte a personas inocentes. En estados tales como Alabama y Texas, no hay suficientes abogados capacitados para llevar los casos de pena de muerte, y ni siquiera los competentes pueden conseguir los fondos necesarios para preparar un caso debidamente. En los casos estatales, al abogado defensor se le asigna a veces un presupuesto para investigación de tan solo mil dólares; los honorarios de los abogados pueden limitarse a tan solo treinta mil dólares, incluso cuando un caso exige más de mil horas de ejercicio de la abogacía. «Las personas que están bien defendidas en el juicio no son condenadas a pena de muerte», observó en cierta ocasión la jueza Ruth Bader Ginsburg.

Los procesos federales de pena de muerte son mucho más infrecuentes y tienden a restringirse a casos, como el de Tsarnaev, en los que el Gobierno tiene claras evidencias de culpabilidad. Con frecuencia en estos casos los abogados defensores son mejor retribuidos y se pueden permitir contratar expertos, investigadores y abogados adicionales. Aunque hasta la fecha no se ha publicado ninguna cifra, la defensa de Tsarnaev podría costar millones de dólares en fondos públicos. Habrá quienes piensen que un letrado talentoso que se oponga ferozmente a la pena de muerte debería concentrarse en salvar a acusados que puedan ser inocentes. Reuben Camper Cahn me dijo: «Alguien práctico podría preguntarse si hay una concentración excesiva de talento y recursos en el sistema federal. La respuesta es sí». Algunas personas que conocen a Clarke explicaban su gran interés por los casos federales citando las severas restricciones financieras que pesan sobre los abogados defensores de casos de pena capital en los estados donde tienen lugar la mayoría de las ejecuciones.

En Boston, Clarke disponía de recursos abundantes, pero estaba sujeta a otra restricción: el secreto oficial. El Gobierno, aludiendo a la permanente amenaza para la seguridad que podría suponer Tsarnaev si se comunicara con sus cómplices —o si inspirara a personas susceptibles de seguir su ejemplo—, invocó un protocolo, conocido como «medidas administrativas especiales», que prohibía al acusado comunicarse con nadie fuera de su equipo legal y su familia inmediata. El secretismo envolvía asimismo el proceso legal: muchas de las voluminosas mociones y solicitudes presentadas tanto por el Gobierno como por la defensa permanecían ocultas al público. El juez O'Toole garantizaba la confidencialidad y explicaba sus motivos en una serie de dictámenes. Pero estos también eran secretos. Matthew Segal, un abogado de la Unión Estadounidense por las Libertades Civiles (ACLU, por sus siglas en inglés) de Massachusetts, me indicó que el grado de secretismo oficial en el caso era «extremadamente alto» y difícil de justificar, dado que Tsarnaev era «el único miembro superviviente de una célula integrada por dos personas».

El 8 de abril de 2015, el jurado declaró culpable a Tsarnaev de los treinta cargos de los que le acusaban. Durante la fase de la imputación, la defensa había llamado únicamente a cuatro testigos, todos ellos expertos técnicos, que demostraron que las huellas dactilares en las herramientas para fabricar las bombas eran de Tamerlan y que, según los registros de los teléfonos móviles, mientras Tamerlan compraba ollas a presión y balines, Jahar se encontraba lejos, en la universidad. En el contrainterrogatorio, Clarke y sus colegas mostraron que los contenidos islamistas radicales constituían solo una fracción de lo que Jahar consultaba en internet. (Lo que visitaba con más frecuencia era Facebook). Se demostró que los tuits de Jahar que el Gobierno había presentado como indicios de extremismo eran letras de canciones de rap o referencias a programas del canal Comedy Central. El hombre a quien los hermanos le habían robado el coche, Dung Meng, recordaba que Tamerlan alardeaba de las bombas que habían hecho explotar en la maratón y de haber disparado al agente de policía del MIT; Jahar permanecía callado y se limitó a preguntar si la radio del coche podía reproducir música desde su iPhone.

* * *

Para la fase de la sentencia, Clarke y sus colegas llamaron a declarar a más de cuarenta testigos para que contasen la vida de Jahar. Sus padres y él habían llegado a Estados Unidos en 2002 y más tarde se les unieron sus dos hermanas y Tamerlan. La familia había solicitado asilo político alegando ser víctimas de las guerras de Rusia en Chechenia. Los padres, Anzor y Zubeidat, tenían buena presencia y parecían ambiciosos, pero algo inestables: Anzor, que encontró trabajo de mecánico, sufría terrores nocturnos; Zubeidat podía llegar a ser asfixiante y negligente. Los Tsarnaev vivían en un apartamento minúsculo en Cambridge, y sus sueños de inmigrantes se iban erosionando gradualmente. Las hermanas de Jahar se casaron jóvenes; cada una de ellas tuvo un hijo, se divorció y regresó a casa. Tamerlan no solo fracasó en sus esfuerzos de seguir una carrera profesional en el boxeo, sino también en las demás cosas que probó. Se casó con una estadounidense, Katherine Russell, y pronto tuvieron un hijo. Ella y el bebé se unieron al resto en el apartamento. En 2010, Zubeidat y Tamerlan se habían volcado en el islamismo, pero no seguían la versión en gran medida moderada que se practica en el Cáucaso, sino una rama del salafismo que se difundía en internet. Tamerlan, que estaba en el paro, se quedaba en casa con su hijo mientras su mujer trabajaba, y se pasaba horas viendo vídeos incendiarios de las atrocidades que sufrían los musulmanes en el extranjero. En 2012 estuvo seis semanas en Daguestán con la esperanza de participar en la yihad, aunque al parecer pasaba la mayor parte del tiempo en cafés, hablando de política. (Según el *Boston Globe*, Tamerlan oía voces y podría haber padecido una esquizofrenia no diagnosticada).

El retrato que Clarke hizo de Jahar Tsarnaev recordaba en cierto sentido al que había ayudado a forjar para Zacarias Moussaoui. En aquel juicio, el testimonio de la defensa se había centrado en el trastorno que había sufrido Moussaoui como marroquí emigrado en Francia, así como durante su accidentada educación. Su padre, un boxeador, era agresivo y acabó en una institución psiquiátrica. La hermana de Moussaoui, Jamilla, testificó que él era «el más encantador de la familia». Jahar Tsarnaev también lo era: un muchacho de ojos saltones e inocentes, afable en el trato, que adoraba a su hermano mayor, hacía amigos con facilidad y parecía adaptarse a la vida estadounidense más rápido que sus familiares. Le iba bien en el colegio, lo pasaron de curso y llegó a ser capitán del equipo de lucha libre de su instituto. Varios profesores subieron al estrado y, llorosos por la emoción, le describieron como muy inteligente y amable. Para cuando empezó la universidad, sin embargo, su familia se estaba desmoronando. Sus padres se separaron y ambos acabaron marchándose del país. Entretanto, Tamerlan se estaba radicalizando y andaba por Cambridge con la clase de túnica blanca amplia que se ve en Arabia Saudí.

Ni el Gobierno ni la defensa sostenían que los hermanos formasen parte de una conspiración mayor; más bien, en palabras –un tanto torpes– de Clarke, Tamerlan «se autorradicalizó» a través de internet. La pregunta crucial de la defensa era si Jahar había seguido el mismo camino. En la universidad se pasaba las tardes colocándose y jugando a videojuegos con sus amigos. Las fotografías de ese periodo exhiben una penosa imagen, típica de la vida americana:

dormitorios de bloques de hormigón, televisores de pantalla gigante, enormes cajas de crackers de queso Cheez-Its. Varios de los amigos de Jahar testificaron sobre su amabilidad. Mientras Tamerlan sermoneaba a todo aquel que le escuchase acerca del imperialismo estadounidense y los apuros por los que pasaban los musulmanes en el extranjero, Jahar rara vez discutía sobre política. Algunos de sus buenos amigos no sabían siquiera que fuese musulmán. La acusación decía que llevaba una «doble vida». No obstante, viendo una fotografía en la que aparece holgazaneando en lo alto de una litera, cuesta imaginar que ocultara a sus compañeros de cuarto una vida de devoción religiosa.

La defensa alegaba que Jahar no había maquinado la conspiración terrorista. Tamerlan compró los materiales para las bombas, las fabricó y disparó al agente Collier. En la cultura chechena, testificó un experto en defensa, el hermano mayor exhibe una personalidad dominante y es a quien el hermano menor ha de obedecer. Un experto en psicología cognitiva testificó que el cerebro de los adolescentes es impulsivo, como los coches con motores potentes y frenos defectuosos. Esta línea de argumentación se hacía eco de la exitosa defensa en un caso de 2002 en el que Clarke no había estado implicada: el juicio contra Lee Malvo, quien, a sus diecisiete años, había acompañado a John Allen Muhammad, un perturbado y especie de figura paterna para el acusado, en un tiroteo a lo loco por Washington D. C. que dejó diez muertos. Muhammad fue condenado a muerte, pero Malvo a cadena perpetua. Al igual que este último, Tsarnaev era joven, no tenía antecedentes de conducta violenta y cayó bajo el hechizo de un mentor carismático. Malvo, mantenía su abogado, «no podía separarse de John Muhammad más de lo que uno puede separarse de su sombra». Era una defensa que recordaba al flautista de Hamelin, y ahora Clarke estaba armando un argumento similar. Una de las profesoras de Tsarnaev, cuyo marido había sido su entrenador de fútbol, testificó: «Es muy dócil en los entrenamientos. Hacía lo que le decía el entrenador».

Zacarias Moussaoui, un fanático genuino, era propenso a los arrebatos durante su proceso judicial, en el que condenó a Estados

Unidos y la causa contra él. Jahar Tsarnaev se sentaba en silencio en la mesa de la defensa, alargaba ocasionalmente la mano para coger una jarra de agua y rellenar los vasos de sus abogados. Existía semejante paradoja entre el grotesco crimen y la imagen de su apacible perpetrador que, fuera de la sala de audiencias, un ávido grupo de partidarios, muchos de ellos mujeres jóvenes, mantenían que debía de ser víctima de un montaje. «Es una defensa a la que no se recurre a menudo en este tipo de casos: "Era un buen chico, uno de los nuestros" —me aseguró Carol Steiker, una especialista en la pena de muerte de la facultad de Derecho de Harvard—. Además parece caucásico, lo cual resulta muy útil en esta clase de casos».

Los espectadores presentes en la sala podían ver principalmente a Tsarnaev de espaldas, pero en las salas adicionales para la prensa, los monitores de circuito cerrado permitían observarlo mejor. Una de las cámaras de la sala posibilitaba ver lo mismo que el juez desde el estrado. David Bruck objetó que la cámara violaba «la zona de privacidad» del equipo de la defensa, pero el dispositivo permaneció allí, ofreciendo una imagen cercana del distanciamiento de Tsarnaev. Este susurraba y a veces sonreía con sus abogados, pero evitaba mirar a los testigos; en su lugar se examinaba las uñas o hacía garabatos. «Echo de menos de veras a la persona que conocía», dijo entre lágrimas en el estrado Alexa Guevara, una de sus amigas de la universidad, tratando con todas sus fuerzas de llamar su atención. Pero él no la miraba a los ojos.

Tsarnaev rompió esa máscara de indiferencia en una sola ocasión. Su tía Patimat Suleimanova llegó desde Daguestán para testificar. Pero, en cuanto subió al estrado, rompió a llorar desconsoladamente. Tsarnaev se secó las lágrimas de los ojos mientras la acompañaban a bajar del estrado. Aquello marcó, en cierta medida, una prometedora evolución para la defensa: una señal de que el acusado tenía sentimientos, después de todo, y de que su muerte devastaría a su familia. Al mismo tiempo, recalcaba la impasibilidad de Tsarnaev durante las semanas de testimonios desgarradores sobre la devastación que había causado.

En su declaración inicial, Clarke dijo que el camino terrorista que había seguido Jahar lo había «creado» y «allanado su hermano». Si había caído bajo el influjo de un violento hermano mayor, parecía lógico que Tsarnaev, tras dos años de soledad en la cárcel, pudiera sentir remordimientos. Por supuesto, la postura de un acusado en la sala de audiencias no es el mejor indicador de su estado de ánimo. Pero el comportamiento de Tsarnaev no revelaba ninguna muestra de contrición. Esta era crucial porque, según los estudios, los jurados de los casos de pena capital están muy influenciados por el hecho de que el acusado muestre o no arrepentimiento.

Para probar que Tsarnaev no estaba afectado por su crimen, la acusación presentó una imagen tomada por una cámara de vigilancia en un calabozo del juzgado. La imagen se había captado el día de la lectura de cargos, varios meses después de los atentados. Tsarnaev llevaba un uniforme naranja y fruncía el ceño ante la cámara, con el dedo corazón levantado. «*Este* es Dzhokhar Tsarnaev: despreocupado, obstinado, inalterable», dijo uno de los fiscales. La defensa pasó a mostrar de inmediato al jurado el vídeo del que se había tomado la instantánea, y se puso de manifiesto que Tsarnaev había dirigido otros gestos a la cámara, incluido uno propio de las pandillas, hecho con dos dedos en una pose informal, como suelen mostrar los adolescentes en Instagram. Aprovechó que la cámara tenía una superficie especular y se alborotó cuidadosamente el pelo.

Para rebatir la idea de que Tsarnaev no sentía remordimientos, Clarke jugó una última carta. Llamó a declarar a la hermana Helen Prejean, quien explicó que antes del juicio la defensa la había llevado a Boston para conocer a Tsarnaev. Su primer pensamiento al verle fue «Dios mío, qué joven es». Se vieron cinco veces en el transcurso del juicio, explicó Prejean, y en una de las conversaciones hablaron de las víctimas. Según Prejean, Tsarnaev dijo: «Nadie merece sufrir como ellos lo hicieron». Luego la monja añadió: «Tenía todos los motivos para pensar que […] lo lamentaba sinceramente».

* * *

La primera vez que Clarke consideró la posibilidad de representar a Susan Smith, llamó para pedir consejo a Rick Kammen, un abogado especialista en casos de pena de muerte a quien conocía. «Cada vez que aceptes uno de esos casos, tienes que estar preparada para ver ejecutar a tu cliente», le dijo Kammen. Muchos abogados llevan un caso de pena capital y jamás repiten. Aquellos que siguen haciéndolo con frecuencia acaban quemados o recurren al alcohol o las drogas. Los colegas de Clarke dicen que, para mantener la cordura, ella se apoya en su marido, sus amigos cercanos y una forma de humor mordaz. Sigue corriendo para despejar la mente. El proceso de preparación de una «historia social» para un cliente tiende a una especie de determinismo artificial: las tragedias de décadas atrás se describen como indicadores de los comportamientos recientes. Cuando pedí a los amigos y colegas de Clarke que me explicasen por qué siente tanta devoción por lo que hace, todos coincidían en responder que ella es profundamente compasiva y siempre lo ha sido. Pero, si Clarke estuviera preparando su propia historial social, se centraría en un episodio particular de su pasado.

Su padre, Harry Clarke, era un republicano conservador que quería destituir al juez del Tribunal Supremo Earl Warren y uno de los primeros partidarios del senador Jesse Helms. Los Clarke animaban a sus hijos a debatir ideas en la mesa de la cocina, pero existían límites. En 1972, Judy y su hermana menor, Candy, dijeron a su madre, Patsy, que tenían intención de votar a George McGovern. Patsy quedó tan escandalizada que no se lo contó a su marido. En 1987, cuando Judy estaba viviendo en San Diego, su padre murió, cuando el avión monomotor en el que regresaba a casa de un viaje de negocios se estrelló cerca de Asheville. Clarke había estado muy unida a su padre y jamás había sentido que ser abogada defensora fuese incompatible con los principios de su progenitor. Tres años después de la muerte de Harry, Judy declaró a *Los Angeles Times* que era una defensora a ultranza de los derechos garantizados en la Constitución. «Sí, soy una abogada defensora —señaló—. Pero creo que tengo unos valores muy conservadores».

El hermano mayor de Judy, Bruce, también llegó a ser abogado, y Candy, profesora de secundaria. Su hermano menor, Mark, se mudó a Florida después de la universidad y se hizo socorrista. En 1992 le confesó a su madre que era homosexual y que estaba muriendo de sida. Patsy, que se consideraba una verdadera conservadora sureña, se escandalizó, pero se consagró al cuidado de su hijo. Judy fue a Florida para apoyar a su hermano, que murió en la primavera de 1994. Tras la muerte de Mark, Patsy se sintió frustrada por el hecho de que un viejo amigo de la familia, Jesse Helms, hubiera estado bloqueando la financiación para la investigación alegando que los homosexuales se habían buscado su propio castigo. Patsy escribiría más tarde unas memorias en las que recordaba que Judy le decía: «Deberías escribir al senador Helms acerca de Mark». Patsy lo hizo y le pidió que no «emitiese juicios sobre otros seres humanos diciendo que "tienen lo que se merecen"».

Helms respondió dos semanas después. «Ojalá no hubiera jugado a la ruleta rusa en el sexo —escribió a propósito de Mark—. Siento simpatía por él y también por ti. Pero no podemos eludir la realidad de lo que ha sucedido».

Patsy estaba tan indignada que lanzó una campaña popular, junto con otras madres de víctimas, para destituir a Helms del Senado. Al parecer, Judy también había reaccionado enérgicamente. Varios meses después de la muerte de Mark, aceptó su primer caso de pena capital y defendió a Susan Smith.

«Judy era Judy antes de la muerte de Mark —me aseguró Tina Hunt—. Pero ese episodio pudo haber intensificado su deseo de justicia y de aceptar a las personas tal como son». Luego rio entre dientes y añadió: «Si es que algo podía volver más intensa a Judy».

* * *

Viendo a Tsarnaev en el juicio, a veces me preguntaba si Clarke estaba tratando de salvar a alguien que no quería ser salvado. Quizá todavía envidiara el martirio de Tamerlan. En los procesos de pena de muerte, los clientes llegan a desear con frecuencia un final rápido. Pueden querer suicidarse, sentirse desesperados o perder la cordura; pueden incluso haber tomado en frío la decisión de que la muerte mediante inyección letal sería preferible a una vida de confinamiento solitario. Tales clientes, conocidos como «voluntarios», plantean un dilema a los abogados que llevan los casos de pena de muerte. La labor de un abogado es defender por todos los medios los intereses de su cliente. Pero puede llegar un punto en el que el deber diverja del imperativo de salvar la vida del cliente. En 2007, Clarke aceptó el caso de Joseph Duncan, un vagabundo que había secuestrado en Idaho a dos niños, Dylan y Shasta Groene, tras asesinar a su hermano mayor, a su madre y al novio de esta con un martillo. Clarke se incorporó tarde a la defensa, después de que otro letrado hubiera dejado el caso. En palabras de Tina Hunt, que estaba por aquel entonces en la oficina de Spokane: «El crimen era tan devastador que él no fue capaz de gestionarlo emocionalmente». Era un «extraordinario abogado litigante —me aseguró Hunt—. Pero no era Judy».

Después de llevar a los dos niños a una zona de acampada remota, Duncan se había grabado en vídeo violando y torturando a Dylan. Luego obligó a Shasta a ver las imágenes, antes de matar a su hermano delante de ella con una escopeta. Duncan estaba en la ladera de una montaña, a punto de golpear a Shasta en la cabeza con una piedra, cuando pensó, en lo que más tarde describiría como «una epifanía», que matar estaba mal. Con Shasta, dejó atrás la montaña y no mucho después una camarera de un restaurante Denny's de la zona los reconoció y avisó a la policía. Clarke pasó horas hablando con Duncan. Más tarde describiría sus divagaciones como «los desvaríos de un hombre al que la cabeza le da vueltas» —parecía sufrir un trastorno disociativo de la identidad—, pero ella no desistía. «¿Está frustrado conmigo porque no le comprendo?», le preguntaba.

Clarke planeaba centrar su defensa en el hecho de que Duncan hubiera estado encerrado, con dieciséis años, en un centro para agresores sexuales adultos. Sin embargo, Duncan se negaba a alegar ninguna prueba atenuante relacionada con su infancia. En lugar de ello, deseaba asumir la plena responsabilidad por sus acciones. Estaba ansioso por asegurarse de que Shasta no tuviera que sufrir el trauma de subir al estrado. Quería declararse culpable y renunciar a su derecho de apelación. «Dígame que no se ha embarcado en una misión suicida», le dijo Clarke, según una declaración posterior. Sugirió a Duncan que, si era malo matar, no debería permitir que el estado le matase a él. Pero fue en vano. Clarke se retiró del caso. «No somos pistoleros que obedecemos las órdenes de alguien privado de entendimiento racional», le dijo al juez. Duncan fue condenado a muerte y se encontraba en el corredor de la muerte, pero falleció el 28 de marzo de 2021.

* * *

Desde 1984, la pena capital es ilegal en Massachusetts. No obstante, bajo el sistema federalista estadounidense, el Departamento de Justicia puede imponer una sanción penal incluso en un estado que la haya declarado inconstitucional. Otros dieciocho estados han prohibido o suspendido la pena de muerte, y el Tribunal Supremo ha estrechado gradualmente el alcance de quién puede recibir el castigo, descartando a los delincuentes juveniles y las personas con discapacidad intelectual. Cabría pensar que, en una ciudad progresista como Boston, los abogados de Tsarnaev no tendrían que abordar la cuestión de su culpabilidad moral con el fin de salvarle la vida; bastaría con atacar la propia existencia de la pena capital. En 1999, cuando Clarke defendió al supremacista blanco Buford Furrow, alegó que la pena de muerte era inconstitucional. En el caso Kaczynski, la defensa manifestó por escrito: «La evolución de los estándares de decencia acabará por convencer al público estadounidense de que matar a las personas es sencillamente malo e inmoral, independientemente de que el asesinato lo haya cometido un individuo o el Gobierno». En Boston, cuando comenzó la fase de la sentencia, David Bruck pronunció un dramático alegato en contra de la pena de muerte. Ha trabajado como abogado o como asesor en montones de casos de pena capital. Mostró a los miembros del jurado una fotografía de ADX, la prisión federal de máxima seguridad en Florence, Colorado, donde están encerrados varios de los antiguos clientes de Clarke: una serie de austeros edificios enclavados en un terreno árido, cubierto de nieve. Recordaba a Siberia. Si Tsarnaev se librara de la pena de muerte, explicó Bruck, viviría una vida de aislamiento casi total en ADX. En virtud de las medidas administrativas especiales, no tendría ningún contacto con otros reclusos ni con el mundo exterior. Si el jurado dictaba una sentencia de muerte, prosiguió Bruck, su decisión precedería sin duda más de una década de apelaciones, cada una de ellas acompañada por un nuevo impulso de publicidad para Tsarnaev y de dolor para las víctimas. Solo entonces, tal vez, sería ejecutado.

Los defensores de la pena de muerte argumentan con frecuencia que esta supone un «punto final» para las víctimas, pero la lógica de Bruck parecía irrefutable: si de verdad buscas un sentido de clausura, olvídate por completo de él. «El martirio no es la solución –dijo–. Solo años y años de castigo, día tras día, mientras creces para enfrentarte a la batalla solitaria de lidiar con lo que has hecho». El 17 de abril, bajo el titular «The End of Anguish, Drop the Death Penalty» («Para poner fin a la angustia, renunciemos a la pena de muerte»), el *Globe* publicó una carta abierta de Bill y Denise Richard. «El acusado asesinó a nuestro hijo de ocho años, dejó lisiada a nuestra hija de siete y robó parte de nuestra alma –escribieron–. Sabemos que el Gobierno tiene sus razones para solicitar la pena de muerte, pero llegar a su ejecución podría conllevar años de apelaciones, sin dejar de revivir el día más doloroso de nuestras vidas». Instaban a la fiscalía para que llegara a un acuerdo de cadena perpetua sin libertad condicional. Algunas víctimas discrepaban por completo de esa posición. Pero el testigo más convincente de la acusación estaba rogando que se le perdonase la vida a Tsarnaev. Horas después de la publicación de la carta, Carmen Ortiz, la fiscal de Estados Unidos en Massachusetts, reafirmó su deseo de solicitar la pena de muerte. Afirmaba hacerlo en nombre de las víctimas.

Si el jurado hubiese sido seleccionado entre una muestra representativa de bostonianos, habría habido pocas posibilidades de que se dictaminara una sentencia de muerte. Pero la selección del jurado en los casos de pena de muerte implica un procedimiento conocido como *death qualification*, en el que a los posibles integrantes se los interroga acerca de sus opiniones sobre la pena capital, y quien se opone por principio a la práctica es descartado. Esto no carece de sentido, porque una condena de muerte ha de ser unánime; con que un único miembro del jurado objete desde el principio, todo el procedimiento acaba siendo una pérdida de tiempo. En Alabama o en Oklahoma, donde la pena capital goza de un amplio respaldo, resulta fácil seleccionar un jurado que cumpla la premisa. Pero en Boston un jurado así es, en términos demográficos, algo anómalo: según las encuestas realizadas durante el proceso, el 60 por ciento de los estadounidenses estaban a favor de ejecutar a Tsarnaev, pero solo el 15 por ciento de los bostonianos. Durante la selección del jurado, preguntaron a la gerente de un restaurante de mediana edad si sería capaz de pronunciarse a favor de una sentencia de muerte. «En realidad creo que no soy yo quien está condenando a alguien —respondió—. Es lo mismo que ocurre en el trabajo. Cuando despido a alguien no me preguntan:"¿Cómo puedes hacer eso?". No soy yo quien lo hace. Son ellos. Por sus acciones. Por faltar al trabajo, por robar o por lo que sea». Elisabeth Semel, la profesora de Berkeley, señala que con un jurado no hostil hacia la pena de muerte «se parte de un grupo de personas proclives a la condena y a la pena de muerte, porque si no lo fuera, no estaría ahí». La gerente del restaurante llegó a ser la presidenta del jurado.

* * *

Una mañana de mayo, mientras las gaviotas planeaban en la brisa que soplaba en el puerto de Boston, Clarke se dirigió al jurado por última vez. Rechazó la idea de que Jahar fuese un radical, alegando que había estado supeditado a su hermano. «De no haber sido por Tamerlan», dijo, el atentado «no se habría producido». Reprodujo el vídeo de Jahar en el que este colocaba su mochila detrás de la familia Richard. «Se detiene junto al árbol, no junto a los niños», insistió sin demasiada convicción. «Eso no mejora las cosas, pero no le atribuyamos unas intenciones peores de las que tenía». Clarke se refería a Tsarnaev como un «muchacho» y «un adolescente arrastra-do por la pasión y las creencias de su hermano mayor». En su con-fesión dentro del bote, arguyó, se limitó a repetir como un loro la retórica de otros. «Escribió palabras que le había enseñado su her-mano».

En un momento dado, Clarke pareció aceptar la lógica de la pena capital. «Dzhokhar Tsarnaev no es lo peor de lo peor –dijo–. Para esos casos está reservada la pena de muerte». De todos modos, cabría argüir que, si Tsarnaev no estuviera entre lo peor de lo peor, Clarke jamás habría aceptado el caso. Y Clarke –que una vez llegó a defender a alguien que había rajado el vientre de una mujer em-barazada y la había estrangulado para robarle al bebé– ha dedicado su carrera a la idea de que hasta el peor de nosotros debería ser perdonado. Pero sabía que esos miembros del jurado no estaban en contra de la pena de muerte, por lo que apeló a su compasión, re-pitiendo la palabra «nosotros» y recordándoles que estaban juzgan-do a uno de los suyos. A medida que su alegato final se acercaba a su punto álgido, su actitud, habitualmente informal, parecía respon-der a una urgencia frenética, y gesticulaba (agitando el puño, cor-tando el aire) como si estuviera dirigiendo una orquesta. «La mise-ricordia nunca se gana –sentenció Clarke–. Se otorga».

Acto seguido William Weinreb se aproximó al estrado para pro-ferir su réplica. «Su hermano le llevó a hacerlo –dijo–. Esa es la idea que han estado intentando venderles a ustedes». Weinreb observó que Clarke, en su declaración final, se había referido a Tamerlan «mu-chas más de cien veces». Pero no era a Tamerlan a quien juzgaban, y las pruebas de la defensa habían revelado en realidad que Jahar Tsarnaev era un chico afortunado cuya familia le había querido y le había dado oportunidades. «Se trasladó con sus padres de una de las partes más pobres del mundo a la más rica –señaló Weinreb–. Estaban buscando una vida mejor y la encontraron». En tono sere-no, Weinreb desmanteló la historia social que Clarke y sus colegas habían construido. «Los asesinatos de la calle Boylston no fueron el resultado de una imprudencia juvenil», aseguró Weinreb. Clarke ha-bía tachado de absurdos los crímenes, pero «tenían perfecto sentido para el acusado». Incluso Prejean, señaló Weinreb, había sido poco convincente respecto de la sensación de remordimiento de Tsarnaev. El sentimiento que este le había expresado no difería tanto de lo que había escrito en el bote: era una pena que hubiesen muerto personas inocentes, incluso si era necesario. «Esa es una creencia fundamental de los terroristas», declaró Weinreb.

Tanto Miriam Conrad como David Bruck echaban humo y formulaban objeciones. Clarke se limitaba a mirar fijamente a Weinreb, con la barbilla apoyada en el puño izquierdo, que se le clavaba cada vez más profundamente en la mejilla. Con anterioridad, uno de los colegas de Weinreb había citado a Emerson: «La única persona que estás destinado a ser es quien decidas ser». Ahora Weinreb atacaba el sistema de creencias sobre el que Clarke había apostado su carrera. Todos nosotros, dijo Weinreb, deberíamos ser juzgados sobre la base de nuestras acciones. Tsarnaev debería ser condenado a muerte «no por su crueldad, sino por su falta de humanidad».

* * *

Antes de que el asesino Gary Gilmore fuese ejecutado en la Prisión Estatal de Utah en 1977, se distribuyeron balas a los cinco miembros del pelotón de fusilamiento; una de ellas era de fogueo. Esta dispersión de la responsabilidad moral es una característica curiosa de nuestro sistema de pena capital: el mensaje es que el que lleva a cabo la ejecución es el estado y, por consiguiente, nadie a título individual es culpable de la muerte. En sus conferencias, la hermana Helen Prejean rebate esta idea diciendo: «Si crees de veras en la pena de muerte, pregúntate si estás dispuesto a inyectar el veneno mortal». En otras palabras, todos estamos implicados cuando el estado mata.

Una razón común para defender la pena capital es que disuadirá a otros de cometer crímenes espantosos. Pero no existe ninguna evidencia de que esto sea cierto. Arthur Koestler señaló en cierta ocasión que, cuando ahorcaban a los ladrones en la plaza del pueblo, otros ladrones acudían en tropel a la ejecución para saquear los bolsillos de los espectadores. Una segunda justificación es que los criminales más violentos, incluso si son encarcelados de por vida, podrían seguir poniendo en peligro a otras personas. El Gobierno se esforzaba en sugerir que Tsarnaev podría ser trasladado algún día del régimen de aislamiento al general en la prisión de ADX. Un testigo de la defensa, un antiguo director de prisión, observó que en un caso tan improbable su mayor preocupación sería por la seguridad de Tsarnaev. Un tercer motivo para defender la pena capital es la represalia. En un ensayo de 1957, «Reflexiones sobre la guillotina», Albert Camus la describió como un «puro impulso» que está enraizado en la naturaleza humana y que ha llegado hasta nosotros, de generación en generación, «desde los bosques primitivos». Ello no significa, argüía, que deba ser legal. «Por definición, el derecho no puede obedecer las mismas reglas que la naturaleza. Si el asesinato está en la naturaleza del hombre, el derecho no está destinado a imitar ni a reproducir esa naturaleza. Está destinado a corregirla». Como dice Oliver Wendell Holmes, la represalia es simplemente «la venganza disfrazada».

Antes de que los miembros del jurado empezaran a deliberar, se les distribuyó un cuestionario en el que se les pedía que decidiesen si el Gobierno y la defensa habían demostrado diversos factores «agravantes» y «atenuantes». Aunque el juez O'Toole les advirtió de que no se trataba simplemente de contar las respuestas para llegar a una conclusión, daba la impresión de ser un ejercicio de aritmética estéril. Clarke recordó al jurado que, comoquiera que completaran sus formularios, cada uno de ellos estaba emitiendo un juicio moral. «Esta es una decisión individual de cada uno de ustedes», aseveró. No podía permitirles pensar en el formulario del jurado a la manera en que la gerente del restaurante pensaba en los empleados descarriados, ni a la manera en que el pelotón de fusilamiento pensaba en esa bala de fogueo. Mientras hablaba, Clarke miraba directamente a la presidenta del jurado, que, con los brazos cruzados sobre el pecho, le devolvía la mirada.

Al cabo de catorce horas de deliberación, el jurado regresó. Se había decidido por la sentencia de muerte. Según los formularios del jurado, todos los miembros menos tres creían que, incluso sin la influencia de Tamerlan, Jahar habría llevado a cabo los atentados por sí mismo. Solo dos de ellos creían que el acusado estaba arrepentido.

«Judy diría probablemente que, si el público viera todo lo que ella ve, se formaría una idea diferente del cliente o del caso», comentó una vez David Bruck. Pero en esta ocasión Clarke no había conseguido pintar un retrato de su joven cliente lo suficientemente conmovedor para salvarle. Es posible que simplemente nunca encontrara la llave. Durante su alegato final, dijo con franco desconcierto: «Si esperan que yo tenga una respuesta, una respuesta simple y clara acerca de cómo pudo suceder esto, he de reconocer que no la tengo».

El juez O'Toole había advertido a los miembros del jurado que no infirieran nada a partir de la actitud del acusado en el proceso, pero la inescrutabilidad de Tsarnaev parece haberle perjudicado. La mayoría de los integrantes del jurado rehusaron hablar con la prensa, pero uno de ellos declaró al *Daily Beast*: «Tengo la conciencia tranquila [...] y no sé siquiera si él tiene conciencia».

Sin que ese miembro del jurado ni el público de Boston lo supieran, Tsarnaev ya había expresado su arrepentimiento por sus acciones. El 24 de junio, seis semanas después de que el jurado se disolviera, el juez O'Toole presidió la condena formal de Tsarnaev, y Clarke hizo una observación asombrosa: «A lo largo de todo este tiempo ha habido comentarios a propósito de la falta de arrepentimiento del señor Tsarnaev —dijo—. Nos incumbe a nosotros poner en conocimiento de este tribunal que el señor Tsarnaev ofreció resolver el caso sin un juicio». Tsarnaev no había accedido simplemente a declararse culpable antes del juicio, reveló Clarke; había escrito asimismo una carta de disculpa. Pero esta nunca se compartió con el jurado, debido a que el Gobierno, bajo los términos de las medidas administrativas especiales, la había sellado. Recientemente hablé con Nancy Gertner, una antigua jueza federal de Massachusetts que en la actualidad imparte clases en Harvard. «Se habría llegado inmediatamente a un acuerdo –dijo–. Él estaba dispuesto a cooperar con el Gobierno. ¿Por qué seguir adelante con todo esto?». En opinión de Gertner, no existe «ninguna justificación legal» para el secretismo que ha envuelto el proceso, dado que Tsarnaev no parecía suponer una amenaza permanente. «La decisión se basó en la premisa de que este era un asunto de seguridad internacional, lo cual es un tanto deshonesto», dijo. Parecía absurdo que los fiscales hubieran ocultado la carta de disculpa de Tsarnaev sobre la base de que su publicación podía resultar peligrosa. (Un portavoz de la fiscalía declinó comentar por qué se había ocultado).

Gertner ofreció una hipótesis de por qué el Departamento de Justicia estaba empeñado en una sentencia de muerte: aquello podría guardar relación con la política de Guantánamo. Los defensores del centro de detención estadounidense aducen desde hace tiempo que los tribunales federales norteamericanos no están preparados para juzgar a los terroristas. Pero en esta ocasión se trataba de un caso en el que un tribunal federal civil no solo podía dictar una sentencia condenatoria, sino también la pena de muerte. Numerosas personas han sido condenadas por terrorismo en tribunales civiles desde el 11-S, pero Tsarnaev es el primero al que se condena a muerte. Gertner sostenía que el juicio no debería haberse celebrado en Massachusetts. Si el traslado no era apropiado en este caso, observó, ¿cuándo lo sería? «Han eliminado básicamente el cambio de jurisdicción para cualquiera en el país», afirmó. Todo el proceso, concluyó, «era un teatro, a mi parecer».

Un segundo miembro del jurado, un joven de veintitrés años llamado Kevan Fagan, habló posteriormente con la prensa. Cuando en la emisora de radio WBUR le preguntaron por la carta en la que la familia Richard se oponía a la pena de muerte, dijo: «De haberlo sabido, probablemente… probablemente habría cambiado mi voto».

Antes de que el juez O'Toole pudiera dictar la sentencia de muerte, Clarke anunció: «El señor Tsarnaev está preparado para dirigirse al tribunal». Él se puso en pie junto a ella. Llevaba una chaqueta oscura y una camisa gris abotonada. «Me gustaría comenzar en el nombre de Alá, el exaltado y glorioso, el más clemente, el más misericordioso», dijo. Hablaba con un acento marcado que recordaba vagamente a Oriente Medio. (Antes del atentado, sonaba más estadounidense). «Este es el mes sagrado de ramadán, el mes de la misericordia de Alá hacia su creación, un mes para pedir perdón a Alá», continuó. Girándose hacia Clarke y sus colegas, Tsarnaev dijo que quería dar las gracias a sus abogados. «Aprecio su compañía –dijo–. Son unos compañeros encantadores». A continuación expresó su agradecimiento al jurado que le había condenado a muerte. El profeta Mahoma, señaló, había dicho que, «si no eres misericordioso con la creación de Alá, Alá no será misericordioso contigo». Tsarnaev prosiguió: «Ahora desearía pedir perdón a las víctimas». Recordó que, tras los atentados, empezó a tener noticia de los heridos y los muertos. «A lo largo de este juicio se han ido nombrando a más víctimas». En sus declaraciones, los testigos habían transmitido «lo horrendo que fue todo lo que les hice pasar».

Tsarnaev no posaba la vista en las numerosas víctimas que se habían congregado en la sala de la audiencia. Miraba fijamente al frente, con las manos agarradas a la hebilla de su cinturón. Clarke le observaba inmóvil desde su asiento. «Lamento las vidas que he arrebatado y el sufrimiento que he causado», dijo. Rezaba para que las víctimas pudieran hallar «la curación» y pedía a Alá «que se apiade de mí, de mi hermano y de mi familia». Alá, dijo, «sabe perfectamente quiénes merecen su misericordia». De hecho, Tsarnaev hablaba con la devoción religiosa que, en opinión de los fiscales, el acusado llevaba tiempo manifestando. Pero las personas cambian considerablemente a menudo entre los diecinueve y los veintiún años. Él había pasado esos dos años incomunicado, con mucho tiempo para ponderar sus acciones y para leer el Corán. En el transcurso del juicio, Tsarnaev se había mostrado muy opaco, y los observadores querían que diera a entender que comprendía la gravedad de sus fechorías. Pero, mientras se dirigía al tribunal, yo me preguntaba si Tsarnaev era lo bastante maduro (o si se había distanciado lo suficiente del atentado y de la muerte de su hermano) para haber llegado a evaluar en profundidad lo que había hecho. Al igual que sucede con otros libros sagrados, puede interpretarse que el Corán condena semejantes actos de violencia o bien que los aprueba. Tsarnaev podía dormirse una noche creyendo que sería recompensado en el más allá, y la noche siguiente creyendo que sería castigado.

Tsarnaev no será ejecutado a corto plazo. Desde 1988 se ha condenado a pena de muerte por procedimiento federal a setenta y cinco acusados, pero solo en tres ocasiones se ha llevado a término. Las apelaciones se prolongan durante décadas. Hasta que un juez de California declaró inconstitucional la pena capital en 2014, los reclusos condenados a muerte allí tenían una probabilidad siete veces mayor de morir por causas naturales que ejecutados. (Una sentencia de muerte, observaba el juez, debería definirse en realidad como «vida en prisión con una remota posibilidad de morir»).

El propio escenario que Bill y Denise Richard esperaban evitar (las apelaciones, la publicidad, la interminable recreación del trauma de la ciudad en aras de una justicia retributiva) parecía que iba a cumplirse. A propósito de una sentencia de muerte que aún no ha terminado en ejecución, Clarke habría dicho: «A este caso todavía le queda un largo recorrido».

Los amigos de Clarke dicen que perder el caso ha sido devastador para ella. En el ámbito de la pena de muerte, me explicó Elisabeth Semel, no hablas de perder un caso, sino de perder un cliente. Cuando eso sucede, dice, «sufres y tienes que ingeniártelas para levantar cabeza». Clarke, señaló, «jamás había experimentado esto antes». Tina Hunt, advirtiendo que Clarke y su marido no tienen hijos, me dijo: «En cierta medida, esos clientes son sus hijos».

El amigo de Clarke Rick Kammen me contó una historia sobre Millard Farmer, que ha representado a montones de acusados susceptibles de ser condenados a la pena capital en el sur de Estados Unidos: «Millard solía decir: "Todo el mundo tiene un número máximo de casos de ese tipo. Necesitas retirarte un juicio antes del último". Y, en efecto, este trabajo te pasa factura». Pero, sin excepción, las personas que conocen a Clarke coinciden en que este no será su último caso: se levantará y seguirá luchando. Recientemente, Clarke y sus colegas presentaron una moción para que se celebre un nuevo juicio, alegando, una vez más, que el caso no debería haber sido juzgado en Boston.

Tsarnaev concluyó sus comentarios en la sala de tribunal con unas palabras finales de alabanza a Alá. Luego se sentó con rigidez y esperó a que el juez O'Toole dictase la sentencia de muerte. Clarke alargó la mano y se la puso en la espalda.

Tsarnaev fue trasladado a ADX (la misma prisión que acabaría albergando al Chapo Guzmán). En julio de 2020, un tribunal de apelación revocó el veredicto de pena de muerte alegando varias irregularidades procesales en el juicio. El Departamento de Justicia apeló el caso, que en octubre de 2021 se llevó ante el Tribunal Supremo. Judy Clarke continúa aceptando a clientes infames. En 2019 se unió a la defensa de Robert Bowers, que había asesinado a once personas en la sinagoga Árbol de la Vida de Pittsburgh en 2018.

SECRETOS ENTERRADOS

Cómo un multimillonario israelí arrebató el control de uno de los mayores tesoros de África (2013)

Uno de los yacimientos conocidos de mineral de hierro sin explotar más extensos del mundo se encuentra bajo una gran cadena montañosa boscosa en la minúscula república de Guinea, en África occidental. En las tierras altas del sudeste del país, lejos de las ciudades y las carreteras principales, las montañas Simandou se extienden ciento diez kilómetros, erigiéndose sobre el terreno de la selva como la columna vertebral de un dinosaurio gigante. Algunos de los picos tienen apodos acuñados por los geólogos y los mineros que han trabajado en la región; uno es Iron Maiden, otro Metallica. El mineral de hierro es la materia prima que, una vez fundida, se convierte en acero, y la mena de Simandou es inusualmente rica, lo cual significa que puede introducirse en los altos hornos con un procesamiento mínimo. Durante la década pasada, mientras proliferaban por toda China espectaculares megaciudades, el precio mundial del hierro se puso por las nubes, y los inversores empezaron a buscar nuevas fuentes del mineral. La tierra roja que acoge la exuberante vegetación alrededor de Simandou y vetea la roca de la montaña vale una fortuna.

La extracción de mineral de hierro es complicada y requiere una cantidad enorme de capital. Simandou se encuentra a seiscientos cincuenta kilómetros de la costa, en una selva tan infranqueable que los primeros equipos de perforación tuvieron que transportarse hasta las cimas de las montañas con helicópteros. El yacimiento apenas se ha desarrollado; aún no se ha excavado nada de mineral. Enviarlo a China y a otros mercados requerirá no solo la construcción de una infraestructura minera, sino también una línea ferroviaria suficientemente bien preparada para soportar vagones cargados de mineral. También será preciso el acceso a un puerto de aguas profundas, del que Guinea carece. Guinea es uno de los países más pobres del planeta. Hay poca industria y escasea la electricidad, y cuenta con pocas carreteras transitables. Las instituciones públicas apenas funcionan. Más de la mitad de la población no sabe leer. «El nivel de desarrollo es equivalente al de Liberia o Sierra Leona», me contó recientemente un asesor gubernamental en Conakri, la destartalada capital de Guinea, que se encuentra en la costa. «Pero en Guinea no hemos tenido una guerra civil».

Esta penosa situación no es inevitable, ya que el país posee recursos naturales en abundancia. Además del mineral de hierro en la cordillera de Simandou, Guinea cuenta con una de las reservas más grandes del mundo de bauxita (el mineral que, tras un doble refinado, se convierte en aluminio) y cantidades significativas de diamantes, oro, uranio y, frente a la costa, petróleo. A medida que los países ricos se enfrentan a la perspectiva de agotar rápidamente sus recursos naturales, están recurriendo cada vez más a África, donde el petróleo y los minerales valorados en billones de dólares permanecen sin explotar. Se estima que el continente alberga el 30 por ciento de las reservas minerales mundiales. Paul Collier, que dirige el Centro para el Estudio de las Economías Africanas en Oxford, ha sugerido que «un nuevo reparto de África» está en marcha. El comercio bilateral entre China y África, que en 2000 ascendía a diez mil millones de dólares, está previsto que alcance los doscientos mil millones de dólares en 2013. Estados Unidos importa en la actualidad más petróleo de África que del golfo Pérsico.

El mundo occidental siempre ha pensado en África como en un continente del que llevarse cosas, ya se trate de diamantes, caucho o esclavos. Esta perspectiva está plasmada en los propios nombres de

Costa de Marfil (vecina de Guinea) y de Ghana, conocida por sus amos británicos como Costa de Oro. Durante la época victoriana, la explotación de recursos fue especialmente brutal; el rey Leopoldo II de Bélgica era tan voraz en su búsqueda de caucho que diez millones de personas del Estado Libre del Congo murieron a consecuencia de ello. La nueva fiebre internacional por los recursos africanos podría convertirse en otra historia sombría, o bien presentar una oportunidad de desarrollo económico sin precedentes. Collier, que hace varios años escribió un bestseller sobre la pobreza mundial, *El club de la miseria*, cree que, para países como Guinea, la extracción de recursos naturales, más que la ayuda extranjera, ofrece la mayor oportunidad de progreso económico. Solo Simandou podría generar potencialmente ciento cuarenta mil millones de dólares de ingresos durante el próximo cuarto de siglo, lo que duplicaría con creces el producto interior bruto de Guinea. «El dinero en juego empequeñece todo lo demás», me explicó Collier. Como la mina de plata de la novela de Joseph Conrad *Nostromo*, el yacimiento de Simandou encierra la promesa de suministrar lo que más necesita Guinea: «Ley, buena fe, orden, seguridad».

Al igual que sucede con las perforaciones petroleras en aguas profundas o con las misiones a la Luna, la exportación de mineral de hierro requiere una gran inversión y tantos conocimientos que el negocio está limitado a unos cuantos actores principales. En 1997, los derechos exclusivos para explorar y desarrollar Simandou fueron concedidos al gigante minero angloaustraliano Rio Tinto, que es uno de los mayores productores mundiales de mineral de hierro. A comienzos de 2008, Tom Albanese, el director general de la compañía, se jactaba ante los accionistas de que Simandou era, «sin lugar a dudas, el principal activo mundial de primer nivel de mineral de hierro sin explotar». Pero poco después el Gobierno de Guinea declaró que Rio Tinto estaba desarrollando su actividad en la mina demasiado despacio. Mencionó varios objetivos que no se habían alcanzado y dio a entender que la compañía tan solo estaba acaparando el depósito de Simandou, preservándolo de los competidores al tiempo que se centraba en minas de otros lugares. En julio de 2008, a Rio Tinto le revocaron su licencia. Las autoridades guineanas concedieron entonces los permisos de exploración de la mitad del yacimiento a una compañía mucho más pequeña: Beny Steinmetz Group Resources (BSGR).

Beny Steinmetz es, como apuntan algunas estimaciones, el hombre más rico de Israel; según Bloomberg, su fortuna personal asciende a unos nueve mil millones de dólares. Steinmetz, que se labró un nombre en el comercio de diamantes, casi nunca habla con la prensa, y la estructura de su entramado empresarial es tan intrincada que resulta difícil evaluar el alcance de sus posesiones. El contrato de Simandou fue una sorprendente anexión a la cartera de Steinmetz, puesto que BSGR no tenía ninguna experiencia en la exportación de mineral de hierro. Un ejecutivo de Guinea dedicado al sector minero me explicó: «Los diamantes puedes llevártelos de la mina en el bolsillo. Para el mineral de hierro necesitas unas infraestructuras cuya construcción puede requerir décadas».

Rio Tinto protestó airadamente contra la decisión. «Nos sorprende que a una compañía que jamás se ha dedicado a la extracción de mineral de hierro se le haya adjudicado un área de nuestra concesión», declaró por entonces un portavoz. Los responsables de la empresa se quejaron a la embajada de Estados Unidos en Conakri; uno de ellos sugirió que Steinmetz no tenía ninguna intención de desarrollar la mina y que en cambio planeaba traspasarla: «Obtener la concesión y luego venderla para sacar grandes ganancias». Rio Tinto veía a Steinmetz, que, según se rumoreaba, tenía numerosos contactos en la inteligencia israelí, como un sospechoso intruso. Según un cable diplomático publicado por WikiLeaks, el director general de Rio Tinto señaló a la embajada de Estados Unidos que no se sentía cómodo discutiendo el asunto de Simandou por un teléfono móvil «no seguro». Alan Davies, un alto ejecutivo de Rio Tinto, me informó de que la compañía había invertido cientos de millones de dólares en el yacimiento y de que había estado avanzando con la mayor rapidez posible en un proyecto que, para completarlo, habría requerido décadas. «Aquello supuso un acontecimiento impactante para la compañía», aseveró.

En abril de 2009, el Ministerio de Minas de Conakri ratificó el acuerdo con Steinmetz. Un año después, este hizo un trato con la compañía minera brasileña Vale, uno de los principales competidores de Rio Tinto. Vale accedió a pagar dos mil quinientos millones de dólares a cambio del 51 por ciento de la participación en las operaciones de Simandou de BSGR. Aquello suponía unos extraordinarios beneficios imprevistos: BSGR no había pagado nada por adelantado, como es costumbre en las licencias de exploración, y a esas alturas había invertido solamente ciento sesenta millones de dólares. En menos de cinco años, la inversión de BSGR en Simandou se había convertido en un activo de cinco mil millones de dólares. Por aquel entonces, el presupuesto anual del Gobierno de Guinea ascendía a tan solo mil doscientos millones de dólares. Mo Ibrahim, el multimillonario sudanés de las telecomunicaciones, captó la reacción de muchos observadores cuando preguntó, en un foro en Dakar: «¿Los guineanos que hicieron ese trato son idiotas, delincuentes o ambas cosas a la vez?».

Steinmetz estaba orgulloso de la transacción. «A la gente no le gusta el éxito de los demás —declaró al *Financial Times* en una rara entrevista en 2012—. Les resulta inquietante que el pequeño David pueda molestar al gran Goliat». Dijo que la estrategia de BSGR consistía en aprovechar «las oportunidades sin piedad», añadiendo a continuación: «Tienes que ensuciarte las manos».

En Conakri corrían rumores de que Steinmetz había adquirido la concesión por medio de sobornos. Según Transparencia Internacional, Guinea es uno de los países más corruptos del planeta. Un informe de Human Rights Watch sugería que, cuando Steinmetz adquirió su porción de territorio en Simandou, Guinea era efectivamente una cleptocracia cuyos dirigentes presidían «un Estado cada vez más criminal». Un reciente informe del Africa Progress Panel, que preside Kofi Annan, sugiere que los extranjeros bien relacionados adquieren con frecuencia activos lucrativos en África a precios muy por debajo del valor de mercado a cambio de incentivos que acaban en manos de las depredadoras élites locales. «La riqueza de recursos de África ha ignorado a la inmensa mayoría de los africanos y ha forjado inmensas fortunas para unos pocos privilegiados», reza. El informe destaca los miles de millones de dólares que Vale accedió a pagar a Steinmetz por Simandou y advertía que «el pueblo de Guinea, que parece haber salido perdiendo como resultado de la infravaloración de la concesión, no participará en esas ganancias».

En 2010, varios meses después del anuncio del trato con Vale, Guinea celebró sus primeras elecciones plenamente democráticas desde la independencia, comicios que ponían fin a medio siglo de gobierno autoritario. El nuevo presidente, Alpha Condé, había concurrido con un programa de buena gobernanza y mayor transparencia en el sector minero. Pero, cuando asumió el cargo, se enfrentó a la posibilidad de que Guinea hubiese vendido el activo mineral más preciado que el país tenía bajo su suelo. No podía anular el contrato sin más. «Existe lo que se conoce como la continuidad del Estado —me explicó recientemente—. No podía hacer que las cosas volvieran a su situación inicial, a menos que tuviera el derecho de mi lado». BSGR negaba cualquier comportamiento ilícito. «Estas acusaciones son falsas y suponen una campaña de difamación contra BSGR», me aseguró un portavoz de la compañía. Si la licencia de Simandou se había conseguido mediante soborno, entonces podía deshacerse el acuerdo. Pero Condé y sus asesores tendrían que demostrarlo.

* * *

«He heredado un país, pero no un Estado», me dijo Condé cuando le conocí, en enero de 2013. Había acudido a los Alpes suizos para asistir al Foro Económico Mundial de Davos, y nos reunimos en una suite de hotel bañada por la luz del sol, que se reflejaba en los montículos de nieve del exterior. Condé es un hombre alto, de frente ancha, y tiene unos ojos pequeños que se iluminan con un regocijo irónico cuando escucha. Vestía un traje marrón con corbata roja. Hundido en un sillón orejero, se escoraba ligeramente a la derecha mientras hablábamos, como fatigado por una pesada corona. A veces parecía descansar el peso de todo su cuerpo en el codo, como si no contara con otro punto de apoyo. Cuando fue elegido presidente, Condé tenía setenta y dos años y había pasado gran parte de su vida en el exilio. Se había marchado de Guinea siendo un niño, cuando el país estaba gobernado todavía por Francia, y acabó estableciéndose en París, donde llegaría a ser un líder de los movimientos estudiantiles panafricanos de los años sesenta. Estudió Derecho, dio clases en la Universidad de París y se convirtió quizá en el miembro más famoso de la oposición guineana.

Por eso mismo fue condenado a muerte, *in absentia*, por el primer déspota que gobernó la Guinea independiente, y estuvo encarcelado durante más de dos años por el segundo mandatario, tras su regreso en 1991, cuando se presentó infructuosamente a los comicios presidenciales. Las elecciones de 2010 fueron amargas: su contrincante, Cellou Dalein Diallo, había sido ministro del Gobierno cuando Condé fue encarcelado. Tras ser investido finalmente como presidente, Condé prometió ser el Nelson Mandela de Guinea. En primer lugar, me dijo, tenía que enfrentarse al legado de un «estado de anarquía» de varios decenios de duración. El Gobierno de Conakri era pura fachada: una profusión de burócratas acudían a trabajar en edificios administrativos semiderruidos, pero había poca capacidad institucional verdadera. «En el banco central estaban imprimiendo dinero falso», descubrió Condé con estupefacción. No obstante, no podía despedir a todos los funcionarios; tendría que apañárselas con una Administración pública que jamás había conocido nada distinto de la corrupción. «Casi todos los que tenían alguna experiencia no estaban disponibles —me explicó una persona que había asesorado a Condé—. Así pues, tenía que mantener el equilibrio entre las personas que eran competentes pero no estaban disponibles y las que eran honradas pero inexpertas». Condé se ponía a la defensiva sobre el hecho de haber pasado tanto tiempo de su vida en el extranjero; cuando le saqué el tema, me espetó: «Conozco Guinea mejor que los que nunca han salido del país». Pero su condición de forastero significaba que no estaba implicado en los escándalos de las administraciones anteriores. Y, habiendo pasado gran parte de su vida en Francia, se sentía asombrosamente a gusto en lugares como Davos. El embajador de Estados Unidos en Conakri, Alex Laskaris, me dijo: «Condé tiene un círculo de contactos y asesores a nivel mundial mucho más amplio que cualquier otro jefe de Estado africano con quien yo he tratado». Bernard Kouchner, antiguo ministro de Asuntos Exteriores de Francia, había ido al instituto con Condé y ambos son buenos amigos. Kouchner le había presentado a George Soros, el financiero multimillonario, que se convirtió en su asesor informal y le puso en contacto con Paul Collier, el economista de Oxford. Collier, a su vez, presentó a Condé a Tony Blair, quien le ofreció su asistencia a través de una organización que él dirige, la Africa Governance Initiative (Iniciativa para la Gobernanza en África).

Estas personalidades occidentales veían en Condé una oportunidad para salvar Guinea. Collier me dijo que lo que el país necesitaba por encima de todo era «integridad en las altas esferas». Condé podía ser intratable; tendía a sermonear a sus interlocutores como si fuesen estudiantes. Y, después de una vida de perpetua oposición, no estaba claro hasta qué punto sería un buen gobernante. Desde el comienzo se enfrentó a dificultades. Asumió el cargo con el compromiso de completar la transición democrática de Guinea celebrando elecciones parlamentarias, pero las aplazó, supuestamente por motivos de procedimiento, y luego volvió a posponerlas. Estallaron disturbios promovidos por la oposición en Conakri que desembocaron en una serie de enfrentamientos violentos entre los manifestantes y las fuerzas de seguridad gubernamentales. Pese a todo el tumulto, los amigos y asesores extranjeros de Condé conservan la fe en su ética. «Es absolutamente incorruptible —me aseguró Kouchner—. No es amante de los lujos ni de los viajes. ¡Su cena consiste en una patata fría!».

Corinne Dufka, investigadora sénior en Human Rights Watch, no ha perdido la esperanza de que Condé pueda tener éxito como reformador. «Queda mucho trabajo por hacer para que Guinea supere su legado de gobiernos autoritarios —señaló—. El poder sigue estando férreamente concentrado en manos del ejecutivo, y sin un poder judicial robusto ni un parlamento democráticamente elegido apenas existe supervisión, cosa que necesitan con desesperación. Pero Condé ha hecho auténticos progresos a la hora de enfrentarse a los problemas heredados en lo que atañe a la desastrosa gobernanza y la falta de derechos». No es fácil la tarea de transformar un país que es corrupto de los pies a la cabeza. Durante los primeros meses en el poder, Condé llevó a cabo una suerte de triaje. Con la colaboración de Revenue Watch (una organización respaldada por Soros que alienta la transparencia en las industrias extractivas), Condé creó una comisión encargada de inspeccionar los contratos mineros existentes y determinar si alguno de ellos era problemático. Él no conocía a Steinmetz −«Yo no conocía a nadie de la industria minera», decía con orgullo−, pero ciertos aspectos del trato de Simandou parecían justificar una investigación. «Me pareció un poco extraño que hubieran invertido ciento sesenta millones de dólares y fueran a ganar miles de millones −me confesó Condé−. Suena un tanto...». Sonrió y se encogió de hombros con un gesto teatral.

* * *

A sus cincuenta y siete años, Beny Steinmetz no parece vivir en ningún lugar en particular. Va y viene, en su jet privado, entre Tel Aviv (donde vive su familia, en una de las casas más caras de Israel), Ginebra (donde reside a efectos fiscales), Londres (donde está ubicada la principal oficina de administración de BSGR) y lugares remotos que tienen que ver con sus intereses en los diamantes y los minerales, desde Macedonia hasta Sierra Leona. Oficialmente no es un ejecutivo del conglomerado que lleva su nombre, sino tan solo el principal beneficiario de una fundación en la que fluyen las ganancias. Esta es una tapadera legal. Ehud Olmert, el exprimer ministro de Israel y amigo suyo, lo describía como «un hombre orquesta». Olmert también decía de Steinmetz: «No entiendo del todo los aspectos legales; solo sé que puede trabajar incesantemente y que se desplaza de un extremo del globo al otro si identifica un acuerdo prometedor».

Steinmetz está muy en forma y hace ejercicio a diario dondequiera que se encuentre. Con sus ojos azules, su pelo rubio alborotado, su predilección por la ropa informal y su profundo bronceado, tiene más aire de productor de cine que de magnate. «Crecí en un hogar donde todo giraba en torno a los diamantes», ha dicho Steinmetz. Su padre, Rubin, era un diamantista polaco que había aprendido el oficio en Amberes antes de establecerse en Palestina en 1936. En una fotografía de familia de 1977 aparece Beny de joven, sentado a una mesa abarrotada con sus dos hermanos mayores y su padre, que mira con severidad a la cámara mientras el joven estudia una piedra preciosa. Aquel año, Beny terminó su servicio militar y se trasladó a Amberes con instrucciones de expandir el negocio internacional de piedras pulidas de la compañía. Según una historia de la empresa familiar publicada por iniciativa privada, *The Steinmetz Diamond Story*, Beny llegó a África en busca de nuevos yacimientos de piedras preciosas. El plan no consistía en establecer minas, sino más bien en hacer tratos con las personas que realizaban las excavaciones.

Aproximadamente la mitad de los diamantes del mundo proceden del África subsahariana, y muchos occidentales ambiciosos han seguido el ejemplo de Cecil Rhodes, el fundador de De Beers, y han buscado fortuna en el continente. «Desgraciadamente no hay minas de diamantes en Piccadilly», me comentó Dag Cramer, que supervisa los intereses comerciales de Steinmetz. «No fue ahí donde Dios colocó los bienes». En lugar de ello, los diamantes suelen hallarse en países asolados por el subdesarrollo y la corrupción y, con frecuencia, por la guerra, lo cual es suficiente para ahuyentar a muchos inversores. Pero no a todos. Algunos emprendedores se sienten atraídos por la embriagadora combinación de incertidumbre política, peligro físico y recompensas potencialmente astronómicas. El embajador Laskaris, que ha recorrido Liberia y Angola, comparaba el comercio de diamantes en buena parte de África con la sórdida cantina de *Star Wars*. «Atrae a toda la escoria de la galaxia —me dijo—. Pocas barreras impiden entrar. Ayuda la corrupción. También recompensa un poco de brutalidad».

Steinmetz se zambulló en las traicioneras aguas políticas de África. En los años noventa era el principal comprador de diamantes de Angola; más tarde llegaría a ser el mayor inversor privado de Sierra Leona. Hoy en día, Steinmetz es el mayor comprador de diamantes en bruto de De Beers y uno de los principales proveedores de Tiffany & Company. Además, ha diversificado sus posesiones en bienes raíces, minerales, petróleo y gas, y otros campos, con intereses en más de veinte países. Una página web que ha creado recientemente la propia empresa le describe como un «visionario» que emplea una «red de contactos en el continente africano» para construir «un imperio poliédrico».

No obstante, Paul Collier no ve con buenos ojos a los hombres de negocios como Steinmetz, que han conseguido los derechos sobre recursos naturales de los que pueden no tener los conocimientos precisos para su desarrollo. «La competencia técnica de este tipo de personas es su red de contactos —señaló Collier—. "¿Quién tiene el poder de tomar la decisión? ¿Con quién puedo contactar?". Saben cómo conseguir un contrato: *esa* es su habilidad». (Cramer rechazaba esta afirmación, insistiendo en que Steinmetz realiza inversiones sostenibles dondequiera que opera. «BSGR es una compañía que ya se ha dedicado con anterioridad al negocio de obtener derechos y venderlos», me aseguró).

A pesar de su enorme riqueza, Steinmetz ha mantenido un perfil excepcionalmente bajo. En 2012, después de que *Hamakor*, un programa de noticias de la televisión israelí, dedicara un episodio a la batalla que él estaba librando con las autoridades tributarias de Tel Aviv, amenazó con emprender acciones legales y consiguió bloquear la difusión del programa en internet. «Es un tipo muy reservado», me comentó Alon Pinkas, un amigo de Steinmetz que ocupó en su momento el puesto de cónsul general en Nueva York. «Lo único que le importa es su familia y su negocio». No obstante, la empresa de diamantes de Steinmetz ha recurrido ocasionalmente a la publicidad creativa. La compañía patrocina eventos de Fórmula 1, a veces proporcionando a los pilotos cascos y volantes con incrustaciones de diamantes. En una carrera de 2004 en Mónaco, se colocó un gran diamante de Steinmetz en el morro de un coche de carreras Jaguar. Cuando el vehículo dio una curva muy cerrada a toda velocidad, el piloto perdió el control y el Jaguar chocó contra un guardarraíl. El diamante, que supuestamente era de 108 quilates y estaba valorado en doscientos mil dólares, nunca fue recuperado.

* * *

El general Lansana Conté, el dictador que gobernaba Guinea antes de que Alpha Condé llegara a ser presidente, era famoso por su corrupción. Se refería a sus ministros, no sin afecto, como «ladrones» y en cierta ocasión comentó: «Si tuviéramos que fusilar a todos los guineanos que hubieran robado a su país, no quedaría ni uno solo por matar». En 2008, tras más de dos décadas en el poder, estaba enfermo y había dejado en gran medida de aparecer en público; cuando lo hacía, lo asistían sus guardaespaldas y se rodeaba de asistentes, que con frecuencia parecían inclinarse para susurrarle al oído, aun cuando resultaba evidente, para el observador atento, que el general estaba dormido. Durante esa época, Steinmetz voló a Conakri y se reunió con Conté. En el complejo del general, se sentaron a hablar bajo un mango. Conté ya había oído hablar de BSGR porque la compañía había adquirido los derechos para explorar dos pequeñas áreas de tierra lindantes con la cordillera de Simandou; un lugar donde a otras empresas de la industria minera no se les había ocurrido buscar. En 2006, uno de los empleados de Steinmetz le llamó desde la cima de una montaña utilizando un teléfono por satélite y le dijo: «Beny, no te lo vas a creer. Estoy sobre un montonazo de hierro que no puedes ni imaginarte». A raíz de aquel éxito, el general Conté comenzó a albergar la idea de redistribuir el yacimiento de Simandou. Solo después de conocer a Steinmetz despojó a Rio Tinto de su derecho y concedió a BSGR una licencia para explorar la mitad de la cordillera.

Dos semanas después de que el general Conté firmara el acuerdo, murió. Horas más tarde, un golpe militar colocó al frente a un joven y voluble capitán del ejército, Moussa Dadis Camara. El mandato de la junta militar fue un periodo de pesadilla para Guinea. En septiembre de 2009, durante una manifestación de la oposición en un estadio de Conakri, los soldados gubernamentales masacraron a más de ciento cincuenta manifestantes. Estados Unidos evacuó a la mayor parte del personal de la embajada, y la Corte Penal Internacional describió este episodio de violencia como un crimen contra la humanidad. Pero BSGR no se movió del país africano. En cierta ocasión, Steinmetz voló hasta allí con dos de sus hijos para reunirse con el capitán Dadis. Le invitaron a Israel para asistir a la boda de la hija de Steinmetz, una celebración con más de un millar de invitados. (Dadis envió sus disculpas).

Para Steinmetz, cultivar su relación con la junta militar solo demostraba el compromiso inquebrantable de su compañía con Guinea. «Invertimos dinero en el suelo en un momento en que la gente pensaba que estábamos locos», declaró al *Financial Times*. BSGR y la junta militar llegaron finalmente a un acuerdo sobre la manera en que la compañía exportaría el mineral de hierro. No necesitaba construir un puerto de aguas profundas ni un ferrocarril capaz de transportar el mineral de hierro hasta la costa de Guinea. En vez de ello, BSGR tenía otra opción más barata: exportar el mineral a través de Liberia, que ya disponía de las infraestructuras necesarias. Durante años, el Gobierno de Guinea se había resistido a ese escenario cuando Rio Tinto se lo había propuesto. BSGR accedió a invertir, a modo de concesión, mil millones de dólares en desarrollar un ferrocarril de pasajeros para Guinea. En diciembre de 2009, un ayudante disparó al capitán Dadis en la cabeza. Este sobrevivió y huyó del país; otro gobierno provisional tomó el poder. Una vez más, Steinmetz capeó el caos y en abril de 2010 voló a Río de Janeiro para cerrar el trato de dos mil quinientos millones de dólares con Vale. Posteriormente hizo escala en Chile para comprobar los progresos de un megayate cuya construcción había encargado en un astillero del país.

* * *

Cuando el presidente Condé se propuso combatir la corrupción en el sector de la industria minera de Guinea, descubrió un generoso aliado en George Soros. «Yo era consciente de la magnitud del problema en Guinea –me dijo Soros–. Estaba ansioso por ayudar». Reclutó a Revenue Watch para que proporcionase apoyo técnico en la revisión del código de extracción. Sugirió asimismo que Guinea contratase a Scott Horton, un abogado del bufete estadounidense DLA Piper; Horton ha llevado a cabo decenas de investigaciones sobre corrupción en el mundo entero. «Enfrentándose a un tipo como Steinmetz, no había manera de que el Gobierno de Condé pudiera competir eficazmente sin ayuda del exterior», me aseguró Horton.

Otra dificultad consistía en que muchísimos funcionarios gubernamentales habían desempeñado papeles prominentes en regímenes anteriores. «No puedo encargar la investigación a mi gendarmería –comentó Condé a sus asesores–. Se toparán con miembros de sus propias familias». En la primavera de 2011, Horton comenzó a investigar el acuerdo de Simandou. Solicitó la ayuda de un hombre llamado Steven Fox, que dirige Veracity Worldwide, una empresa de evaluación de riesgos de Nueva York. Cuando las corporaciones desean hacer negocios en países que sufren inestabilidad política y corrupción, Veracity puede ayudarlas a evaluar si una inversión semejante sería prudente, amén de viable sin infringir la ley. Fox tiene cuarenta y tantos años y el porte de un hombre que se siente más cómodo en traje. Habla en voz baja, pronunciando cada sílaba. En un encuentro reciente en su despacho en el centro de Manhattan, me contó que hasta 2005 había trabajado para el Departamento de Estado y que había pasado algún tiempo como funcionario del servicio exterior en África. Según *Broker, Trader, Lawyer, Spy*, un libro de 2010 de Eamon Javer sobre el sector de la inteligencia privada, Fox trabajaba en realidad para la CIA. Cuando nos sentamos a conversar, reparé en una estantería en la que abundaban los títulos de Le Carré y Furst.

Cuando los funcionarios gubernamentales guineanos comenzaron a examinar el contrato de Simandou, me contó Fox, no tenían pruebas de actividades ilícitas. «Solamente oían los rumores de la calle», me dijo. Fox se había reunido con Steinmetz en una ocasión, en Londres, y le había encontrado discreto y modesto, pero tenía entendido que Steinmetz reclutaba empleados para que le allanasen el camino, «la avanzadilla encargada del reconocimiento del personal sobre el terreno». Fox decidió que su primera tarea esencial era identificar al hombre de Steinmetz en Guinea. Pronto localizó un candidato: Frédéric Cilins, un francés sociable y bronceado, de escaso cabello, que vivía en la Costa Azul, cerca de Cannes, pero pasaba mucho tiempo en África. Había servido de explorador para BSGR en Guinea. Cuando pregunté a Fox cómo había dado con Cilins, su respuesta fue enigmática: «Conocíamos a un círculo de personas que conocían a un círculo de personas».

Cilins era «un operador: esa es la mejor manera de describirle», me dijo Fox. Su papel en BSGR consistía en acumular contactos e identificar estructuras relevantes de poder. Fox se percató de que, a ese respecto, Cilins no era tan diferente de él: ambos destacaban lanzándose en paracaídas a países extranjeros para averiguar «las claves de su funcionamiento». (Cilins se negó a hacer ningún comentario para este artículo). Un día de otoño de 2011, Fox voló a París y se reunió con Cilins. Les había presentado un conocido en común; según tenía entendido Cilins, Fox estaba trabajando en nombre de un cliente que deseaba saber cómo había conseguido BSGR el acuerdo de Simandou. Fox me explicó que, a diferencia de ciertos grupos de espionaje corporativo (y de los espías del Gobierno), Veracity no «se vale de pretextos», es decir, no emplea artimañas para acercarse a una fuente potencial. Aun así, no reconoció que su cliente fuese el nuevo Gobierno de Guinea.

Fox y Cilins fueron a almorzar a un restaurante. Cilins era afable y sorprendentemente franco. Mientras Fox tomaba notas, Cilins explicaba que había visitado Guinea por primera vez en 2005, después de que un ejecutivo de BSGR de Johannesburgo le informara de que la compañía quería «apuntar muy alto», una frase que Cilins había interpretado como una alusión a Simandou. El francés contó a Fox que había pasado los seis meses siguientes en Conakri, alojado en el Novotel, una propiedad costera popular entre los ejecutivos de la minería. Hizo amistad con los trabajadores del centro de negocios y los convenció de que le entregasen copias de todos los faxes entrantes y salientes. De esa manera, pudo conocer los detalles sobre la frustración del régimen de Conté con Rio Tinto. Cada vez que Cilins volaba de Francia a Guinea, llevaba regalos (reproductores MP3, teléfonos móviles, perfumes), que distribuía entre sus contactos. Estos llegaron a considerarle «Papá Noel», le comentó a Fox. Un ministro le informó de que la única persona que importaba en el país era el general Conté y de que el único camino hacia él era a través de sus cuatro esposas. (La poligamia es tolerada en Guinea, un país predominantemente musulmán).

Después de investigaciones posteriores, Cilins se centró en la cuarta y más joven de las esposas, Mamadie Touré, una mujer robusta de ojos almendrados, todavía veinteañera. «Era joven y se la consideraba muy hermosa —me señaló Fox—. No era especialmente inteligente, pero exhibía cierto dinamismo. Y lo más importante: gozaba de la confianza del presidente». Cilins contrató al hermano de Touré para que ayudase a promover los intereses de la compañía en Guinea, y entonces logró que se la presentasen. No mucho después, Cilins y varios socios de la compañía consiguieron una audiencia con el presidente. En aquella reunión, según Cilins contó a Fox, le regalaron al general Conté un reloj con incrustaciones de diamantes de Steinmetz. En un encuentro posterior obsequiaron al ministro de Minas con una maqueta de un coche de carreras de Fórmula 1, también incrustado de joyas de Steinmetz. Al poco tiempo, el hermano de Touré fue nombrado jefe de relaciones públicas de BSGR-Guinea.

Cuando le pregunté a Fox por qué Cilins le había confiado todo aquello, se encogió de hombros. «Hay un elemento de arrogancia —observó—. O de absoluta ingenuidad; de creer que todo aquello que hacían no era nada del otro mundo». Cilins parecía orgulloso de su trabajo en Conakri. Le dijo a Fox que, en su opinión, la historia de Guinea se dividiría en lo sucesivo en dos periodos, «antes y después de BSGR».

A Cilins podría haberle parecido que hacer regalos era simplemente el coste de hacer negocios en un lugar como Guinea. Muchos países persiguen enérgicamente la corrupción interna, pero son mucho más permisivos cuando se trata de sobornos pagados en el extranjero. Hasta hace poco tiempo, las empresas francesas que pagaban sobornos para conseguir negocios en países extranjeros podían declararlos como gastos comerciales desgravables en Francia. En los últimos años, sin embargo, las normas internacionales han comenzado a cambiar. El Departamento de Justicia de Estados Unidos ha incrementado drásticamente su aplicación de la Ley de Prácticas Corruptas en el Extranjero; el Reino Unido ha promulgado su estricta Ley Antisoborno; la Organización para la Cooperación y el Desarrollo Económicos ha instituido una convención contra el soborno, que han firmado varias decenas de países, incluido Israel. Empresas importantes, como Siemens y KBR, han tenido que pagar centenares de millones de dólares en multas tras investigaciones por corrupción. (También Rio Tinto ha lidiado con la corrupción; en 2010, cuatro representantes de la compañía fueron condenados por aceptar sobornos en China). Muchas corporaciones multinacionales han respondido al incremento de la vigilancia ante el soborno estableciendo robustos departamentos de cumplimiento interno que supervisan las conductas de los empleados. BSGR afirma que se comporta éticamente dondequiera que opera, y un representante de la compañía me señaló que ni Steinmetz ni su organización han estado implicados jamás en casos de sobornos. No obstante, BSGR no cuenta con un departamento de cumplimiento ni tiene un solo empleado cuya responsabilidad principal sea supervisar los comportamientos de la compañía en el extranjero.

Poco después de la muerte del general Conté, Mamadie Touré huyó de Guinea. Fox y sus colegas descubrieron que estaba viviendo en Jacksonville, Florida. El Banco Mundial calcula que el 40 por ciento de la riqueza privada de África se guarda fuera del continente. En un reciente procedimiento de decomiso civil contra el hijo del dictador de Guinea Ecuatorial, el Departamento de Justicia documentó algunas de sus posesiones: una finca de cinco hectáreas en

Malibú, un jet Gulfstream, siete automóviles Rolls-Royce, ocho de la marca Ferrari y un guante blanco que llevó en cierta ocasión Michael Jackson. Jacksonville no es Malibú. Pero cuando Fox y su equipo investigaron, descubrieron que Touré había adquirido allí una gran mansión, junto con una serie de propiedades más pequeñas en las inmediaciones.

* * *

Cuando desembarcas de un avión en Conakri, la corrupción te golpea casi con tanta rapidez como el calor. En el aeropuerto te detendrá un agente uniformado que no planteará objeciones especiales, pero te dejará claro, con su propio cuerpo, que para salir de la situación tendrás que hacer un desembolso. En las calles cubiertas de escombros y perfumadas por la basura que obstruye las alcantarillas abiertas de la ciudad, la presencia militar es menor que en el pasado —la reforma del sector de la seguridad ha sido una prioridad para Condé—, pero de noche unos soldados jóvenes y despreocupados se sitúan en las intersecciones con metralletas; se inclinan junto a la ventanilla de los coches que pasan y obtienen dinero en efectivo. En 1961, Frantz Fanon escribió a propósito del África occidental poscolonial: «Las concesiones acaban en manos extranjeras; los escándalos son numerosos, los ministros se enriquecen, sus mujeres se emperifollan, los miembros del parlamento se forran y no hay ni un alma, hasta el simple policía o el oficial de aduanas, que no se una a la gran procesión de la corrupción». Esta descripción ya no es válida para la región en su conjunto (Ghana, por ejemplo, es una democracia próspera), pero en Guinea pocas cosas han cambiado.

Una tarde fui a un edificio encalado en el barrio administrativo de Conakri para reunirme con Nava Touré, un antiguo profesor de ingeniería a quien Condé había encargado la dirección de una comisión técnica sobre minas. Touré (que no tiene ninguna relación con Mamadie Touré, la cuarta esposa del general) tiene la cara redonda, una voz melodiosa y es decoroso, casi refinado, en sus modales. Durante los meses que pasé redactando esta historia, Nava

Touré era uno de los pocos funcionarios del Gobierno sobre quien jamás escuché un solo rumor de corrupción. Había recibido el encargo de establecer un nuevo código de minería, que creara un equilibrio más equitativo entre los intereses de las compañías mineras y el pueblo de Guinea. Además, le habían pedido que revisase todos los contratos de explotación minera existentes y recomendase si alguno de ellos debía renegociarse o rescindirse. Pero, cuando centró su atención en Simandou, no contaba con un cuerpo de inspectores capacitados, por lo que recurrió a DLA Piper, el bufete de abogados, y a Steven Fox, el investigador. «Externalizamos la tarea», me explicó Touré.

El octubre pasado, envió una carta incendiaria a representantes de Vale y BSGR identificando «posibles irregularidades» en la concesión de Simandou. Calificaba a Frédéric Cilins de «apoderado secreto» de Steinmetz, levantaba sospechas acerca de la alianza de Cilins con Mamadie Touré y detallaba regalos tales como el reloj de diamantes y la maqueta del coche de carreras con piedras incrustadas. La carta acusaba a BSGR de haber planeado desde el primer momento vender los derechos sobre Simandou con el fin de «extraer beneficios inmediatos y sustanciales».

Las acusaciones de Nava Touré implicaban asimismo a un hombre a quien él conocía: Mahmoud Thiam, que había sido ministro de Minas bajo la junta militar que gobernó Guinea tras la muerte del general Conté. Touré había sido uno de los asesores de Thiam en aquel tiempo. Cuando llegó a ocupar el puesto, a principios de 2009, Thiam tenía unas credenciales excelentes. Tras graduarse en Economía en Cornell, había trabajado como banquero en Merrill Lynch y UBS. Thiam era apuesto, muy refinado y un defensor de Beny Steinmetz. En 2010, en una entrevista en el programa de la CNBC *Closing Bell with Maria Bartiromo*, Thiam elogió la «empresa BSGR, joven y muy dinámica, que llegó y desarrolló esa licencia hasta hacerla atractiva para un actor tan importante como Vale». Simandou, señaló Thiam, iba a «catapultar el país hasta situarlo como el tercer exportador mundial de mineral de hierro». Había asistido a la fastuosa boda de la hija de Steinmetz en Israel en representación de la junta militar. Según la carta de Nava Touré, Thiam no solo recibía sobornos de BSGR, sino que trabajaba en efecto como pagador de la compañía: subía a un jet corporativo en el aeropuerto de Conakri, descargaba maletas llenas de dinero en efectivo y distribuía luego los sobornos a los líderes de la junta. Steven Fox, el investigador estadounidense, había descubierto que, mientras Thiem era ministro, se aficionó a pasearse por Conakri en un Lamborghini. Antes de cesar en el cargo en 2011, se compró un apartamento en el Upper East Side de Manhattan por 1,5 millones de dólares y una finca en el condado de Dutchess por 3,75 millones. Pagó ambas propiedades con dinero en efectivo.

Thiam vive actualmente en Estados Unidos, donde dirige una empresa de asesoría de inversiones. Esta primavera le visité en su elegante oficina de la avenida Madison. Negó haber cometido ningún acto ilícito. El apartamento de Manhattan, me explicó, lo pagó con dinero ganado en la banca. Y había comprado la finca campestre en nombre de un amigo mozambiqueño que deseaba invertir en Estados Unidos. (Thiam se negó a revelar el nombre de su amigo). El Lamborghini no era un coche deportivo, sino un todoterreno, señaló. «No puedes ocupar el cargo de ministro de Minería sin ser acusado de corrupción», comentó. Considera que el examen del contrato de BSGR es poco más que una caza de brujas, pero añadió que sigue manteniendo el máximo respeto por Nava Touré.

Durante nuestro encuentro en el edificio de color blanco, pregunté a Touré cómo se sentía al enterarse de semejantes acusaciones a sus antiguos colegas. Hizo una pausa. «Siento vergüenza —dijo por fin—. Porque, al fin y al cabo, lo que tiene cada uno, pongamos que diez o doce millones de dólares estadounidenses, ¿qué supone, comparado con las vidas de todo el país?». De repente se apagaron las luces de la sala y el aire acondicionado. No pareció darse cuenta. «Creo que no es tolerable ni aceptable por parte de los inversores —continuó—. Pero me sorprende más la actitud y el comportamiento de los dirigentes nacionales».

Cuando BSGR recibió la carta de Touré, respondió agresivamente, tachando la investigación de esfuerzo del presidente Condé para expropiar el activo de la empresa. La compañía insistía en que jamás había regalado un reloj al general Conté. Aunque afirmaba que la historia de la miniatura del coche de Fórmula 1 era verdadera, apuntaba que la maqueta tenía un valor de solo mil dólares y que BSGR hacía habitualmente esa clase de «regalos a empresas del mundo entero». Frédéric Cilins había trabajado para la compañía, pero «BSGR nunca le había dicho que "apuntara muy alto"». Cilins podría haber distribuido regalos entre sus contactos en Conakri, pero la compañía negaba todo conocimiento de ellos. Curiosamente, la respuesta por escrito de BSGR insistía, más de una vez, en que Mamadie Touré no había sido en realidad esposa del general Conté.

BSGR criticaba a la administración Condé por no facilitar el nombre de las fuentes de sus acusaciones y señalaba que cualquier pago efectuado a funcionarios públicos «se identificaría con facilidad por las transferencias bancarias, las órdenes de pago, las copias de los cheques, etc.». Una y otra vez, BSGR aludía a «la ausencia de una mínima cantidad de pruebas». Pero ¿cómo se prueba la corrupción? Por su propia naturaleza, la corrupción se encubre; los sobornos se diseñan de forma que sean difíciles de detectar. El sistema financiero internacional ha evolucionado para albergar un vasto repertorio de actividades ilícitas, y las compañías pantalla y los paraísos bancarios facilitan el camuflaje de las transferencias, las órdenes de pago y las copias de los cheques. Paul Collier arguye que en un acuerdo corrupto participan con frecuencia tres actores: quien soborna, el sobornado y los abogados y facilitadores financieros que posibilitan la transacción secreta. El resultado, dice, es «una red de opacidad corporativa», tejida en gran medida por profesionales adinerados en capitales financieras como Londres y Nueva York. Un estudio reciente reveló que el país en el que resulta más fácil crear una compañía fantasma imposible de rastrear no es ningún paraíso bancario tropical, sino Estados Unidos.

* * *

En la primavera de 2012, uno de los ministros del presidente Condé viajó a París. En el Hilton Arc de Triomphe se le acercó un hombre de negocios gabonés. Según una declaración jurada del ministro, el gabonés dijo que había estado en contacto con Mamadie Touré y que esta le había proporcionado unos documentos que serían de interés para el presidente Condé. «Madame Touré estaba enojada con el señor Beny Steinmetz», dijo el gabonés. Creía que «este se había aprovechado de ella». El ministro quedó asombrado por los documentos. Parecían ser una serie de contratos legales, con sus correspondientes firmas y sellos oficiales, entre los directivos de la compañía y Mamadie Touré. Los documentos contenían la firma de Asher Avidan, el jefe de las operaciones de la compañía en Guinea. Avidan era un antiguo integrante del servicio de seguridad interna de Israel, el Shin Bet. Los contratos se habían firmado en Conakri en febrero de 2008, cinco meses antes de que el general Conté le retirara a Rio Tinto la concesión de Simandou y diez meses antes de que la mitad norte de dicha concesión le fuese otorgada a Beny Steinmetz. Los acuerdos estipulaban que Touré recibiría una participación del 5 por ciento en los «bloques» septentrionales de Simandou, además de «dos (2) millones» de dólares, que se pagarían a través de una compañía fantasma. A cambio, ella se comprometía a «hacer todo lo necesario» para ayudar a BSGR a «conseguir de las autoridades la firma para la obtención de dichos bloques».

Un abogado estadounidense implicado en el caso me dijo: «Llevo treinta años trabajando en casos de corrupción corporativa y jamás había visto nada semejante. ¿Un *contrato* de soborno firmado por un alto ejecutivo? ¿Con sellos de la empresa?». El gabonés dio a entender que los documentos valían potencialmente millones de dólares. No iba a desprenderse de una mercancía tan valiosa a cambio de nada. El hombre participaba en una sociedad de inversiones, Palladino, que había prestado al Gobierno de Condé veinticinco millones de dólares para la puesta en marcha de un proyecto minero. Ahora, a cambio de los documentos, el gabonés quería su propia participación en Simandou. (La empresa Palladino admite haber celebrado la reunión en París, pero niega que el hombre de negocios gabonés hubiera planteado ninguna de tales exigencias). El presidente Condé rehusó aceptar el trato, pero al menos el Gobierno guineano estaba al tanto de la existencia de los documentos. Si la historia es cierta, los papeles podrían constituir algo insólito. Una prueba de corrupción.

Cuando le pregunté a Steven Fox, el investigador, por qué una compañía firmaría un contrato semejante, él sugirió que Touré podría haber insistido en ello. «Existe toda una cultura en el África francófona según la cual estos documentos de apariencia muy legalista formalizan ciertos arreglos», me explicó. Y a Touré le habría preocupado asegurar su posición. «Su único valor residía en el hecho de ser la mujer del presidente», señaló. Cuando se firmó el contrato, la salud del general estaba en rápido declive y «ella sabía que, en el instante en que él cerrara los ojos, ella no tendría absolutamente nada». A primera vista, parecía extraño que hubiese confiado copias de los documentos al gabonés. Pero varias personas que han hablado con Touré me sugirieron que esta había llegado a temer a Steinmetz. Los contratos —que, si salían a la luz, podían potencialmente poner en peligro su posición en Guinea— equivalían a una especie de póliza de seguros.

Por aquel entonces, el presidente Condé también había llegado a temer por su seguridad. En 2011 había sobrevivido por poco a un intento de asesinato en el que los soldados bombardearon su residencia en Conakri con fuego de ametralladoras y misiles. Él siguió adelante con sus esfuerzos para reformar Guinea, pero su situación se iba haciendo más precaria. Su titular de Hacienda, a quien le había encargado investigar los casos de malversación por parte de los funcionarios gubernamentales, conducía de regreso a casa desde el trabajo una noche cuando otro vehículo bloqueó su coche; fue asesinada a tiros. Bernard Kouchner dijo de Condé: «Está realmente aislado». Tras el ataque a su residencia, Condé se mudó al palacio presidencial, una fortaleza desangelada, construida por contratistas chinos, a la que un diplomático se refería como «el palacio del Dim Sum». Condé está casado, pero de noche a menudo cenaba solo, viendo ocasionalmente un partido de fútbol para distraerse de sus preocupaciones. No comentó ese asunto conmigo, pero varias personas que han hablado con Condé me contaron que cree que Steinmetz espía sus comunicaciones. (BSGR niega este extremo).

Condé estaba lidiando asimismo con una capital inestable. La violencia que había estallado a raíz del retraso de las elecciones parlamentarias no amainaba. Las facciones rivales luchaban entre sí en la calle y los manifestantes lanzaban piedras a la policía. En varias ocasiones, las fuerzas de seguridad de Condé dispararon contra los manifestantes. Murieron más de dos docenas de personas. Algunos creían que Condé podría estar reproduciendo el triste patrón de muchos dirigentes africanos poscoloniales, que han comenzado como reformadores y luego han derivado hacia la tiranía. En septiembre de 2011, Amnistía Internacional declaró que «el presidente Alpha Condé está recurriendo exactamente a los mismos métodos brutales que sus predecesores». Ehud Olmert me aseguró que Steinmetz «es el último tipo que querrías tener como enemigo». BSGR, sospechando que Condé era políticamente vulnerable, se lanzó al ataque y calificó a su Gobierno de «régimen desacreditado» que estaba intentando «incautarse ilegalmente» del yacimiento de Simandou. La compañía señaló asimismo que Rio Tinto había adquirido de nuevo los derechos sobre la mitad sur de Simandou, tras pagar finalmente al Gobierno de Condé setecientos millones de dólares.

Pero ¿era aquello un caso de corrupción corporativa? El pago de Rio Tinto era, en parte, el reflejo de un nuevo código de explotación minera, que cobraba impuestos más altos a las compañías internacionales que exportaban recursos guineanos. La compañía concedía asimismo al Gobierno una participación de hasta el 35 por ciento en la mina. A este respecto, la administración Condé estaba tratando de armonizar el sector minero con los de la industria del petróleo y del gas, cuyos tratos son más equitativos. (Dag Cramer, el ejecutivo que supervisa los intereses empresariales de Steinmetz, me dijo: «Existe una razón por la que las familias árabes poseen en la actualidad la mitad de Londres. El grueso de las ganancias del petróleo se lo llevan los países anfitriones. Esto no ha sucedido todavía en la minería»). El acuerdo con Rio Tinto también era transparente: el contrato se publicó íntegramente en internet. «Esto es algo que ningún otro Gobierno guineano habría hecho, en ningún momento de la historia del país –me aseguró Patrick Heller, que trabaja en Revenue Watch–. Es un signo enorme de progreso». Además, los fondos no fueron a parar a cuentas bancarias numeradas, sino directamente al tesoro guineano.

No obstante, varios empleados de BSGR me sugirieron que los setecientos millones de dólares equivalían a un soborno colosal. Especulaban asimismo que Condé había amañado los resultados de las elecciones de 2010 colaborando con partidarios sudafricanos adinerados. En conversaciones conmigo, algunos amigos de Steinmetz comparaban a Condé con Robert Mugabe y con Mahmud Ahmadineyad. (Tanto el Centro Carter como la Unión Europea, que supervisaron las elecciones, concluyeron que, pese a algunas irregularidades procedimentales, la victoria de Condé era «creíble» y «justa»).

En septiembre de 2011, Condé invitó a Steinmetz a Conakri para enfriar los ánimos. Steinmetz llegó al palacio y se sentaron en el despacho de Condé. Conversaban en francés, lengua que Steinmetz habla con fluidez. «¿Por qué está en contra nuestra? –le preguntó Steinmetz–. ¿Qué es lo que hemos hecho mal?».

«No tengo ningún problema personal con ustedes –replicó Condé–. Pero he de defender los intereses de Guinea».

Steinmetz no se apaciguó. Cramer me dijo que la compañía tenía que contrarrestar las acusaciones de corrupción lo más enérgicamente posible porque, para Steinmetz, era crucial «que se percibiera que él era una persona honesta». «En el negocio de los diamantes, un apretón de manos es más importante que un contrato», explicó Cramer. BSGR intensificó su campaña contra Condé y recurrió a una compañía llamada FTI, que tiene su sede en Palm Beach, pero opera en todo el mundo. FTI practica una forma agresiva de relaciones públicas que busca no solo suprimir la cobertura mediática negativa sobre un cliente, sino también sembrar historias desfavorables para los adversarios del cliente. Un portavoz de FTI puso por los suelos el proceso de revisión que llevó a cabo el Gobierno guineano, tachándolo de «cruda campaña de difamación». La empresa alentaba a los periodistas a publicar historias negativas sobre Condé; el presidente empezó pronto a cosechar mala prensa acerca del retraso en la convocatoria de las elecciones legislativas y sobre varias transacciones supuestamente dudosas efectuadas por personas cercanas a él, incluido su hijo, Alpha Mohamed Condé. No es difícil imaginar que al menos algunos de los socios de Condé hayan hecho tratos al margen. «En lo que atañe a la política, yo practico la teoría del reloj —me comentó un diplomático occidental en Conakri—. Cuando un ministro lleva un reloj que cuesta más que mi coche, empiezo a preocuparme». Durante mis entrevistas con funcionarios en Conakri, reparé en más de un reloj asombrosamente caro; a la manera en que los suelen llevar los guineanos, los relojes colgaban sueltos en la muñeca, cual pulseras.

En el seno de FTI, la decisión de trabajar en favor de Steinmetz causó discordia. En 2012, la compañía contrató a un nuevo ejecutivo para supervisar algunas de sus cuentas en África y, cuando descubrió que la firma representaba a Steinmetz y a Dan Gertler (otro magnate israelí de los diamantes, que había estado involucrado en acuerdos controvertidos en la República Democrática del Congo), el contratado protestó y luego renunció. Mark Malloch-Brown, antiguo vicesecretario general de Naciones Unidas, es el actual presidente de FTI para Oriente Medio y Europa. Comenzó a preocuparle que la reputación de la compañía pudiese verse dañada por su asociación con Steinmetz, y a principios de ese año puso fin a la relación. Los directivos de BSGR estaban indignados. A medida que se acumulaban los problemas de la compañía, Steinmetz y sus colegas empezaron a dirigir su resentimiento hacia George Soros, que había financiado la investigación de Condé en un primer momento y había proporcionado el capital inicial a DLA Piper. Soros había financiado asimismo a Revenue Watch, la organización que había estado colaborando con Nava Touré en la revisión del código de minería de Guinea, y había apoyado a Global Witness, un grupo de vigilancia anticorrupción que había estado analizando las actividades de Steinmetz en Guinea. Los ejecutivos de BSGR llegaron a la convicción de que Malloch-Brown había rescindido el contrato con FTI a instancias de un viejo amigo suyo: Soros. Cramer me mostró un documento interno, titulado «La araña», que describía a Soros y a Condé en el centro de una red de influencia e identificaba al primero como «un enemigo de Israel». La firma envió a Soros una carta que rezaba en tono airado: «Ya no podemos permanecer callados permitiendo que vapulee de manera continua nuestra compañía e intente maliciosamente arruinar la inversión».

A comienzos de este año, los abogados de Steinmetz enviaron una carta a Malloch-Brown exigiéndole que reconociera su «*vendetta* personal» contra Steinmetz, firmara una disculpa formal que habían redactado para él y «exonerase» a BSGR de cualquier acto ilícito en África. Ante la negativa de Malloch-Brown, BSGR le demandó, junto con FTI. La demanda afirmaba que Soros alimentaba una «obsesión personal» con Steinmetz; alegaba asimismo que Soros había perpetuado un rumor sobrecogedor: que Steinmetz había tratado de matar al presidente Condé al respaldar el ataque con morteros a su residencia en 2011. (BSGR mantiene que ese rumor es absolutamente infundado; la demanda se resolvió recientemente fuera de los tribunales, sin ninguna admisión de actos ilícitos por parte de Malloch-Brown ni de FTI).

Cuando le pregunté a Soros por Steinmetz, insistió en que no le guarda ningún rencor. Como destacado filántropo, Soros lleva mucho tiempo comprometido con el fomento de la transparencia y el freno a la corrupción, y financia numerosas organizaciones en estos ámbitos. Es cierto que algunos de esos grupos han convergido últimamente en las actividades de Steinmetz. Ello puede significar que Soros está obsesionado con el israelí, pero también podría ser simplemente un indicio de que este es un corrupto. Soros me dijo que jamás se había encontrado con Steinmetz. Cuando pregunté a Cramer al respecto, me respondió: «Eso es mentira». En 2005, ambos hombres habían asistido a una cena en Davos, donde habían hablado. Cuando le trasladé ese testimonio, Soros adujo que ha ido a muchas cenas en Davos a lo largo de los años. Si había conocido a Steinmetz, no lo recordaba.

* * *

Un día de abril de 2013, Frédéric Cilins, el francés que había posibilitado presuntamente los sobornos en Guinea, voló a Jacksonville para una cita urgente. Mamadie Touré le esperaba en el aeropuerto. Se sentaron en un bar asador en la zona de salidas, y ella pidió un sándwich de ensalada de pollo. Cilins sufre hipertensión y, mientras hablaban, en voz muy baja, se mostraba extremadamente preocupado. Había ido a Florida para una misión. Le indicó a Mamadie Touré que debía destruir los documentos y que estaba dispuesto a pagarle por ello. Ella le informó de que podía ser ya demasiado tarde: el FBI había contactado con ella hacía poco. «Voy a recibir una citación», dijo. Se había convocado a un gran jurado y las autoridades esperaban que testificase y entregase «todos los documentos».

«¡Es preciso destruirlo todo!», exclamó Cilins. Era «urgentísimo».

Cilins no se dio cuenta de que había caído en una trampa. Touré llevaba un micrófono oculto. En efecto, habían contactado con ella las autoridades y, consciente de su delicada situación legal, había accedido a cooperar con el FBI. Como explicaría posteriormente en un interrogatorio con las autoridades guineanas, Cilins y sus colegas tenían «una única preocupación», que era «recuperar esos documentos a cualquier precio». Mientras los agentes federales observaban desde los alrededores del restaurante y el micrófono oculto registraba cada palabra, ella preguntó a Cilins qué debía hacer si la convocaban ante el gran jurado. Él le respondió: «¡Por supuesto, tiene que mentir!». Cilins le sugirió entonces a su interlocutora que negara haber estado casada jamás con el general Conté.

Touré y Cilins habían hablado por teléfono antes de su encuentro en Jacksonville, y en un momento dado ella le había preguntado si el plan de comprar su silencio lo había autorizado un individuo que se identifica en los documentos judiciales solamente como

«CC-1», abreviatura de «coconspirador». Dos fuentes próximas a la investigación me dijeron que ese tal CC-1 es Beny Steinmetz. «Desde luego», respondió Cilins. Esa llamada también la grabó el FBI.

En el aeropuerto, Cilins dijo que había visto a Steinmetz la semana anterior. «Fui expresamente a verle», explicó. Bajó la voz y, en susurros, dijo que le había asegurado a Steinmetz que Touré «jamás le traicionaría» y que «nunca revelaría ningún documento». La respuesta de Steinmetz, a decir de Cilins, fue: «Eso está bien... Pero quiero que destruya esos documentos».

Touré le dijo a Cilins que los documentos estaban en una cámara acorazada y le aseguró que los destruiría. Pero él no quedó satisfecho y le explicó que había recibido instrucciones de ver cómo se quemaban los papeles. Si estaba de acuerdo con el plan, le comunicó Cilins, recibiría un millón de dólares. Había llevado consigo una *attestation* (un documento legal, en francés) para que ella la firmase. (La comodidad que Cilins sentía con los acuerdos legales formales parece haberse extendido incluso al ámbito del encubrimiento). «Jamás he firmado un solo contrato con BSGR —rezaba el documento—. Nunca he recibido dinero de BSGR». El acuerdo incluía una posible prima, decía Cilins. Si firmaba aquello, destruía los documentos y mentía ante el gran jurado, y si BSGR conseguía conservar sus activos en Simandou («si todavía forman parte del proyecto»), recibiría cinco millones de dólares. Antes de que Cilins pudiera marcharse de Jacksonville, fue arrestado.

Esto puso a BSGR en una situación incómoda. La transcripción de la conversación en el aeropuerto daba toda la impresión de ser la confirmación del soborno. Los documentos de Mamadie Touré estaban ahora en posesión del Departamento de Justicia. El Gobierno de Guinea había obtenido asimismo una cinta de vídeo, grabada durante la inauguración de la oficina de BSGR en Conakri en 2006, que parecía contribuir a ilustrar la estrecha relación de Touré con la compañía. Muestra a Cilins sentado junto a Asher Avidan, quien se dirige a una multitud de guineanos. Entonces hace su entrada Touré, resplandeciente con su tocado blanco y sus vestiduras sueltas, flanqueada por miembros de la guardia presidencial y recibiendo implícitamente, en virtud de su presencia, la aprobación de su marido moribundo.

Cuando se conoció la noticia del arresto en Jacksonville, la empresa Vale publicó un comunicado diciendo que estaba «profundamente preocupada por esas acusaciones» y se comprometió a colaborar con las autoridades pertinentes. No parece aventurado suponer que, a esas alturas, la compañía brasileña podría haberse empezado a arrepentir de su proyecto de mineral de hierro en Guinea. Cuando visité la oficina de Conakri de VBG (la empresa conjunta de Vale y Beny Steinmetz Group), esta operaba con un personal mínimo, y el proyecto estaba claramente en suspenso, aunque los ejecutivos allí presentes no dijeran nada para evitar que constase en acta. «La pregunta que cabría hacerle a Vale es "¿qué estaban pensando?" –me comentó un diplomático en Conakri–. ¿De veras pensaban que serían capaces de iniciar un proyecto de cincuenta años de exportación de mineral de hierro en la parte más remota de Guinea sobre la base de un acuerdo claramente dudoso?». Habiendo pagado a BSGR hasta la fecha solamente quinientos millones de dólares, Vale ha rehusado, por el momento, hacer nuevos pagos de los dos mil millones de dólares que todavía debe.

* * *

A mediados de junio volé a Niza, en la Costa Azul francesa, y tomé un taxi hasta Cap d'Antibes, una de las localidades turísticas favoritas de los multimillonarios. Llevaba varios meses tratando de reunirme con Steinmetz, en vano. Había visitado las oficinas de BSGR en Londres, y me habían comunicado a mi llegada que Steinmetz se reuniría conmigo en París. Cuando llegué a París, se había marchado en su avión privado con rumbo a Israel. Me ofrecí a volar a Israel, pero me dijeron que no se reuniría necesariamente conmigo cuando estuviese allí. Al cabo de varias semanas de negociaciones, por fin logré hablar con él por teléfono y, tras una breve conversación –en la que me anunció categóricamente «Yo no concedo entrevistas»–, accedió a verme.

Nos reunimos en un hotel encaramado sobre el Mediterráneo. Steinmetz se alojaba en uno de sus yates, un modelo italiano; una elegante embarcación blanca de varias plantas que flotaba majestuosamente en la distancia. Cuando entré en el vestíbulo, pasé junto a un hombre delgado y muy bronceado que llevaba una camisa de lino azul desabotonada hasta el ombligo; le había rozado al pasar. Era Steinmetz. «Gracias por hacer el viaje», dijo cuando me presenté. Me estrechó la mano con la fuerza de alguien que da mucha importancia a un apretón de manos. Salimos del hotel y subimos una empinada colina hacia un conjunto de oficinas. Steinmetz avanzaba casi al trote; yo tenía que esforzarme para seguirle el ritmo.

«Yo soy una persona totalmente abierta, totalmente transparente —me dijo Steinmetz cuando nos sentamos—. Nunca miento, por principio». Le molesta que se diga que es hermético, y cree que simplemente protege su derecho a la privacidad. «No me considero una persona pública», me dijo. Hablamos durante casi tres horas, hasta que Steinmetz se quedó afónico. Me dijo que se sentía sorprendido por la controversia acerca de Simandou. Los que piensan que es descabellado ganar miles de millones de dólares con una inversión de ciento sesenta millones sencillamente no comprenden que el negocio de los recursos naturales es un juego de azar. «Es una ruleta», me dijo Steinmetz; si trabajas duro y corres riesgos, a veces «tienes suerte». Como una pequeña empresa que se sentía cómoda con el riesgo, BSGR hacía inversiones que las principales compañías mineras no harían. Su empresa perdió dinero en Tanzania. Perdió dinero en Zambia. Pero en Guinea lo ganó.

Steinmetz sostenía que el acuerdo con Vale no formaba parte de un plan de BSGR para vender sus activos, sino que era más bien una asociación de las que se necesitan con frecuencia en los ambiciosos proyectos de explotación intensiva de recursos mineros. «¿Quién dice que hayamos comprado con la intención de vender enseguida? —preguntó—. ¿Por qué el hecho de integrar a un socio ha de interpretarse como que compramos para vender?». En la conversación telefónica que mantuvimos, Steinmetz había descrito lo sucedido con Simandou como «una historia muy africana» y, cuando nos reunimos, le pregunté cómo había lidiado su compañía con la omnipresencia de la corrupción en África. «Con instrucciones y directrices muy estrictas a las personas que teníamos sobre el terreno», dijo, insistiendo en que ni siquiera donde es notoria la corrupción paga la compañía ningún soborno. «Gestionamos nuestro negocio como la empresa pública más transparente», me aseguró. Según decía Steinmetz, los antiguos dirigentes de Guinea no se merecían el trato generalizado que habían recibido. El general Conté era «más honesto» que el presidente Condé. El capitán Dadis, el líder de la junta militar que había dirigido la masacre del estadio, era «un tipo honesto» que simplemente «quería lo mejor para su país». El presidente Condé era el auténtico villano de aquella historia, aseveró Steinmetz. Su odio a Condé era tan palpable que, cada vez que Steinmetz mencionaba al presidente, se le reflejaba la tensión en el cuello. Steinmetz declaró que las acusaciones contra él eran el producto de una campaña de difamación concertada, iniciada por Condé y financiada por George Soros. «Según la religión judía, está muy mal decir que alguien es culpable de algo sin pruebas», observó Steinmetz. Y los documentos mencionados en Jacksonville no demostraban nada, dijo: eran falsos.

Al no lograr reunirme con Steinmetz en París, quedé para tomar una copa con Asher Avidan, el jefe de operaciones de BSGR en Guinea. Cuando le mostré una fotografía de una firma que aparecía en uno de los contratos, reconoció que era idéntica a la suya, pero la desestimó alegando que se trataba de «un simple Photoshop». En Cap d'Antibes, Steinmetz abundó en aquel tema aduciendo que los documentos de Mamadie Touré eran falsos y que, mucho antes de que comenzasen las investigaciones del FBI, ella había intentado chantajear a BSGR utilizando como instrumento los contratos fraudulentos. «Nunca le pagamos –insistió Steinmetz–. Nunca le prometimos nada». Sacó fotocopias en color de los documentos y señaló las sucesivas anotaciones que supuestamente había hecho en cada contrato el notario de Conakri. Esas anotaciones, decía, iban en orden decreciente en lugar de ascendente, prueba de que no eran auténticas. Le comenté que cabía imaginar un escenario en el que los documentos fuesen falsos y concedí que Touré no era exactamente una testigo intachable. Ahora bien, la transcripción de la conversación de Jacksonville no le hacía favor alguno a Steinmetz, y le indiqué que había otro factor que me llevaba a considerar auténticos aquellos documentos: si fuesen falsos, ¿por qué atravesaría Frédéric Cilins el Atlántico y ofrecería cinco millones de dólares a Touré para destruirlos? Le formulé la pregunta a Steinmetz múltiples veces, pero él se limitó a responder que él no iba a «especular» sobre Cilins mientras el caso estuviera en los tribunales. Yo insistí en el asunto. «Cilins le dijo a Mamadie Touré: "He hablado con Beny. Él me ha indicado que haga esto". ¿Lo hizo usted?».

«Yo no le pedí que destruyera esos documentos falsos ni ningún otro documento», respondió Steinmetz.

¿Estaba mintiendo entonces Cilins acerca de la directriz de Steinmetz? ¿O estaba equivocado de algún modo? Steinmetz, impacientándose, reiteró que no quería especular sobre Cilins. Sí deseaba hablar, no obstante, de la responsabilidad de Condé por las muertes de los manifestantes en Guinea:

—Ese tipo tiene sangre en las manos —dijo Steinmetz.

—El capitán Dadis también tiene sangre en las manos —observé—. Y usted le invitó a la boda de su hija.

Steinmetz me clavó la mirada por un instante y luego dijo:

—No voy a discutir ni entrar en profundidades respecto de la política de Guinea.

Coincidiendo con nuestro encuentro en Francia, los líderes del Grupo de los Ocho se reunieron en Irlanda del Norte. Uno de sus objetivos primordiales era evaluar las reglas que gobiernan las conductas de los ejecutivos de las naciones ricas cuando se aventuran en zonas en vías de desarrollo. Antes de la cumbre, el primer ministro del Reino Unido David Cameron publicó un artículo de opinión en el *Wall Street Journal*: «Hemos de levantar el velo del secretismo que con demasiada frecuencia permite que las corporaciones y los funcionarios corruptos de ciertos países puedan sortear la ley. El G8 debe avanzar hacia una norma común global para que las compañías que se dedican a la extracción de recursos informen de todos los pagos a los gobiernos y para que los gobiernos den cuenta a su vez de esos ingresos». Al desarrollar esa ambiciosa agenda, a Cameron le había asesorado en detalle Paul Collier. «Esta es la gran oportunidad de África –me comentó Collier–. Pero es una oportunidad que no volverá a tener lugar». Si se permite que las compañías adquieran los recursos naturales sin plena transparencia, el resultado será el saqueo; o, como dice Collier, «una tragedia de proporciones impresionantes». Por invitación de Cameron, el presidente Condé viajó a Londres antes de la reunión. «Si deseamos luchar contra la explotación y apostar por la transparencia, vamos a necesitar la ayuda del G8», afirmó Condé en un discurso en Chatham House, el laboratorio de ideas sobre política exterior. Señaló asimismo que «las compañías mineras están básicamente en Occidente».

Steinmetz estaba horrorizado por la veneración hacia el dirigente de Guinea. El Gobierno actual, decía, es una versión «sofisticada» de un régimen corrupto, porque «está fingiendo ser honesto». Repetía una afirmación que habían hecho algunos de sus colegas: que Condé había amañado las elecciones de 2010 prometiendo despojar a BSGR de su licencia de Simandou y transferir los derechos a sus partidarios. «Vendió nuestros activos a intereses sudafricanos que le ofrecieron apoyo financiero para manipular las elecciones», dijo. Antes incluso de que Condé tomara posesión del cargo, ya había decidido «que nos iba a arrebatar Simandou». Según Steinmetz, Condé es como el protagonista de *Nostromo*: el hombre «absolutamente incorruptible» que, por su propia vanidad y por el hechizo de la mina, finalmente sucumbe a la corrupción. «*Nosotros* somos las víctimas –aseveró Steinmetz–. Solo hemos hecho cosas buenas por Guinea, y lo que recibimos a cambio es que nos escupan a la cara».

Dicho aquello, me deseó buena suerte. Estaba oscureciendo y bajé la colina mientras Steinmetz regresaba a su yate para cenar.

* * *

Poco después de que Frédéric Cilins fuese arrestado en Florida, fui a Conakri a visitar al presidente Condé en el palacio del Dim Sum. Llevaba un traje blanco de manga corta, un estilo común en Guinea, y parecía fatigado. Las violentas manifestaciones de la oposición no parecían llegar a su fin, y no estaba claro del todo que Condé fuese a resistir en el poder el tiempo suficiente para completar su agenda de reformas. Al no haber celebrado elecciones parlamentarias, corría también el riesgo de perder su credibilidad como líder verdaderamente democrático. Alexis Arieff, un experto en Guinea del Servicio de Investigación del Congreso, me dijo: «Llegó con la sensación de haber luchado por la presidencia y la de merecer, por lo tanto, carta blanca en su manera de gobernar el país: "Esto es mío, he ido a la cárcel por ello, he sufrido por ello"». Un informe de la Unión Europea acusaba recientemente «al estilo de gobierno de Condé» por la escalada de tensión en el país.

Condé, por su parte, sentía que Steinmetz había contribuido a la agitación. En Chatham House, dio a entender que BSGR está financiando el movimiento opositor. (Steinmetz me aseguró que eso era falso). Cuando pregunté a Condé si se sintió legitimado cuando el Departamento de Justicia comenzó a investigar el acuerdo de Simandou, se negó a morder el anzuelo. En última instancia le corresponde a él decidir —sobre la base del consejo del Ministerio de Minas— si despojar o no a BSGR y a Vale de la licencia de Simandou, por lo que no quería decir nada que pudiera perjudicar el proceso. En vez de ello, sonrió y dijo: «Las acciones de Estados Unidos pueden ayudarme a avanzar en la lucha contra la corrupción en Guinea».

La fianza de Cilins se fijó en quince millones de dólares por el peligro de que pudiera huir de Estados Unidos. En mayo se declaró inocente de los cargos de obstrucción a la justicia y es posible que decida cooperar con las autoridades; según consta en sus expedientes judiciales, no ha negado haber ofrecido dinero a Mamadie Touré para destruir los documentos, ni haberlo hecho a instancias de Steinmetz. BSGR continúa manteniendo que jamás pagó dinero alguno a Touré ni firmó ningún contrato con ella. Pero Asher Avidan dijo algo interesante en la conversación que mantuvimos en el bar parisino. Repitió la afirmación de BSGR de que Touré no había estado casada con el general Conté cuando este cedió los derechos de Simandou. «No era su esposa –dijo Avidan–. Ni siquiera dormía con él». Luego añadió: «Es una mera cabildera. Como otros muchos».

De repente me pregunté por qué los responsables de BSGR estarían tan empeñados en la idea de que Touré no había estado casada con el viejo general. Si no estaba emparentada con él, entonces era tan solo otra traficante de influencias del lugar, una cabildera. Y cabría alegar que, desde una perspectiva jurídica, pagar a una persona así es diferente de pagar un soborno. Si BSGR se viera forzada alguna vez a admitir que, en efecto, había pagado a Madamie Touré, entonces aquello supondría una defensa en estado embrionario. Aunque el Departamento de Justicia no hará ningún comentario sobre el caso, probablemente Cilins no sea el objetivo último de su investigación. Cuando el gran jurado de Manhattan comenzó a expedir citaciones, a comienzos de aquel año, solicitó información no solo sobre «la concesión de Simandou», sino también sobre el propio Steinmetz. El FBI envió recientemente dos equipos de investigadores a Conakri. Según el *Wall Street Journal*, la Oficina de Fraudes Graves de Londres ha abierto asimismo una investigación sobre las actividades de BSGR. Habida cuenta de que tanto Israel como Francia han sido reticentes a extraditar a sus ciudadanos en el pasado, Steinmetz podría no ser juzgado jamás en Estados Unidos, ni siquiera en el caso de que fuera inculpado. No obstante, me dijo Scott Horton: «Las futuras opciones de viaje de Steinmetz pueden verse limitadas».

Cuando hablamos en Cap d'Antibes, Steinmetz no parecía preocupado. «No tenemos nada que ocultar», me aseguró. Steven Fox, el investigador, me dijo que Steinmetz y sus colegas eran «muy diestros en la improvisación». Añadió a continuación: «Pueden pensar de manera creativa y moverse con rapidez en una situación incierta. Esa era la clave de su éxito en muchos sentidos. Pero probablemente sea asimismo la clave de su perdición».

Por el momento, el mineral de hierro continúa bajo las montañas Simandou, y el yacimiento sigue estando aislado del resto de Guinea. «Todos quieren Simandou —me dijo Condé cuando charlamos sentados en el palacio—. Se ha convertido literalmente en la obsesión de todo el mundo». Continuó hablando, con su estilo, como de profesor, pero una nota de desconcierto se coló en su voz. «Ese mineral de hierro es de primera categoría. Es de primera calidad. No obstante, en tantos años no hemos sido capaces de sacar provecho de este extraordinario recurso». El presidente Condé hizo una pausa. Luego murmuró, casi para sus adentros: «¿Cómo podemos ser tan ricos y a la vez tan pobres?».

En enero de 2021, Steinmetz fue declarado culpable en un tribunal de Ginebra por su papel en el asunto de Simandou y lo condenaron a cinco años de cárcel. Se encuentra en libertad, mientras se resuelve una apelación, y sigue negando los cargos contra él. Alpha Condé ganó un controvertido tercer mandato como presidente de Guinea en 2020, tras un referéndum constitucional que le permitió dejar a un lado el límite tradicional de dos mandatos. Continuó enfrentándose a acusaciones de corrupción y negándolas. En septiembre de 2021 fue derrocado en un golpe militar. El mineral de hierro de Simandou continúa enterrado bajo el suelo.

EL CHEF ITINERANTE

El banquete móvil de Anthony Bourdain (2017)

Cuando el presidente de Estados Unidos viaja fuera del país, lleva consigo su propio coche. Momentos después de que el Air Force One aterrizara en el aeropuerto de Hanói en mayo de 2016, el presidente Barack Obama se parapetó en una limusina blindada de cinco metros y medio, un refugio antibombas disfrazado de Cadillac. El vehículo está equipado con una conexión segura con el Pentágono y lleva suministros de sangre para casos de emergencia. Es conocido como la Bestia. Las anchas avenidas de Hanói están abarrotadas de coches que hacen sonar sus bocinas, vendedores a pie de calle, vendedores ambulantes y unos cinco millones de escúteres y motos que llegan a las intersecciones y salen de ellas a toda velocidad. Era el primer viaje de Obama a Vietnam, pero asistía a ese espectáculo detrás de una hoja de cristal a prueba de balas de casi trece centímetros de grosor. Podía haberlo visto igual de bien en televisión. Obama tenía programado un encuentro con el presidente Trần Đại Quang y con el nuevo presidente de la Asamblea Nacional de Vietnam. En su segunda noche en Hanói, sin embargo, acudió a una cita inusual: a una cena con Anthony Bourdain, el chef itinerante convertido en escritor que presenta el programa de viajes ganador de un Emmy *Parts Unknown* en la CNN.

A lo largo de los últimos quince años, Bourdain ha presentado versiones cada vez más sofisticadas del mismo programa. Inicialmente se llamaba *A Cook's Tour* y se emitía en el canal Food Network. Después de empezar a emitirse en Travel Channel, fue rebautizado como *Anthony Bourdain: No Reservations* y se emitió durante nueve temporadas antes de pasar a la CNN en 2013. En total, Bourdain ha viajado a casi un centenar de países y ha rodado doscientos cuarenta y ocho episodios, en los que explora en cada uno de ellos la comida y la cultura de un lugar. El ingrediente secreto del programa es seguir la máxima del «donde fueres, haz lo que vieres», con la que participa de las costumbres y la cocina autóctonas, ya esté apurando vodka antes de zambullirse en un río congelado en las afueras de San Petersburgo o atravesando con una lanza un cerdo engordado en una casa comunal de la selva de Borneo en la que es invitado de honor. Como si se tratara de un gran tiburón blanco, Bourdain suele aparecer en las fotografías con las mandíbulas bien abiertas, a punto de hundir sus dientes en algún tembloroso manjar.

Si Bourdain no recuerda mal, su idea original de la serie venía a ser algo así como «Viajo por el mundo, como un montón de cosas y básicamente hago lo que me sale de los huevos». La fórmula se ha revelado increíblemente exitosa. La gente pregunta con frecuencia a los productores de los programas de Bourdain si puede apuntarse a alguna de sus correrías. En una reciente visita a Madagascar le acompañó el director de cine Darren Aronofsky. (Como fan del programa, Aronofsky le propuso que fuesen juntos a algún sitio. «Le sugerí medio en broma Madagascar, tan solo porque es el lugar más lejano posible —me contó—. Y Tony me dijo:"¿Qué tal en noviembre?"»). El acompañante de Bourdain tiene garantizada una experiencia que, en esta era de turismo homogeneizado, es muy poco habitual: una comunión con una cultura ajena auténtica, un verdadero chute de inmersión. Tras aterrizar en algún lugar remoto del planeta, Bourdain da con el restaurante que andaba buscando, conocido únicamente por los locales más exigentes, donde las sardinas a la parrilla o los pisco sours son excelentes. A menudo visita una casa particular donde la comida es aún mejor. Es un animado compañero de mesa: un ávido comensal y un conversador impredecible. «Tiene ese estilo increíblemente rico cuando habla, que abarca desde la erudición hasta la conversación banal», observaba su amiga Nigella Lawson. Bourdain es una fuente de opinión sin adornos, pero también escucha atentamente, y la palabra que emplea tal vez más que ninguna otra es *interesting* («interesante»), que pronuncia con todas sus sílabas y una sola te: «in-ner-ess-ting».

Antes de hacerse famoso, Bourdain pasó más de dos décadas como cocinero profesional. En 2000, mientras trabajaba como jefe de cocina en Les Halles, una bulliciosa *brasserie* en el sur de Park Avenue, publicó unas procaces memorias, *Confesiones de un chef*. El libro se convirtió en un éxito de ventas, presagiando una fascinación nacional por los sucios secretos y el drama al estilo de *Arriba y abajo* (*Upstairs Downstairs*), pero en el sector de la hostelería. Ya conocido por su descarada sinceridad, Bourdain protagonizó disputas públicas con personajes famosos; en cierta ocasión arremetió contra Alice Waters por su odio recalcitrante hacia la comida basura, diciendo que le recordaba a los Jemeres Rojos. Quienes no ven el programa de Bourdain tienden a considerarle un chef neoyorquino bocazas. No obstante, con el paso de los años, se ha transformado en un nómada ricachón que vaga por el planeta conociendo a personas fascinantes y comiendo deliciosos manjares. Reconoce abiertamente que su carrera es, para mucha gente, de ensueño. Hace unos años, en la voz en off de un episodio con imágenes de una Cerdeña bañada por el sol, preguntaba: «¿Qué haces cuando tus sueños se hacen realidad?». En otras palabras, sería fácil odiar a Bourdain si no fuese tan fácil quererle. «Durante mucho tiempo, Tony pensaba que no iba a conseguir nada —me contó su editor, Dan Halpern—. No puede creer la suerte que tiene. Siempre parece feliz de ser realmente Anthony Bourdain».

La Casa Blanca había sugerido el encuentro en Vietnam. De todos los países que Bourdain ha explorado, ese es quizá su favorito; ha estado allí media docena de veces. Se enamoró del país mucho antes de viajar allí, cuando leyó la novela de 1955 de Graham Greene

El americano impasible, y Hanói ha conservado una espesa atmósfera de decadencia colonial (villas deslustradas, lúgubres banianos, nubes de monzón y cócteles después del almuerzo) que Bourdain saborea sin pedir disculpas. Varios años atrás, se planteó seriamente la posibilidad de mudarse allí. Bourdain cree que la época del menú degustación de quince platos «ya ha pasado». Es un entusiasta de la comida callejera, y Hanói destaca en la cocina al aire libre. A veces puede dar la impresión de que la mitad de los habitantes estuvieran sentados en torno a pequeños fuegos en las aceras, encorvados sobre cuencos humeantes de *phở*. Mientras un equipo de avanzada de la Casa Blanca planeaba la logística para la visita de Obama, otro de Zero Point Zero, la productora del programa, exploraba la ciudad en busca del sitio perfecto para comer. Eligieron Bún chả Hương Liên, un angosto establecimiento frente a un garito de karaoke en una concurrida calle del Barrio Antiguo. La especialidad del restaurante es el *bún chả*: fideos blancos y de consistencia elástica, salchicha ahumada y panceta de cerdo asada, todo ello servido en un caldo agridulce.

A la hora convenida, Obama bajó de la Bestia y entró en el restaurante detrás de un par de agentes del servicio secreto, que le despejaron el camino cual jugadores de fútbol americano. En un comedor trasero de la segunda planta, Bourdain aguardaba en una mesa de acero inoxidable, rodeado de otros comensales, previamente advertidos para que ignorasen las cámaras y a Obama, y se concentraran en su *bún chả*. Al igual que muchos restaurantes de Vietnam, el local era informal en extremo: tanto los comensales como los camareros tiraban las sobras al suelo, y las baldosas habían adquirido un brillo mugriento que chirriaba bajo los pies. Obama vestía una camisa blanca con el cuello abierto; saludó a Bourdain, tomó asiento en un taburete de plástico y aceptó de buen grado una cerveza vietnamita. «¿Con cuánta frecuencia logra escabullirse para tomar una cerveza?», le preguntó Bourdain.

«Básicamente no consigo escabullirme», respondió Obama. En ocasiones lleva a la primera dama a comer o cenar fuera, le dijo, pero «parte del disfrute de un restaurante consiste en sentarse con otros clientes y gozar del ambiente, y demasiado a menudo acabamos relegados a uno de esos salones privados». Mientras una joven camarera con un polo gris servía cuencos de caldo, una bandeja de verduras y una fuente de temblorosos fideos, Bourdain pescó unos palillos de un recipiente de plástico que había sobre la mesa. Obama, que examinaba las partes que integraban el plato, daba señales de inquietud. Dijo: «Bueno, va a tener que...».

«Yo le guío», lo tranquilizó Bourdain y le indicó que cogiera un puñado de fideos con los palillos y los mojase en el caldo.

«Voy a hacer lo mismo que haga usted», anunció Obama.

«Sumérjalo y remuévalo –le aconsejó Bourdain–. Y prepárese para el placer en estado puro».

Observando una gran salchicha que flotaba en el caldo, Obama preguntó: «¿Resulta apropiado meterse uno de esos bichos enteros en la boca, o cree que uno debería ser un poco más...».

«Sorber es totalmente aceptable en esta parte del mundo», declaró Bourdain.

Obama tomó un bocado y dejó escapar un ligero sonido en señal de aprobación. «Riquísimo», dijo, y ambos hombres –desgarbados, pero manifiestamente geniales para su edad– sorbieron ruidosamente mientras tres cámaras, que Bourdain había comparado en cierta ocasión con «colibrís borrachos», revoloteaban a su alrededor.

Advirtiendo la espontánea campechanía de la escena, Obama rememoró una comida memorable cuando era niño, en unas montañas a las afueras de Yakarta. «Recuerdo esos restaurantes de carretera que daban a los campos de té –recordó–. Había un río que discurría por el propio restaurante, y solían pasar nadando esos peces, unas carpas. Escogías el pez. Lo pescaban para ti y lo freían, y la piel estaba realmente crujiente. Lo servían simplemente sobre un lecho de arroz». Obama y Bourdain estaban en la misma onda, desprendiendo sencillez y frescura. «Era la comida más simple del mundo y también la más sabrosa».

Pero el mundo se está haciendo más pequeño, comentó Obama. «Las sorpresas, las casualidades del viaje, cuando te puedes salir de los caminos trillados; ya no quedan muchos sitios de ese estilo. –Y añadió con nostalgia–: No sé si aquel lugar seguirá ahí cuando mis hijas estén preparadas para viajar. Pero confío en que así sea».

Al día siguiente, Bourdain publicó online una fotografía del encuentro. «Coste total de la cena a base de bun cha con el presidente: 6 dólares –tuiteó–. Pagué yo la cuenta».

* * *

«Tres años llevaba sin fumarme un cigarrillo y acabo de volver a las andadas», me dijo Bourdain cuando me reuní con él poco después en el bar del hotel Metropole, donde estaba alojado. Levantó una ceja: «Obama me hizo hacerlo». A sus sesenta años, es imponentemente alto (un metro noventa) y está extremadamente delgado. Tiene una cabeza monumental, un bronceado color caramelo y lleva el pelo canoso cuidadosamente peinado. En cierta ocasión describió su cuerpo como «cartilaginoso y lleno de tendones», como si fuera un corte de carne de baja calidad, y su reciente devoción por el *jiu-jitsu* brasileño le ha dejado un cuerpo fibrado. Con su camiseta de los Sex Pistols y su actitud hedonista, hay en él algo de viejo rockero. Pero, si pasas algún tiempo con Bourdain, te percatas de que se controla hasta el extremo: es limpio, organizado, disciplinado, cortés, sistemático. Es Apolo vestido de Dioniso.

«Tiene su *mise en place*», me aseguró su amigo el chef Éric Ripert, señalando que la puntillosidad no solo es un reflejo de su personalidad y su formación culinaria, sino también de la necesidad: si no fuera tan estructurado, nunca podría mantenerse al tanto de sus compromisos, cada vez más numerosos. Amén de producir y protagonizar *Parts Unknown*, selecciona las localizaciones, escribe los diálogos de las voces en off y colabora estrechamente con los directores de fotografía y los supervisores musicales. Cuando no está delante de la cámara, escribe: ensayos, libros de cocina, novelas gráficas sobre un cocinero de sushi homicida, guiones. (David Simon le reclutó para escribir las escenas ambientadas en restaurantes de la serie *Treme*). O está presentando otros programas de televisión, como *The Taste*, un concurso que se emitió durante dos años en ABC. El pasado otoño, durante un paréntesis en las grabaciones, se embarcó en una gira cómica que recorrió quince ciudades. Ripert me sugirió que Bourdain podía obrar impulsado, en parte, por el temor a dejar de trabajar alguna vez. «Soy un tipo que necesita un montón de proyectos —reconocía Bourdain—. Probablemente habría sido feliz trabajando como controlador aéreo».

Mientras bebía una cerveza y comía de una fuente de exquisitos rollitos de primavera, seguía reviviendo con euforia su encuentro con Obama. «Creo que lo que es importante para él es esa noción de que la alteridad no es mala, de que los estadounidenses deberían aspirar a ponerse en la piel de los demás», reflexionó. Esta idea resuena fuertemente en Bourdain y, aunque insiste en que su programa es una empresa epicúrea y egoísta, la ética de Obama podría ser la idea principal que subyace en *Parts Unkown*. Al comienzo de un episodio rodado en Myanmar, Bourdain observa: «Lo más probable es que ustedes no hayan estado en este lugar. Lo más probable es que jamás hayan visto este lugar». Desde el momento en que Bourdain concibe un episodio, se obsesiona con la banda sonora (para la secuencia con Obama quería incluir la canción de James Brown «The Boss»). Cuando los productores no pueden permitirse adquirir los derechos de una canción, a menudo encargan música que evoque la original. Para un homenaje a *El gran Lebowski* en un episodio en Teherán, organizaron la grabación de una versión, en farsi, de «The Man in Me» de Dylan. Pero Bourdain quería la canción original de James Brown, costase lo que costase. «No sé quién coño lo va a pagar —dijo—. Pero alguien lo va a hacer». Cantó el estribillo para sí mismo —*I paid the cost to be the boss*— y comentó que el precio del liderazgo, para Obama, había sido una grave limitación en la pasión por los viajes que Bourdain personifica. «Incluso beberse una cerveza supone para él una auténtica proeza —se maravillaba—. Tiene que despejar el terreno».

Antes de despedirse de Obama, me dijo Bourdain, había subrayado este contraste. «Le dije: "Justo después de esto, presidente, voy a montarme en un escúter y voy a desaparecer entre miles de personas". Con una elocuente expresión en su rostro, Obama comentó:"Eso debe de ser estupendo"».

Tom Vitale, el director del episodio, que rondará los treinta y cinco años y tiene un aire de intensidad atormentada, se nos acercó para consultarle acerca de un rodaje planeado para esa misma noche. Generalmente Bourdain tarda en torno a una semana de trabajo frenético en exteriores en grabar cada episodio. Tiene un pequeño equipo (dos productores y unos pocos cámaras) que recluta guías y técnicos locales. Su equipo filma a menudo entre sesenta y ochenta horas de metraje para hacer un episodio de una hora de duración. Vitale, al igual que otros miembros del equipo, lleva años trabajando con Bourdain. Cuando le pregunté cómo había sido la experiencia con la Casa Blanca, me respondió con desconcierto: «Estoy asombrado de que todos pasásemos la verificación de antecedentes».

Bourdain estaba deseoso de filmar en un garito *bia-hơi*, un tipo popular de establecimiento de Hanói especializado en cerveza fría de barril. «¿Nos tomamos una cerveza?», preguntó. «Venga, vamos a tomarnos una cerveza», confirmó Vitale. Ya habían localizado un lugar. «Pero si la energía no fluye más que al 50 por ciento, tal vez no funcione». Bourdain asintió. «No queremos fabricar una escena», dijo. Está obsesionado con la autenticidad y desdeña muchas convenciones de los programas de comidas y de viajes. «No repetimos las tomas –dijo–. No rodamos escenas de "hola" ni de "adiós, muchas gracias". Prefiero quedarme sin una toma que tener una impostada». Cuando queda con alguien en un café de carretera, lleva un micrófono de solapa, que capta el ruido ambiental (el estruendo de las bocinas de los coches, el sonido de las cigarras), pero que los encargados del sonido normalmente eliminan. «Queremos que sepan cómo suena un lugar, no solo qué aspecto tiene –me explicó Jared Andrukanis, uno de los productores de Bourdain–. Los técnicos de sonido del programa lo odian. Lo odian, pero creo que en el fondo les encanta».

Bourdain está excepcionalmente cerca de los miembros de su equipo, en parte porque son sus únicos compañeros estables en una vida que, por lo demás, es la de un errante. «Cambio de ubicación cada dos semanas –me dijo–. No soy un cocinero ni tampoco un periodista. Soy francamente incapaz de ofrecer la clase de atenciones que requieren los amigos. No estoy *ahí*. No voy a acordarme de tu cumpleaños. No voy a estar ahí en los momentos importantes de tu vida. No vamos a mantener una relación de amistad al uso, independientemente de lo que sienta por ti. Durante quince años más o menos, he estado viajando doscientos días al año. Hago muy buenos amigos durante una semana».

Hasta los cuarenta y cuatro años, Bourdain vio muy poco mundo. Creció en Leonia, Nueva Jersey, no lejos del puente George Washington. Su padre, Pierre, un ejecutivo de Columbia Records, era reservado y dado a leer en silencio en el sofá durante largos ratos, pero tenía un gusto aventurero para la comida y las películas. Tony recuerda haber viajado a la ciudad de Nueva York con su padre durante los años setenta para probar el sushi, que por aquel entonces parecía extremadamente exótico. Las únicas experiencias de auténticos viajes que Bourdain tuvo en su niñez fueron dos visitas a Francia. Cuando tenía diez años, sus padres los llevaron allí a él y a su hermano menor, Chris, en las vacaciones estivales, para visitar a unos parientes de su padre que tenían una casa en una fría aldea costera. Tony tuvo lo que desde entonces ha descrito como un encuentro proustiano con una ostra enorme, que se comió recién arrebatada al mar. («A Tony le gusta exagerar el episodio de la ostra –me comentó Chris, que actualmente es banquero–. No tengo ni idea de si sucedió o no»). Los hermanos jugaban en viejas fortificaciones nazis en la playa y pasaban horas leyendo libros de Tintín, saboreando los cuentos del reportero itinerante y escudriñando las minuciosas ilustraciones de Hergé de Shanghái, El Cairo o los Andes. Las historias, recuerda Bourdain, «me transportaban a lugares a los que estaba seguro de que jamás iría».

Su madre, Gladys, era correctora del *New York Times*. Era sentenciosa y de armas tomar, y chocaba con frecuencia con su hijo. En el instituto, Bourdain se enamoró de una chica mayor, Nancy Putkoski, que andaba con una panda de drogatas, y él mismo empezó a coquetear con las sustancias ilícitas. En un momento dado, Gladys le dijo a su hijo: «Te quiero, cariño, pero hoy por hoy no me gusta mucho lo que veo en ti». En 1973 Bourdain acabó la secundaria, un año antes de tiempo, y siguió a Putkoski; se inscribió en Vassar College. Pero dejó la universidad a los dos años para matricularse en el Culinary Institute of America en Hyde Park, Nueva York. Aquella no era su primera experiencia en la cocina: el verano después de terminar la secundaria había trabajado de lavaplatos en el Flagship, un restaurante de lenguado y almejas fritas en Provincetown. En *Confesiones de un chef* cuenta un momento decisivo, durante un banquete de boda en el Flagship, cuando vio cómo la novia se escabullía de repente para encontrarse con el chef. Escribió al respecto: «Entonces lo supe, querido lector, por primera vez: quería ser chef».

La historia refleja el concepto de Bourdain acerca de la vocación del cocinero como algo seductoramente carnal a la par que jactanciosamente transgresor. Una de sus películas favoritas es *Los amos de la noche*, el filme de culto de 1979 sobre las pandillas callejeras de Nueva York, y lo que a él le atraía era el ambiente de masculinidad propio de las cocinas. Durante algún tiempo, anduvo por ahí con unos *nunchakus* en una pistolera atada a la pierna —como si llevara un revólver—, posaba a menudo para fotografías ataviado con ropa blanca de chef y con un cuchillo largo y curvado que podría usarse para destripar a Medusa. (En la portada de *Confesiones de un chef* aparecía con dos espadas ornamentales metidas en las cintas de su delantal). Mucho antes de que llegase a ser el famoso al que persiguen sus fans por el aeropuerto de Singapur, Bourdain ya sabía cómo colocar sus largas extremidades para una buena pose; desde el principio poseía un talento para ir de tipo duro.

Tras graduarse en el Culinary Institute en 1978, se mudó con Putkoski a un apartamento de renta antigua en Riverside Drive. Se casaron en 1985. Ella tuvo varios empleos y Bourdain encontró trabajo en el Rainbow Room del Rockefeller Center. Cuando le pregunté por su matrimonio, que terminó en 2005, lo comparó con la película de Gus Van Sant *Drugstore Cowboy*, en la que Matt

Dillon y Kelly Lunch interpretan a unos drogadictos que atracan farmacias para financiar su adicción. «Era esa clase de amor, codependencia y sensación de aventura; juntos éramos un par de delincuentes —me confesó—. Gran parte de nuestra vida estaba construida en torno a ello, y tan felices». Cuando Bourdain cuenta historias sobre «las solemnes estupideces» que hizo cuando consumía drogas (una vez lo detuvieron con doscientas dosis de LSD en el coche, en otra ocasión lo siguió la Administración para el Control de Drogas mientras trataba de recoger una «carta de Panamá» en la oficina de correos), alude vagamente a la «otra persona» que estaba a su lado. Se guarda de mencionar a Putkoski por su nombre. Aparte de las drogas, llevaban una vida doméstica relativamente tranquila. Por las noches pedían comida para llevar y veían *Los Simpson*. Cada pocos años, después de ahorrar algo de dinero, Tony y Nancy iban de vacaciones al Caribe. Aparte de eso, no viajaban.

Pero Bourdain se movía por Nueva York como chef itinerante. En el Rainbow Room, se ocupaba de la mesa del bufé y fue subjefe de cocina en WPA, en el SoHo. Trabajó en Chuck Howard's, en el Distrito de los Teatros; en Nikki y Kelly, en el Upper West Side; en Gianni's, una trampa para turistas en South Street Seaport; en el Supper Club, un céntrico local nocturno donde el énfasis no se ponía precisamente en la comida. Finalmente se hizo con un equipo de socios que pululaban con él de un restaurante al siguiente. Su amigo Joel Rose, un escritor que conoce a Bourdain desde los años ochenta, me dijo: «Era un apagafuegos. Cada vez que un restaurante tenía problemas, llegaba él y salvaba los muebles. No era un gran chef, pero sí organizado. Cortaba la hemorragia». En 1998 respondió a un anuncio en el *Times* y consiguió el empleo de jefe de cocina en Les Halles. Era una solución ideal para Bourdain: una *brasserie* sin pretensiones con su propio carnicero, que trabajaba junto al bar detrás de un mostrador repleto de ternera y salchichas.

Confesiones de un chef estaba inspirado en *Sin blanca en París y Londres*, en el que George Orwell describe a los chefs como «la clase más profesional y la menos servil». Karen Rinaldi, la editora que adquirió el libro de Bourdain para Bloomsbury, me dijo que había subestimado el impacto que tendría. «Era como un folleto», me dijo, las meditaciones profanas de un tipo que se ganaba la vida asando bistecs a la parrilla. «Pero muchos de los libros que acaban transformando la cultura son así». *Confesiones de un chef* estaba repleto de reprimendas: Bourdain atacaba el brunch dominical («un vertedero para las insólitas sobras del viernes y el sábado») y aconsejaba no pedir pescado los lunes, porque suele «ser de hace cuatro o cinco días». El libro se comercializó como una inmersión en los entresijos de la cocina, el tipo de publicación reveladora que podría resultar más interesante para el cliente ingenuo de los restaurantes que para el cocinero experimentado. («Yo no comería en un restaurante con unos baños inmundos —advertía Bourdain—. Los baños te permiten *ver*. Si el restaurante no se molesta en reemplazar la pastilla del urinario ni en mantener limpios los inodoros y el suelo, imaginaos cómo serán sus espacios de trabajo y donde guardan la comida refrigerada»).

Pero, para Bourdain, los lectores más importantes eran sus colegas. La última línea de la página de agradecimientos terminaba con «Los cocineros son lo más», y confiaba desesperadamente en que otros profesionales vieran el libro con el espíritu con el que lo había escrito e hicieran circular por la cocina ejemplares manchados de salsa de carne. Bourdain no dejó su empleo en Les Halles cuando el libro se convirtió en un éxito de ventas. «Procuraba modular mis esperanzas porque vivía en un negocio en el que todos eran escritores o actores», recuerda. Durante décadas había visto a colegas que iban a trabajar alardeando de la última llamada que habían devuelto y acababa viendo que sus grandes designios terminaban en nada. «Así que en ningún momento decía aquello de "Hasta la vista, pringados"». A sus compañeros de Les Halles les divertía, a la par que desconcertaba, su floreciente carrera de escritor, y los propietarios le daban facilidades para la gira de promoción del libro.

Cuando Bourdain empezó a viajar para promocionar el libro, ocurrió algo curioso. Entraba solo en un restaurante y pedía una copa en el bar. Aparecía de la nada un plato de entremeses, cortesía de la casa. Para Bourdain, aquello significaba que los chefs estaban leyendo el libro y les gustaba. Pero también implicaba una profunda inversión. Había pasado la mitad de su vida preparando comida para alimentar a otros. Pasaría la segunda mitad siendo alimentado.

* * *

Kang Ho Dong Baekjeong es un luminoso restaurante de nombre cacofónico en la calle Treinta y dos, una variante hípster de un asador coreano. Una gélida noche del pasado febrero, llegué a la hora y descubrí que Bourdain me estaba esperando y que se había bebido ya media cerveza. Es más que puntual: llega a cada cita exactamente con quince minutos de antelación. «Le viene de sus tiempos en la cocina —me comentó Tom Vitale, el director—. Si no aparece, sabemos que algo va mal». Bourdain utilizaba la palabra «patológica» para describir su obsesión con la puntualidad. «Juzgo a los demás en función de lo puntuales que son —admitió—. Hoy llega usted tarde, pues acabará traicionándome».

Yo había cenado una vez en aquel local, pero estaba a punto de descubrir que comer en un restaurante con Bourdain es una experiencia notablemente diferente. A lo largo de la comida, el jefe de cocina (Deuki Hong, un joven de veintisiete años, afable y de pelo lacio) presentó él mismo cada plato. Un peligro de ser Anthony Bourdain es que dondequiera que vaya, desde un templo con estrellas Michelin hasta una cabaña campesina en la tundra, lo inundan despiadadamente con comida. Dado que es reacio a desdeñar cualquier género de cortesía, a menudo acaba comiendo mucho más de lo que le gustaría. Bourdain llama a esto ser «food fucked» («follado por la comida»). Ahora que entrena *jiu-jitsu* casi a diario, intenta comer y beber de manera más selectiva. «Fuera de cámara, no ando por ahí emborrachándome por las noches», me dijo; durante las comidas que compartimos cuando no estaba rodando, Bourdain picoteaba en lugar de atracarse. Un gran cuenco de pasta es difícil de disfrutar si sabes que a la mañana siguiente te costará moverte cuando un experto en artes marciales mestizo con ojos de loco esté tratando de enseñarte una llave de estrangulamiento. Desde que empezó a practicar *jiu-jitsu* tres años atrás, Bourdain ha perdido dieciséis kilos, hasta los ochenta que pesa ahora. Pero adora la comida de Baekjeong y estaba dispuesto a darse un lujo. Después de que Hong dispusiese finas lonchas sedosas de lengua de ternera marinada en una parrilla circular incrustada en la mesa a la que nos habíamos sentado, Bourdain esperó hasta que se doraron, y entonces alcanzó una con sus palillos y me animó a seguir su ejemplo. Saboreamos el sabroso gusto amaderado de la carne. Acto seguido, Bourdain sirvió dos tragos de soju, el licor de arroz coreano, y dijo: «¿Está rico, verdad?».

Resulta un tanto irónico que Bourdain se haya convertido en un embajador de la profesión culinaria, habida cuenta de que, como él mismo reconoce, nunca ha sido un chef inspirado. Alan Richman, el crítico de restaurantes de la revista *GQ*, que es un paladín de la alta cocina de mantel blanco, me aseguró que Les Halles «no era un restaurante especialmente bueno cuando él cocinaba allí y empeoró cuando dejó de hacerlo». Ese juicio se me antojó un tanto injusto: yo frecuentaba Les Halles antes de que cerrase, en 2016, y hasta el final era ruidoso y se comía bien, con una buena ensalada frisée y un cassoulet contundente. Pero nunca fue un restaurante destacado. Bourdain solía quitarse el sombrero ante chefs innovadores como Éric Ripert, de Le Bernardin. En la página 5 de *Confesiones de un chef*, bromeaba con que Ripert, a quien jamás había conocido, «no me va a llamar para pedirme ideas para la especialidad de pescado del día». Al publicar el libro, Bourdain estaba un día en la cocina de Les Halles cuando recibió una llamada telefónica. Era Ripert, que quería invitarle a comer. Hoy son buenos amigos y Ripert interpreta con frecuencia el papel de tipo serio para Bourdain en *Parts Unknown*. En un reciente episodio en Chengdú, China, un Ripert colorado y sudoroso es sometido a un plato extremadamente picante tras otro, mientras Bourdain diserta sobre las propiedades «adormecedoras en la boca» de la pimienta de Sichuan y muestra una jocosa satisfacción por el malestar de su amigo. Ripert decía a propósito de Bourdain: «He cocinado codo con codo con él. Tiene velocidad. Tiene precisión. Tiene destreza. Tiene gusto. La comida sabe bien».Vacila. «En cuanto a la creatividad… no sé». A lo largo de los años, a Bourdain le han propuesto con frecuencia que abra su propio restaurante, y esas ofertas podrían haberle reportado una fortuna. Pero siempre las ha declinado, consciente tal vez de que su renombre como bardo de la cocina podría ser difícil de igualar entre fogones.

Con todo, dondequiera que Bourdain vaya, los cocineros jóvenes le saludan como «chef». Cuando le pregunté si le resultaba extraño, se enfureció ligeramente. «Mire, le dedico mucho tiempo, de modo que no me siento incómodo con ello —me replicó—. Lo que me causa incomodidad es que un chef que está trabajando y cocina mejor de lo que yo he cocinado en toda mi vida me llame chef». Como si fuera una señal, Deuki Hong —que, antes de abrir Baekjeong, había trabajado para Jean-Georges Vongerichten y David Chang— apareció con una fuente de boniatos al vapor y se dirigió a Bourdain con el «chef» de marras.

A mitad de la comida se nos unió Stephen Werther, un empresario con gafas que es el socio de Bourdain en una nueva aventura: un mercado en Manhattan inspirado en los centros de vendedores ambulantes de Singapur, varios patios de comidas al aire libre. Está previsto que abra en los próximos años, en el Muelle 57, una antigua y desangelada terminal de transporte en el West Side. Si el programa de Bourdain ofrece una muestra de una intrépida expedición culinaria, el mercado brindará una experiencia sucedánea de consumo de su programa. Se reclutará a los mejores vendedores ambulantes de comida del mundo y se les concederá un visado —suponiendo que Estados Unidos continúe expidiéndolos— para permitir que los neoyorquinos prueben sus tostadas de pulpo y su yakitori de corazones de pollo. El Mercado Bourdain, como se le conocerá, es una empresa absurdamente ambiciosa; triplicará en tamaño el Eataly original, el superemporio de comida italiana de Mario Batali en el distrito Flatiron.Werther llegó acompañado de Robin Standefer y Stephen Alesch, un matrimonio que dirigía Roman and Williams, una firma de diseño que crea atractivos espacios contemporáneos como el hotel Ace de Nueva York. Habían acordado trabajar en el mercado. Tienen formación en escenografía holly-woodiense, una combinación ideal para la sensibilidad de Bourdain. «Imagínense una Grand Central Terminal posapocalíptica tras haberla invadido China», señaló Bourdain.

«Pero submarina», bromeó Standefer.

Bourdain explicó que el mercado debía recordar a *Blade Runner*; con pequeños puestos con comida de gran calidad en un entorno de distopía políglota y mugrienta. Cuando Bourdain era pequeño, su padre solía alquilar un proyector de 16 milímetros y poner películas de Stanley Kubrick y Mel Brooks. «Jamás he conocido a nadie que tenga ese catálogo de películas en la cabeza», me dijo uno de sus viejos cámaras, Zach Zamboni. Un episodio en Roma de *No Reservations* hacía alusión en blanco y negro a Fellini. El episodio en Buenos Aires de *Parts Unknown* era un guiño a *Happy Together*, de Wong Kar-wai. Es poco probable que la mayoría de los espectadores capten tales referencias, pero para Bourdain esa no es la cuestión. «Cuando a otros cineastas les gusta, uno se siente bien —señaló—. Es como cocinar; cuando los otros cocineros dicen: "Un buen plato". No tiene que ver tanto con los clientes».

La productora Lydia Tenaglia, que, junto con su marido, Chris Collins, había reclutado a Bourdain para el programa *A Cook's Tour* y que actualmente dirige Zero Point Zero, me contó que parte de la razón por la que la experiencia de Bourdain se refleja a través de las películas es que hasta sus cuarenta y tantos años había visto muy poco mundo. «Libros y películas, eso era lo que conocía; lo que había leído en Graham Greene, lo que había visto en *Apocalypse Now*».

Los pulcros mercados de vendedores ambulantes de Singapur combinan el deleite de la gastronomía de carretera con un enfoque en normas de salud pública que podrían pasar el examen del Nueva York de los últimos años. «Lo lograban sin perder esa increíble cultura», observó Bourdain. Algunos de sus socios en el mercado serán cocineros reconocidos, como April Bloomfield, la chef con estrella Michelin del Spotted Pig y el Breslin. Pero Bourdain también quería que el mercado contara con una carnicería a la antigua usanza, con «tíos con delantales ensangrentados troceando la carne», y comida callejera asiática que no solo atraerá a los entendidos lectores de *Eater*, sino también a los migrantes asiáticos de Nueva York que añoran el genuino sabor del hogar. «Si les gustamos a los jóvenes hípsters coreanos y a sus abuelos, irán bien las cosas», dijo. Yo me pregunté en voz alta si el corazón a la parrilla podía reportar beneficios en Nueva York. ¿No serían las ofertas atrevidas meros productos de reclamo, mientras que lo más convencional, como un bar de ostras, pagaría el alquiler? «Yo soy optimista», replicó Bourdain. Los gustos evolucionan, insistió. Exponerse a las culturas extranjeras hace que desaparezcan las inhibiciones.

—Yo crecí viendo *Barney Miller*, lleno de chistes asiáticos. Se reían de la comida asiática. Decían que olía a basura. Eso ya no tiene gracia.

Señaló con sus palillos hacia un cuenco de kimchi que había entre nosotros.

—Los estadounidenses quieren kimchi. Lo quieren en sus hamburguesas. Es como cuando empezaron a comer sushi: fue como un gigantesco movimiento tectónico.

La nueva frontera para los gustos estadounidenses es la fermentación, prosiguió Bourdain.

—Ese *hedor*. Esa corrupción de la carne. Esa es exactamente la zona del espectro del sabor hacia el que todos nos dirigimos.

—Este es el secreto del mundo culinario —dijo Stephen Werther—. La podredumbre es deliciosa. Nadie te dirá eso jamás a la cara. Bistecs añejos. «Edad» es un código para «podredumbre».

—Curado —dijo Bourdain, entusiasmado con el lema.

—El alcohol es un derivado de la levadura —metió baza Stephen Alesch—. Es el pis de la levadura.

—Básicamente, lo que estamos diciendo es que la mugre es buena —concluyó Bourdain.

Deuki Hong reapareció con un plato de entrecot veteado.

—Los restaurantes coreanos no suelen madurar la carne en seco —dijo—. Pero nosotros estamos probando a hacerlo. Esta tiene unos treinta y ocho días.

—¿Lo ven? ¡La podredumbre! —exclamó Werther—. ¿Qué sucede al cabo de treinta y ocho días?

—Cosas buenas —contestó Bourdain.

—En cierta ocasión, para el Día de San Valentín, hicimos un estofado cocinando un gran corazón de res —dijo Alesch.

—Eso es muy romántico —observó Werther.

—Lo fue —convino Alesch—. Pasamos cuatro días comiéndolo.

Salimos del restaurante en compañía de Hong y tomamos una ronda de cócteles de soju en un bar camuflado en la tercera planta de un edificio de oficinas de las inmediaciones. Nuestra pequeña fiesta continuó luego en un club nocturno coreano en la calle Cuarenta y uno. Un extenso laberinto de salas de karaoke rodeaba una pista central de baile, donde los láseres parpadeantes iluminaban a un gentío joven, de aspecto próspero y asiático en su totalidad. En una sala VIP que daba a la pista de baile, Bourdain interrogó acerca de la clientela a uno de los propietarios, Bobby Kwak, un joven coreano-estadounidense con camiseta negra.

«Si van a un club del centro como Marquee, llaman mucho la atención», explicó Kwak gritando por encima del estruendoso tecno. Señaló a Bourdain. «Aquí *ustedes* son la minoría».

Bourdain comentó que esa era exactamente la clase de público que quería atraer al mercado. No tenía el más mínimo interés en satisfacer a «los gringos». Más bien, deseaba enseñarles que podían amar un lugar que fuese lo suficientemente legítimo para ser popular entre un público como ese.

«Va a ser difícil —opinó Kwak—. Acudirán los americanos asiáticos...».

Bourdain insistió en que también quería atraer a los coreanos jóvenes que habían crecido en Seúl, no en Fort Lee. Eran casi las dos de la mañana. «Entonces, cuando se marchan de aquí, ¿adónde van?», preguntó Bourdain.

Kwak rio y gritó: «Van derechos al lugar donde ustedes acaban de cenar».

* * *

En el verano de 2006, Bourdain voló al Líbano para grabar un episodio de *No Reservations* sobre Beirut. Tenía planeado centrarse en la vida nocturna cosmopolita de la ciudad, picando kibbe, bebiendo araq y captando el ambiente de los clubs nocturnos junto a la playa. En el episodio explica en una voz en off: «Todo el mundo ha pasado por aquí: los griegos, los romanos, los fenicios. Así pues, yo ya sabía que este iba a ser un lugar estupendo para comer». Pero, mientras Bourdain paseaba un día por la calle, pasó un convoy de vehículos enarbolando las banderas amarillas de Hizbulá. Estaban celebrando una emboscada en la que sus fuerzas paramilitares se habían adentrado en Israel, matado a tres soldados israelíes y capturado a otros dos. Al día siguiente, Israel lanzó misiles sobre Beirut y mató a docenas de civiles. Bourdain y su equipo acabaron en el hotel Royal, en lo alto de una colina no lejos de la embajada de Estados Unidos, jugando a las cartas mientras aguardaban para ser evacuados. Por azar de la geografía, y de manera un tanto surrealista, podían ver todo aquel despliegue bélico desde la relativa seguridad de la piscina del hotel.

Todo viaje requiere un cierto grado de improvisación, y Bourdain y sus cámaras están bien versados en replantear un programa sobre la marcha. En una ocasión, mientras estaba haciendo esnórquel frente a la costa de Sicilia en busca de marisco, Bourdain se sobresaltó al ver un pulpo semicongelado junto a él. Su anfitrión, un siciliano muy bronceado y ansioso por complacer, estaba echando pescado al mar para que él lo «descubriera» ante la cámara. Naturalmente aquello violaba el dogma de Bourdain acerca de grabar la realidad. Se sintió indignado, pero decidió incorporar el momento al episodio, con un efecto hilarante. «No soy un biólogo marino, pero reconozco un pulpo muerto cuando lo veo».

En Beirut no había manera de grabar sorteando la guerra. No obstante, Bourdain y sus productores sentían que tenían una historia que contar y montaron un episodio sobre cómo se habían quedado atrapados por el conflicto. En él se ve a los cámaras de Bourdain inquietos por su regreso a casa y a los asistentes y guías locales preocupados por la seguridad de sus seres queridos. En un momento dado, Bourdain dice: «Este no es el programa que pensábamos grabar en el Líbano». Hasta que viajó a Beirut, dondequiera que se hubiera aventurado, por muy desolador que fuera, siempre había terminado el episodio con un relato en off que era, si no optimista, al menos esperanzado. Al final del episodio de Beirut, dijo: «Mírennos aquí… Estamos sentados en bañador, bronceándonos, viendo una guerra. Si hay una sola metáfora en toda esta experiencia, probablemente sea esa».

Darren Aronofsky describe el programa de Bourdain como una forma de «periodismo personal», en la tradición del documental de 1985 de Ross McElwee, *Sherman's March*, en el que una historia se cuenta deliberadamente a través de la experiencia individual del realizador. En Beirut, en una playa en la que había una fila de personas abrazadas a sus pertenencias, los marines estadounidenses escoltaron a Bourdain y su equipo hasta un buque de guerra americano abarrotado. Por aquel entonces, Bourdain había iniciado una nueva relación. Éric Ripert le había presentado recientemente a una joven italiana llamada Ottavia Busia, que era anfitriona en uno de sus restaurantes. Tanto Bourdain como ella trabajaban incesantemente, pero Ripert pensó que podían encontrar la ocasión para una aventura de una noche. En su segunda cita, Busia y Bourdain se hicieron unos tatuajes a juego de un cuchillo de chef. Al cabo de ocho meses, Bourdain regresó conmocionado de Beirut y hablaron de tener hijos.

«Hagamos girar la ruleta –propuso Busia, que añadió en tono de duda–: Tu esperma es viejo, de todos modos».

Su hija Ariane nació en abril de 2007, y se casaron once días después. Busia es también una fanática del *jiu-jitsu* y, cuando contacté con ella, sugirió que nos encontrásemos en la escuela donde entrenaba con Bourdain, no lejos de Penn Station. «Vengo aquí a diario», comentó. Ella tiene treinta y ocho años, grandes ojos marrones, una cálida y amplia sonrisa y unos hombros robustos, propios de alguien que vive en el gimnasio. Estaba sentada con las piernas cruzadas sobre una esterilla y llevaba una camiseta negra que rezaba «En el *jiu-jitsu* confiamos» y unas mallas con caras de gatos. Busia había empezado a practicar las artes marciales después de dar a luz, con la esperanza de perder algo de peso, pero pronto se enganchó al *jiu-jitsu* e indujo a Bourdain a tomar clases particulares. (Sostiene que le sobornó con vicodina). «Yo sabía que le iba a gustar su dimensión terapéutica —me explicó—. Es un deporte muy intelectual».

Años atrás, mientras filmaba un episodio en Rajastán, Bourdain conoció a un vidente que le dijo que un día sería padre. «Ese tío no tiene ni puñetera idea —le contó Bourdain más tarde a uno de los productores—. Yo sería un padre horrible». Pero Ariane es, a decir de sus padres, una niña equilibrada. Durante algún tiempo, Busia la llevaba consigo en algunos de los viajes de Bourdain, pero, cuando Ariane empezó la escuela primaria, empezó a ser poco práctico. En cierta ocasión, Busia se despertó sobresaltada en medio de la noche y descubrió espantada que había un extraño en su cama. Entonces se dio la vuelta y recordó que era Tony; había olvidado que estaba en casa. (El año pasado, Bourdain pasó solamente unas veinte semanas en Nueva York).

Ahora que Busia está en óptimas condiciones físicas, espera subir al monte Everest. El verano pasado Bourdain me contó que ella dormía en una cámara de hipoxia: un dispositivo que imita las condiciones de bajos niveles de oxígeno de las altitudes elevadas. «Básicamente recrea el aire a nueve mil setecientos metros —me explicó y luego se encogió de hombros—. En todo caso, nadie espera en casa a que yo los mida».

Cuando le pregunté por la paternidad, Bourdain adoptó un aire pensativo. «Estoy asombrado por lo feliz que es mi hija —dijo—. Creo que no me estoy engañando. Sé que soy un padre cariñoso». Hizo una pausa. «¿Deseo a veces, en un universo alternativo, ser el patriarca que siempre está ahí? ¿Montones de hijos? ¿Nietos correteando? Sí. Y me gusta la idea. Pero estoy convencido de que sería incapaz».

* * *

Tal vez lo más hermoso que haya escrito Bourdain sea un ensayo de 2010 titulado «My Aim Is True» («Mi objetivo es auténtico»), un perfil de Justo Thomas, un meticuloso hombre de mediana edad de la República Dominicana que baja cada mañana temprano al sótano que está debajo de Le Bernardin, donde prepara una serie de cuchillos afilados y a continuación, con la precisión de un cirujano, despieza trescientos veinte kilos de pescado fresco. El pescado llega al restaurante, dice Thomas, «tal como lo pescan», lo que, explica Bourdain, significa directamente del océano: «brillante, con los ojos límpidos, las agallas rosadas, todavía rígido y oliendo solamente a agua marina». La tarea de Thomas consiste en despiezar cada pez en cortes delicados que se servirán en el piso de arriba, y el ensayo es un cálido tributo a él y a los detalles de su oficio, en gran medida invisible. («Curiosamente, las paredes se han cubierto cuidadosamente con film transparente —como prepararía su sótano un asesino en serie— para atrapar las escamas voladoras y agilizar la limpieza»). Para cuando Thomas termina su turno, es mediodía y Bourdain le invita a almorzar en el comedor. En seis años trabajando en Le Bernardin, Thomas nunca ha comido allí como invitado. Bourdain señala a los clientes que los rodean y comenta que algunos de ellos se gastarán en una botella de vino lo que Thomas podría ganar en un par de meses.

«Creo que en la vida hay quienes reciben demasiado y para los demás no hay nada», le dice Thomas. Pero, añade, «sin trabajo, no somos nada».

A juicio de Bourdain, la escritura es un arte menos penoso que la cocina. «Creo que siempre he contemplado a todas las personas que he conocido a través del prisma de la cocina —me comentó en cierta ocasión—. "Vale, has escrito un buen libro, pero ¿puedes encargarte de un turno de brunch?"». La escritura es efímera, dijo.

¿Más efímera que un brunch?, le pregunté.

«Trescientos servicios de brunch y no ha vuelto nada a cocina —dijo, endureciendo la voz con la férrea convicción de un veterano de combate—. Trescientos huevos benedict. Ni uno solo devuelto. Es precisión mecánica. Resistencia. Carácter. Eso es *real*».

Cuando Bourdain cuenta su propia historia, a menudo hace que suene como si el éxito literario fuese algo con lo que se hubiese tropezado; pero, de hecho, pasó años tratando de escribir para salir de la cocina. En 1985 empezó a enviar manuscritos a Joel Rose, que por aquel momento publicaba una revista literaria en el centro de Nueva York, *Between C & D*. «Por decirlo con claridad, mi sed de palabra impresa no conoce límites», escribió Bourdain en la carta que envió adjunta a unas tiras cómicas y relatos breves, señalando: «Aunque no resido en el Lower East, en el pasado reciente he disfrutado de una íntima a la par que problemática familiaridad con sus puntos de interés». Rose acabó publicando una historia de Bourdain, sobre un joven chef que intenta pillar heroína, pero que lo rechazan porque no tiene marcas de pinchazos recientes. («¡Estas son las marcas! ¡Solo que son antiguas porque he estado en un programa de rehabilitación!»).

Bourdain compró por primera vez heroína en la calle Rivington en 1980 y se sumergió en la adicción con su entusiasmo habitual. «Cuando empecé a tener el síndrome de abstinencia, me sentía orgulloso de mí mismo», me confesó. La adicción, al igual que la cocina, formaba parte de una subcultura marginal con sus propias reglas y estética. Para Bourdain, admirador de William S. Burroughs, la heroína tenía un encanto especial. En 1980, dice, compraba a diario. Pero acabó desencantado de la vida del adicto porque odiaba estar a merced de otros. «Que te estafen, huir de la policía —recordaba—. Soy una persona vanidosa. No me gustaba lo que veía en el espejo». Bourdain acabó consumiendo metadona, pero le ofendían las humillaciones que implicaba: no poder salir de la ciudad sin permiso, hacer cola para orinar en un recipiente. Lo dejó de golpe, allá por 1987, pero pasó varios años más adicto a la cocaína. «Toqué fondo con el crack», recordaba. Ocasionalmente, entre dosis, se descubría cogiendo restos de pintura de la moqueta y fumándoselos con la esperanza de que fuesen piedras de crack. Las cosas empeoraron tanto que se recuerda sentado en cierta ocasión sobre una manta en Broadway en Navidad con su querida colección de discos expuesta para la venta.

Dada la tendencia de Bourdain a la fanfarronería, había veces en que me preguntaba si los malos años habían sido tan lúgubres como él los pintaba. «Están los románticos, y luego están los adictos empedernidos —me explicó Karen Rinaldi—. Creo que Tony era más bien un romántico». Nancy Putkoski me dijo en un correo electrónico que Tony es «muy dramático». Escribió: «En efecto, parece muy desolador por el retrovisor. Pero, cuando lo estás viviendo, es simplemente tu vida. Vas saliendo adelante». Una vez, Bourdain iba en un taxi con tres amigos, después de comprar heroína en el Lower East Side. Anunció que había leído recientemente un artículo sobre la probabilidad estadística de dejar las drogas. «Solo uno de cada cuatro tiene probabilidades de conseguirlo», dijo. Siguió un silencio incómodo. Años después, en *Confesiones de un chef*, Bourdain señalaba que él lo había logrado y sus amigos no: «Yo era ese tipo».

En 1985, Bourdain se apuntó a un taller de escritura dirigido por el editor Gordon Lish. «Se lo tomaba muy en serio», me aseguró Putkoski. En cartas a Joel Rose, Bourdain describía el taller como una experiencia transformadora y hablaba de «la vida después de Lish». (Cuando contacté con Lish por teléfono, este recordaba a Bourdain como «un tipo absolutamente encantador y muy alto», pero no tenía ningún recuerdo de cómo escribía). Tras desintoxicarse, allá por 1990, Bourdain conoció a una editora de Random House que le dio un pequeño anticipo para escribir una novela negra ambientada en el mundo de los restaurantes. A Bourdain siempre se le había dado bien la escritura; en Vassar, escribía trabajos finales para sus compañeros de clase a cambio de drogas. No se atormentaba con la novela, decía. «No tenía tiempo». Cada día se levantaba antes del amanecer y tecleaba un nuevo pasaje en su ordenador, fumando un cigarrillo tras otro, y luego hacía un turno de doce horas en el restaurante. La novela, *Bone in the Throat*, fue publicada en 1995. («Con sus ciento veintisiete kilos, su chándal azul pálido y sus gafas tintadas de aviador, Salvatore Pitera salió de Frank's Original Pizza a la calle Spring. Llevaba una porción de pizza en la mano, demasiado caliente para comérsela»). Bourdain pagó su propia gira de promoción del libro y recuerda haber estado sentado detrás de una mesa en una librería Barnes & Noble de Northridge, California, con una pila de sus libros, mientras pasaba la gente, que evitaba el contacto visual. Aquella novela y su continuación, *Gone Bamboo*, se agotaron enseguida. (Se han reeditado con posterioridad).

En 1998 Les Halles abrió una sucursal en Tokio, y uno de los propietarios, Philippe Lajaunie, pidió a Bourdain que pasara allí una semana asesorando al personal. A Bourdain le preocupaba cómo sobreviviría al vuelo de trece horas sin un cigarrillo, pero una vez que aterrizó en Tokio se sintió eufórico. «Este lugar es como *Blade Runner* –le escribió a Joel Rose en un correo electrónico–. Estoy hablando en francés, escuchando japonés y pensando en inglés, todavía con un desfase horario terrible, enloquecido por el sushi helado, colocado con el fugu y jodidamente deslumbrado por todo esto». Describía la emoción de entrar en el restaurante menos atractivo, más extraño y abarrotado que pudiera encontrar, señalar a un comensal que parecía haber pedido algo sabroso y decir: «¡Deme de eso!».

Rose había tenido un hijo recientemente con Rinaldi, la editora del libro. Enseñó a esta los correos, y Rinaldi quedó impresionada por la forma de escribir, algo subida de tono, de Bourdain. «¿Crees que lleva un libro dentro?», preguntó.

«Ni te lo imaginas», contestó Rose.

Puede que la escritura formase parte del plan de Bourdain desde hacía mucho, pero la televisión, según Putkoski, «nunca se la había planteado en realidad hasta que se la ofrecieron». Poco después de la publicación de *Confesiones de un chef*, Lydia Tenaglia y Chris Collins empezaron a hablar con Bourdain de hacer un programa. Él les contó que estaba planeando una secuela del libro en la que viajaba por el mundo, comiendo. Si le querían pagar por seguirle con cámaras, ¿por qué no? Putkoski mostraba menos entusiasmo. «Pronto identificó la televisión como una amenaza existencial para el matrimonio –afirmó Bourdain–. Yo sentía que el mundo entero se estaba abriendo ante mí. Había visto cosas. Había olido cosas. Quería más desesperadamente. Y ella veía todo eso como un cáncer». En los episodios de *A Cook's Tour* se divisa a veces a Putkoski merodeando en segundo plano. No deseaba aparecer ante la cámara. Recientemente me dijo que su grado ideal de fama sería la de un juez del Tribunal Supremo: «Casi nadie sabe qué aspecto tienes, pero siempre consigues la reserva que quieres».

Durante algún tiempo, Bourdain intentó salvar el matrimonio. Remodeló su apartamento con el dinero extra que estaba ganando. Pero aquello no funcionó. «Yo era ambicioso; ella no —dijo—. Yo siento una curiosidad desbocada por las cosas, y creo que ella se contentaba con estar conmigo. Con ir al Caribe una vez al año. Había ciertas cosas que yo deseaba, y estaba dispuesto a lastimar de veras a quien fuera para conseguirlas». Bourdain describe su separación de Putkoski como «la gran traición» de su vida. En un correo electrónico, ella me escribió: «Me encantan las experiencias compartidas que, en mi opinión, habían blindado nuestra relación [...] Habíamos vivido juntos un montón de cosas, muchas de ellas no tan estupendas, pero otras muchas maravillosamente divertidas». Y concluía: «No preví lo complicado que sería el éxito».

* * *

Fuera de la cervecería de Hanói, bajo un árbol adornado con luces navideñas, una mujer mayor y robusta con unos holgados pantalones a rayas presidía, con un cuchillo de carnicero, un pequeño puesto que servía perro asado. Bourdain estaba descansando cerca de allí con Dinh Hoang Linh, un afable burócrata vietnamita con quien mantiene una buena amistad desde 2000, cuando Linh fue el acompañante gubernamental de Bourdain en su primer viaje a Hanói. Con el transcurso de los años, la receta del programa de Bourdain ha ido cambiando sutilmente. Cuando fue a Asia por primera vez, bromeaba diciendo que iba a comer «sesos de mono y mollejas de pez globo venenoso». En un restaurante en Vietnam llamado Sabores de la Selva, le invitaron a un manjar en el que el propietario agarra una cobra que se retuerce, le raja el vientre con unas tijeras, le arranca el corazón aún palpitante y lo echa en un pequeño cuenco de cerámica. «Salud», dice Bourdain, antes de engullirlo de golpe como una ostra. Si, en las temporadas subsiguientes, Bourdain ha comido algunas otras cosas espantosas –bilis de oso en Vietnam, sopa de pene de toro en Malasia, el recto sin lavar de un jabalí verrugoso en Namibia–, se cuida de distanciarse de cualquier sugerencia de comerciar con entretenimiento a base de experiencias desagradables. Cuando estaba empezando, un cierto grado de sensacionalismo era «exactamente el coste de hacer negocios», me explicó, y añadió: «No voy a mofarme de ello. Estaba dispuesto a hacer lo que fuera necesario». (Comentó con diplomacia que Travel Channel tiene actualmente un programa, *Bizarre Foods*, dedicado a ese tipo de cosas).

Él nunca ha comido perro. Cuando le señalé a la vendedora ambulante de perro, dijo: «Ya no voy a hacerlo simplemente porque esté ahí». Ahora, cuando le presentan semejantes ofertas, su primera pregunta es si se trata de un elemento habitual de la cultura. «Si soy el invitado de honor en una casa de labranza en el delta del Mekong donde una familia, desconocida, hubiera preparado sus mejores manjares, y yo soy el invitado de honor, y todos los vecinos están mirando [...], me comería ese perro –me aseguró–. En mi jerarquía de las ofensas, ofender al anfitrión (a menudo una persona muy pobre que me está obsequiando con lo mejor que tiene y para quien el prestigio es muy importante en la comunidad) rechazando su ofrecimiento resultaría embarazoso. Así que me comería el perro».

Bourdain se ha moderado en otros sentidos. Aunque todavía ceba a la prensa gastronómica con un flujo constante de provocaciones candidatas a titulares («Anthony Bourdain: La comida de los aviones y el servicio de habitaciones son crímenes»; «Anthony Bourdain desea la muerte a la moda de la calabaza especiada»; «Anthony Bourdain dice no a una cena con Donald Trump: "Ni de puta coña"»), a menudo hace las paces con personas con las que habría usado un soplete en el pasado. En *Confesiones de un chef* ridiculizaba despiadadamente al chef televisivo Emeril Lagasse, señalando en varias ocasiones su parecido con un ewok. Luego se conocieron, Bourdain probó la comida de Lagasse y acabó retractándose y disculpándose. Lajaunie, el antiguo propietario de Les Halles, dijo de Bourdain: «Es extremadamente amable, pero con esa amabilidad genuina que dimana del profundo cinismo». Lajaunie fue más allá: «Ha aceptado que todo el mundo tiene resortes rotos acá y allá. Eso es lo que nos falta a la mayoría de nosotros: aceptar que otros están tan rotos como nosotros». Después de que Bourdain leyera *Cómo vivir*, el libro de 2010 de Sarah Bakewell sobre Michel de Montaigne, se hizo un tatuaje en el antebrazo con el lema de Montaigne en griego antiguo: «Suspendo el juicio». Incluso Alan Richman, el crítico de la revista *GQ* cuyo esnobismo Bourdain atacó con saña en cierta ocasión en un ensayo titulado «Alan Richman Is a Douchebag» («Alan Richman es un gilipollas»), se ha convertido en una especie de amigo. Cuando Bourdain estaba escribiendo para *Treme*, ideó una escena en la que un personaje llamado Alan Richman visita un restaurante en Nueva Orleans y le tiran a la cara una copa de Sazerac. Invitó a Richman a interpretarse a sí mismo, y Richman accedió.

En una era de sofisticación, de comidas rápidas e informales, señalaba Richman, la cocina «de batalla» que Bourdain celebra posee un enorme atractivo. Bourdain ha contribuido a crear las circunstancias para que uno de los restaurantes más elogiados de la ciudad de Nueva York sea el Spotted Pig, el gastropub de April Bloomfield en el West Village conocido por sus hamburguesas con queso sin florituras. En la medida en que quepa extrapolar a partir de la pelea personal entre Richman y Bourdain un debate filosófico más amplio acerca del futuro de los gustos estadounidenses, Richman reconoce de buen grado su derrota. «No conozco a nadie que le supere como hombre del siglo xxi —me confesó el crítico—. Su forma de actuar. Su forma de hablar. Su punto de demencia. Su vulgaridad».

A medida que *Parts Unknown* ha evolucionado, ha ido disminuyendo su preocupación por la comida y creciendo su interés por la sociología y la geopolítica de los lugares que Bourdain visita. Lydia Tenaglia define el programa como una «empresa antropológica». Cada vez más, me dijo Chris Collins, el mandato es «No me cuentes lo que has comido. Cuéntame con quién has comido». Bourdain, a su vez, ha presionado para que haya menos escenas de él comiendo y más «secuencias secundarias» de la vida cotidiana en los países que visita. A decir de Collins, uno de sus mantras ha llegado a ser «Más secuencias adicionales, menos sobre mí». Desde que visitara Beirut, Bourdain ha ido a Libia, Gaza y la República Democrática del Congo buscando captar cómo transcurre la vida cotidiana de la gente en medio de los conflictos violentos. A los espectadores que se quejan de que el programa ha pasado a centrarse demasiado en la política, Bourdain les responde que la comida *es* política: la mayoría de las cocinas reflejan una amalgama de influencias y cuentan una historia de migración y conquista, donde cada sabor representa una capa de historia. Señala asimismo que la mayoría de los programas de cocina se basan en un nivel de abundancia que resulta poco familiar en muchas partes del mundo.

El cambio de tono del programa coincidió, de manera fortuita, con su traslado a la CNN. En 2012, la cadena andaba lidiando con un dilema que es común en las noticias por cable. «En el mundo suceden grandes acontecimientos y los espectadores los siguen en tropel, pero, en cuanto el acontecimiento llega a su fin, centran su atención en otra cosa», me explicó Amy Entelis, vicepresidenta ejecutiva de la CNN. La cadena quería crear la «fidelización» de sus espectadores: programas originales que estos sigan una semana tras otra. «El nombre de Tony se propuso enseguida», me contó Entelis. Ha sido un feliz acuerdo: la cadena ofrece a Bourdain abundantes recursos y libertad creativa casi total. «Nunca he recibido una de esas estúpidas llamadas», me aseguró él. El programa ha sido un éxito de audiencia y ha ganado cinco premios Emmy y un Premio Peabody. Misteriosamente, uno de los episodios de *Parts Unknown* de mayor audiencia fue el que se emitió poco después del atentado con bomba en la Maratón de Boston de 2013. Era un episodio sobre Los Ángeles que Bourdain había grabado exclusivamente en Koreatown, y es muy bueno, pero nadie cree que eso explique la audiencia. Millones de personas habían seguido en la CNN la persecución y las devastadoras secuelas del ataque. Llegado el domingo, necesitaban un descanso.

Bourdain se siente cómodo siendo visto como una válvula de escape, aunque menos cómoda le resulta la responsabilidad que comporta el material más serio del programa. En un episodio rodado en Laos, comió pescado de agua dulce y brotes de bambú con un hombre que había perdido un brazo y una pierna al estallarle un explosivo estadounidense de la guerra abandonado. En Hanói, un colaborador de Obama le contó que, hasta que se emitió el episodio, en la Casa Blanca algunas personas no habían sido conscientes de la magnitud del problema de las municiones no detonadas en Laos. «"Supongo que, después de todo, usted está haciendo algo bueno", dijo como si nada −recordaba Bourdain−. Estoy un tanto avergonzado. Me siento como Bono. Y no quiero ser ese tío. El programa es siempre sobre mí. Le estaría engañando si le dijera que estaba cumpliendo alguna misión. No es el caso». No obstante, Bourdain sabe que la mayoría de los espectadores que vieron su episodio sobre el Congo sabían poco acerca de los conflictos de aquel país. Recordé cómo Jon Stewart, cada vez que alguien observaba que muchos se informaban de las noticias con *The Daily Show*, declaraba, de manera poco convincente, que él no era más que un humorista que contaba chistes. El editor de Bourdain, Dan Halpern, afirmó: «Le guste o no, se ha convertido en un estadista».

Bourdain insiste en que no es así. «Yo no asisto a la Cena de Corresponsales de la Casa Blanca −aseveró−. No necesito reírle las gracias a Henry Kissinger». Acto seguido lanzó una diatriba sobre las náuseas que le produce, habiendo viajado al sudeste asiático, ver a Kissinger agasajado en los almuerzos de negocios. «A cualquier periodista que haya sido amable con Henry Kissinger, que le den por culo −dijo con creciente indignación−. Yo creo firmemente en las zonas grises morales, pero, por lo que se refiere a ese tío, en mi opinión no debería poder comer en un restaurante en Nueva York». Le señalé que había hecho denuncias así de categóricas de muchas personas, para luego enterrar el hacha de guerra y quedar con ellas para cenar. «¡Emeril no bombardeó Camboya!», replicó.

* * *

Una mañana de agosto de 2016, recibí un correo electrónico de Bourdain en el que me comunicaba que Busia y él se estaban separando. «No es un gran cambio de estilo de vida, pues llevamos muchos años viviendo vidas separadas —escribió—. Más bien se trata de un cambio de domicilio». Bourdain me confesó que sentía un cierto alivio: Busia y él ya no necesitaban «fingir». En nuestras conversaciones hasta ese momento, él había celebrado el hecho de que Busia se dedicara al *jiu-jitsu* y a sus otros intereses con la misma intensidad con la que él se volcaba en los suyos. Pero en el email escribió: «Es una mujer interesante. Admiro sus elecciones. Pero me casé con Sophia Loren. Se ha convertido en Jean-Claude Van Damme». (Más tarde me enteré de que se trataba de una broma permanente entre Bourdain y Busia, sin ánimo de hacer daño). Bourdain añadió que estaba a punto de promocionar un nuevo «libro de cocina para toda la familia», titulado *Appetites*, lo que «conllevaría algunas entrevistas incómodas».

Chris Bourdain me contó que, cuando Anthony alcanzó la fama, su actitud era: «No tengo ni idea de cuánto tiempo va a durar esto, así que quiero exprimirlo al máximo». Cada vez que se le presentaba una nueva oportunidad, decía que sí. Cuando Bourdain conoció a Busia, había alcanzado un nivel de reconocimiento y de riqueza que podría haberle permitido moderar el ritmo. Pero no paró. *Parts Unknown* graba dos temporadas al año. Hasta los viajes en primera clase pueden ser un castigo después de algún tiempo, y Bourdain reconoce que, aunque puede que se siga comportando como un joven, ya no lo es. «Creo que eres oficialmente viejo a los sesenta, ¿no es así? —me dijo poco después de su cumpleaños—. El coche empieza a caerse a pedazos». Sin embargo, las estrellas televisivas forjan vínculos con su público mediante su exposición constante y puede resultar arriesgado tomarse un respiro. «Se parece un poco a *Poltergeist* —me sugirió Nigella Lawson, que presentaba con Bourdain *The Taste*—. La televisión te succiona y no puedes salir jamás».

A estas alturas, observó Éric Ripert, el programa de Bourdain «ya ha recorrido el planeta entero». Actualmente, dice Bourdain, el placer de hacer *Parts Unknown* estriba en volver a visitar los lugares para ver cómo han cambiado (la Cuba de hace cinco años es un país diferente de la Cuba actual) o en regresar a un lugar con una nueva perspectiva. Para un reciente episodio en Houston, Bourdain decidió que no quería «gente blanca» y ofreció en cambio una visión de la ciudad «como un lugar en el que se dan encuentro vietnamitas, centroamericanos, africanos e indios». Chris Collins me sugirió que la perpetua discontinuidad de la vida de Bourdain podría haber asumido una continuidad por derecho propio, como si el desfase horario fuese su condición natural. «Con frecuencia me pregunto cómo seguiría adelante sin el programa —me dijo Lydia Tenaglia—. Es una parte inherente a él; ¿quién es Tony aparte de eso?».

Durante años, Bourdain ha tenido un sueño recurrente en el que se encuentra en un hotel de la época victoriana deambulando por vestíbulos bien amueblados, incapaz de hallar la recepción. Hace un año, cuando le pregunté cuánto tiempo continuaría con el programa, me contestó: «Hasta que deje de divertirme». En septiembre le hice la misma pregunta en un restaurante de sushi en Manhattan, y en esa ocasión se mostró más contemplativo: «Tengo el mejor trabajo del mundo —me dijo—. Si soy infeliz es por falta de imaginación». Estaba encantado con el episodio sobre Vietnam, que estaba a punto de emitirse. La CNN había querido empezar con el encuentro con Obama, pero Bourdain, siempre partidario de un tono informal, prefirió que transcurrieran casi cuarenta minutos del episodio para presentar al presidente. Consiguió la canción de James Brown que deseaba. («Puede que le contara una mentirijilla a la cadena al asegurarle que le había prometido personalmente al presidente que conseguiríamos esa música para su aparición»). Tras el viaje a Vietnam, Bourdain compitió en un torneo de *jiu-jitsu* en Manhattan y le derrotó un hombre fuerte que le retorció la cabeza con tal ferocidad que pensó que se le saldrían los empastes. Para más humillación, Bourdain salió del torneo con una infección cutánea que le dejó, según dice, «hecho un Quasimodo». (Ripert está desconcertado con el *jiu-jitsu*: «Se supone que es bueno para el cuerpo, pero él parece estar dolorido todo el tiempo»).

En un arrebato de autoexilio, Bourdain voló a Francia y acudió en solitario al pueblo de las ostras que había visitado en su infancia. Había alquilado una gran casa de campo con la intención de dedicarse a la escritura. Bourdain apreciaba el tema del emigrado misántropo. «Para mí, *El americano impasible* era un libro *feliz* porque Fowler acaba en Vietnam fumando opio con una bella vietnamita que puede que no le amase», me dijo. Pero en Francia descubrió que no podía escribir. Tenía la piel irritada e inflamada y un punzante dolor de cabeza. Como tenía un aspecto espantoso, solo salía de la casa de campo después de anochecer, como un vampiro. Finalmente, Bourdain acudió a un médico francés, que le dio un montón de analgésicos y antiinflamatorios. Después de tomarse impulsivamente la dosis de una semana, Bourdain cayó en la cuenta de que llevaba treinta y seis horas sin comer. Condujo hasta un café de una localidad cercana, Arcachon, pidió espaguetis y una botella de Chianti. Había bebido media botella cuando se percató de que llevaba la ropa empapada de sudor. Después perdió el conocimiento.

Cuando despertó, Bourdain estaba tumbado con los pies en el interior del café y la cabeza en la calle. Un camarero le hurgaba en los bolsillos en busca de un permiso de conducir, como se hace para identificar un cadáver. El padre de Bourdain había fallecido repentinamente, a sus cincuenta y siete años, de un derrame cerebral, y Bourdain piensa con frecuencia en la muerte; en más de una ocasión me dijo que, si le hacían «una radiografía torácica y el resultado tenía mala pinta», reanudaría de buen grado su amistad con la heroína. Ingerir medicamentos y alcohol con el estómago vacío había sido un error estúpido, pero le dejó conmocionado. Se levantó, tranquilizó a los sobresaltados espectadores, regresó en su coche hasta la casa de campo y escribió inmediatamente una larga carta a Nancy Putkoski.

Cuando le pregunté qué había escrito, Bourdain hizo una pausa y contestó: «La clase de cosas que escribes si piensas que te vas a morir. "Lo siento mucho. Maldita sea; estoy seguro de que me he comportado como no debía". Hemos tenido muy poco contacto; cortés, pero muy escaso. "Lo siento. Sé que no sirve de nada. No va a arreglar las cosas; no puedo reparar los daños. Pero no es que no lo recuerde. No es que no sepa lo que he hecho"».

* * *

A los antropólogos les gusta decir que observar una cultura suele implicar, de alguna manera, por sutil que sea, que esta cambie. Una máxima similar vale para el programa de Bourdain. Cada vez que Bourdain descubre una joya culinaria escondida, la sitúa en el mapa turístico, despojándola de ese modo de la autenticidad que le atrajo en un inicio. «Se trata de una empresa gloriosamente condenada al fracaso —reconoció—. Me dedico al negocio de descubrir lugares estupendos y entonces los jodemos». Para el restaurante que da la bienvenida a Bourdain y a su equipo, este fenómeno tiene ventajas manifiestas. Nuestra comida en el restaurante de sushi fue mediocre; Bourdain evitó el pescado y pidió pollo katsu, la mayor parte del cual dejó sin comer. Cuando nos marchábamos, Bourdain accedió amablemente a la petición de la dueña de hacerse un selfi, y yo presencié un baile cómicamente sutil mientras ella maniobraba con el cuerpo para que la fotografía captase el letrero del restaurante (creando un respaldo implícito), mientras que Bourdain giraba el móvil con delicadeza hacia el otro lado con el fin de que el fondo fuese en cambio la Tercera Avenida. En Hanói, unos cuantos días después de la cena de Bourdain con Obama, mencioné que iba a pasar por el restaurante. Como si recordase un establecimiento del pasado, Bourdain murmuró distraídamente: «Me pregunto cómo será ahora».

Yo me reí entre dientes al oír aquello, pero, cuando lo visité al día siguiente, el restaurante había cambiado en efecto. En el exterior, un cartel rezaba en vietnamita «¡Ya no tenemos *bún chả*!», y los mirones merodeaban por la entrada. En la cocina, la mujer que dirige el restaurante, Nguyên Thi Liên, sonreía y transpiraba, ostensiblemente abrumada. Su familia poseía el lugar desde hacía décadas. Me contó que los jóvenes de Hanói se acercaban por las noches, mucho después de cerrar, para hacerse fotos.

Una tarde en Vietnam, Bourdain acabó un rodaje a las puertas de un restaurante de fideos y cruzó la calle a zancadas hacia mí. «¿Quiere que le lleve?», me preguntó. Su equipo le había alquilado una Vespa azul, y Bourdain me dijo que la única forma de ver Hanói era montado en una motocicleta: «Ser anónimo, como otra figura más con casco en medio de un millón de pequeños dramas y comedias que tienen lugar en un millón de motos que se mueven por esta asombrosa ciudad; cada segundo es un puro goce». Me monté detrás de él. «Solo tengo un casco», me dijo pasándomelo. Apenas me lo había atado cuando aceleró y nos vimos inmersos en un río creciente de vehículos. «¡Esto me encanta!», gritó por encima del hombro, cogiendo velocidad. «¡Los olores! ¡El tráfico!». Atravesamos una nube perfumada del olor de un fuego para cocinar. Bourdain viró bruscamente para esquivar un camión que venía de frente y casi choca contra una mujer en una motocicleta que llevaba a la espalda un fardo de verduras en equilibrio precario. Según nos aproximábamos a una cuneta sin reducir la velocidad, se me ocurrió que esa sería, en cualquier caso, una forma memorable de morir.

Bourdain aminoró el ritmo para preguntar el camino a un peatón, y el hombre nos indicó que, para llegar al hotel Metropole, debíamos girar a la izquierda rodeando el lago Hoàn Kiếm. Pero, cuando llegamos al lago (un oasis bordeado de árboles con una diminuta isla en el centro), Bourdain dijo antes de girar a la derecha: «Vayamos por aquí». Agarrándome a mi asiento mientras entrábamos zumbando en otra avenida congestionada, me percaté de que Bourdain había cogido deliberadamente un camino equivocado. Estaba tentando a la incertidumbre, tratando de perderse.

A la mañana siguiente me reuní con Bourdain en el vestíbulo del Metropole y fuimos a las afueras de la ciudad. En cualquier rincón del mundo, desde Katmandú hasta Kiev, siempre encuentra un gimnasio donde poder entrenar *jiu-jitsu* brasileño. «Dondequiera que vayas, el ceremonial es el mismo —me explicó—. Chocamos los puños y acto seguido intentamos matarnos uno al otro durante cinco minutos». En el segundo piso de un complejo deportivo local, encontramos una sala acolchada con espejos que servía como gimnasio de *jiu-jitsu*. Bourdain se vistió con un *gi* blanco de felpa, se ajustó el cinturón azul y saludó a varios vietnamitas mucho más jóvenes.

Entrenaba con cada hombre en un asalto de cinco minutos. Bourdain me había explicado los complejos protocolos del *jiu-jitsu*, describiendo cómo un cinturón azul puede pelear con un cinturón blanco y un cinturón negro puede hacerlo con un cinturón azul, pero un cinturón blanco no puede enfrentarse a un cinturón azul. Siempre le había encantado la cocina porque era una tribu, y en el *jiu-jitsu* había encontrado otra actividad agotadora con la que sudar y con su propia jerarquía y jerga, un vocabulario de signos y símbolos que a una persona ajena le resultaría incomprensible. Yo observaba a Bourdain, con sus extremidades enredadas alrededor del cuerpo de un cinturón azul vietnamita cuya edad doblaba, con los dedos de los pies separados, los ojos desorbitados, aferrándose con los dedos de las manos a la solapa del contrincante. En el ardor del momento, se susurraban uno a otro comentarios distendidos; se respiraba una cierta intimidad, como en las conversaciones de alcoba. Entonces, abruptamente, Bourdain volteó el cuerpo de su rival, inmovilizándole uno de los brazos y doblándole el codo en un ángulo que parecía imposible. El tipo le dio unos golpecitos en el hombro y Bourdain le soltó. Se separaron y se tiraron al suelo durante unos instantes, como un par de hombres muertos. Entonces Bourdain alzó la vista y consultó el reloj. Todavía faltaba casi un minuto para completar el asalto de cinco minutos. Se puso de rodillas, chocó los puños con su oponente y volvió a la carga.

Anthony Bourdain se quitó la vida el 8 de junio de 2018.

AGRADECIMIENTOS

Otra paradoja de escribir para revistas: un autor firma con su nombre, pero se trata en realidad de una empresa profundamente comunitaria. Cada artículo de esta colección pasó por muchas manos cuidadosas: editores, verificadores de datos, abogados, correctores. Mi primer agradecimiento es para los innumerables y maravillosos colegas del *New Yorker* que examinaron las ideas y los hechos, así como me advirtieron de ciertas metáforas inapropiadas y expresiones ambiguas. Mi especial gratitud va para David Remnick, por su liderazgo, respaldo y ejemplo; a Dorothy Wickenden, Henry Finder, Pam McCarthy, Deirdre Foley-Mendelssohn, Mike Luo, David Rohde, Natalie Raabe, Alex Barasch y Tyler Foggatt.

Peter Canby supervisó la verificación de datos de todos estos artículos. La gente describe con frecuencia el proceso de comprobación del *New Yorker* como «tristemente célebre», como una suerte de procedimiento médico incómodamente invasivo, pero a mí me encanta. Después de meses de trabajo en solitario, siempre agradezco recibir a un colega inteligente en mi cueva y he de decir que en más de una ocasión los verificadores me han salvado —y he aprendido de ellos valiosas lecciones sobre la redacción de reportajes—. Los verificadores molan.

Otro tanto cabe decir de los abogados: habida cuenta de que a menudo escribo sobre personas que preferirían que no escribiera sobre ellas, he disfrutado especialmente las estrechas colaboraciones con letrados. Lynn Oberlander y Fabio Bertoni son increíblemente capaces y escrupulosos, y difíciles de descolocar. En momentos en los que he tenido que armarme de valor, me ha ayudado el hecho de que ellos lo poseyeran a raudales.

Pero son las mágicas huellas dactilares de Daniel Zalewski las que están por todas partes en este volumen. Llevamos trabajando juntos desde que él aceptó mi invitación a colaborar conmigo por cuenta propia en 2005. Varias de estas historias nacieron de ideas suyas, y jamás he conocido a nadie con semejante comprensión intuitiva de lo que constituirá o no un relato convincente. Desde el más amplio nivel conceptual hasta lo neuróticamente minúsculo, él ha modelado estos artículos y los ha hecho mucho mejores de lo que yo solo jamás habría sido capaz. También estoy en deuda con Andrea Thompson Peed, que trabajó junto a Daniel en varios de los artículos más tempranos de esta colección.

Bill Thomas, de Doubleday, es mi otro colaborador editorial de larga data. Es el cuarto libro en el que hemos trabajado juntos, y es mucho lo que he aprendido de Bill. Me siento muy afortunado de trabajar con él. Es intrépido e incisivo, y tiene un gusto impecable; fue apasionante revisar más de una década y media de escritos y colaborar con Bill en la selección de las historias para el presente volumen. Gracias también a todo ese increíble equipo de Doubleday, y en particular a Michael Goldsmith, Todd Doughty, Dan Novack, Khari Dawkins, Emily Mahon, John Fontana, Ingrid Sterner y Maria Massey.

¿Qué más puedo decir de Tina Bennett? Es la mejor. Es una bendición. Quiero expresar un enorme agradecimiento a Anna DeRoy y a Andy Galker, así como a Ravi Mirchandani, Kate Green, Grace Harrison, Roshani Moorjani y todo el personal de Picador en Londres. Gracias a Molly Wright y también a Karolina Sutton, Helen Manders, Jake Smith-Bosanquet y el equipo de Curtis Brown.

Gracias a los muchos amigos y colegas que me han aportado ideas, han leído primeras versiones, me han presentado a fuentes y me han ofrecido alojamiento en mis viajes cuando estaba trabajando en alguno de mis reportajes. Gracias a las propias fuentes, muchas de las cuales asumieron algún riesgo al hablar conmigo. Gracias a los bibliotecarios y archiveros, y a los guías locales y traductores.

Como siempre, estoy profundamente agradecido a mis padres, Jennifer Radden y Frank Keefe, y a mis hijos, Lucian y Felix. Y también a Justyna. En el verano de 2005, acababa de aprobar el examen de acceso a la abogacía y había aceptado una oferta para trabajar en un bufete de abogados. Justyna me dijo que esperase, que ella se encargaría de pagar las facturas durante unos cuantos meses y que debía ver si, tras años de intentos, era capaz de encontrar trabajo por fin escribiendo artículos para revistas. Tres meses después conseguí el primer encargo para el *New Yorker*. Justyna ha vivido con los avatares de cada uno de estos reportajes, ha analizado las amenazas judiciales que recibía y me aconsejó que no aceptase aquella oferta de escribir anónimamente las memorias del Chapo Guzmán. Reorganizó su ajetreada vida profesional para ejercer de madre en solitario mientras yo estaba en la carretera. *Maleantes* está dedicado a ella.